Die Investmentkommanditgesellschaft im Spannungsfeld zwischen klassischem Personengesellschafts- und Investmentrecht

Europäische Hochschulschriften Recht

European University Studies in Law

Publications Universitaires Européennes de Droit

Band/Volume **6117**

Dominique Janine Finke

Die Investmentkommanditgesellschaft im Spannungsfeld zwischen klassischem Personengesellschafts- und Investmentrecht

Unterform der gesetzestypischen Kommanditgesellschaft, personengesellschaftsrechtliches Sonderrecht oder Investmentvehikel eigener Art?

PETER LANG

Bibliografische Information der Deutschen Nationalbibliothek
Die Deutsche Nationalbibliothek verzeichnet diese Publikation in der Deutschen Nationalbibliografie; detaillierte bibliografische Daten sind im Internet über http://dnb.d-nb.de abrufbar.

Zugl.: Erlangen, Nürnberg, Univ., Diss., 2018

n 2
ISSN 0531-7312
ISBN 978-3-631-80019-5 (Print)
E-ISBN 978-3-631-80071-3 (E-PDF)
E-ISBN 978-3-631-80072-0 (EPUB)
E-ISBN 978-3-631-80073-7 (MOBI)
DOI 10.3726/b16081

Peter Lang – Berlin · Bern · Bruxelles · New York · Oxford · Warszawa · Wien

Diese Publikation wurde begutachtet.

www.peterlang.com

Für meine Eltern, Großeltern und Benedikt

Vorwort

Die Arbeit wurde vom Promotionsausschuss der Rechts- und Wirtschaftswissenschaftlichen Fakultät der Friedrich-Alexander-Universität Erlangen-Nürnberg als Dissertation angenommen. Die Untersuchung wurde zunächst im April 2017 abgeschlossen. Für die Veröffentlichung konnten wesentliche neue Beiträge aus Wissenschaft und Rechtsprechung bis Dezember 2017 berücksichtigt werden.

Zum Abschluss dieser Arbeit haben zahlreiche Personen beigetragen, denen ich an dieser Stelle herzlich danken möchte. Zunächst gilt mein Dank meinem Doktorvater Herrn Prof. Dr. Robert Freitag, der bei der Erstellung der Arbeit stets wertvolle fachliche Anregungen gegeben hat und mich bestärkt hat bestehende Auffassungen kritisch zu hinterfragen und mich neuen Lösungsansätzen zu stellen. Ein weiterer Dank gilt Herrn Prof. Dr. Klaus-Ulrich Schmolke, der im Rahmen der Erstellung des Zweitgutachtens neue Denkanstöße geliefert hat, die mich dazu motiviert haben auf dem Gebiet dieser Arbeit auch in Zukunft die Forschung weiter mit voranzutreiben.

Ich danke ferner meinem Freund für die sorgsame Durchsicht des Manuskripts und die wertvollen Anmerkungen, die diese Arbeit inhaltlich wie strukturell vorangetrieben haben. Darüber hinaus möchte ich mich bei meinen Kollegen und Freunden bedanken, die mir während des gesamten Promotionszeitraums zur Seite gestanden haben und mich sowohl persönlich als auch fachlich in dieser prägenden Zeit unterstützt haben.

Mein besonderer Dank gilt meinen Eltern und Großeltern sowie meinem Freund, ohne deren Unterstützung diese Arbeit nicht zustande gekommen wäre.

Inhaltsverzeichnis

Abkürzungsverzeichnis

a.A.	andere Ansicht
a.E.	am Ende
a.F.	alte Fassung
Abs.	Absatz
AG	Aktiengesellschaft
AIF	Alternativer Investmentfonds
AIFM	Alternativer Investmentfonds Manager
AIFM-RL	Richtlinie 2011/61/EU des Europäischen Parlaments und des Rates vom 8. Juni 2011 über Verwalter alternativer Investmentfonds – AIFM-RL (Abl. L 174 v. 1.07.2011, S. 1).
Anh.	Anhang
AktG	Aktiengesetz
Art.	Artikel
BaFin	Bundesanstalt für Finanzdienstleistungsaufsicht
Bd.	Band
BGB	Bürgerliches Gesetzbuch
BGBl.	Bundesgesetzblatt
BGH	Bundesgerichtshof
BMF	Bundesministerium der Finanzen
BSG	Bundessozialgericht
bspw.	Beispielsweise
BT-Drucksache	Bundestagsdrucksache
Bzgl.	bezüglich
bzw.	Beziehungsweise
CRR	Verordnung (EU) Nr. 575/2013 des Europäischen Parlaments und des Rates vom 26. Juni 2013 über Aufsichtsanforderungen an Kreditinstitute und Wertpapierfirmen und zur Änderung der Verordnung (EU) Nr. 646/2012.
ders.	derselbe
d.h.	das heißt
e.A.	eine Ansicht
ebd.	ebenda/ ebendort
Einl.	Einleitung
EuGH	Europäischer Gerichtshof
ESMA	European Securities and Markets Authority

f./ff.	folgende
FAQ	Frequently Asked Questions
FCA	Financial Conduct Authority
gem.	gemäß
GmbHG	Gesetz betreffend die Gesellschaften mit beschränkter Haftung
grds.	Grundsätzlich
Halbbd.	Halbband
HGB	Handelsgesetzbuch
HGB-KG	Kommanditgesellschaft im Sinne der §§ 164ff. HGB
h.M.	herrschende Meinung
HS.	Halbsatz
i.d.	in der
i.E.	im Ergebnis
InvestmentAG	Investmentaktiengesellschaft
InvestmentKG	Investmentkommanditgesellschaft
InvG	Investmentgesetz
InvModG	Das Investmentmodernisierungsgesetz ist am 15.12.2003 verabschiedet worden und mit Wirkung zum 1.1.2004 in Kraft getreten
insbes.	insbesondere
i.F.v.	im Fall von/ in Form von
i.F.d.	im Fall des/ in Form des
i.H.a.	im Hinblick auf
i.H.v.	in Höhe von
i.S.d.	im Sinne des/der
i.S.v.	im Sinne von
KAGB	Kapitalanlagegesetzbuch
KAGG	Gesetz über Kapitalanlagegesellschaften v. 16.4.1957, BGBl I, S. 378.
Kap.	Kapitel
KG	Kommanditgesellschaft
Komm.	Kommentar
KVG	Kapitalverwaltungsgesellschaft
KWG	Kreditwesengesetz
lit.	littera
mind.	mindestens
m.w.N.	mit weiteren Nachweisen
m.W.v.	mit Wirkung vom
Nr.	Nummer

OGAW	Organismen für gemeinsame Anlagen in Wertpapieren
OGAW-RL	Richtlinie 2009/65/EG des Europäischen Parlamentes und des Rates vom 13. Juli 2009 (Abl. L 302 v. 17.11.2009, S. 32) zur Koordinierung der Rechts- und Verwaltungsvorschriften betreffend bestimmte Organismen für gemeinsame Anlagen in Wertpapieren, geändert durch Richtlinie 2013/14/EU vom 21.5.2013 (Abl. L 145 v. 31.03.2013, S. 1).
Publikums-	Publikumsinvestmentkommanditgesellschaft investmentKG
PublikumsKG	Publikumskommanditgesellschaft
RegE	Regierungsentwurf
Rz.	Randziffer
s.	siehe
S.	Satz/ Seite
Str.	streitig
u.a.	unter anderem/ und andere
umstr.	umstritten
Urt.	Urteil
v.	von/vom
v.a.	vor allem
vgl.	Vergleiche
Vorbem.	Vorbemerkung
z.	zum
z.B.	Zum Beispiel
Ziff.	Ziffer

Kapitel 1: Problemstellung und einführende Gedanken

I. Einleitung und Gang der Untersuchung

> „Mit der Einführung dieser organisationsrechtlichen Form wird keine neue Gesellschaftsform geschaffen. […] Investmentkommanditgesellschaften [sind vielmehr] Kommanditgesellschaften im Sinne des Handelsgesetzbuches […]. Abweichungen von diesem Regelwerk [erfolgen nur], soweit sie aufgrund aufsichtsrechtlicher Besonderheiten für die Behandlung als Fondsvehikel erforderlich sind.“[1]

Mit diesen Worten etabliert der Gesetzgeber die Investmentkommanditgesellschaft (InvestmentKG) nicht nur als zulässige investmentrechtliche Organisationsform, er ordnet sie gleichzeitig auch als eine Unterart der handelsrechtlichen Kommanditgesellschaft (KG) den Personenhandelsgesellschaften zu.[2] Mit dem Hinweis auf die Vornahme von lediglich erforderlichen Abweichungen bestätigt der Gesetzgeber, dass die gesetzestypische KG identitätswahrend in das investmentrechtliche Systemgefüge eingebunden werden sollte. Mit anderen Worten: Die durch das Kapitalanlagegesetzbuch (KAGB) geschaffenen Modifikationen führen zu keiner Entfremdung, die die Eigenschaft der InvestmentKG als HGB-KG in Frage stellen würde. An dieser Einschätzung wird sich der Gesetzgeber messen lassen müssen.

Unter Inbezugnahme der gegebenen kapitalanlagerechtlichen Abweichungen von den handelsrechtlichen Vorgaben widmet sich die vorliegende Arbeit im Kern der Frage: Handelt es sich bei der InvestmentKG noch um eine Unter- bzw. Sonderform der KG, oder ist sie vielmehr schon ein Investmentvehikel eigener Art?

Mit Blick auf die zur Verfügung stehenden Rechtsformen mag es zunächst verwundern, dass die KG überhaupt als zulässiges Anlagevehikel in das KAGB aufgenommen wurde. Ausgehend von ihrer grds. Beschaffenheit erscheint sie nämlich

---

1 RegE z. KAGB, BT-Drucksache 17/12294, S. 241, 249.

2 So auch: *Casper*, Die Investmentkommanditgesellschaft: große Schwester der Publikums-KG oder Kuckuckskind?, ZHR 179 (2015), 44, 79; *Freitag/Fürbass*, Wann ist ein Fonds eine Investmentgesellschaft?, ZGR 2016, 729, 733.

gerade nicht als geeignete Rechtsform zum Investmentsparen. Dass die KG letztlich überhaupt in den Fokus der investmentrechtlichen Praxis rückte, liegt jedoch maßgeblich daran, dass Fondsinitiatoren in der Vergangenheit die Aktiengesellschaft (AG) als klassische Rechtsform für korporative Investmentvermögen aufgrund ihrer Form- und Satzungsstrenge sowie ihrer steuerlichen Schlechterstellung gegenüber Sondervermögen scheuten.

Als kapitalistisch strukturierte, massenkompatible Gesellschaftsform ist die AG zwar gerade darauf angelegt, von einer Vielzahl von Anlegern Kapital einzusammeln und zu verwalten und aufgrund ihrer kapitalmarktrechtlichen Orientierung auch als Rechtsform erfahren im Umgang mit aufsichtsrechtlichen Anforderungen. Nichtsdestotrotz erwies sich die im Jahre 1998 durch das 3. Finanzmarktförderungsgesetz[3] in das Gesetz über Kapitalanlagegesellschaften (KAGG)[4] eingeführte Investmentaktiengesellschaft (InvestmentAG) – als zur kollektiven Vermögensanlage in Gesellschaftsform geschaffene Investmentgesellschaft – aus den genannten Gründen als wenig attraktiv. Die Bestimmungen zur InvestmentAG blieben totes Recht.[5] Zwar reagierte der Gesetzgeber, indem er die InvestmentAG im Investmentmodernisierungsgesetz (InvModG)[6] mit Wirkung zum 1. Januar 2004 steuertransparent ausgestaltete und von der Körperschafts- und Gewerbesteuer befreite. Zu diesem Zeitpunkt war die Fondspraxis auf der Suche nach Alternativen jedoch längst im Personengesellschaftsrecht fündig geworden und hatte die KG für ihre Zwecke entdeckt. Zwar stellte sich die KG im Ausgangspunkt als personalistisch strukturierte Gesellschaft mit typischerweise kleinem Gesellschafterkreis als im Vergleich zur AG weniger geeignete Rechtsform für kollektives Investmentsparen dar. Durch die Möglichkeit, ihren Gesellschaftsvertrag privatautonom auszugestalten, versprach sie mit der notwendigen Kreativität im Ergebnis jedoch flexible und steuerlich günstige Lösungen.[7] Im Laufe der Zeit entwickelte sich hieraus eine Vertragspraxis, die das gesetzestypische Regelungsregime weitgehend entwidmete. Mit dieser

---

3 Gesetz zur weiteren Fortentwicklung des Finanzplatzes Deutschland (Drittes Finanzmarkförderungsgesetz) vom 24. März 1998, BGBl. I, S. 529.

4 Gesetz über Kapitalanlagegesellschaften v. 16. April 1957, BGBl I, S. 378.

5 *Baums/Kiem*, Die Investmentaktiengesellschaft mit veränderlichem Kapital, in FS Hadding, S. 171.

6 Das Investmentmodernisierungsgesetz ist am 15.12.2003 verabschiedet worden und mit Wirkung zum 1.1.2004 in Kraft getreten.

7 *Bödecker*, Hdb. InvestmentR, S. 405; *Dornseifer*, in Emde/Dornseifer/Dreibus/Hölscher, InvG, Vor §§ 96–106b Rz. 2.

Entwicklung konfrontiert versuchte die Rechtsprechung in den 1960er und 1970er Jahren ein ausdifferenziertes richterrechtliches Sonderrecht (das Sonderrecht der PublikumsKG) herauszubilden, das der kautelarjuristischen Regelungsanarchie Schritt für Schritt Grenzen setzen sollte.

Diese Rechtsentwicklung stieß im Schrifttum auf vehemente Kritik. Insbesondere wurde bemängelt, in welchem Ausmaß auch durch die Rechtsprechung Grundsätze des Rechts der KG letztlich Bedürfnissen der Investmentpraxis untergeordnet worden waren. So fasste etwa *Günther Wüst* 1988 mit den folgenden Worten zusammen, wie weit sich die PublikumsKG in ihrer Verwendung als personengesellschaftsrechtliche Anlageform für kollektives Investmentsparen von der gesellschaftsrechtlichen Grundkonzeption der KG entfernt hatte:

> *„Zwischen dem in den §§ 161 ff. HGB gemeinten Legaltyp und den gängigen Realtypen der Publikums-Kommanditgesellschaft besteht kaum noch inhaltliche Übereinstimmung. Das gesetzliche Modell eines auf persönlicher Verbundenheit beruhenden Zusammenschlusses wird durch eine im Gesellschaftsvertrag verankerte, vorwiegend korporative Organisation ersetzt. Etikett und gewählter Inhalt decken sich nicht.“*[8]

Angesichts der hier nur angerissenen historisch belegbaren Entfremdung der PublikumsKG von der gesetzestypischen KG hätte es nahegelegen, im Rahmen der Neuordnung des Investmentrechts durch das KAGB Fondsinitiatoren auf die Rechtsform der AG zu verweisen und den Bedürfnissen der Investmentpraxis etwa nach Flexibilität und steuerlichen Vorteilen durch punktuelle Änderungen des Aktien- bzw. Steuerrechts Rechnung zu tragen. Der Gesetzgeber hat sich für Gegenteiliges entschieden. Mit Einführung des KAGB hat er – wie bereits eingangs dargestellt – die KG in Form der InvestmentKG normativ als Anlagevehikel bestätigt und sie gleichsam neben der InvestmentAG als einzig zulässige Form korporativer Investmentvermögen erklärt. Die Entscheidung des Gesetzgebers, das Recht der KG auch künftig für die Zwecke des Investmentrechts nutzbar zu machen, scheint nach seinen eigenen Aussagen zumindest bezogen auf die offene Spezial-InvestmentKG rein steuerrechtlich motiviert zu sein. So wurde vorgenannte Gesellschaft eingeführt, um ein steuertransparentes Vehikel für das sog. „Pension Asset Pooling“ zu schaffen.[9] Die unter dem Regime des Investmentgesetzes (InvG) zur Verfügung stehenden Organisationsformen

---

8 *Wüst*, Vom Präjudiz zur Prinzipienbildung bei der Publikums-Kommanditgesellschaft, ZHR 152 (1988), 215.

9 RegE z. KAGB, BT-Drucksache 17/12294, S. 190.

(Spezial-Sondervermögen und Spezial-InvestmentAG) waren aufgrund ihrer steuerlichen Intransparenz als Pooling-Vehikel in grenzüberschreitenden Sachverhalten ungeeignet.[10] Die auf die Steuertransparenz der KG zurückzuführenden Vorzüge sollten somit als Anreiz für nationale Konzerne und ausländische Tochtergesellschaften dienen und die Standortattraktivität Deutschlands steigern. Im Bereich der geschlossenen Fonds ging es dem Gesetzgeber wohl vornehmlich darum, die bestehende Kluft zwischen weitgehend unregulierten geschlossenen Fonds, wie u.a. der PublikumsKG, und gänzlich durchregulierten offenen Fonds zu schließen.[11] Die Überführung des „KG-Investment-Modells" in formales Gesetzesrecht ermöglichte es dem Gesetzgeber, eine praktisch bewährte Fondsstruktur unter neuen Vorzeichen zu erhalten. Der Blick auf das nunmehr bestehende Regelwerk zeigt die Bestrebung des Gesetzgebers, eine möglichst große Parallelität zwischen den gesellschaftsrechtlichen Anlagevehikeln zu schaffen, um eine gewisse funktionale Austauschbarkeit zu erreichen. So findet sich die InvestmentKG in ein Regelungsgewand gehüllt, das nicht nur aktienrechtlich geprägt, sondern teilweise mit den aktienrechtlichen Vorgaben wortlautidentisch ist.

Vor diesem Hintergrund stellt sich fast 30 Jahre nach den obigen Ausführungen von *Wüst* die von ihm seinerzeit wohl mit „gerade noch so" beantwortete Frage erneut: Fügt sich die (inzwischen vom Gesetzgeber gewählte) rechtliche Konstruktion der investmentrechtlich ausgestalteten KG noch nahtlos oder zumindest widerspruchsfrei in die bestehenden dogmatischen Grundlagen des KG-Rechts ein? Anders formuliert: Handelt es sich bei der InvestmentKG noch um eine Unter- bzw. Sonderform der Kommanditgesellschaft, oder ist sie vielmehr ein Investmentvehikel eigener Art?

In Beantwortung dieser Frage greift die vorliegende Arbeit das bestehende Spannungsverhältnis zwischen Personen- und Kapitalgesellschaftsrecht auf, das sich auch in den kapitalanlagerechtlichen Regelungen materialisiert hat. Sie ordnet die rechtliche Neuschöpfung der InvestmentKG dogmatisch ein und arbeitet insbesondere den jeweiligen Grad heraus, zu dem die für die InvestmentKG geltenden kapitalanlagegesetzlichen Vorschriften vom handelsrechtlichen Leitbild der KG abweichen. Zugleich soll diese Arbeit die Frage beantworten, ob das Personengesellschaftsrecht grds. zur Bewältigung der relevanten investmentrechtlichen Fragestellungen sowie zur Schaffung von Einzelfallgerechtigkeit geeignet

10 *Lorenz*, in Weitnauer/Boxberger/Anders, KAGB, § 124 Rz. 4.
11 *Emde*, in Emde/Dornseifer/Dreibus/Hölscher, InvG, Einl. Rz. 20.

ist oder die notwendigen sachgerechten Lösungen – wie es die rechtshistorische Vergangenheit nahelegt – allein im Kapitalgesellschaftsrecht zu suchen sind.

II. Entstehungsgeschichte und Systematik des Kapitalanlagegesetzbuchs

1. Europarechtlicher Hintergrund und nationale Umsetzung

Mit dem KAGB setzt der deutsche Gesetzgeber zwei europäische Richtlinien um. Neben der OGAW-Richtlinie (OGAW-RL)[12], die bis zum Inkrafttreten des KAGB im Jahr 2013 ihre Umsetzung im nunmehr aufgehobenen Investmentgesetz fand, setzt das KAGB auch die AIFM-Richtlinie (AIFM-RL)[13] um. Ziel letzterer ist es, gemeinsame Anforderungen für die Zulassung sowie die Aufsicht der Manager alternativer Investmentfonds festzulegen und damit ein kohärentes System zu schaffen, das den Risiken der Anleger und der Märkte in der Europäischen Union Rechnung trägt.[14] In Umsetzung der AIFM-RL verfolgt das KAGB das Anliegen, ein in sich geschlossenes Regelwerk für Investmentfonds sowie deren Manager zu schaffen.[15] Das gilt auch und gerade in gesellschaftsrechtlicher Hinsicht.[16]

Während das InvG neben dem Vertragstyp des Sondervermögens einer Kapitalverwaltungsgesellschaft als einziges gesellschaftsrechtliches Fondsvehikel die InvestmentAG (§§ 96ff. InvG a.F.) kannte, sieht das KAGB nunmehr im Bereich der offenen Fonds für professionelle und semiprofessionelle Anleger (§ 1 Abs. 32 und 33 KAGB) die offene InvestmentKG (§ 125 Abs. 2 S. 2 KAGB) als weitere Rechtsform vor. Im Bereich der geschlossenen Fonds steht die

12 Richtlinie 2009/65/EG des Europäischen Parlamentes und des Rates vom 13. Juli 2009 (Abl. L 302 v. 17.11.2009, S. 32) zur Koordinierung der Rechts- und Verwaltungsvorschriften betreffend bestimmte Organismen für gemeinsame Anlagen in Wertpapieren, geändert durch Richtlinie 2013/14/EU vom 21.5.2013 (Abl. L 145 v. 31.03.2013, S. 1). Das InvG wurde m.W.v. 22.07.2013 durch Art. 2a G v. 4.07.2013 (BGBl. 2013 I S. 1981) aufgehoben.

13 Richtlinie 2011/61/EU des Europäischen Parlaments und des Rates vom 8. Juni 2011 über Verwalter alternativer Investmentfonds – AIFM-RL (Abl. L 174 v. 1.07.2011, S. 1).

14 Vgl. RegE zum KAGB, BT-Drucksache 17/12294, S. 187.

15 Vgl. RegE zum KAGB, BT-Drucksache 17/12294, S. 187.

16 Das KAGB hat, sofern es von den tradierten HGB-Vorschriften abweicht, abschließenden Charakter. Im Übrigen sind die Vorschriften des HGB anwendbar, vgl. § 124 Abs. 1 S. 2, § 149 Abs. 1 S. 2 KAGB.

geschlossene InvestmentKG für professionelle und semiprofessionelle wie auch für Privatanleger (§ 1 Abs. 31 KAGB) als weiteres Vehikel zur Verfügung. Wesentliche Motivation für die Wahl der Rechtsform der InvestmentKG war, dass die InvestmentKG als Personengesellschaft nicht körperschaftssteuerpflichtig ist.[17]

Mit der AIFM-RL zieht der europäische Gesetzgeber Lehren aus der Finanzkrise. Es sollen nunmehr auch all diejenigen Investmentvermögen[18] reguliert werden, die nicht in den Anwendungsbereich der OGAW-RL fielen und damit größtenteils unreguliert waren. Tradierter Weise handelt es sich hierbei um geschlossene Fonds oder solche offenen Fonds, die gerade nicht in OGAW-regulierte Wertpapiere investieren.[19] In Deutschland waren derartige Fonds zumeist in Form der Publikumspersonengesellschaft organisiert.[20] Durch den durch die Richtlinienumsetzung geschaffenen, auch rechtsformspezifisch abschließenden Regelungsbereich des KAGB bleibt für Gesellschaftsformen wie die herkömmliche Publikumspersonengesellschaft kein Raum mehr.[21]

Da die AIFM-RL keine Regelung zu AIFs trifft und aufgrund der äußerst verschiedenen Arten von AIF zu keiner Harmonisierung bestehender Fondsvehikel gelangt, erfolgt die Regelung für AIF weiterhin auf nationaler Ebene.[22] Konsequenterweise ist es für den Geltungsbereich der AIFM-RL irrelevant „ob der AIF in der Vertragsform, der Form des Trust, der Satzungsform *oder irgendeiner anderen Rechtsform* errichtet ist".[23] Auf Basis dieser Vorgaben hat sich der nationale Gesetzgeber dazu entschieden den Kreis der bisher bestehenden

17 *Eichhorn*, in Moritz/Klebeck/Jesch, Frankfurter Komm. z. KAGB, Vor §§ 124–138 Rz. 5.

18 Gemäß § 1 Abs. 1 S. 1 KAGB ist „Investmentvermögen [...] jeder Organismus für gemeinsame Anlagen, der von einer Anzahl von Anlegern Kapital einsammelt, um es gemäß einer festgelegten Anlagestrategie zum Nutzen dieser Anleger zu investieren und der kein operativ tätiges Unternehmen außerhalb des Finanzsektors ist."

19 Vgl. *Casper*, in Staub/HGB-Kommentar, § 161 HGB Rz. 258.

20 *Casper*, in Staub/HGB-Kommentar, § 161 HGB Rz. 258.

21 Auch die Rechtsform der KGaA gem. §§ 278ff. AktG ist nicht erlaubt, obwohl hierfür durchaus ein praktisches Bedürfnis bestünde, insbesondere aufgrund der Möglichkeit der börslichen Handelbarkeit. Hierdurch würde den Anlegern ein liquides Anlageinstrument zur Verfügung gestellt. So auch *Wallach*, Die Regulierung von PersG im KAGB, ZGR 2014, 289, 296.

22 S. Erwägungsgrund 10 der AIFM-RL.

23 Art. 2 Abs. 2 lit. b AIFM-RL [Hervorhebung durch die Autorin]. Somit beschränkt sich die Richtlinie ausschließlich darauf Verwalterregeln für Fondsmanager aufzustellen.

Rechtsformen – auf nationaler Ebene – um die InvestmentKG als zulässiges Fondsvehikel zu erweitern.[24]

In Ermangelung entsprechender Vorgaben der AIFM-RL bedarf es grundsätzlich auch keiner richtlinienkonformen Auslegung der § 124ff., § 149ff. KAGB.[25] Zur Beantwortung der – in dieser Arbeit behandelten – zum Teil komplizierten Auslegungsfragen ist es jedoch durchaus interessengerecht, die gesellschaftsrechtlichen Vorschriften zur InvestmentKG vor dem Hintergrund der Regelungsziele des KAGB, bspw. des Anlegerschutzes, zu sehen. Damit ist auf einer mittelbaren Bewertungsebene ein Durchgriff auf die Richtlinie in Form einer an der Richtlinie orientierten Auslegung gerechtfertigt.[26] Dies gilt über den entsprechenden Verweis in § 124 Abs. 1 S. 2, § 149 Abs. 1 S. 2 KAGB auch für die allgemeinen handelsrechtlichen Vorschriften zur Kommanditgesellschaft und zur offenen Handelsgesellschaft.[27]

2. Systematik

a. Systematik der KAGB-Investmentfonds

Das aufgehobene InvG legte für inländische Investmentfonds einen formellen Investmentfondsbegriff zugrunde, wonach Organsimen für gemeinsame Anlagen, die die Anforderungen des InvG erfüllten, in den Anwendungsbereich des Gesetzes fielen. Fonds, die nicht vom Anwendungsbereich des InvG erfasst wurden, waren allerdings nicht per se unzulässig.[28] Sie unterfielen teilweise Teilausschnitten anderer Gesetze wie bspw. dem Vermögensanlagegesetz, dem Tatbestand des Finanzkommissionsgeschäfts oder der Anlageverwaltung nach dem Kreditwesengesetz (KWG). Zum Teil blieben sie auch gänzlich unreguliert.[29] Im Gegensatz hierzu verfolgt das KAGB nunmehr in richtlinienkonformer

---

24 RegE zum KAGB, BT-Drucksache 17/12294, S. 190. Vgl. hierzu auch *Casper*, in Staub/HGB-Kommentar, § 161 HGB Rz. 259, der diesen Weg als rein deutschen Sonderweg bezeichnet. Allerdings machen auch andere Jurisdiktionen von ihrem jeweiligen Pendant zur deutschen InvestmentKG als weiterem Fondsvehikel Gebrauch. Siehe bspw. Luxemburg mit der Sociéte en commandite (spéciale), Art. 1 Abs. 1 des Gesetzes v. 15. Juni 2004 über Gesellschaften zur Anlage in Risikokapital (SICAR) i.d. Fassung vom 15. Juli 2013.

25 *Casper*, in Staub/HGB-Kommentar, § 161 HGB Rz. 259.

26 *Casper*, in Staub/HGB-Kommentar, § 161 HGB Rz. 259.

27 *Casper*, in Staub/HGB-Kommentar, § 161 HGB Rz. 259.

28 RegE zum KAGB, BT-Drucksache 17/12294, S. 188.

29 RegE zum KAGB, BT-Drucksache 17/12294, S. 188.

Umsetzung den Ansatz eines materiellen, inhaltlichen Tatbestandsmerkmalen folgenden, Fondbegriffs, § 1 KAGB.[30] Hiernach ist „Investmentvermögen jeder Organismus für gemeinsame Anlagen", der die Voraussetzungen des § 1 Abs. 1 KAGB erfüllt und nicht unter eine der in § 2 KAGB genannten Ausnahmen fällt, dem Anwendungsbereich des Gesetzes unterworfen. Dies bedeutet, dass Fonds entweder Organismen für gemeinsame Anlagen in Wertpapieren (OGAW) sind, § 1 Abs. 2 KAGB, oder alternative Investmentfonds (AIF), § 1 Abs. 3 KAGB. Das Gesetz definiert den AIF dabei mit einem quasi-Gegenschluss als „alle Investmentvermögen, die keine OGAW sind". Hieraus folgt, dass sämtliche Fonds, die den Anforderungen des KAGB nicht entsprechen und nicht ausnahmsweise von seinem Anwendungsbereich ausgeschlossen sind, unzulässig sind. Es handelt sich hierbei um unerlaubtes Investmentgeschäft.[31]

Für sämtliche Investmentvermögen, die den Anforderungen des KAGB genügen, gilt neben den organisationsrechtlichen Vorgaben der §§ 17 ff, §§ 162ff., §§ 273ff. KAGB, insbesondere der durch § 91, § 108 Abs. 1, § 124 Abs. 1 S. 1, § 139, § 140 Abs. 1 S. 1, § 149 Abs. 1 S. 1 KAGB begründete Rechtsformzwang. Während das KAGB in § 1 den Anwendungsbereich für sämtliche Vehikel eröffnet, die den tatbestandlichen Vorgaben genügen, begrenzt es durch vorgenannte Paragraphen die zulässigen Alternativen zur Auflegung eines Investmentvermögens. Das Gesetz legt also abschließend die als Fondsvehikel zulässigen Rechts- bzw. Gesellschaftsformen fest. In diesem Kontext ist der von *Casper* verwendete Begriff des „zweifachen Rechtsformzwangs"[32] missverständlich.[33] Der in § 1 Abs. 1 KAGB definierte Begriff des Investmentvermögens ist auf tatbestandlicher Ebene rechtsformunabhängig. Erst durch oben genannte Paragraphen vollzieht sich eine gesetzliche Beschränkung der zulässigen Rechts- bzw. Gesellschaftsformen auf das Sondervermögen, die InvestmentAG und die InvestmentKG.[34] Der

30 Der materielle Fondsbegriff knüpft nicht an die Rechtsform an, vgl. § 1 Abs. 1 KAGB.

31 RegE zum KAGB, BT-Drucksache 17/12294, S. 188.

32 *Casper*, in Staub/HGB-Kommentar, § 161 HGB Rz. 260.

33 *Casper* sieht den zweifachen Rechtsformzwang darin begründet, dass das KAGB zum einen in Umsetzung des Ansatzes in der AIFM-RL einen materiellen Fondsbegriff zugrunde legt, der zwar abstrakt von der Organisationsform ist, jedoch sämtliche, in den Anwendungsbereich des KAGB fallende, Investmentvermögen gleichen Organisationregeln unterwirft. Zum anderen sieht er den Rechtsformzwang darin begründet, dass das KAGB die Wahl der zulässigen Rechtsformen, die als Anlagevehikel zur Verfügung stehen können, begrenzt. Vgl. *Casper*, in Staub/HGB-Kommentar, § 161 HGB Rz. 260.

34 In welcher Ausprägung (InvestmentAG mit fixem oder variablem Kapital) bzw. für welchen Fondstypus (offener/geschlossener AIF, offener OGAW) die jeweilige

Rechtsformzwang knüpft bereits begrifflich nur an die Wahl der entsprechenden Rechtsform für das Fondsvehikels an. Die Verkürzung des durch § 1 KAGB eröffneten Anwendungsbereichs ist demnach – durch die rechtsformbeschränkenden Normen – lediglich mittelbarer Natur. Aus sich heraus enthält § 1 KAGB jedoch keine rechtsformbegründende bzw. -begrenzende Wirkung, sodass es bei dem einfachen Rechtsformzwang bezogen auf die Wahl der Rechtsform des Fondsvehikels bleibt.

Wie sich bereits aus § 1 KAGB und der Verwendung des materiellen Fondsbegriffs ergibt, unterscheidet das KAGB zwischen OGAW-Fonds und AIFs, vgl. § 1 Abs. 2 und 3 KAGB. Darüber hinaus differenziert das KAGB zwischen offenen und geschlossenen Investmentvermögen, wobei OGAW stets nur als offene Investmentvermögen aufgelegt werden können (§ 1 Abs. 4 Nr. 1, Abs. 5 KAGB). AIFs hingegen können sowohl in der Form der offenen als auch der geschlossenen Investmentvermögen bestehen (§ 1 Abs. 4 Nr. 1, Abs. 5 KAGB). Eine weitere Unterteilung schafft das KAGB mit der Klassifizierung als Spezial-AIF bzw. Publikums-AIF (§ 1 Abs. 6 KAGB). Hiernach handelt es sich dann um einen Spezial-AIF, wenn dessen Anteile ausschließlich von professionellen und/oder semiprofessionellen Anlegern erworben werden dürfen (§ 1 Abs. 32 und 33 KAGB). Handelt es sich nicht um eine der vorgenannten Anlegerklassen, so liegt ein Publikums-AIF vor, der auch der Vermögensanlage von Privatanlegern zugänglich ist. Weiterhin unterscheidet das KAGB innerhalb der offenen und geschlossenen Investmentvermögen zwischen interner und externer Verwaltung. Intern verwaltete Investmentgesellschaften sind per Definition solche Investmentgesellschaften, die keine externe Verwaltungsgesellschaft i.S.d. § 17 KAGB bestellt haben, § 1 Abs. 12 KAGB.[35] Im Umkehrschluss sind extern verwalteten Investmentgesellschaften solche, die die Anlage und Verwaltung des Kommanditanlagevermögens nichts selbst wahrnehmen, sondern hierzu eine KVG berufen, vgl. u.a. § 129 Abs. 1, § 154 Abs. 1 KAGB. Im Fall der externen Verwaltung ist die KVG Adressatin der aufsichtsrechtlichen Genehmigungen.

b. Systematik der InvestmentKG

Nach diesem kurzen allgemeinen Überblick über die Systematik der inländischen Investmentvermögen nach dem KAGB soll nunmehr näher auf die systematische Struktur der InvestmentKG eingegangen werden. Zunächst bestimmt

---

Gesellschaftsform zur Verfügung steht, findet aufgrund der allgemeinen Aussage, die getroffen wird, keine Berücksichtigung.

35 Für die Definition extern verwalteter Investmentvermögen vgl. § 1 Abs. 13 KAGB.

§ 91 Abs. 1 KAGB, dass offene inländische Investmentvermögen – sowohl OGAW als auch AIF – nur als Sondervermögen oder InvestmentAG mit veränderlichem Kapital aufgelegt werden dürfen. In Abweichung zu Absatz 1 ordnet § 91 Abs. 2 KAGB an, dass sämtliche offenen inländischen Investmentvermögen, die keine OGAW sind und deren Anteile ausschließlich von professionellen und semiprofessionellen Anlegern erworben werden dürfen, zusätzlich als offene InvestmentKG aufgelegt werden dürfen. Damit wird zum einen klargestellt, dass ein OGAW nie die Rechtsform der InvestmentKG wählen kann. Zum anderen schreibt § 91 Abs. 2 KAGB vor, dass die vorstehend genannte Organisationsform nur für solche offenen Investmentvermögen gewählt werden kann, deren Anleger nicht Privatanleger i.S.d. § 1 Abs. 31 KAGB sind. Demnach verwaltet eine offene InvestmentKG stets einen Spezial-AIF, § 1 Abs. 6 KAGB. Der beschränkte Anwendungsbereich der offenen InvestmentKG auf Spezialfonds rechtfertigt sich daraus, dass dieses Fondsvehikel primär deshalb eingeführt wurde, um ein steuertransparentes Vehikel für die betriebliche Altersvorsorge, das sog. Pension Asset Pooling, einzurichten.[36] Das hierbei vom Gesetzgeber verfolgte Ziel liegt in der Erhöhung der Standortattraktivität Deutschland. Durch die Schaffung dieses Fondsvehikels soll zum einen erreicht werden, dass das Altersvorsorgevermögen großer deutscher Konzerne im Inland verbleibt. Zugleich soll das vorgenannte Modell allerdings auch Anreiz bieten, entsprechendes Vermögen ausländischer Tochterunternehmen ins Inland zu verlagern.[37] Aus ökonomischer Sicht könnte ein derartiger Wandel zu einer Steigerung, jedenfalls aber zum Erhalt, der Geschäftsvolumina der KVGen sowie der Verwahrstellen führen.[38]

Eine weitere Beschränkung ihres Anwendungsbereichs erfährt die InvestmentKG durch § 91 Abs. 3 KAGB. Hiernach dürfen „offene inländische Investmentvermögen, die nach den Anlagebedingungen das bei ihnen eingelegte Geld in Immobilien anlegen, nur als Sondervermögen aufgelegt werden“. Aufgrund ihres sich hieraus ergebenden beschränkten Anwendungsbereichs ist davon auszugehen, dass die praktische Bedeutung der offenen InvestmentKG eher gering bleiben wird. Auch deshalb wird sie nicht im Zentrum dieser Arbeit stehen.

Größere praktische Relevanz kann hingegen der geschlossenen InvestmentKG zugesprochen werden. Geschlossene inländische Investmentvermögen

36 RegE zum KAGB, BT-Drucksache 17/12294, S. 190; *Eichhorn*, in Moritz/Klebeck/Jesch, Frankfurter Komm. z. KAGB, Vor §§ 124–138 Rz. 2.

37 RegE zum KAGB, BT-Drucksache 17/12294, S. 190.

38 Vgl. RegE zum KAGB, BT-Drucksache 17/12294, S. 190.

(ausschließlich AIFs[39]) dürfen nur in der Form der InvestmentAG mit fixem Kapital sowie als geschlossene InvestmentKG aufgelegt werden, § 139 KAGB. Kennzeichnend für geschlossene Fonds im Unterschied zu offenen Investmentvermögen ist dabei, dass der Anteilerwerb nur innerhalb eines festgelegten Platzierungszeitraums und bis zur Ausschöpfung eines vorab festgelegten Volumens erfolgen kann.[40] Den Anlegern ist es darüber hinaus nicht möglich, ihre Anteile in einem jährlichen Turnus zur Rücknahme anzubieten. Die geschlossene InvestmentKG steht dabei in der Form der Spezial-InvestmentKG (§ 150 Abs. 2 Nr. 2 KAGB) sowie in der Form der geschlossenen Publikums-InvestmentKG zur Verfügung, § 150 Abs. 2 Nr. 1 KAGB. Basierend auf den Zielvorgaben der AIFM-RL finden sich insbesondere in den §§ 149ff. KAGB diverse Regelungen, die der Gewährleistung eines hohen Anlegerschutzes Rechnung tragen sollen – bspw. § 150, § 152, § 153 Abs. 1–3 KAGB.[41] Auch im Rahmen der geschlossenen InvestmentKG unterscheidet das Gesetz in einigen Vorschriften zwischen interner und externer Verwaltung, vgl. bspw. § 153 Abs. 1, Abs. 3, § 154 Abs. 1, § 156 KAGB. Per Definition liegt Verwaltung vor, wenn mindestens die Portfolioverwaltung oder das Risikomanagement erbracht werden, § 17 Abs. 1 S. 2 KAGB. Im Bereich der extern verwalteten InvestmentKG wird diese Vorschrift durch die Vorgabe ergänzt, dass der externen KVG insbesondere die Anlage und Verwaltung des Kommanditanlagevermögens obliegt, § 129 Abs. 1 S. 2, § 154 Abs. 1 S. 2 KAGB. Im Vorgriff auf die sich anschließenden Analysen sei jedoch bereits an dieser darauf verwiesen, dass die vorliegende Arbeit im Bereich der externen Verwaltung von einem Auseinanderfallen der organschaftlichen Geschäftsführung und Vertretung ausgeht, indem sie in den § 129 Abs. 1, § 154 Abs. 1 KAGB einen gesetzlich angeordneten Fall zulässiger Fremdgeschäftsführung sieht.[42] Auf Basis einer rein verwaltungsbezogenen Betrachtung entspricht die intern verwaltete InvestmentKG durch die Einheitlichkeit von Gesellschaft und Verwaltung somit deutlicher der personengesellschaftsrechtlich geprägten Kommanditgesellschaft.[43] Über den Grad der Entfremdung lassen sich jedoch allein auf dieser Betrachtungsebene keine Rückschlüsse ziehen. Inwieweit die

39 Wie bereits weiter oben beschrieben sind sämtliche geschlossenen Fonds AIFs. OGAW können nur als offene Investmentvermögen in Gestalt der Sondervermögen oder der InvestmentAG mit veränderlichem Kapital aufgelegt werden, vgl. § 1 Abs. 4 und 5 KAGB.

40 *Zetzsche*, Prinzipien der kollektiven Vermögensverwaltung, S. 285.

41 Vgl. Erwägungsgrund 94 der AIFM-RL.

42 Siehe hierzu ausführlich Kap. 2 Abschnitt IV. 2.

43 Innerhalb der HGB-KG fallen Geschäftsführung und Vertretung grds. zusammen.

InvestmentKG in ihren spezifischen Ausprägungen (offen/geschlossen, intern/extern verwaltet) noch als Kommanditgesellschaft zu klassifizieren ist bzw. als Unter-/ oder Sonderform der Kommanditgesellschaft einzustufen ist, wird den Kern der nachfolgenden Auseinandersetzungen bilden.

3. Reichweite des Verweises der § 124 Abs. 1 S. 2, § 149 Abs. 1 S. 2 KAGB

Die durch das KAGB getroffenen Regelungen zur InvestmentKG sind trotz ihrer Komplexität nicht abschließend, was insbesondere die Verweise der § 124 Abs. 1 S. 2, § 149 Abs. 1 S. 2 KAGB verdeutlichen. Die Verweise auf die „Bestimmungen des Handelsgesetzbuches" dienen hierbei der Lückenfüllung.[44] Auch wenn sie grundsätzlich dazu gedacht sind, die Vorschriften über die HGB-Kommanditgesellschaft (HGB-KG) für anwendbar zu erklären[45], erfassen sie darüber hinaus auch die Vorschriften des Firmenrechts, §§ 17ff. HGB sowie sämtliche Bestimmungen zur Rechnungslegung. Über die Verweiskaskade des § 161 Abs. 2, § 105 Abs. 3 HGB kommen subsidiär auch die Vorschriften der §§ 705ff. BGB zur Anwendung. Die hierbei zentralen Vorschriften, die insbesondere die Kommanditistenhaftung[46] betreffen, sind u.a. die § 707, § 735, § 738 BGB, §§ 171ff. HGB.[47] Während bestimmte Regelungen wie § 176 Abs. 2 HGB durch § 127 Abs. 4, § 152 Abs. 4 KAGB vollständig abbedungen wurden, finden andere Vorschriften (§ 717, § 719 BGB) weiterhin Anwendung, wenn auch nur mittelbar durch den Verweis.[48]

Neben den formal-gesetzlichen Bestimmungen kommen durch den Verweis auf das Handelsgesetzbuch v.a. ungeschriebene Grundsätze des Personengesellschaftsrechts wie der Grundsatz der Selbstorganschaft, das Abspaltungsverbot oder die Treuepflicht zur Anwendung.[49] Wobei letztere wegen des auf die Anlage begrenzten Unternehmenszwecks nur eingeschränkt anzuwenden ist.[50] Auch, wenn für die Publikumskommanditgesellschaft (PublikumsKG) aufgrund des

---

44 *Casper*, in Staub/HGB-Kommentar, § 161 HGB Rz. 278.

45 Vgl. hierzu RegE zum KAGB, BT-Drucksache 17/12294, S. 241.

46 Siehe hierzu näher Kap. 2 Abschnitt V.2.

47 So treffen bspw. die § 127 Abs. 3, § 152 Abs. 3 KAGB besondere Regelungen bezogen auf § 707 BGB.

48 Trotz ihrer differenzierten Ausprägung stellt die InvestmentKG eine Gesamthandgesellschaft dar und keine juristische Person.

49 Für nähere Ausführungen zum Grundsatz der Selbstorganschaft, siehe Kap. 2 Abschnitt IV.2.a.

50 Vgl. *K. Schmidt*, in MünchKomm. HGB, § 145 HGB Rz. 94.

Rechtsformzwangs des KAGB kein Raum mehr ist, ist es durchaus möglich, das hierzu entwickelte, richterrechtlich geprägte, Sonderrecht weiterhin heranzuziehen.[51]

4. Gesetzgeberische Einordnung der InvestmentKG

Vor dem Hintergrund der vorliegenden Arbeit soll nunmehr kurz die gesetzgeberische Einordnung der InvestmentKG im Spannungsfeld zwischen KAGB und HGB dargestellt werden. Der KAGB-Gesetzgeber sieht in der InvestmentKG eine Kommanditgesellschaft nach dem Handelsgesetzbuch.[52] Damit wird aus Sicht des Gesetzgebers mit der InvestmentKG keine neue Gesellschaftsform geschaffen.[53] Abweichungen gegenüber den bestehenden Regeln seien nur dort vorgenommen worden, wo dies aufgrund der organisationsrechtlichen Form als Investmentvermögen von Nöten gewesen sei.[54] Im Übrigen seien die Regelungen an diejenigen für InvestmentAGen und damit an körperschaftlich strukturierte Kapitalgesellschaften angelehnt, soweit sich aus eben diesem Unterschied zwischen Personen- und Kapitalgesellschaften keine unterschiedliche Handhabung ergebe.[55] Inwieweit der Gesetzgeber diesen Vorgaben tatsächlich gerecht wird und inwieweit er die scharfe Trennung zwischen Personen- und Kapitalgesellschaft zu Gunsten der Anforderungen der investmentrechtlichen Praxis aufgibt, wird Untersuchungsgegenstand dieser Arbeit sein. Darüber hinaus, wird es Teil dieser Arbeit sein, die allgemeine Frage zu beantworten, ob es sich bei der InvestmentKG tatsächlich um eine Kommanditgesellschaft nach dem Handelsgesetzbuch handelt oder vielmehr um eine Art „Etikettenschwindel".

Zu diesem Zweck sollen im Anschluss an den folgenden grafischen Überblick über die möglichen Strukturen inländischer Investmentvermögen nach dem KAGB zunächst die gesellschaftsvertraglichen Regelungen der InvestmentKG in den Blick genommen werden (III.). Bereits hier werden sich erste Unterschiede zum klassischen Leitbild der gesetztypischen Kommanditgesellschaft abzeichnen.

---

51 *Casper*, in Staub/HGB-Kommentar, § 161 HGB Rz. 136-141 m.w.N.; vgl. auch: *Wiedemann*, Alte und neue Kommanditgesellschaft, NZG 2014, 1041, 1043.

52 Vgl. hierzu RegE zum KAGB, BT-Drucksache 17/12294, S. 249.

53 Vgl. hierzu RegE zum KAGB, BT-Drucksache 17/12294, S. 249; so auch: *Eichhorn*, in Moritz/Klebeck/Jesch, Frankfurter Komm. z. KAGB, § 124 Rz. 7.

54 Vgl. RegE zum KAGB, BT-Drucksache 17/12294, S. 190.

55 Vgl. RegE zum KAGB, BT-Drucksache 17/12294, S. 190.

III. Spannungsverhältnis zwischen Aufsichtsrecht und Gesellschaftsrecht

Da es im Zuge der nachfolgenden Untersuchungen vermehrt um das Spannungsverhältnis zwischen aufsichtsrechtlichen Vorgaben und Zielsetzungen und personengesellschaftsrechtlichen Grundkonzeptionen gehen wird, soll an dieser Stelle eine erste Einleitung in die Problemstellung erfolgen.

Den Ausgangspunkt bildet das deutsche Gesellschaftsrecht, das als Teil des Zivilrechts die Grundlage der Unternehmung bildet, an die das Aufsichtsrecht, als Teil des besonderen Gewerberechts, öffentlich-rechtlich, anknüpft.[56] Dabei wird das Gesellschaftsrecht allgemeinhin als das Recht der privatrechtlichen Zweckverbände angesehen.[57] Innerhalb des Gesellschaftsrechts bietet das Personengesellschaftsrecht aufgrund der Vielzahl dispositiver Regelungen, den größten privatautonomen Gestaltungsrahmen, der seine Grenzen vorwiegend in den zwingenden Gläubiger- und Mitgliederschutzvorschriften findet.[58] Während das Gesellschaftsrecht somit einen konzeptionellen, auf die Verfasstheit der Unternehmung bezogenen Fokus hat, befasst sich das Aufsichtsrecht mit übergeordneten Bestrebungen, wie dem Erhalt von Sicherheit und Ordnung sowie der Funktionsfähigkeit des Marktes, der Stabilität der Gesamtwirtschaft und dem Schutz der Anleger bzw. Einlagegläubiger.[59]

Durch das KAGB wurde nunmehr ein Regelwerk geschaffen, das den Aufsichts- und Regulierungsrahmen weiter fortentwickelt und an die geänderten europäischen Vorgaben anpasst, mit dem Ziel einen einheitlich hohen Anlegerschutzstandard zu erreichen.[60] Dabei entstehen v.a. dadurch Spannungsverhältnisse, dass das Kommanditgesellschaftsrecht aufsichtsrechtlichen Vorgaben unterworfen wird, die aufgrund ihrer divergieren Zielrichtung – Anleger- statt

56 *K. Schmidt*, GesR, § 1 II 1. a); *Uwe H. Schneider/Sven H. Schneider*, Der Aufsichtsrat der Kreditinstitute zwischen gesellschaftsrechtlichen Vorgaben und aufsichtsrechtlichen Anforderungen, NZG 2016, 41, 41. Durch das Auferlegen öffentlich-rechtlicher Verhaltenspflichten stehen die Beteiligten in einem Über-/Unterordnungsverhältnis zueinander.

57 *K. Schmidt*, GesR, § 5 III 1. a) und b); *Mutter/Angsten*, in Gummert, MAH PersG-Recht, § 1 Rz. 1ff.; *Ulmer/Schäfer*, in MünchKomm. BGB, § 705 Rz. 1.

58 Vgl. *K. Schmidt*, GesR, § 5 III 1. a)

59 *Uwe H. Schneider/Sven H. Schneider*, Der Aufsichtsrat der Kreditinstitute zwischen gesellschaftsrechtlichen Vorgaben und aufsichtsrechtlichen Anforderungen, NZG 2016, 41, 42.

60 RegE zum KAGB, BT Drucksache 17/12294, S. 187.

Gläubigerschutz – eine Entfremdung von der gesetzestypischen KG herbeiführen, die durch eine Orientierung an kapitalgesellschaftsrechtlichen Regelungen und Wertungen weiter verstärkt wird. Letzteres ist vorwiegend dadurch bedingt, dass das Kommanditgesellschaftsrecht, durch seine personalistische Prägung, kaum Lösungsansätze zur Überwindung der bestehenden Kontroversen, insbesondere im Bereich der Massengesellschaft (hier: der Publikums-InvestmentKG) bietet. Anders ist dies hinsichtlich des Aktienrechts, das seiner Grundkonzeption entsprechend auf überindividueller Verselbständigung basiert und sich gemäß seiner gesellschaftsrechtlichen Funktion an eine breite unbestimmte Masse richtet.[61] Aufgrund ihrer Eigenschaft, Kapitalgesellschaft zu sein, und der damit verbundenen kapitalmarktrechtlichen Orientierung, ist die AG erprobter Adressat aufsichtsrechtlicher Bestimmungen. Dies bestätigen auch die in der deutschen Rechtswirklichkeit seit längerem existenten Regelwerke, wie die Principles of Corporate Governance der OECD oder der Public Corporate Governance Kodex von Bund und Ländern deren Relevanz im personengesellschaftsrechtlichen Bereich gegen null geht.[62]

Neben diese Rahmenwerke tritt die Aufsichtspraxis der BaFin und der ESMA, wobei sich der aufsichtsrechtliche Fokus auch hier primär auf Kapitalgesellschaften oder Gesellschaften in der Rechtsform der GmbH & Co. KG konzentriert. Die reine Kommanditgesellschaft ist insbesondere aufgrund ihrer Haftungsverfassung, für Geschäftsbereiche mit bank- und kapitalmarktrechtlicher Orientierung, als Rechtsform ungeeignet, wenn auch nicht per se unzulässig. So sind die relevanten formalen Regelwerke, wie das Kreditwesengesetz (KWG) oder das Wertpapierhandelsgesetz (WpHG), ihrem Anwendungsbereich nach nicht auf Kapitalgesellschaften beschränkt, vgl. § 1 Abs. 1, § 2, § 2b Abs. 1 und 2 KWG.

Wenn auch die beschriebene, durch das KAGB vermittelte Dominanz des Aufsichtsrechts in der Praxis etwas anderes vermuten lässt, so sind die aufsichtsrechtlichen Vorgaben nicht als „lex specialis" zu den gesellschaftsrechtlichen Vorgaben zu sehen.[63] Dieses Ergebnis mag paradox erscheinen, da

61 *K. Schmidt*, GesR, § 3 I 2. a).

62 Vgl. im Allgemeinen hierzu: *Uwe H. Schneider/Sven H. Schneider*, Der Aufsichtsrat der Kreditinstitute zwischen gesellschaftsrechtlichen Vorgaben und aufsichtsrechtlichen Anforderungen, NZG 2016, 41, 41.

63 Vgl. i.E. *Uwe H. Schneider/Sven H. Schneider*, Der Aufsichtsrat der Kreditinstitute zwischen gesellschaftsrechtlichen Vorgaben und aufsichtsrechtlichen Anforderungen, NZG 2016, 41, 42f.

rein tatsächlich die gesellschaftsrechtlichen Vorgaben nicht selten von aufsichtsrechtlichen Anforderungen überlagert, eingeschränkt, erweitert oder näher konkretisiert werden. Dennoch bildet das Aufsichtsrecht – zumindest rechtstechnisch – hierbei „lediglich“ die „rechtsformübergreifende Klammer“[64].

Sich diesem Spannungsverhältnis zwischen personengesellschaftsrechtlicher Dogmatik und Methodik und aufsichtsrechtlichen Schutzinteressen zu widmen, wird die Kernaufgabe dieser Arbeit darstellen. Dabei liegt die größte Herausforderung darin, die durchaus begrüßenswerte Zielsetzung des europäischen Gesetzgebers – das Anlegerschutzniveau europaweit zu heben und zu vereinheitlichen – nicht darüber hinwegtäuschen zu lassen, dass das Erreichen dieses Zieles in der nationalen Umsetzung, insbesondere im Wege der Schaffung der InvestmentKG, mit erheblichen Eingriffen in die personengesellschaftsrechtliche Dogmatik verbunden ist. So ist der Anlegerschutz zwar stets als legitimes Ziel zu begreifen, das Personengesellschaftsrecht jedoch nicht gleichermaßen geeignetes Mittel zu dessen Verwirklichung. Es wird sich zeigen, dass an vielerlei Stelle dem aufsichtsrechtlichen Bestreben nur dadurch gerecht werden konnte, dass man das Kommanditgesellschaftsrecht kapitalgesellschaftsrechtlichen Vorgaben unterworfen hat und damit ein nicht unwesentlicher Identitätsverlust begründet wurde. Dabei soll der Dogmatik allerdings nicht unreflektiert blinder Gehorsam geleistet werden. Wird die Dogmatik zum reinen Selbstzweck, kann es durchaus gerechtfertigt sein, aufsichtsrechtlichen Interessenerwägungen den Vorrang einzuräumen.

Inwieweit durch das KAGB insgesamt ein Sondergesellschaftsrecht für Investmentgesellschaften geschaffen wurde, wird im weiteren Verlauf dieser Arbeit zu untersuchen sein.

Zusammenfassende Darstellung der Struktur inländischer Investmentvermögen nach dem KAGB[65]

---

64 *Uwe H. Schneider/Sven H. Schneider*, Der Aufsichtsrat der Kreditinstitute zwischen gesellschaftsrechtlichen Vorgaben und aufsichtsrechtlichen Anforderungen, NZG 2016, 41, 42.

65 Die Darstellung der systematischen Struktur ist allgemein gehalten und berücksichtigt nicht die im Text beschriebenen Varianten der internen und externen Verwaltung. Darüber hinaus geht die Darstellung nicht auf etwaige Ausnahmen ein, wie diese bspw. für Immobilienfonds gelten, die gem. § 91 Abs. 3 KAGB nur als Sondervermögen aufgelegt werden dürfen.

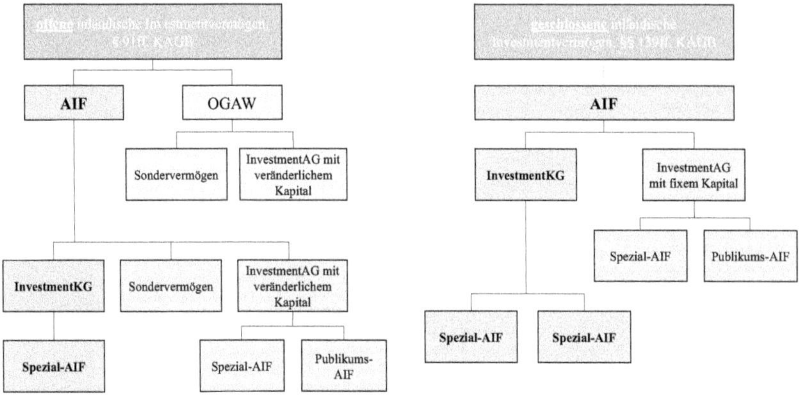

Abb. 1: Inländische Investmentvermögen nach dem KAGB

Kapitel 2: Gesellschaftsrechtliche Einordnung und Bewertung der InvestmentKG

Die InvestmentKG unterliegt als Personengesellschaft grds. handelsrechtlichen Regelungen und zwar unabhängig von ihrer konkreten Ausprägung, als offene oder geschlossene, intern oder extern verwaltete Gesellschaft. Nichtsdestotrotz ergeben sich gerade aus der konkreten Ausgestaltungsform mitunter erhebliche Unterschiede. Der Hauptgrund hierfür liegt in dem jeweils unterschiedlichen Adressatenkreis. Während sich an der offenen InvestmentKG per se nur professionelle und semiprofessionelle Anleger beteiligen können, erlaubt das Gesetz für die geschlossene InvestmentKG, in der Form der Publikums-InvestmentKG, auch eine Beteiligung von Privatanlegern. Hieraus ergeben sich gleich in mehrfacher Hinsicht Divergenzen, die sowohl rechtlicher als auch tatsächlicher Natur sind.

In tatsächlicher Hinsicht führt die Beteiligung von Privatanlegern zu einer deutlich höheren Anzahl von Anlegern. Anders als bei Spezialfonds, die teilweise nur aus einem Anleger bestehen, richtet sich die Publikums-InvestmentKG an eine unbestimmte Vielzahl potentieller Anleger. Die InvestmentKG wird in diesem Fall zur Massengesellschaft und erhält somit eine höhere Vergleichbarkeit zur Aktiengesellschaft, als dies grds. bei Spezialfonds der Fall ist. Auch die rechtliche Wirklichkeit variiert je nach Adressatenkreis. So ist das Schutzniveau der Privatanleger durch die Ausgestaltungsdichte deutlich höher, als das der professionellen Anleger, was sich unter anderem daran zeigt, dass sich die Zulässigkeit einer mittelbaren Beteiligungsstruktur nicht nur ausschließlich auf Publikums-InvestmentKG beschränkt, sondern – zur Erhöhung des Anlegerschutzes – an eine rechtliche Gleichstellung des mittelbar Beteiligten mit einem Kommanditisten einhergeht.

Die Publikums-InvestmentKG ist dabei, entgegen dem gesetzlichen Leitbild der handelsrechtlichen KG, auf eine rein kapitalistische Beteiligung der Gesellschafter angelegt. Die Anlagegesellschafter stehen weder in persönlichen Beziehungen zueinander noch liegt die personelle Zusammensetzung der Gesellschaft in gewohnter Art in ihrem Einflussbereich.[66] Da es für die Gründung der Kommanditgesellschaft ausreicht, dass ein Gesellschafter unbeschränkt und

---

66 *Kellermann*, Zur Anwendung körperschaftsrechtlicher Grundsätze und Vorschriften auf die Publikums-Kommanditgesellschaft, in FS Stimpel, S. 296.

ein anderer auf den Betrag einer bestimmten Einlage beschränkt haftet, § 161 Abs. 1 HGB, können unproblematisch erst im Nachgang der Gründung neue Anleger geworben werden, wie dies insbesondere im Bereich der Publikums-InvestmentKG der Fall ist. Abgesehen von etwaigen Treuhandkonstellationen, bei denen die Anleger nicht selbst Gesellschafter werden, folgt hieraus, dass quasi sämtliche Gesellschafter der InvestmentKG nicht auch Gründungsgesellschafter sind. Das spätere Hinzutreten der einzelnen Anlagegesellschafter erfolgt autonom, sprich unabhängig von den Interessen und in Unkenntnis anderer hinzutretender Gesellschafter.

Die Aufnahme neuer Kommanditisten erfolgt – mangels tatsächlicher Durchführbarkeit[67] – nicht durch Vertrag mit allen Gesellschaftern, sondern regelmäßig durch den persönlich haftenden Gesellschafter, der im Namen der übrigen Gesellschafter und in deren Vollmacht handelt.[68] Während vorgenanntes Szenario auch in gesetzestypischen KGs nicht unüblich ist, hält es der BGH auch für zulässig, dass die PublikumsKG ermächtigt werden kann im eigenen Namen und mit Wirkung für alle Gesellschafter Beitrittsverträge abzuschließen.[69] Das heißt: Der Beitritt neuer Kommanditisten vollzieht sich unmittelbar durch Abschluss des Beitrittsvertrages mit der Gesellschaft.

Der Gesellschaftsvertrag wird von den Initiatoren einseitig vorformuliert, sodass die späteren hinzutretenden Anlagekommanditisten auch hier keinen inhaltsgestaltenden Einfluss ausüben können und sich im Zweifel Regeln zu unterwerfen haben, die sie einseitig belasten. Defizite, die aus dieser Verhandlungsdisparität folgen, sind durch die Rechtsprechung im Wege der ergänzenden Vertragsauslegung oder der Inhaltskontrolle auszugleichen.[70]

---

67 Vgl. *Henze/Notz*, in Ebenroth/Boujong/Joost/Strohn, Anh. B zu § 177a Rz. 12.

68 *Kraft*, Die Rechtsprechung des Bundesgerichtshofs zur Publikums-KG zwischen Vertragsauslegung und Rechtsfortbildung, in FS Fischer, S. 328; vgl. hierzu etwa BGH Urt. v. 14.12.1972 – II ZR 82/70 = NJW 1973, 1604, 1605; *Casper*, Die Investmentkommanditgesellschaft: große Schwester der Publikums-KG oder Kuckuckskind?, ZHR 179 (2015), 44, 63. Zu weitgehend wäre die Annahme, dass der Vertrag – wie im Kapitalgesellschaftsrecht – zwischen dem Beitretenden und der (vom persönlich haftenden Gesellschafter vertretenen) Gesellschaft als solcher geschlossen wird.

69 BGH Urt. v. 10.12.1984 – II ZR 28/84 = BGHZ 93, 159, 160; BGH Urt. v. 17.11.1975 – II ZR 120/74 = WM 1976, 15, 16; BGH Urt. v. 14.11.1977 – II ZR 95/76 = NJW 1978, 1000; BGH Urt. v. 6.12.1982 – II ZR 70/82 = NJW 1983, 1117, 1118; BGH Urt. v. 16.5.1994 – II ZR 223/92, = NJW-RR 1994, 1185f.

70 Sowohl auf die ergänzende Vertragsauslegung als auch auf die Inhaltskontrolle wird nachfolgend noch genauer eingegangen – s. Kap. 2 Abschnitt I.4.

Auch in ihrer weiteren Ausgestaltung ist die InvestmentKG durch ihre korporationsrechtliche Organisation und ihre repräsentative Binnenstruktur gekennzeichnet.[71] Das KAGB etabliert damit eine den Körperschaften quasi identische Organisationsverfassung. Die hierzu vom Gesetzgeber gewählten Mechanismen sind nachfolgend in ihren Einzelheiten darzustellen.

I. Der Gesellschaftsvertrag der InvestmentKG

Wie jede Personengesellschaft setzt auch die InvestmentKG als Grundlage notwendig einen Gesellschaftsvertrag voraus, in dem sich alle Beteiligten verpflichten, die Erreichung eines gemeinsamen Zwecks in der vertraglich vorgesehenen Weise zu fördern, vgl. § 161 Abs. 2, § 105 Abs. 3 HGB i.V.m. § 705 BGB. Während das Personengesellschaftsrecht durch sein weitgehend dispositives Gesetzesrecht die Gestaltungsfreiheit der Gesellschafter im Innenverhältnis sowie die Vertragsfreiheit insgesamt (vgl. § 109 HGB) fördert, versucht das KAGB nunmehr, zugunsten eines erhöhten Anlegerschutzes, spezialgesetzlich einen gesellschaftsvertraglichen Mindestinhalt festzulegen (vgl. § 125, § 150 KAGB), der letztlich zu einer Vereinheitlichung der einzelnen Ausprägungsvarianten der InvestmentKG führt.[72]

Neben der formalen Anforderung, dass der Gesellschaftsvertrag der Schriftform bedarf (§ 125 Abs. 1, § 150 Abs. 1 KAGB), gehört nach kapitalgesellschaftsrechtlichem Vorbild nunmehr auch die Bestimmung des Gegenstands des Unternehmens zum notwendigen Vertragsinhalt. Dabei muss der gesellschaftsvertraglich festgelegte Unternehmensgegenstand, den investmentrechtlichen Vorgaben entsprechend, ausschließlich in der Anlage und Verwaltung der Mittel nach einer festgelegten Anlagestrategie bestehen, § 125 Abs. 2 S. 1, § 150 Abs. 2 S. 1 KAGB. Nach Maßgabe der gesetzlichen Vorgaben hat der Gesellschaftsvertrag weiterhin den zulässigen Gesellschafterkreis festzulegen, wobei bereits die Wahl der offenen InvestmentKG eine Beteiligung von Privatanlegern ausschließt.[73] Darüber hinaus etabliert der Gesetzgeber mit den

71 *Martens*, in Schlegelberger, HGB Komm., Bd. III/2. Halbbd., § 161 Rz. 128.

72 Vgl. *Oetker*, in Oetker, § 161 Rz. 167; Zwingend sind vorwiegend grundlegende Strukturregelungen, wie bspw. § 719, § 738 Abs. 1 S. 1 BGB, s. hierzu auch: *Weitemeyer*, in Oetker, § 105 Rz. 31, § 109 Rz. 6.

73 So muss der Gesellschaftsvertrag der offenen InvestmentKG festlegen, dass ausschließlich professionelle und semiprofessionelle Anleger Gesellschafter sein dürfen bzw. Anteile erwerben dürfen. Für die geschlossene InvestmentKG bestimmt das Gesetz, dass auch Privatanleger Anteile erwerben dürfen. Soll der Fonds als Spezial-AIF

gesellschaftsvertraglich zwingenden Bestimmungen zur Gesellschafterversammlung („hat vorzusehen") auch gleichsam positiv-rechtlich deren Existenz.[74] Ladungen zu Gesellschafterversammlungen haben unter vollständiger Angabe der Beschlussgegenstände zu erfolgen und den Anlegern ist im Nachgang der Versammlung eine Kopie des zu erstellenden Ergebnisprotokolls zu übersenden, § 125 Abs. 3, § 150 Abs. 3 KAGB.

War es den Gesellschaftern bis dato möglich, selbst über Ausscheidungsgründe zu befinden, hebt der KAGB-Gesetzgeber diese Disponibilität zumindest teilweise auf, § 125 Abs. 4, § 150 Abs. 4 KAGB i.V.m. § 131 Abs. 4 Nr. 2 und Nr. 4 HGB. Die Eröffnung des Insolvenzverfahrens über das Vermögen eines Gesellschafters sowie die Kündigung durch einen Privatgläubiger führen nunmehr zwingend zum Ausscheiden des Gesellschafters aus der Gesellschaft.

Diese rechtlichen Anforderungen an den Gesellschaftsvertrag zeigen, dass die InvestmentKG bereits auf konstitutioneller Ebene ein investmentrechtliches Gepräge erhält. Dabei führt nicht nur die Anlehnung an korporationsrechtliche Regeln, sondern v.a. die Einschränkung der Gestaltungsfreiheit, zu einer ersten Entfremdung von der gesetzestypischen KG. Inwieweit der Gesetzgeber damit bereits im Gründungsstadium der Gesellschaft die rein personengesellschaftsrechtliche Sphäre verlässt, ist im Nachfolgenden unter den oben aufgeworfenen Punkten eingehend zu untersuchen.

1. Schriftformerfordernis

Der Gesellschaftsvertrag der InvestmentKG unterliegt, in Abweichung zu den allgemeinen handelsrechtlichen Vorgaben, einem zwingenden Formerfordernis, das als lex specialis vorgeht.[75] Zum Schutz der Anleger und zur Erhöhung der Transparenz bedarf der Gesellschaftsvertrag der Schriftform (vgl. § 125 Abs. 1,

---

aufgelegt werden, ist die zulässige Anlegergruppe gesellschaftsvertraglich auf professionelle und semiprofessionelle Anleger zu beschränken, vgl. § 125 Abs. 2, § 150 Abs. 2 KAGB.

74 Inwieweit der Gesellschafterversammlung hierdurch Organqualität zukommt, wird unter Kap. 2 Abschnitt III.3.g. näher erläutert.

75 *Hüwel*, in Baur/Tappen, Investmentgesetze, Bd. 1, § 125 Rz. 2; *Sauter*, in Beck'sches Hdb. PersG, § 2 Rz. 16; *Freitag/Fürbaß*, Wann ist ein Fonds eine Investmentgesellschaft?, ZGR 2016, 729, 736f.

§ 150 Abs. 1 KAGB), d.h. alle Gründungsgesellschafter haben den Gesellschaftsvertrag handschriftlich zu unterzeichnen.[76]

a. *Rechtsnatur des Schriftformerfordernisses*

Die Frage, ob es sich bei dem Schriftformerfordernis um ein rein aufsichtsrechtlich motiviertes Erfordernis handelt, oder ob ihm allein oder zumindest auch privatrechtliche Bedeutung zukommt, lässt sich ausdrücklich weder dem Gesetz noch der Gesetzesbegründung entnehmen.[77] Nach der Gesetzesbegründung bedarf der Gesellschaftsvertrag aus „Transparenzgründen" der Schriftform.[78] Betrachtet man die funktionale Zwecksetzung des § 125 BGB (Warn-, Beweis- und Kontrollfunktion) kommt dieser auch und gerade im Investmentrecht besondere Bedeutung zu.[79] Die Anleger müssen nämlich in der Lage sein, rechtssicher und kontinuierlich den Inhalt des Gesellschaftsvertrages, der ihre Rechte und Pflichten regelt, überprüfen zu können.[80] Das hiermit korrespondierende Informationsbedürfnis sieht der Gesetzgeber für sämtliche Anlegertypen (Privatanleger wie (semi-)professionelle Anleger) gleichermaßen als gegeben an, vgl. § 125 Abs. 2 S. 2, § 150 Abs. 2 S. 2 KAGB. Nicht umsonst entsprach die Verschriftlichung des gesellschaftsvertraglichen Inhalts bereits vor Inkrafttreten des KAGB der gängigen (auch richterrechtlich geprägten) Praxis.[81] Auch der BGH begründete seine dahingehende Rechtsprechung mit Transparenzerwägungen.[82] Die eingegangenen Verbindlichkeiten müssten für später hinzutretende Gesellschafter transparent sein, andernfalls seien entsprechende Vereinbarungen bzw.

---

76 RegE zum KAGB, BT-Drucksache 17/12294, S. 242; *Jesch*, in Moritz/Klebeck/Jesch, Frankfurter Komm. z. KAGB, § 150 Rz. 11; ebenso *Freitag*, in Moritz/Klebeck/Jesch, Frankfurter Komm. z. KAGB, zu § 91 Rz. 27.

77 Vgl. §§ 125 Abs. 1, § 150 Abs. 1 KAGB; RegE zum KAGB, BT-Drucksache 17/12294, S. 242.

78 RegE zum KAGB, BT-Drucksache 17/12294, S. 242,

79 *Eisele*, in MünchKomm. BGB, § 125 Rz. 9f; *Ellenberger*, in Palandt, § 125 Rz. 1ff; Hertel, in Staudinger, § 125 Rz. 34ff.; *Freitag/Fürbaß*, Wann ist ein Fonds eine Investmentgesellschaft?, ZGR 2016, 729, 740.

80 *Freitag/Fürbaß*, Wann ist ein Fonds eine Investmentgesellschaft?, ZGR 2016, 729, 740.

81 Der BGH entwickelte für die PublikumsKG den Grundsatz, dass „[…] alle Verpflichtungen, die der Gesellschaft gegenüber Gründungsgesellschaftern auferlegt werden und diesen Vorteile verschaffen sollen, in den schriftlich festgelegten Gesellschaftsvertrag […] aufgenommen werden" müssen, BGH Urt. v. 4.3.1976 –II ZR 178/74 = WM 1976, 446, 447; so i.E: auch BGH Urt. v. 7.11.1977 – II ZR 105/76 = 755, 755.

82 BGH Urt. v. 4.3.1976 –II ZR 178/74 = WM 1976, 446, 447; BGH Urt. v. 7.11.1977 – II ZR 105/76 = NJW 1978, 755, 755.

zu ihrer Verwirklichung vorgenommene Rechtshandlungen unwirksam.[83] Vor dem Hintergrund der vorgenannten Ausführungen ist der mit dem Schriftformerfordernis verfolgte Transparenzgedanke zumindest auch privatrechtlich motiviert.[84]

b. Registerrechtliche Kontrolle

Da der Gesellschaftsvertrag notwendig schriftlich abzufassen ist, steht dem Registergericht bei Eintragung der InvestmentKG[85] stets eine überprüfbare Grundlage der getroffenen Vereinbarungen zur Verfügung. Durch die auch privatrechtliche Motivation des aufsichtsrechtlich zwingenden Schriftformerfordernisses, das wegen § 125 S. 1 BGB unmittelbaren Einfluss auf die Wirksamkeit des Gründungsvorgangs hat, hat das Registergericht die Einhaltung der gesetzlichen Form zu kontrollieren.[86] Der Gesellschaftsvertrag ist demnach mit der Anmeldung zum Handelsregister – und dem Nachweis über das Vorliegen der entsprechenden investmentrechtlichen Erlaubnis (§ 20 KAGB)[87] – zu Prüfungszwecken einzureichen.

Ein Verstoß gegen das Schriftformerfordernis ist praktisch ausgeschlossen. Denn neben der Anmeldung zum Handelsregister erhält die KVG – und zwar die interne wie die externe – die Genehmigung zur Aufnahme des Geschäftsbetriebs nur bei Vorlage eines Gesellschaftsvertrages, der den Anforderungen des KAGB entspricht, vgl. § 22 Abs. 1 Nr. 12 KAGB.

---

83 BGH Urt. v. 4.3.1976 –II ZR 178/74 = WM 1976, 446, 447.

84 So auch: *Freitag/Fürbaß*, Wann ist ein Fonds eine Investmentgesellschaft?, ZGR 2016, 729, 740.

85 Auch die InvestmentKG bedarf notwendig der (konstitutiven) Eintragung im Handelsregister, vgl. *Freitag/Fürbaß, Wann ist ein Fonds eine Investmentgesellschaft?, ZGR 2016, 729, 740.*

86 *Hertel*, in Staudinger, § 125 Rz. 1; *Freitag/Fürbaß*, Wann ist ein Fonds eine Investmentgesellschaft?, ZGR 2016, 729, 739.

87 Praktischer Hinweis: Zunächst wird die InvestmentKG gegründet, d.h. die Fondsinitiatoren schließen einen Gesellschaftsvertrag und beantragen die Erlaubnis zur Aufnahme des Geschäftsbetriebs bei der BaFin. Erst nach Erteilung der Erlaubnis erfolgt die Eintragung i.S.d. § 162 HGB. Diese Handhabe folgt dem bankaufsichtsrechtlichen Vorbild der § 32 Abs. 5 i.V.m. § 43 Abs. 1 KWG, wonach Eintragungen in öffentliche Register nur vorgenommen werden, wenn dem Register die entsprechende Erlaubnis nachgewiesen wird, vgl. *Beckmann*, in Beckmann/Scholtz/Vollmer, Investment Hdb., Erg.Lfg. 2/14, 405 § 25 Rz. 66.

c. *Formerfordernisse für nachträgliche Änderungen*

Die inhaltliche Reichweite des Formerfordernisses erstreckt sich auch auf im Nachhinein vorzunehmende, gesellschaftsvertragliche Änderungen.[88] Diese bedürfen ebenfalls der Schriftform. Damit hat auch der im Personengesellschaftsrecht bestehende und von der Rechtsprechung[89] gebilligte Grundsatz der konkludenten Vertragsänderung durch andauernde vom Wortlaut abweichende Handhabung des Gesellschaftsverhältnisses im investmentrechtlichen Kontext ausgedient.[90]

2. Gemeinsamer Zweck

Das Wesensmerkmal der Personengesellschaften liegt grundsätzlich in der Förderung eines bestimmten gemeinsamen Zwecks durch die Gesellschafter.[91] Der zu verfolgende Zweck ist dabei von zentraler Bedeutung für das Rechtsverhältnis der Gesellschafter insgesamt. Er definiert den Rechte- und Pflichtenkanon der Gesellschafter und bildet den Bezugspunkt für die Bewertung der Rechtmäßigkeit der Gesellschaft als solcher.[92] Neben der Förderungspflicht ist der gemeinsame Zweck konstitutives Element des Gesellschaftsvertrages und damit gesellschaftsbegründend, vgl. § 705 BGB.[93] Die Vergemeinschaftung des Gesellschaftszwecks resultiert aus der Übereinkunft der Gesellschafter, als Vertragspartner zielgerichtet und erfolgsorientiert gemeinsame Interessen zu verfolgen.[94] Dabei verpflichten sich die Gesellschafter grds. dazu, ihr Handeln entsprechend auszurichten, um so an der Zweckförderung zu partizipieren.[95] Dem gemeinsamen Zweck liegt somit stets ein überindividuelles Moment zugrunde, das die einzelnen Gesellschafter zur personengesellschaftsrechtlichen Einheit verbindet.[96]

---

88 *Eichhorn*, in Moritz/Klebeck/Jesch, Frankfurter Komm. z. KAGB, § 125 Rz. 6.

89 BGH Urt. v. 21.2.1978 – KZR 6/77 = BGHZ 70, 331, 332; BGH Urt. v. 29.3.1996 – II ZR 263/94 = BGHZ 132, 263, 271.

90 *Klebeck/Kunschke*, in Beckmann/Scholtz/Vollmer, Investment Hdb., Erg.Lfg. 2/14, 405 § 150 Rz. 13; so bereits zu Publikumsgesellschaften: BGH, Urt. v. 5.2.1990 – II ZR 94/89 = NJW 1990, 2684, 2685.

91 *Sauter*, in Beck'sches Hdb. PersG, § 2 Rz. 13.

92 *Sauter*, in Beck'sches Hdb. PersG, § 2 Rz. 13.

93 *Froning*, in Sudhoff, Unternehmensnachfolge, § 39 Rz. 13; *Ulmer/Schäfer*, in MünchKomm. BGB, § 705 Rz. 142; in diesem Zusammenhang wird auch von den „essentialia negotii" des Gesellschaftsvertrags gesprochen, vgl. *Zetzsche*, Prinzipien der kollektiven Vermögensanlage, S. 552.

94 *Ulmer/Schäfer*, in MünchKomm. BGB, § 705 Rz. 142.

95 *Ulmer/Schäfer*, in MünchKomm. BGB, § 705 Rz. 142.

96 *K. Schmidt*, GesR, § 4 I 2 b).

Das Bestehen eben dieses überindividuellen Moments wird von *Zetzsche* im Bereich der Publikums-InvestmentKG zuweilen bestritten, der ausgehend von dieser Annahme die grundsätzliche Existenz einer Gesellschaft negiert.[97] Durch die Anonymisierung der Anlagegesellschafter, die aus dem Massencharakter der Publikums-InvestmentKG folgt, trete das individuelle Streben des Einzelnen nach Gewinnmaximierung derart in den Vordergrund, dass sich die mitgliedschaftliche Beteiligung an der Gesellschaft in diesem persönlichen Bestreben erschöpfe.[98]

Zur Nachvollziehbarkeit dieses Gedankens und zur Auseinandersetzung mit der Frage, ob diese Ansicht (materiell) Zuspruch verdient, erfolgt nachfolgend zunächst eine kurze Skizzierung der (relevanten) konstitutionellen Eigenheiten dieser Gesellschaftsform, die der Vergegenwärtigung der Atypizität – verglichen mit der gesetzestypischen KG – dient.[99] Vorgenannte Darstellung unterstützt überdies die allgemeine Erörterung der Funktion des gemeinsamen Zwecks i.R.d. Publikums-InvestmentKG.

a. Kurzdarstellung: Konstitutionelle Eigenheit der Publikums-InvestmentKG

Anders als bei der gesetzestypischen, auf Personenbezogenheit basierenden Kommanditgesellschaft, bei der die Gründungsgesellschafter sich zu einem gemeinsamen Zweck in der Absicht zusammenschließen, diesen auch künftig gemeinsam zu fördern, erschöpft sich der Gründungsakt der Publikums-InvestmentKG in dem Entschluss der Fondsinitiatoren ein gesellschaftsrechtliches Vehikel zu schaffen, das der Anlage und Verwaltung „fremden" Vermögens dient. Damit ist die Publikums-InvestmentKG darauf angelegt, eine unbestimmte Vielzahl von Kommanditisten aufzunehmen, die rein kapitalistisch an der Gesellschaft beteiligt sind und – entsprechend der Aktionärsbeziehungen in der AG – grds. in keinerlei persönlicher oder sonstiger Beziehung zueinander stehen. Dementsprechend schließt sich dem Gründungsakt ein Stadium der

---

97 *Zetzsche*, Prinzipien der kollektiven Vermögensanlage, S. 586.

98 *Zetzsche*, Prinzipien der kollektiven Vermögensanlage, S. 555.

99 Die nachfolgende Auseinandersetzung nimmt ausschließlich die Publikums-InvestmentKG in den Fokus, da diese aufgrund ihrer strukturellen Gegebenheiten die größte Disparität zur handelsrechtlichen KG aufweist, und sich damit gleichsam die Frage nach einem überindividuellen Moment des gemeinsamen Zwecks am ehesten stellt. Im Gegensatz zur Spezial-InvestmentKG, in der die Anzahl der Anleger sich grds. in einem überschaubaren Rahmen hält, führt der Massencharakter der Publikums-InvestmentKG zu einer Anonymisierung der Anlagegesellschafter.

Kapitalbeschaffung durch Anlegerwerbung an, das mit dem Beitritt der geworbenen Anleger zur Gesellschaft endet.[100] Dabei erschöpft sich der Beitrittszweck der geworbenen Anleger primär darin, ihre Kapitalanlage entsprechend der bestehenden Anlagestrategie verwalten zu lassen.[101]

Die personengesellschaftsrechtliche Grundidee des Zusammenschlusses einer auf gemeinsame Zweckverfolgung gerichteten Gemeinschaft zu einer Gesellschaft, sprich der mitgliedschaftliche Aspekt, tritt in den Hintergrund. Gleiches gilt für die Identität zwischen den Gesellschaftern. Sie fällt der Anonymität der Massengesellschaft zum Opfer fällt.

b. „Idealvertrag" statt Gesellschaftsvertrag

Wie bereits einleitend erwähnt negiert *Zetzsche* auf Basis des beschriebenen Gründungsszenarios das Bestehen eines gemeinsamen Zwecks und damit überhaupt das Bestehen einer Gesellschaft. Da das Primärinteresse ausschließlich egoistisch motiviert sei, fehle es gerade an dem für den gemeinsamen Zweck konstitutiven, überindividuellen Element.[102] Durch das spätere Hinzutreten der Anlagegesellschafter und deren kognitive Haltung gegenüber der Gesellschaft, die zuvorderst auf die Verwirklichung eines individuellen Ziels (Gewinnerzielung) und gerade nicht auf den Erwerb einer mitgliedschaftlichen Stellung gerichtet ist, werde letzteres nicht nur in den Hintergrund gedrängt, sondern gänzlich substituiert.[103] Die Gewinnerwartung allein könne jedoch lediglich mittelbarer Zweck sein, nicht jedoch Primärzweck, weshalb es letztlich an einem gemeinsamen Zweck fehle.[104]

Zetzsche beruft sich dabei auf die Entscheidung des EUGH in der Rechtssache *Fritz*[105], in der es um die Anwendbarkeit von Vorschriften zu Haustürgeschäften auf den Beitritt zu einem geschlossenen Immobilienfonds ging. In dieser

---

100 *Casper*, Die Investmentkommanditgesellschaft: große Schwester der Publikums-KG oder Kuckuckskind?, ZHR 179 (2015), 44, 63. Die Möglichkeit etwaiger Treuhandkonstellationen, in denen lediglich der Treuhandkommanditist formal, sprich gesellschaftsrechtlich, Gesellschafter wird, bleibt hier außen vor; BGH Urt. v. 14.7.1975 – II ZR 147/73 = BGHZ 64, 239, 241, BGH Urt. v. 5.1982 – II ZR 78/81 = BGHZ 84, 11, 13.

101 *Zetzsche*, Prinzipien der kollektiven Vermögensanlage, S. 555; BGH Urt. v. 14.7.1975 – II ZR 147/73 = BGHZ 64, 239, 241, BGH Urt. v. 3.5.1982 – II ZR 78/81 = BGHZ 84, 11, 13.

102 Vgl. *Zetzsche*, Prinzipien der kollektiven Vermögensanlage, S. 554.

103 Vgl. *Zetzsche*, Prinzipien der kollektiven Vermögensanlage, S. 554.

104 *Zetzsche*, Prinzipien der kollektiven Vermögensanlage, S. 554.

105 EuGH Urt. v. 15.4.2010, C-215/08 = JuS 2010, 642.

Entscheidung erkennt der EuGH an, dass es Konstellationen gibt, in denen der „Zweck des Beitritts vorrangig nicht darin besteht, Mitglied der Gesellschaft zu werden, sondern Kapital anzulegen".[106] Während der EuGH zu keinem Zeitpunkt das Bestehen der Gesellschaft selbst in Frage stellt, sondern vielmehr anerkennt, dass sich die vorrangige Zwecksetzung des Beitritts der Anleger bei Fondsgesellschaften hin zu einer rein kapitalistischen Beteiligung verschieben kann, die die mitgliedschaftliche Stellung nicht ersetzt sondern lediglich in den Hintergrund rücken lässt, folgt für *Zetzsche* hieraus die Nichtexistenz der Gesellschaft.[107] Trete ein Anleger einer Gesellschaft nicht bei, um als Mitglied der Gesellschaft den gemeinsamen Zweck zu fördern, bestehe keine Gesellschaft.[108] Wenn man sich einer Gesellschaftsform als Anlagevehikel bediene, müsse hieraus auch eine „Gesellschaft unter den Anlegern" entstehen.[109]

aa. Stellungnahme

Zwar mag die seinen Ausführungen immanente Kritik an der typusgerechten Verwendung der Personengesellschaft als Kollektivanlagevehikel durchaus ihre Berechtigung haben. Konkret in Bezug auf die Negierung des gemeinsamen Zwecks verdient seine Ansicht jedoch keinen Zuspruch. Seinen Ausführungen fehlt es gleich in mehrfacher Hinsicht an materiellem Substrat. Zunächst lässt *Zetzsche* den relevanten Zeitpunkt des Vorliegens der normativen Voraussetzungen außer Acht, was dazu führt, dass sich sein Ansatz kaum dogmatisch begründen lässt. Abgesehen von den formalen Unstimmigkeiten geht auch seine Interpretation des vorgenannten EuGH-Urteils zu weit.[110]

Zetzsches ausschließlicher Bezugspunkt für die Ablehnung des Vorliegens eines gemeinsamen Zwecks ist das der Gründung nachgelagerte Beitrittsstadium

---

106 EuGH Urt. v. 15.4.2010, C-215/08, Rz. 34; Der BGH hat in seiner Vorlagefrage darauf hingewiesen, dass „die mitgliedschaftliche Beteiligung nur ein anderer Weg der Kapitalanlage […] [sei], die typischerweise Gegenstand von Austauschverträgen [ist].", EuGH Urt. v. 15.4.2010, C-215/08, Rz. 19. Hervorhebung erfolgte durch die Autorin. An dieser Stelle sei angemerkt, dass eine Orientierung an vorgenannter Entscheidung insofern schwierig ist als der EuGH weder die Kompetenz besitzt abschließend über Fragen der Gesellschaftsgründung nach nationalem Recht zu entscheiden, noch die Vorlagefrage des BGH hierauf im Konkreten bezogen war.

107 Vgl. *Zetzsche*, Prinzipien der kollektiven Vermögensanlage, S. 556, 586.

108 *Zetzsche*, Prinzipien der kollektiven Vermögensanlage, S. 556, 586.

109 *Zetzsche*, Prinzipien der kollektiven Vermögensanlage, S. 559.

110 An dieser Stelle sei erneut auf die bereits angesprochene Kritik der Verwertbarkeit des Urteils bezogen auf die Frage des nationalen Gesellschaftsrechts verwiesen, s. Fn. 106.

der geworbenen Gesellschafter. Gänzlich unberücksichtigt bleibt dabei, dass zu diesem Zeitpunkt gesellschaftsrechtlich bereits eine Gesellschaft besteht. Denn die Gründungsinitiatoren verfolgen durchaus einen gemeinsamen Zweck, nämlich die Vermögensanlage und -verwaltung nach einer festgelegten Anlagestrategie.[111] Darüber hinaus gilt es auch zu berücksichtigen, dass die Gesellschaft zum Zeitpunkt der Anlegerwerbung nicht nur bereits im Handelsregister eingetragen ist, sondern darüber hinaus bereits maßgebliche investmentrechtliche Vorgaben erfüllt haben muss. So muss eine intern verwaltete InvestmentKG bspw. ein Anfangskapital von mindestens EUR 300.000 vorweisen können (§ 25 Abs. 1 Nr. 1 a) KAGB) und damit einhergehend einen offiziellen Erlaubnisantrag zum Geschäftsbetrieb einer KVG bei der BaFin gestellt haben (§ 20 i.V.m. § 22 KAGB). Unabhängig davon, ob es sich um interne oder externe Verwaltung handelt, besteht zumindest eine Vorlagepflicht der Anlagebedingungen (§ 273 S. 2 KAGB), wenn nicht sogar - wie bei Publikums-InvestmentKG - eine Genehmigungspflicht der BaFin (§ 267 Abs. 1 S. 1 KAGB). Damit kann zu diesem Zeitpunkt nicht nur zweifellos von dem Bestand einer Gesellschaft, sondern darüber hinaus auch positiv von ihrer Invollzugsetzung ausgegangen werden. Bei differenzierter Betrachtung wäre demnach allein fraglich, inwieweit bzw. ob überhaupt ein primär egoistisch motivierter Beitrittszweck der nachträglich beitretenden Anlagegesellschafter Einfluss auf den Bestand der Gesellschaft haben kann. Konkret bleibt damit allein die Frage nach der Rechtsfolge einer etwaig unzureichenden Beitrittsmotivation[112] der hinzutretenden Gesellschafter offen. An dieser Stelle können gleich mehrere Faktoren - sowohl dogmatischer als auch faktischer Natur - aufgeführt werden, die belegen, dass eine etwaig unzureichende Primärzwecksetzung es nicht vermag, den Bestand der Gesellschaft an sich in Zweifel zu ziehen.

aaa. Relevanz der kognitiven Haltung der Beitreten für den Bestand der Gesellschaft

§ 705 BGB geht zwar davon aus, dass die Gesellschafter sich zur gemeinsamen Zweckförderung zusammenschließen. Dies ist jedoch nicht gleichbedeutend

111 Dass die Fondsinitiatoren bei Gründung v.a. die Verwaltung <u>fremden</u> Vermögens im Blick haben während es den Anlegern um die Anlage und Verwaltung <u>eigenen</u> Vermögens geht, ist insoweit unschädlich als der gemeinsame Nenner die Vermögensanlage und -verwaltung ist. Damit ist die Zwecksetzung im weiteren Sinne (Vermögensanlage und -verwaltung) bei den Initiatoren wie den Anlegern identisch.

112 Sprich einer Beitrittsmotivation die nicht primär oder auch überhaupt nicht auf den Erwerb der mitgliedschaftlichen Stellung gerichtet ist.

damit, dass jeder Gesellschafter gleichermaßen aktiv an der Verwirklichung des Gesellschaftszwecks partizipieren muss.[113] Insbesondere im Kontext der Kommanditgesellschaft, in der die Funktion der Kommanditisten bereits statutarisch eher passiv ausgerichtet ist (keine gesetzlich vorgesehene Geschäftsführungsbeteiligung, primär kapitalgebende Funktion, Haftungsbeschränkung), beschränkt sich die Förderungspflicht häufig auf die rein kapitalgebende Funktion, vgl. § 164 S. 1, §§ 170ff. HGB.[114] Der Kommanditist ist demnach weder zur Mitarbeit berechtigt noch verpflichtet.[115] Hinzu kommt, dass im investmentrechtlichen Kontext, insbesondere bei externer Verwaltung, die eigentliche Verwirklichung des Gesellschaftszwecks auf eine dritte Gesellschaft ausgelagert ist, sodass der einzelne Anleger in dieser Konstellation rein tatsächlich überhaupt nicht aktiv an der Zweckförderung partizipieren kann. Wie *Zetzsche* richtigerweise erkennt, kann es in dieser Konstellation nie zu einer „gemeinsamen" Verwaltung kommen.[116] Was er jedoch verkennt ist, dass das Verfolgen eines gemeinsamen Zwecks nicht gleichbedeutend mit dessen gemeinschaftlicher Verwirklichung ist.

Es mag zwar durchaus sein, dass der Zweck des Beitritts – d.h. die Motivation des Einzelnen, Teil der Gesellschaft zu werden – durch die beabsichtigte Gewinnerzielung ausgelöst worden ist. Das bedeutet jedoch nicht, dass die Kapitalanleger nicht auch Gesellschafter werden wollen. Es ist vielmehr davon auszugehen, dass der Erwerb der Mitgliedschaft in der vorliegenden Situation mittelbares Ziel ist. Hinsichtlich des konkreten Zwecks der Vermögensanlage kann die Kapitalanlage als Mittel zu dessen Verfolgung angesehen werden.[117] Zudem schließt der gemeinsame Zweck nicht die Verfolgung auch individuell eigennütziger Interessen aus.[118] Dies bestätigt auch das bereits oben zitierte Urteil des EuGH in der Rechtssache *Fritz*. Die Entscheidung zeigt lediglich, dass der Primärzweck des Beitritts nicht in dem Erwerb der Mitgliedschaft liegen muss.[119] Es erscheint somit unschädlich, dass die Mitgliedschaft lediglich notwendiges Mittel zur Erreichung des Primärziels, sprich der Kapitalanlage, ist.

113 Zur Zweckförderung geht insbesondere die Leitung der vereinbarten Beträge, s. *Oetker*, in Oetker, § 161 Rz. 29.

114 § 164 HGB. Vgl. auch: *Oetker*, in Oetker, § 164 Rz. 1.

115 *Oetker*, in Oetker, § 164 Rz. 1.

116 *Zetzsche*, Prinzipien der kollektiven Vermögensanlage, S. 558.

117 Innehaben, Verwaltung und Nutzung eines Vermögensgegenstandes stellen gemeinhin einen legitimen Gesellschaftszweck dar, *Flume*, Allg. Teil des BGB, PersG, § 3 III. Darüber hinaus kann sich der Gesellschaftszweck auch in der Verwaltung eigenen Vermögens erschöpfen, § 105 Abs. 2 HGB.

118 *Schäfer*, in Staub/HGB-Kommentar, § 105 Rz. 20, 22.

119 Was sich an der Formulierung „vorranging nicht" zeigt.

bbb. Rechtsfolgen einer unzureichenden Beitrittsmotivation

Wenn es auch für den Bestand der Gesellschaft unerheblich ist, worauf die konkrete kognitive Haltung der Beitretenden gerichtet sein muss – womit *Zetzsches* These bereits widerlegt ist – soll allein aus Schlüssigkeitserwägungen kurz auf die Rechtsfolgen eines Beitrittsmangels eingegangen werden.

Geht man, wie *Zetzsche*, davon aus, dass die beitretenden Gesellschafter als Primärzweck nicht den Erwerb der Mitgliedschaft und die darauf gerichtete „gemeinsame" Vermögensverwaltung im Sinne einer aktiven Zweckförderung – entsprechend § 705 BGB – verfolgen[120], und sieht man hierin einen Mangel des Beitritts, so würde dies rechtsfolgenseitig nicht zum Erlöschen der Gesellschaft führen, sondern zur Anwendung der Grundsätze der fehlerhaften Gesellschaft, die nach h.M. gleichermaßen auf den fehlerhaften Beitritt eines Gesellschafters Anwendung finden.[121] Im Ergebnis könnte die Gesellschafterstellung somit nur mit Wirkung für die Zukunft (ex nunc) außerordentlich gekündigt werden.[122] Damit vermag selbst eine als fehlerhaft eingeordnete Primärzwecksetzung des beitretenden Anlegers nicht den Bestand der Gesellschaft zu tangieren.

bb. Handelsrechtliche Vorgaben

Auch der Blick auf die gesetzestypischen Vorgaben des HGB lässt hier keinen anderen Rückschluss zu. Zwar tritt die personengesellschaftsrechtliche Grundidee des auf Personenbezogenheit basierenden Zusammenschlusses einer auf gemeinsame Zweckverfolgung gerichteten Gemeinschaft zu einer Gesellschaft in den Hintergrund. Sie kann jedoch nicht vollständig negiert werden. Gleiches gilt für die Identität zwischen den Gesellschaftern. Diese mag zwar im Kontext der InvestmentKG der Anonymität zum Opfer fallen. Jedoch bedeutet auch dies nicht, dass hierdurch kein gemeinsamer Zweck begründet bzw. verfolgt werden kann. Die Anleger beteiligen sich, wenn auch unabhängig voneinander, zum Zwecke der gemeinsamen Anlage und Verwaltung an der Gesellschaft. Dass

---

120 Vgl. hierzu *Zetzsche*, Prinzipien der kollektiven Vermögensanlage, S. 554.

121 *Weitemeyer*, in Oetker, § 105 Rz. 90; a.A. *Freitag*, der zwar nicht auf den Fall einer unzureichenden Beitrittsmotivation eingeht, jedoch darauf verweist, dass die Wirksamkeit des Eintritts stets an die Eintragung gebunden ist und somit vorher kein wirksamer Beitritt vorliegen kann, *ders.*, in Moritz/Klebeck/Jesch, Frankfurter Komm. z. KAGB, § 91 Rz. 30.

122 Vgl. *Weitemeyer*, in Oetker, § 106 Rz. 90.

sich die Anleger nicht persönlich kennen, kann im Ergebnis keinen Unterschied machen.[123]

3. Unternehmensgegenstand

Von dem konstituierenden Gesellschaftszweck ist der Unternehmensgegenstand zu unterscheiden.[124] Dieser beschreibt den genauen Geschäfts- und Tätigkeitsbereich und legt damit den Umfang der Geschäftsführungsbefugnis der Leitungsorgane der Gesellschaft fest. Im Verhältnis zueinander bezieht sich der Gesellschaftszweck auf das übergeordnete gemeinsame Ziel der Gesellschaft, wohingegen der Unternehmensgegenstand das Mittel zu dessen Verfolgung darstellt.[125]

Während das HGB den Unternehmensgegenstand nicht als notwendigen Bestandteil des Gesellschaftsvertrages ansieht[126], verlangt das KAGB zwingend dessen gesellschaftsvertragliche Festsetzung nach Maßgabe des gesetzlich vorgeschrieben Inhalts, § 125 Abs. 2 S. 1, § 150 Abs. 2 S. 1 KAGB. Wenn auch die vorgenannten gesetzlichen Regelungen für offene und geschlossene Investment-KGen nicht gänzlich wortlautidentisch sind, so muss der gesellschaftsvertraglich festgelegte Unternehmensgegenstand für beide Fondstypen *„ausschließlich die Anlage und Verwaltung ihrer Mittel nach einer festgelegten Anlagestrategie […] zur gemeinschaftlichen Kapitalanlage […] zum Nutzen der Anleger sein."*[127]

---

123 Dass die Anonymität nicht per se einer gemeinsamen Zweckverfolgung entgegensteht, zeigt sich im Kapitalgesellschaftsrecht. Insbesondere im Aktienrecht erfolgt eine Beteiligung in Unkenntnis der übrigen Anleger.

124 *Sauter*, in Beck'sches Hdb. PersG, § 2 Rz. 31. Allgemein zur Unterscheidung der Begrifflichkeiten: *Jaeger*, in Beck'scher OK GmbHG, § 1 GmbHG Rz. 2.

125 So die hM: *Fastrich*, in Baumbach/Hueck, GmbHG, § 3 Rz. 7; *J. Schmidt*, in Michalski, GmbHG, § 1 Rz. 2; § 3 Rz. 12; *Roth*, in Roth/Altmeppen, GmbHG, § 3 Rz 5; *Wicke*, in MünchKomm. GmbHG, § 3 Rz. 9; *Sauter*, in Beck'sches Hdb. PersG, § 2 Rz. 31; *Jaeger*, in Beck'scher OK GmbHG, § 1 GmbHG Rz. 2.

126 Anders ist dies hingegen hinsichtlich des Zwecks der Gesellschaft, siehe *Casper*, in Staub/HGB-Kommentar, § 161 HGB Rz. 33; *Sauter*, in Beck'sches Hdb. PersG, § 2 Rz. 13.

127 Was unter „festgelegter Anlagestrategie" genau zu verstehen ist, wird weder im KAGB noch in der AIFM-RL näher konkretisiert. Ziel einer solchen Strategie ist die stärkere Einschränkung der Handlungsspielräume des AIFM, sodass die festgelegte Anlagestrategie über eine bloße Geschäftsstrategie hinausgeht, *Poelzig/Vollmer*, Ein Überblick zum neuen KAGB, DNotZ 2014, 483, 485.

Die darüber hinausgehenden inhaltlichen Abweichungen ergeben sich aus den Spezifika der gewählten Organisationsform – offener oder geschlossener AIF – einschließlich der unterschiedlichen Adressatenkreise.[128]

So umfasst die gesetzliche Regelung zur offenen Spezial-InvestmentKG neben dem Verweis auf die einschlägigen Produktregelungen (§ 273 bis § 284 KAGB) und der für offene Fonds typischen jährlichen Rückgabeoption der Anteile auch die Angabe, dass der Anteilserwerb ausschließlich professionellen und semiprofessionellen Kunden zur Verfügung steht, § 125 Abs. 2 S. 1 und 2 KAGB.[129] Diese Konkretisierung lässt die offene InvestmentKG zum reinen Spezial-AIF werden. Im Bereich der geschlossenen InvestmentKG findet sich hingegen keine Vorgabe zur subjektive Qualifizierung des Anlegerkreises, vgl. § 150 Abs. 2 S. 1 Nr. 1 und 2 KAGB.

Die geschlossene InvestmentKG kann demnach sowohl Publikums- als auch Spezial-AIF sein. In beiden Fällen legt der Verweis auf die jeweils einschlägigen Produktvorschriften die Vermögengegenstände fest, in die zulässigerweise investiert werden darf.

Da es im Personengesellschaftsrecht bislang an einer entsprechenden Regelung fehlte, ist an dieser Stelle erneut auf das Kapitalgesellschaftsrecht zu rekurrieren, in dem die gesetzliche Anforderung zur Festlegung eines Unternehmensgegenstandes bereits seit langem etabliert ist. § 3 Abs. 1 S. 2 GmbHG sowie § 23 Abs. 3 Nr. 2, § 3 Abs. 1 AktG bestimmen, dass der Gesellschaftsvertrag bzw. die Satzung den Gegenstand der Gesellschaft enthalten muss.[130] Fehlt er, kann Nichtigkeitsklage gem. § 75 GmbHG, § 275 AktG erhoben werden und so die Löschung der Gesellschaft gem. § 397 FamFG herbeigeführt werden.[131]

Die Vorschriften der § 3 Abs. 1 S. 2 GmbHG und § 23 Abs. 3 Nr. 2 AktG dienen dabei primär dazu, dem Registerrichter die Überprüfung der Zulässigkeit der Gesellschaft und ihrer Firma zu erleichtern bzw. überhaupt erst zu ermöglichen.[132] Die Offenlegung der Art der Geschäftstätigkeit fördert dabei die Individualisierung des Unternehmens im Rechtsverkehr (Grundsatz der

---

128 Vgl. § 125 Abs. 2 S. 1 i.V.m. §§ 273 bis 284, § 150 Abs. 2 S. 1 i.V.m. §§ 261 bis 272 bzw. §§ 273 bis 277 und §§ 285 bis 292 KAGB.

129 Zum jährlichen Rückgaberecht der Anteile an den Emittenten, s. *Zetzsche*, Das Gesellschaftsrecht des Kapitalanlagegesetzbuches, AG 2013, 613, 613.

130 Hierbei ist stets eine individuelle und umgrenzende Beschreibung des Unternehmensgegenstandes vorzunehmen, *Pentz*, in MünchKomm. AktG, § 23 Rz. 69.

131 *Wicke*, in MünchKomm. GmbHG, § 3 Rz. 10; *Raiser/Veil*, Kapitalgesellschaften, § 4 Rz. 16.

132 *Raiser/Veil*, Kapitalgesellschaften, § 4 Rz. 16.

Gegenstandswahrheit).[133] Vor allem aber dient der Unternehmensgegenstand dem Schutz der Gesellschafter selbst. Da Kapitalgesellschaften ihrem Ursprung nach auf externe Beteiligungen angelegt sind, muss zum Schutz der Anleger sichergestellt werden, dass der Zweck, zu dem sie sich an der Gesellschaft beteiligt haben, gewahrt bleibt.[134] Von ihnen kann nicht erwartet werden, dass sie sich nachträglich auf etwas anderes einlassen müssen.[135] Die Geschäftsführungsbefugnis des Leitungsgremiums bzw. die Leitungsmacht des Vorstands ist daher durch den Unternehmensgegenstand begrenzt, vgl. § 82 Abs. 2 AktG, § 37 Abs. 1 GmbHG.[136] Die Überschreitung des durch den Unternehmensgegenstand zugewiesenen Handlungsspielraums begründet eine Pflichtverletzung, die im aktienrechtlichen Kontext zu einer Schadensersatzpflicht nach § 93 AktG führen kann.[137] Gleiches gilt dem Grunde nach auch für die GmbH, wobei hier die Geschäftsführer, die gegen die Grundsätze ordnungsgemäßer Geschäftsführung verstoßen haben, gem. § 43 GmbHG gegenüber der Gesellschaft haften.[138]

Die gesetzliche Festlegung des Unternehmensgegenstandes führt zu einer weiteren Annäherung der InvestmentKG an das Kapitalgesellschaftsrecht, allerdings mit dem Unterschied, dass die Festlegung des Unternehmensgegenstandes nicht zur Disposition der Gesellschafter steht.[139] Der gesetzlich vorformulierte Unternehmensgegenstand gleicht im Kern der Definition des Investmentvermögens, vgl. § 1 Abs. 1 S. 1 KAGB. Mit der zwingenden Anordnung seiner Verankerung im Gesellschaftsvertrag stellt der Gesetzgeber sicher, dass die

---

133 *Pentz*, in MünchKomm. AktG, § 23 Rz. 78; *Wicke*, in MünchKomm. GmbHG, § 3 Rz. 10; *Wallner*, Der Unternehmensgegenstand der GmbH als Ausdruck der Unternehmensfreiheit, JZ 1986, 721, 727.

134 *Raiser/Veil*, Kapitalgesellschaften, § 4 Rz. 16.

135 *Raiser/Veil*, Kapitalgesellschaften, § 4 Rz. 16.

136 Im Allgemeinen: *Raiser/Veil*, Kapitalgesellschaften, § 4 Rz. 16; *Stephan/Tives*, in MünchKomm. GmbHG, § 37 Rz. 53. Da der Unternehmensgegenstand lediglich dem rechtlichen Dürfen Grenzen setzt, bleibt die Wirksamkeit der vorgenommenen Handlungen im Außenverhältnis unberührt, *Fleischer*, in Spindler/Stilz, § 93 Rz. 21; so auch für die InvestmentKG: *Jesch*, in Moritz/Klebeck/Jesch, Frankfurter Komm. z. KAGB, § 150 Rz. 16.

137 *Stephan/Tives*, in MünchKomm. GmbHG, § 37 Rz. 53; *Pentz*, in MünchKomm. AktG, § 23 Rz. 78.

138 *Wicke*, GmbHG, § 37 Rz. 12.

139 Dies ist logische Konsequenz der gesetzgeberischen Erwägungen. Nur wer das Investmentgeschäft betreibt, fällt in den Anwendungsbereich des KAGB. Ist dieser Anwendungsbereich sodann eröffnet, unterwirft sich der Fondsgründer allein dadurch, dass er ein Investmentvermögen betreibt, besonderen aufsichtsrechtlichen Regelungen.

Kommanditgesellschaft als Investmentgesellschaft und gerade nicht als rein handelsrechtliche Gesellschaft angesehen wird.[140] Durch den Verweis auf die jeweiligen Produktvorschriften nimmt der Gesetzgeber über den Unternehmensgegenstand eine Konkretisierung der Art der InvestmentKG vor (offener oder geschlossener, Spezial- oder Publikums-AIF).[141] Die Formalisierung der Einordnung des Fondsvehikels dient dabei primär aufsichtsrechtlichen Zwecken.[142] Die beschriebenen gesetzgeberischen Anordnungen führen insgesamt dazu, dass stets investmentrechtliche Zweckgesellschaften entstehen, die keine weiteren unternehmerischen Ziele verfolgen.[143]

a. Grundsatz der Risikomischung

Im Zuge der erweiterten gesetzlichen Anforderungen an den Unternehmensgegenstand bestimmt § 125 Abs. 2 S. 1 KAGB – anders als die Parallelvorschrift des § 150 Abs. 2 S. 1 KAGB für geschlossene Fonds – ausdrücklich und damit tatbestandlich, dass die Anlage und Verwaltung der Mittel nach dem Grundsatz der Risikomischung[144] erfolgt. Unter systematischer Betrachtung hat dies zur Folge, dass unabhängig von den anderweitig ausdrücklichen Regelungen in den § 273 bis § 284 KAGB generell jeder offene Spezial-AIF in der Rechtsform der InvestmentKG diesem Grundsatz unterworfen ist.[145] Damit hat § 282 KAGB, als

---

140 *Kracke*, in Baur/Tappen, Investmentgesetze, Bd. 1, § 125 Rz. 6.

141 RegE zum KAGB, BT-Drucksache 17/12294, S. 249; *Klebeck/Kunschke*, in Beckmann/Scholtz/Vollmer, Investment Hdb., Erg.Lfg. 2/14, 405 § 150 Rz. 19.

142 Vgl. *Klebeck/Kunschke*, in Beckmann/Scholtz/Vollmer, Investment Hdb., Erg.Lfg. 2/14, 405 § 150 Rz. 19.

143 *Wallach*, Die Regulierung von PersG im KAGB, ZGR 2014, 289, 297.

144 Hierunter versteht man eine Mischung oder auch Streuung der einer Gesellschaft zufließenden Mittel in eine Vielzahl unterschiedlicher Vermögensgegenstände zur Verteilung der Gewinnchancen und Verlustrisiken zum Ziel der Kapitalwertsicherung, vgl. *Pfüller/Schmidt*, in Brinkhaus/Scherer, Komm. zum KAGG/AuslInvestmG, § 1 AuslInvestmG Rz. 45f. Der Gesetzgeber definiert den Begriff der Risikomischung an zwei Stellen, nämlich in § 243 und § 262 KAGB.

145 Wurde der Hinweis auf eine Anlage nach dem Grundsatz der Risikomischung nicht ausdrücklich in den Gesellschaftsvertrag aufgenommen, kann hierin zumindest mittelbarer ein Verstoß gegen § 125 S. 1 BGB gesehen werden, da § 125 Abs. 2 S. 1 KAGB ausdrücklich die Aufnahme in den Gesellschaftsvertrag vorschreibt, der seinerseits wiederum gem. § 125 Abs. 1 KAGB schriftlich i.S.d. § 125 S. 1 BGB abzufassen ist. Im Ergebnis wären dann die Grundsätze der fehlerhaften Gesellschaft anzuwenden. Praktisch wird es zu einem solchen Fall jedoch kaum kommen, da die BaFin zum einen die Anlagebedingungen prüft aus denen sich unmittelbar die Anlagestrategie

besondere Vorschrift für allgemeine offene inländische Spezial-AIF, im Kontext der offenen Spezial-InvestmentKG nur deklaratorische Wirkung.[146]

Gegenteiliges gilt für die geschlossene InvestmentKG. Da der Grundsatz der Risikomischung hier nicht gesetzlich verbindlicher Teil des Unternehmensgegenstandes geworden ist, hat jede ausdrückliche Anordnung der Einhaltung bzw. Geltung in den entsprechenden Produktvorschriften konstitutive Wirkung.[147] Eine solche ausdrückliche Regelung findet sich für geschlossene inländische Publikums-AIFs in § 262 Abs. 1 KAGB.[148] Eine vergleichbare Vorschrift für geschlossene Spezial-AIF existiert nicht.[149]

b. Produktvorschriften

Die weiteren Anforderungen an den Unternehmensgegenstand richten sich bei der geschlossenen InvestmentKG danach, ob es sich um eine Publikums- oder Spezial-InvestmentKG handelt. Für erstere gelten die Produktvorschriften gem. § 261 bis § 272 KAGB. Für letztere gelten neben den allgemeinen Vorschriften

---

und somit die Risikomischung ergibt, und zum anderen den Gesellschaftsvertrag prüft, vgl. § 22 Abs. 1 Nr. 12 KAGB. Ist der Grundsatz der Risikomischung nicht entsprechend der gesetzlichen Vorgaben umgesetzt, wird die BaFin wohl kaum eine Erlaubnis zur Aufnahme des Geschäftsbetriebes erteilen.

146 Der Gesetzgeber hat hier vor dem Hintergrund, dass Anteile an Spezial-AIF generell nur von professionellen und semiprofessionellen Anlegern gehalten werden können, für den allgemeinen offenen inländischen Spezial-AIF darauf verzichtet, einen Katalog von zulässigen Vermögensgegenständen zu erstellen und ihn allein dem Grundsatz der Risikomischung unterworfen, RegE zum KAGB, BT-Drucksache 17/12294, S. 275.

147 Anders als noch im InvG ist der Grundsatz der Risikomischung nicht mehr Teil der Definition des Investmentvermögens, vgl. § 1 S. 2 InvG a.F., und damit nur bei ausdrücklicher Erwähnung zu beachten. Vgl. zur Geltung nach dem InvG: *Zirlwagen*, in Emde/Dornseifer/Dreibus/Hölscher, InvG, § 91 InvG Rz. 20.

148 Eine Ausnahme gilt wiederum gem. § 262 Abs. 2 KAGB bei geschlossenen AIF, deren Anteile von solchen Privatanlegern gehalten werden, die sich verpflichten mind. EUR 20.000 zu investieren und zumindest teilweise die Voraussetzungen eines semiprofessionellen Anlegers gem. § 1 Abs. 19 Nr. 33 KAGB erfüllt sind, s. hierzu näher: *Kobabe*, in Das neue Kapitalanlagegesetzbuch, S. 335.

149 Auch hier vollzieht sich ein Gleichlauf zu der InvestmentAG mit fixem Kapital, § 142 S. 1 Nr. 2 KAGB, der ebenfalls auf die einschlägigen Produktvorschriften der § 273 bis § 277 und § 285 bis § 292 KAGB verweist.

der § 273 bis § 277 KAGB, für Spezial-AIF zusätzlich die besonderen Vorschriften für geschlossene Spezial-AIF gem. § 285 bis § 292 KAGB.[150]

Durch diese weiteren Ausdifferenzierungen bzw. Anforderungen an den Unternehmensgegenstand hat der Gesetzgeber das zulässige Betätigungsfeld der Investmentgesellschafter noch weiter beschränkt. Dies mag zwar aus investmentrechtlicher Sicht gerechtfertigt sein, führt allerdings unter gesellschaftsrechtlicher Betrachtung zu einer weiteren Verkürzung der Gestaltungsfreiheit.

4. Auslegung und Inhaltskontrolle des Gesellschaftsvertrags der InvestmentKG

Der Gesellschaftsvertrag der InvestmentKG ist wie jeder andere Vertrag der Auslegung zugänglich.[151] Dabei gilt im Personengesellschaftsrecht grundsätzlich, dass das tatsächliche Parteiverständnis sowie die einvernehmliche Übung der Gesellschafter den reinen Wortlaut überlagern.[152] Dieser subjektive Ansatz rechtfertigt sich vor dem Hintergrund, dass die Vorschriften des Personengesellschaftsrechts ihrem Grunde nach auf eine Mitunternehmergemeinschaft ausgerichtet sind, sprich auf die enge Verbundenheit der Gesellschafter, ihre Mitarbeit und Haftung sowie auf persönliches Vertrauen.[153] Da die Konzeption der InvestmentKG – wie bereits unter Kap. 2 Abschnitt I. 2.a. aufgezeigt – diesem Vorbild nicht entspricht, erfolgte bereits in der Rechtsprechungsvergangenheit zur PublikumsKG eine Adaption der kapitalgesellschaftsrechtlichen Auslegungsmethode.

Die Inhaltskontrolle entwickelte sich zum notwendigen Korrekturinstrument seitens der Rechtsprechung – was sie auch heute noch ist. Die Funktion der Inhaltskontrolle als notwendiges Korrektiv folgte vorwiegend aus den doch sehr überschaubaren handelsrechtlichen Regelungen der Stellung der einzelnen

---

150 Die Geltung der unterschiedlichen Produktvorschriften rührt daher, dass der Gesetzgeber die Produktregeln dem jeweiligen Anlegerkreis angepasst hat, s. RegE zum KAGB, BT-Drucksache 17/12294, S. 275.

151 *K. Schmidt*, in MünchKomm. HGB, § 105 Rz. 149.

152 *K. Schmidt*, in MünchKomm. HGB, § 105 Rz. 149. Der Gesellschaftsvertrag ist gem. §§ 133, 157 BGB nach dem Wortlaut und dem subjektiven Willen der Gesellschafter – wie er in dem Vertrag Niederschlag gefunden hat – auszulegen. Letzterer geht grds. sowohl dem Wortlaut als auch der Auslegung vor, s. *Wertenbruch*, in Ebenroth/Boujong/Joost/Strohn, § 105 Rz. 92. Als Dauerschuldverhältnis kommt es für die Auslegung zudem darauf an, wie die einzlenen Bestimmungen des Vertrages über eine längere Zeit hinweg praktiziert worden sind, s. *Lieder*, in Oetker, § 105 Rz. 97; *Kindler*, in Koller/Kindler/Roth/Morck, § 105 Rz. 7

153 *Uwe H. Schneider*, Die Inhaltskontrolle von Gesellschaftsverträgen, ZGR 1978, 1, 5, 14.

Gesellschafter zueinander und zur Gesellschaft sowie daraus, dass sich die Vorschriften des Personengesellschaftsrechts als eher untauglich erweisen, den Bedürfnissen der Massengesellschaft Rechnung zu tragen.[154] Vor diesem Hintergrund hat die Rechtsprechung die Grenzen der gesellschaftsvertraglichen Gestaltungsfreiheit näher konkretisiert und ausgeformt.[155] Vordergründig nahm die Rechtsprechung die Interessenwahrung des Kommanditisten als bloßem Kapitalgeber in Bezug, der eine anonyme Rechtsbeziehung zu den Gründungsgesellschaftern pflegt und sich gesellschaftsvertraglichen Regelungen unterwirft, an deren Zustandekommen er nicht partizipiert hat.[156]

Da das KAGB zum größten Teil keine von der Rechtsprechung abweichenden formal-gesetzlichen Regelungen trifft, kann davon ausgegangen werden, dass die Rechtsprechung zu PublikumsKGen – zumindest im Bereich der Publikums-InvestmentKG – weiterhin Geltung beansprucht. Hinsichtlich der Spezial-InvestmentKGen ist jeweils zu überprüfen, inwieweit sich eine Abweichung von der Rechtsprechung daraus rechtfertigt, dass es sich bei dem Anlegerkreis um professionelle und semiprofessionelle Anleger handelt, die im Vergleich zu Privatanleger vermindert schutzbedürftig sind.

Soweit die historisch gewachsene Rechtsprechung zur PublikumsKG auch weiterhin Geltung beanspruchen kann, folgt die nachfolgende Auseinandersetzung den richterrechtlich geprägten Vorgaben.[157] Diese können als Beleg dafür herangezogen werden, dass den vermeintlich personengesellschaftsrechtlichen Problemen bereits in der Vergangenheit am besten durch kapitalgesellschaftsrechtliche Regelungen und Wertungen begegnet wurde. Die im Nachgang aufgeführten Beispiele entstammen allesamt der Rechtsprechung zur PublikumsKG.

---

154 *Uwe H. Schneider*, Die Inhaltskontrolle von Gesellschaftsverträgen, ZGR 1978, 1, 5, 14.

155 *Uwe H. Schneider*, Die Inhaltskontrolle von Gesellschaftsverträgen, ZGR 1978, 1, 14.

156 *Uwe H. Schneider*, Die Inhaltskontrolle von Gesellschaftsverträgen, ZGR 1978, 1, 8, 10, 13f.

157 Wie bereits eingangs dieser Arbeit aufgezeigt, kann über den Verweis der § 124 Abs. 1 S. 2, § 149 Abs. 1 S. 2 KAGB auch insoweit auf die Rechtsprechung zur PublikumsKG zurückgegriffen werden als diese nicht im Widerspruch zum KAGB steht. Der Gesetzgeber mag zwar den Schutz der Anleger weitgehend gesetzlich festgelegt haben, von einer abschließenden Regelung kann jedoch nicht ausgegangen werden, da der Gesetzgeber insbesondere hinsichtlich der konkreten Modalitäten (bspw. i.H.a. das Einberufen und Abhalten von Gesellschafterversammlungen und der korrespondieren Rechte der Gesellschafter) keine abschließende Bewertung getroffen hat. Es wird somit auch weiterhin Aufgabe der Rechtsprechung sein im Einzelnen Lösungen zu suchen, die den abstrakt geforderten Anlegerschutz des Gesetzgebers zu verwirklichen wissen.

Sie verdeutlichen, dass es das Personengesellschaftsrecht aus sich selbst heraus kaum vermag, den Anforderungen der korporationsrechtlich-kapitalistisch geprägten KG regulativ zu begegnen.

a. *Objektive Auslegung*

Aufgrund der Doppelnatur des Gesellschaftsvertrags von Personengesellschaften als Schuldverhältnis wie verbandsrechtliches Organisationsstatut erfolgt dessen Auslegung im Ansatz entsprechend den § 133, § 157 BGB.[158] Ausgehend vom Wortlaut des Gesellschaftsvertrages ist der subjektive (wirkliche) Wille der am Vertragsschluss Beteiligten zu ermitteln. Die Vertragsinterpretation folgt demnach dem Credo: Der Parteiwille ist gleichzeitig Auslegungsmittel und Auslegungsziel.[159] Im Vergleich hierzu gilt für die Satzung der Aktiengesellschaft oder sonstiger körperschaftlich organisierter Verbände das Gebot der streng objektiven und damit revisiblen Auslegung.[160] Wünsche und Vorstellungen der Gründer bleiben unberücksichtigt. Der Grund für die unterschiedliche Behandlung von körperschaftlich organisierten Gesellschaften und gesetzestypischen Personengesellschaften liegt darin, dass vom Inhalt der Satzung Fremdinteressen - sprich Interessen von zum Gründungszeitpunkt noch nicht Beteiligten - berührt werden können.[161] Insbesondere später eintretende Gesellschafter müssen sich auf eine einheitliche, aus dem Satzungstext heraus verständliche Interpretation verlassen können.[162] Hieraus folgt im Allgemeinen, dass private Vorstellungen und Partikularinteressen, die keinen Niederschlag in der Vertragsurkunde gefunden haben, zum Schutz künftiger Gesellschafter grundsätzlich unberücksichtigt bleiben. Dies gilt insbesondere für Gesellschaften mit ständig wechselndem Mitgliederbestand sowie für Gesellschaften, die nach ihrer Gründung die Aufnahme einer Vielzahl von Neugesellschaftern forcieren.[163]

---

158 BGH Urt. v. 21.1.1957 - II ZR 147/56 = WM 1957, 512, 514; BGH Urt. v. 27.1.1957 - II ZR 130/73 = WM 1975, 662; BGH Urt. v. 23.11.1978 - II ZR 20/78 = NJW 1979 1705, 1706; BGH Urt. v. 7.3.2008 - II ZR 194/03 = BB 2005, 1295; *Roth*, in Baumbach/Hopt, § 105 Rz. 59; *Sauter*, in Beck'sches Hdb. PersG, § 2 Rz. 68.

159 *Wiedemann*, GesR, § 3 II 2.

160 *Sauter*, in Beck'sches Hdb. PersG, § 2 Rz. 68; *Henze/Notz*, in Ebenroth/Boujong/Joost/Strohn, § 177a Anh. B Rz. 23; *Wiedemann*, GesR, § 3 II 2. a).

161 *Wiedemann*, GesR, § 3 II 2. a)

162 *Wiedemann*, GesR, § 3 II 2. a). Gleiches gilt für Gläubiger und die Interessen der Allgemeinheit, *ebd.*

163 Vgl. hierzu auch: *Jaletzke*, Münchener Hdb. GesR, § 65 Rz. 4.

Aufgrund der strukturellen Vergleichbarkeit hatten die vorstehend genannten Erwägungen unmittelbaren Einfluss auf die Rechtsprechung zur PublikumsK-Gen. So erfolgt auch deren gesellschaftsvertragliche Auslegung nach kapitalgesellschaftsrechtlichen, sprich objektiven Kriterien.[164] Aufgrund der noch stärker ausgeprägten körperschaftlichen Verfassung und kapitalistischen Struktur der InvestmentKG kann für diese nichts anderes gelten.[165] Die Auslegung erfolgt demnach auch hier nach objektiven, revisiblen Kriterien.[166]

War bis dato die Frage umstritten, ab welchem Zeitpunkt gesellschaftsvertragliche Regelungen von PublikumsKGen objektiv auszulegen sind[167], bleibt für diesen Streit aufgrund des nunmehr im KAGB festgelegten Inhalts des Gesellschaftsvertrags unter Hinzuziehung der ausdifferenzierten Anlagebedingungen kaum mehr Raum. Eine subjektive Auslegung scheidet somit auch in dem Stadium aus, in dem noch keine Kapitalanleger als Gesellschafter geworben wurden.[168]

Damit begründet die strukturelle Ausgestaltung der InvestmentKG einmal mehr die Notwendigkeit der Anwendung kapitalgesellschaftsrechtlicher Prinzipien.

b. *Vermutung der Vollständigkeit und Richtigkeit der Urkunde*

Nach ständiger Rechtsprechung besteht für den in der Urkunde festgelegten Inhalt die Vermutung der Vollständigkeit und Richtigkeit.[169] Die Vermutung setzt

---

164 BGH Urt. v. 28.9.1978 II ZR 218/77 = NJW 1979, 419, 420; BGH Urt. v. 16.11.1981 II ZR 213/80 = WM 1982, 40, 40; BGH Urt. v. 23.1.2006 II ZR 126/04 = WM 2006, 774, 775; BGH Urt. v. 11.1.2011 II ZR 187/09 = BGH, NJW 2011, 921, 923.

165 *Casper*, in Staub/HGB-Kommentar, § 161 HGB Rz. 125, 132. Erstmals BGH Urt. v. 28.9.1978 – II ZR 218/77 = NJW 1979, 419, 420 sodann u.a. BGH Urt. v. 16.11.1981 – II ZR 213/80 = WM 1982, 40; BGH Urt. v. 23.1.2006 – II ZR 126/04 = WM 2006, 774, 775 und zuletzt BGH Urt. v. 11.1.2011 – II ZR 187/09 = NJW 2011, 921 Rz. 12.

166 *Henze/Notz*, in Ebenroth/Boujong/Joost/Strohn, § 177a Anh. B HGB Rz. 23.

167 *Casper*, in Staub/HGB-Kommentar, § 161 HGB Rz. 133. Während teilweise vertreten wurde, vor Beitritt der Anleger hätten die Grundsätze des allgemeinen Personengesellschaftsrechts zu gelten (so bspw. *Grunewald*, in MünchKomm. HGB, § 161 Rz. 117; *Oetker*, in Oetker, § 161 Rz. 126), sollte nach a.A. von Anfang an eine objektive Auslegung erfolgen (so etwa *Coing*, Zur Auslegung der Verträge von Personengesellschaften, ZGR 1978, 659, 675f.).

168 *Casper*, in Staub/HGB-Kommentar, § 161 Rz. 135.

169 BGH Urt. v. 5.2.1999 – V ZR 353-97 = NJW 1999, 1702; BGH Urt. v. 5.7.2002 – V ZR 143/01 = NJW 2002, 3164; BGH Urt. v. 23.2.1956 – II ZR 207/54 = BGHZ 20, 109, 111; BGH Urt. v. 14.10.1999 – III ZR 203/98 = WM 1999, 2475.

dabei die Echtheit der Urkunde voraus.[170] Für notariell beurkundete Erklärungen wird dies aufgrund der vorgelagerten Legalitätskontrolle gesetzlich vermutet (§ 437 Abs. 1 ZPO). Gleiches gilt gem. § 440 Abs. 2 ZPO für unterschriftsbeglaubigte Erklärungen.[171] Aufgrund des nunmehr bestehenden gesetzlichen Schriftformerfordernisses gilt auch für Gesellschaftsverträge von InvestmentKGen die Vermutung der Vollständigkeit und Richtigkeit.

c. *Inhaltskontrolle des Gesellschaftsvertrags der InvestmentKG*

Im Bereich einer die Privatautonomie fördernden Rechtsordnung, die sowohl die Vertrags- als auch Gestaltungsfreiheit fördert, verbietet es sich grundsätzlich, eine Kontrollinstanz zu berufen, die die Angemessenheit des Verhandlungsergebnisses beurteilt.[172] Damit gilt im Personengesellschaftsrecht wie auch im allgemeinen Zivilrecht der Grundsatz, dass ein zwischen zwei gleichberechtigten Partnern ausgehandelter Vertrag bzw. dessen Einzelregelungen insoweit einer richterlichen Kontrolle entzogen sind, als sie nicht durch einen Verstoß gegen Verbotsgesetze (§ 134 BGB) oder die guten Sitten (§ 138 BGB) ihren Geltungsanspruch verlieren.[173] Der Verhandlungsprozess bietet dabei Gewähr für die wechselseitige Berücksichtigung der Interessen.

Im Bereich der Massengesellschaften erfährt dieser Grundsatz nunmehr dadurch eine Einschränkung, dass die Gründungsgesellschafter einseitig die Vertragsgestaltungsmacht für sich in Anspruch nehmen und die Kapitalanleger auf den Akt der Akzeptanz verwiesen werden. Auf Seiten der Kapitalanleger reduziert sich somit die Vertragsfreiheit auf die Abschlussfreiheit.[174] Betrachtet man die Art des Zustandekommens des Vertrages wie auch die anschließende Verwendung, so drängt sich der Vergleich zum Recht der allgemeinen Geschäftsbedingungen auf. Es handelt sich jeweils um für eine Vielzahl gleichgearteter Fälle vorformulierte Vertragsbedingungen, die einem Verhandlungsprozess entzogen

---

170 *Hertel*, in Staudinger, § 125 Rz. 93; s. auch: *Einsele*, in MünchKomm. BGB, § 125 Rz. 39; *Mansel*, in Jauerning, § 126 Rz. 8.

171 *Hertel*, in Staudinger, § 125 Rz. 93; *Schreiber*, in MünchKomm. ZPO, § 437 Rz. 4.

172 K. *Schmidt*, in Beck'scher OK BGB, § 307 Rz. 1.

173 Vgl. hierzu zur KG: BGH Urt. v. 21.2.1978 – KZR 6/77 = BGHZ 70, 331, 332; zur OHG: Urt. v. 12.7.1965 = BGHZ 44, 158, 161. Diese Rechtsprechung wandelte sich, als der BGH 1975 den Leitsatz aufstellte, dass PublikumsKGen der Inhaltskontrolle des § 242 BGB unterliegen: BGH Urt. v. 14.4.1975 – II ZR 147/73 = NJW 1975, 1318, 1319; *H. Schmidt*, in Beck'scher OK BGB, § 307 Rz. 1.

174 *Grunewald*, in MünchKomm. HGB, § 161 Rz. 124.

sind.[175] Damit fehlt es in beiden Konstellationen an dem für die Berücksichtigung der gegenseitigen Interessen maßgeblichen Vertragskompromiss.[176] Allein aus dieser Vergleichbarkeit heraus rechtfertigt sich die Durchführung einer Inhaltskontrolle im Bereich des Personengesellschaftsrechts jedoch nicht.[177] Denn für jeden später hinzutretenden Gesellschafter erweist sich der Gesellschaftsvertrag per se als fremdbestimmt. Die inhaltliche Überprüfung des Gesellschaftsvertrags einer Massengesellschaft ist vielmehr dadurch legitimiert, dass ansonsten keinerlei Gewähr für eine ausreichende Berücksichtigung der Interessen der Anleger besteht.[178] Dabei begegnet die Rechtsprechung den durch die Verhandlungsdisparität begründeten Defiziten im Wege einer an Treu und Glauben ausgerichteten Inhaltskontrolle und weicht damit von der im Personengesellschaftsrecht grundsätzlich vorherrschenden Auffassung ab, die (ursprüngliche) Übereinkunft legitimiere den Vertragsinhalt.[179]

aa. Unanwendbarkeit der §§ 305ff. BGB

Da die §§ 305ff. BGB aufgrund der in § 310 Abs. 4 BGB statuierten Bereichsausnahme im gesellschaftsvertraglichen Kontext unanwendbar sind, stellt sich die Frage nach den maßstabsbildenden Parametern der Inhaltskontrolle. Hierbei fällt erschwerend ins Gewicht, dass sich rechtstatsächlich durch die bestehende Dispositionsfreiheit der Gesellschafter eine Typenvielfalt herausgebildet hat, der nicht in gleicher Weise eine entsprechende Normenvielfalt gegenübersteht.[180] Für atypische Gesellschaften wie die PublikumsKG bedeutet dies, dass kein gesetzliches Idealstatut besteht, das als Prüfungsmaßstab herangezogen werden kann. Aufgrund der Atypizität der Ausgestaltungsform der in Rede stehenden Gesellschaft sind sowohl das BGB als auch das HGB, das lediglich den Grundtypus der Kommanditgesellschaft als Mitunternehmergemeinschaft abbildet, als

---

175 *Wiedemann*, GesR, § 3 II 3. a).

176 BGH Urt. v. 14.4.1975 – II ZR 147/73 = NJW 1975, 1318, 1319; *Wiedemann*, GesR, § 3 II 3. a).

177 So auch: *Grunewald*, in MünchKomm. HGB, § 161 Rz. 124.

178 *Grunewald*, in MünchKomm. HGB, § 161 Rz. 124f.

179 Vgl. hierzu zur KG: BGH Urt. v. 21.2.1978 – KZR 6/77 = BGHZ 70, 331, 332; zur OHG: Urt. v. 12.7.1965 = BGHZ 44, 158, 161. Diese Rechtsprechung wandelte sich, als der BGH 1975 den Leitsatz aufstellte, dass PublikumsKGen der Inhaltskontrolle des § 242 BGB unterliegen: BGH Urt. v. 14.4.1975 – II ZR 147/73 = NJW 1975, 1318, 1319; *Wiedemann*, GesR, § 3 II 2 b); *Hueck*, Recht der OHG, § 10 VII 11.

180 *Martens*, in Schlegelberger, HGB Komm., Bd. III/2. Halbbd, § 161 Rz. 2.

Prüfungsmaßstab weitestgehend ungeeignet.[181] Im Zusammenhang mit der Einführung des KAGB stellt sich somit zum einen die Frage, inwieweit die Regelungen zur InvestmentKG ein Idealstatut bilden, an dem sich die Rechtsprechung bei der Frage nach der Wirksamkeit einzelner gesellschaftsvertraglicher Regelungen orientieren kann. Zum anderen bleibt fraglich, inwieweit ein Rückgriff auf kapital- bzw. körperschaftliche, insbes. aktienrechtliche, Normen gerechtfertigt ist und inwieweit auch weiterhin auf die Rechtsprechung zur PublikumsKG – die sich weitgehend an kapitalgesellschaftsrechtlichen Regelungen orientierte – rekurriert werden kann.[182]

bb. KAGB als Idealstatut

Im Zusammenhang mit der Frage inwieweit die gesetzlichen Regelungen des KAGB zur InvestmentKG ein Idealstatut bilden, kann vorweg zunächst ganz allgemein die Frage aufgeworfen werden, ob eine Inhaltskontrolle überhaupt sachgerecht ist. Denn die nunmehr bestehende Normvielfalt und das Vorhandensein zwingender gesetzlicher Vorgaben könnte ausreichende Gewähr für die Angemessenheit der Vertragsbedingungen bieten.[183] Allerdings hält das KAGB in einigen Gebieten nur unzureichende Regelungen vor. Die gesetzlichen Anforderungen erschöpfen sich an vielerlei Stellen in einer bloßen Regelungsanordnung. So bestimmen § 125 Abs. 3, § 150 Abs. 3 KAGB lediglich, dass der Gesellschaftsvertrag vorzusehen hat, dass Ladungen zu Gesellschafterversammlungen unter vollständiger Angabe der Beschlussgegenstände in Textform zu erfolgen haben und die Ergebnisse schriftlich mitgeteilt werden müssen. Nähere Bestimmungen hinsichtlich der Modalitäten der Ladung[184] oder der Durchführung der

181 *Wiedemann*, GesR, § 3 II 3. b). So weist bspw. die InvestmentKG im Vergleich zur typischen HGB-KG eine verschärfte Separierung von Verwaltung und Kapital auf, *Uwe H. Schneider*, Die Inhaltskontrolle von Gesellschaftsverträgen, ZGR 1978, S. 14.

182 Vgl. hierzu auch: *Casper*, in Staub/HGB-Kommentar, § 161 Rz. 141. Soweit es sich um bereits richterrechtlich geklärte Fragen handelt, die auch im Kontext des KAGB auftauchen und für die das Gesetz keine spezielle Regelung vorsieht, muss über den Verweis in § 124 Abs. 1 S. 2, § 149 Abs. 1 S. 2 KAGB auch auf die Rechtsprechung zur PublikumsKG zurückgegriffen werden können. Dies gilt insbesondere für Publikums-InvestmentKGen, da hier – anders als bspw. bei professionellen oder semiprofessionellen Anleger – von einem vergleichbaren Schutzniveau auszugehen ist.

183 So wurde bereits die zunächst restriktive Handhabe der Inhaltskontrolle im Bereich des Körperschaftsrechts begründet, vgl. für den Verein: BGH Urt. v. 14.3.1986 – II ZR 52/66 = BGHZ 49, 396, 398; *Wiedemann*, GesR, § 3 II 2 b).

184 D.h. wie viel früher hat eine Benachrichtigung zu erfolgen etc.

Gesellschafterversammlung an sich[185] trifft das Gesetz nicht. Gleiches gilt für die Beiratspflicht bei intern verwalteten Publikums-InvestmentKG, § 153 Abs. 3 S. 1 KAGB. Darüber hinaus trifft das Gesetz keine Regelungen zum Haftungsmaßstab bei Sorgfaltspflichtverletzungen der Geschäftsführer[186] oder zur Verjährungsfrist bei Schadensersatzansprüchen gegen Mitglieder des Beirats.[187] Hieran zeigt sich, dass nach wie vor Raum für eine inhaltsvertragliche Überprüfung besteht.

cc. Kapitalgesellschaftsrechtliche Regelungen als maßstabsbildende Parameter

Da dem allgemeinen Personengesellschaftsrecht in den oben genannten Punkten weder Vorbild- noch Regelungsfunktion zukommt[188], wird die Rechtsprechung die maßstabsbildenden Parameter wohl auch weiterhin dem Kapitalgesellschaftsrecht – insbesondere dem Aktienrecht – entnehmen.[189] Auch eine Orientierung am Vereins- oder Genossenschaftsrecht ist nicht ausgeschlossen.[190]

An dieser Stelle sei jedoch einschränkend darauf hingewiesen, dass eine Orientierung am Kapitalgesellschaftsrecht nicht ohne Schwierigkeiten ist. Denn selbst bei der InvestmentAG ist ein Rückgriff auf die bestehenden aktienrechtlichen Regelungen nicht widerspruchsfrei möglich. Die investmentrechtliche Ausgestaltung sowohl der InvestmentKG als auch der InvestmentAG führt zu einer derartigen Entfremdung vom Leitbild der jeweiligen Rechtsform, dass

185 Z.B. Nach welchem Muster erfolgt die Stimmabgabe, bedarf es eines Leitfadens und welche Recht hat der Anleger gegen Beschlüsse vorzugehen etc.

186 Der BGH stellte hierzu fest, dass eine privilegierte Haftung gem. § 708 BGB ausscheidet und stattdessen eine entsprechende Anwendung des § 93 AktG erfolge. Gerechtfertigt wurde dies mit der vergleichbaren Interessenlage; BGH Urt. v. 4.7.1977 – II ZR 150/75 = BGHZ 69, 207ff.

187 Hier bestimmte der BGH, dass sich die Verjährungsfrist in Anlehnung an § 96 Abs. 6, 116 AktG, § 52 Abs. 3 GmbHG auf fünf Jahre belaufe, BGH Urt. v. 14.4.1975 – II ZR 147/73 = BGHZ 64, 238, 244; BGH Urt. v. 20.3.2006 – II ZR 326/04 = NJW 2006, 2410, 2411.

188 Dies folgt zum einen daraus, dass die Begründung derartiger Gremien bzw. das Abhalten und die Durchführungsmodalitäten in die gestaltungsfreie Sphäre der Mitglieder fallen. Zum anderen sind derartige Regelungen dem Grundtypus der Kommanditgesellschaft, der gerade nicht von einer korporationsrechtlichen Verfassung ausgeht, fremd.

189 Vgl. zur Publikumsgesellschaft: *Martens*, in Schlegelberger, HGB Komm., Bd. III/2. Halbbd, § 161 Rz. 2; s. auch: *Casper*, in Staub/HGB-Kommentar, § 161 Rz. 141.

190 Vgl. *Casper*, in Staub/HGB-Kommentar, § 161 Rz. 139; *Wiedemann*, Die Legitimationswirkung von Willenserklärungen im Recht der Personengesellschaften, in FS Westermann, S. 591; BGH Urt. v. 14.4.1975 – II ZR 147/73 = NJW 1975, 1318, 1320.

eine Anwendung der Ausgangsregelwerke nicht unreflektiert möglich ist. Nicht umsonst verwies die Rechtsprechung bereits in der Vergangenheit darauf, dass sich eine sklavische Übertragung verbiete und stets im Einzelfall zu entscheiden sei, ob bzw. inwieweit kapital- und körperschaftsrechtlichen Regelungen entsprechend zur Anwendung gebracht werden können.[191] Es erfolgte insbesondere eine entsprechende Anwendung der Anleger- bzw. Minderheitenschutzvorschriften.[192] Aufgrund des ausdifferenzierten Anlegerschutzsystems des KAGB wird sich der Fokus von Anleger- und Minderheitenschutzvorschriften wohl hin zur entsprechenden Anwendung von mehr praktisch orientierten Regelungen verschieben – bspw. Durchführungsmodalitäten von Hauptversammlungen, die auf die Gesellschafterversammlung übertragen werden oder Regelungen zum Aufsichtsrat, die sich auf den Beirat übertragen lassen[193]. Trotz der Bestehenden Anwendungsschwierigkeiten ist davon auszugehen, dass sowohl die Praxis als auch die Rechtsprechung bestehende Regelungslücken – aufgrund der bestehenden Regelungsdichte im Aktien- und GmbH-Recht – in Anlehnung an kapitalgesellschaftsrechtliche Vorschriften zu schließen versuchen wird.

5. Ladung und Ergebnisprotokoll der Gesellschafterversammlung

Der Gesellschaftsvertrag der InvestmentKG hat darüber hinaus vorzusehen, dass Ladungen zu Gesellschafterversammlungen unter vollständiger Angabe der Beschlussgegenstände in Textform zu erfolgen haben, § 125 Abs. 3 Nr. 1, § 150 Abs. 3 Nr. 1 KAGB.[194] Die Ergebnisse der Gesellschafterversammlung sind in einem schriftlichen Protokoll niederzulegen und den Anlegern in Kopie zu übermitteln, § 125 Abs. 3 Nr. 2, § 150 Abs. 3 Nr. 2 KAGB.

Mit der Bestimmung, dass die Beschlussgegenstände integraler Bestandteil der Ladung sind, orientiert sich der Gesetzgeber an den aktienrechtlichen Vorgaben des § 121 Abs. 3 S. 2 AktG. Durch Art. 1 Nr. 9 lit. a ARUG[195] und die damit verbundene Umgliederung der aktienrechtlichen Vorschriften wurde die

191 BGH Urt. v. 12.7.1982 – II ZR 201/81 = BGHZ 84, 383, 386f; BGH Urt. v. 47.1977 – II ZR 150/75 = BGHZ 69, 207, 220.

192 *Casper*, in Staub/HGB-Kommentar, § 161 Rz. 139.

193 So bereits für die Haftung der Beiratsmitglieder geschehen. Beiratsmitglieder haften entsprechend § 116, § 93 AktG, BGH Urt. v. 4.7.1977 – II ZR 150/75 = NJW 1977, 2311, 2311. Den Haftungsmaßstab der persönlich haftenden Gesellschafter hat die Rechtsprechung den § 93 AktG und § 43 GmbHG entnommen. § 708 BGB wurde für unanwendbar erklärt, *ebd.*

194 S. zur Einberufungskompetenz näher Kap. 2 Abschnitt III.3.a.aa.

195 Gesetz zur Umsetzung der Aktionärsrechterichtlinie v. 30.7.2009, BGBl. I S. 2479.

Tagesordnung Gegenstand der Einberufungsbekanntmachung.[196] Gleiches gilt nunmehr für das Personengesellschaftsrecht im Kontext des KAGB. Mit Ausnahme der notariellen Beurkundungspflicht folgt auch die Protokollpflicht dem aktienrechtlichen Vorbild, s. § 130 Abs. 1 S. 1 AktG.

Darüber hinausgehende konkretisierende Regelungen, etwa hinsichtlich des allgemeinen Ablaufs des Abstimmungsverfahrens oder der Einberufungskompetenz als solcher, trifft das KAGB nicht. Die nähere Ausgestaltung betreffend dieser Punkte wird somit – mit Ausnahme des letztgenannten Punktes – zunächst in die privatrechtliche Sphäre verlagert. Hinsichtlich der Einberufungskompetenz ist davon auszugehen, dass diese – als Ausfluss der Geschäftsführungsbefugnis – dem Komplementär zukommt.[197] Ansonsten obliegt es den Gründungsgesellschaftern, entsprechende gesellschaftsvertragliche Regelungen zu treffen.[198] Sollte der jeweilige Gesellschaftsvertrag keine derartigen Regelungen vorsehen, ist davon auszugehen, dass auch an dieser Stelle kapitalgesellschaftsrechtliche Regelungen des Aktien- wie des GmbH-Rechts heranzuziehen sind.[199]

So plädierte der überwiegende Teil des Schrifttums bereits vor Inkrafttreten des KAGB für eine entsprechende Anwendung der relevanten kapitalgesellschaftsrechtlichen Normen.[200] Dass sich auch der Gesetzgeber in diese Richtung orientiert, zeigen die eingangs zitierten investmentrechtlichen Vorschriften, die

---

196 *Kubis*, in MünchKomm. AktG, § 121 Rz. 43.

197 *Casper*, in Staub/HGB-Kommentar, § 163 Rz. 17.

198 Vgl. hierzu auch: *Casper*, in Staub/HGB-Kommentar, § 161 Rz. 195.

199 So kommt in entsprechender Anwendung des § 50 Abs. 3 GmbHG der Gesellschafterminderheit die Einberufungskompetenz zu; *Haas/Mock*, in Röhricht/Graf von Westphalen/Haas, § 161 Rz. 126. Auch dem Beirat soll ein Noteinberufungsrecht zukommen, *ebd.*

200 Für die Einberufung auf Verlangen einer **Minderheit**: § 122 Abs. 1 AktG, § 50 Abs. 1 GmbHG; *Casper*, in Staub/HGB-Kommentar, § 161 Rz. 195; *Roth*, in Baumbach/Hopt, Anh. § 177a Rz. 72; *Oetker*, in Oetker, § 161 Rz. 147; *Grunewald*, in MünchKomm. HGB, § 161 Rz. 132. Hinsichtlich der **Einberufungskompetenz** an sich: § 49 GmbHG analog, *Oetker*, in Oetker, § 161 Rz. 147. Hinsichtlich der **Einladungsfrist**: Hier sei eine angemessene Frist zu wählen. Die Monatsfrist des § 123 Abs. 1 S. 1 AktG sei jedenfalls ausreichend, wohingegen die Wochenfrist des § 51 Abs. 1 S. 2 GmbHG wohl regelmäßig zu kurz sein dürfe; *Casper*, in Staub/HGB-Kommentar, § 161 Rz. 195; *Haas/Mock*, in Röhricht/Graf von Westphalen/Haas, § 161 Rz. 149. **Bestellung eines besonderen Vertreters**: § 147 Abs. 2 AktG analog, *Haas/Mock*, in Röhricht/Graf von Westphalen/Haas, § 161 Rz. 126. **Klagezulassungsverfahren**: § 147f. AktG analog, *Haas/Mock*, in Röhricht/Graf von Westphalen/Haas, § 161 Rz. 161.

als Pendant der kapitalgesellschaftsrechtlichen Normen eine dahingehende Indizwirkung aufweisen.

An dieser Stelle zeigt sich, dass auch der Gesetzgeber seine Orientierung im Kapitalgesellschaftsrecht gesucht hat. Die strukturelle Verwandtschaft der InvestmentKG – insbesondere der Publikums-InvestmentKG – mit der Aktiengesellschaft führt ein weiteres Mal zu einer Synchronisierung beider Rechtsbereiche.

II. Anlagebedingungen

Die InvestmentKGen sind verpflichtet, zusätzlich zum Gesellschaftsvertrag Anlagebedingungen zu erstellen, § 126 Satz 1, § 151 Satz 1 KAGB.[201] Diese sind nach dem eindeutigen Wortlaut der § 126 Satz 2, § 151 Satz 2 KAGB nicht Bestandteil des Gesellschaftsvertrages. In allen Fällen, in denen der Gesellschaftsvertrag veröffentlicht, ausgehändigt oder in sonstiger Weise den Anlegern zur Verfügung gestellt wird, ist jedoch auf die jeweiligen Anlagebedingungen zu verweisen bzw. sind diese zu veröffentlichen oder zur Verfügung zu stellen, § 126 Satz 3, § 151 Satz 3 KAGB.

Trotz der gesetzlich angeordneten formalen Trennung zwischen dem Gesellschaftsvertrag und den Anlagebedingungen bestimmt der Gesetzgeber in den § 266 Abs. 1 Nr. 2, § 273 Abs. 1 Nr. 3 KAGB, dass sich das Rechtsverhältnis der InvestmentKG zu ihren Anlegern aus dem Konnex der beiden Dokumente ergibt. Dabei stellt sich die Frage, in welchem rechtlichen Verhältnis die Anlagebedingungen zum Gesellschaftsvertrag stehen und wie diese rechtlich zu qualifizieren sind.[202]

Die inhaltlichen Anforderungen an die Anlagebedingungen sowie der Umfang der aufsichtsrechtlichen Kontrolle richten sich danach, ob es sich um einen Spezial- oder Publikumsfonds handelt, vgl. § 266, § 273 KAGB. So sieht § 266 Abs. 2 KAGB für geschlossene Publikums-AIF zum Schutz der Privatanleger einen verpflichtenden Mindestinhalt vor, auf den im Bereich der Spezialfonds verzichtet wurde, § 273 KAGB. Darüber hinaus ist in den Anlagebedingungen geschlossener Publikums-AIF festzulegen, welche Vermögensgegenstände in welchem Umfang für den jeweiligen Fonds erworben werden dürfen, § 266 Abs. 2 S. 2 KAGB.

---

201 Der Regelungsgehalt der § 126 Satz 1, § 152 Satz 1 KAGB ist nicht fondstypen- oder rechtsformspezifisch. Entsprechende Regelungen finden sich auch in den § 111, § 143 KAGB für die InvestmentAG.

202 Hierauf wird nachfolgend unter Punkt b. näher einzugehen sein.

Neben den inhaltlich divergierenden Anforderungen ergeben sich auch im Bereich der aufsichtsrechtlichen Kontrolle Unterschiede. Während für die Anlagebedingungen von Spezial-AIF lediglich eine Vorlagepflicht besteht, § 273 Satz 2 KAGB, unterliegen die Anlagebedingungen geschlossener Publikums-AIF – sowie sämtliche Änderungen der selbigen – dem Genehmigungsvorbehalt der BaFin, § 267 Abs. 1 S. 1 KAGB.

1. Rechtsnatur der Anlagebedingungen

Wie bereits oben angesprochen ordnet der Gesetzgeber zwar formal die Trennung zwischen Gesellschaftsvertrag und Anlagebedingungen an, bestimmt jedoch gleichsam, dass sich das Rechtsverhältnis der InvestmentKG zu den Anlegern aus der Zusammenschau beider Dokumente ergibt. Damit stellt sich zum einen die Frage, in welchem rechtlichen Verhältnis der Gesellschaftsvertrag und die Anlagebedingungen zueinander stehen. Zum anderen stellt sich die Frage, wie die Anlagebedingungen an sich rechtlich zu qualifizieren sind. Die Beantwortung letztgenannter Frage ermöglicht zugleich einen Rückschluss auf das Rechtsverhältnis zum Gesellschaftsvertrag. Dies ist für die vorliegende Arbeit insoweit entscheidend, als die Frage im Raum steht, ob der Gesellschaftsvertrag im investmentrechtlichen Kontext seine verfassungsgebende Funktion dergestalt einbüßt, dass er in einem akzessorischen Verhältnis zu den Anlagebedingungen steht. Um sich den aufgeworfenen Fragen rechtlich zu nähern, ist zunächst die historische Entwicklung der Anlagebedingungen sowie ihr funktionaler Wandel zu skizzieren (a.), bevor sodann näher auf ihre rechtliche Qualifikation und das bestehende Verhältnis zum Gesellschaftsvertrag einzugehen ist (b.).

a. Historische Entwicklung

Historisch gesehen finden die Anlagebedingungen ihren Ursprung im Recht des Sondervermögens. Der Begriff der Anlagebedingungen bezeichnete zunächst die Vertragsbedingungen, nach denen sich das Rechtsverhältnis der Kapitalanlagegesellschaft (heute: KVG) zu den Anlegern bestimmte, vgl. § 15 Abs. 1 KAGG a.F., § 43 Abs. 1 InvG a.F.[203] Die Vertragsbedingungen waren Teil des zwischen

---

203 Dabei wurde zwischen allgemeinen und besonderen Vertragsbedingungen unterschieden. Während erstere die Grundlagen des Rechtsverhältnisses, wie bspw. die Anlagestrategie, Kündigungsmöglichkeiten etc., festlegten, konzentrierten sich die besonderen Anlagebedingungen u.a. auf die Festlegung der zulässigen Assets oder die Bestimmung Anlagegrenzen, vgl. Dornseifer, in Emde/Dornseifer/Dreibus/Hölscher, InvG, § 96 Rz. 55; Mohr, Die offene InvestmentKG, S. 51.

der Kapitalanlagegesellschaft und den Anlegern bestehenden Investmentvertrages.[204] Da Sondervermögen keine eigene Rechtspersönlichkeit aufweisen und damit anders als Investmentgesellschaften über kein (konstituierendes) verfassungsgebendes Vertragswerk wie Satzung oder Gesellschaftsvertrag verfügen, bildet der rein schuldrechtliche Investmentvertrag die äquivalente Grundlage zur Regelung der entsprechenden Rechtsbeziehungen.[205]

Die gesetzlich angeordnete, formale Auftrennung, wie sie heute für die InvestmentKG in § 126 Satz 1, § 151 Satz 1 KAGB besteht, geht auf § 96 Abs. 1d InvG zurück.[206] Der Gesetzgeber führte im Zuge der Änderung des Investmentgesetzes die Möglichkeit der Erstellung von Anlagebedingungen für die InvestmentAG ein.[207] Dem Ansatz des Sondervermögens folgend konnten nunmehr – entsprechend der Unterscheidung zwischen allgemeinen und besonderen Vertragsbedingungen – auch bei der InvestmentAG die aktienrechtlichen Grundsätze zur Anlage und Verwaltung des Vermögens von den konkreten investmentspezifischen Ausgestaltungen separiert werden, wodurch den einzelnen Regelungen die Satzungsqualität genommen und damit die Änderungsmöglichkeit vereinfacht wurde.[208]

b. Anlagebedingungen: separates (eigenständiges) schuldrechtliches Anlageverhältnis?

In Bezug auf die rechtliche Qualifikation der Anlagebedingungen wurde zu § 96 Abs. 1d InvG – der Vorgängervorschrift für die InvestmentAG – vertreten, dass es sich bei den Anlagebedingungen um einseitig von der Gesellschaft gesetzte Vertragsbedingungen handele, die der Zustimmungskompetenz der Hauptversammlung entzogen seien.[209] Damit wurde im Ergebnis zwischen der

---

204 *Schmitz*, in Berger/Steck/Lübbehüsen, InvG/InvStG, § 43 Rz. 6, 10; *Rozok*, in Emde/Dornseifer/Dreibus/Hölscher, InvG, § 43 Rz. 5.

205 Vgl. *Schmitz*, in Berger/Steck/Lübbehüsen, InvG/InvStG, § 43 Rz. 6, 10; *Rozok*, in Emde/Dornseifer/Dreibus/Hölscher, InvG, § 43 Rz. 5.

206 Nach Maßgabe des Gesetzgebers entsprechen die Vorschriften dem aufgehobenen § 96 Abs. 1d InvG, s. RegE zum KAGB, BT-Drucksache 17/12294, S. 242, 250.

207 Entwurf eines Gesetzes zur Änderung des Investmentgesetzes und zur Anpassung anderer Vorschriften (Investmentänderungsgesetz), BT-Drucksache 16/5576, S. 85.

208 Durch die formale Separierung wurde die Flexibilisierung von Änderungen angestrebt. Die Anlagebedingungen unterfielen nicht dem rechtlichen Verfahren über Erlass und Änderungen von Satzungen, BT-Drucksache 16/5576, S. 85. *Dornseifer*, in Emde/Dornseifer/Dreibus/Hölscher, InvG, § 96 Rz. 55.

209 *Fock/Hartig*, Ist die InvestmentAG überhaupt eine Aktiengesellschaft?, in FS Spiegelberger, S. 653, 660, *Zetzsche*, Prinzipien der kollektiven Vermögensanlage, S. 585.

Mitgliedschaft und dem eigentlichen Investmentverhältnis unterschieden. Diese Differenzierung gilt auch im Rahmen der InvestmentKG fort.

Der Gesetzgeber hat für die InvestmentKG nach dem Vorbild des § 96 Abs. 1d S. 2 InvG a.F. statuiert, dass die Anlagebedingungen nicht Teil des Gesellschaftsvertrages (§ 126 Satz 2, § 151 Satz 2 KAGB) und somit nicht verfassungsgebendes bzw. konstituierendes Vertragsdokument sind. Diese formale Separierung der beiden Vertragswerke ist jedoch nicht derart zu verstehen, dass sie gänzlich abstrakt voneinander zu beurteilen sind, vgl. § 266 Abs. 2 Nr. 2, § 273 S. 1 Nr. 3 KAGB. Nach den vorgenannten Vorschriften sind die Anlagebedingungen in Bezug auf das Rechtsverhältnis der InvestmentKG zu den Anlegern vielmehr stets „in Verbindung mit" dem Gesellschaftsvertrag zu sehen. Durch diese Formulierung wird ein gesetzlich vorgeschriebener Konnex beider Dokumente hergestellt, die ihrem Regelungsgegenstand entsprechend zwar unabhängig voneinander sind, aufgrund des einheitlichen Sinnzusammenhangs jedoch in materieller Verbindung zueinander stehen.[210] Während sich der Gesellschaftsvertrag darauf beschränkt, die Anlage und Verwaltung der Mittel als Unternehmensgegenstand festzuschreiben[211], übernehmen die Anlagebedingungen als investmentrechtliches Dokument die Funktion der inhaltlichen Ausgestaltung. Sie legen u.a. fest, in welche Vermögensgegenstände investiert werden darf und welche Anlagegrenzen im Einzelnen zu beachten sind.[212] Die Anlagebedingungen übernehmen somit die inhaltliche Konkretisierung der gesellschaftsvertraglich angestrebten Investmenttätigkeit – wodurch auch die Geschäftsführungsbefugnisse begrenzt werden – ohne dabei ein in sich eigenständiges, sprich von dem Gesellschaftsvertrag vollständig abstraktes, bilaterales Rechtsverhältnis zu begründen.[213] Nichtsdestotrotz kommt ihnen insoweit eigenständige Bedeutung zu, als die inhaltliche Ausgestaltung der Investmenttätigkeit aufgrund der

---

210 *Lorenz*, in Weitnauer/Boxberger/Anders, KAGB, § 111 Rz. 5, der die Anlagebedingungen zivilrechtlich als Teil der konstitutiven Dokumente einordnet; i.E. auch: *Hüwel*, in Baur/Tappen, Investmentgesetze, Bd. 1, § 126 Rz. 14; *Mohr* beschreibt die Anlagebedingungen als Teil des mitgliedschaftlichen Verhältnisses und verwendet hierbei den Begriff des „Einheitsmodells" als Gegensatz zum Trennungsmodell, *ders.*, Die offene InvestmentKG, S. 57, 59.

211 Vgl. § 125 Abs. 2 S. 1; § 150 Abs. 2 S. 1 KAGB.

212 Vgl. zu den inhaltlichen Anforderungen: § 162 Abs. 2 KAGB.

213 *Mohr*, Die offene InvestmentKG, S. 57; Vereinzelt wird hierzu sogar vertreten, dass die InvestmentKG ohne die Anlagebedingungen nur eine „investmentrechtliche Hülle" sei, *Kracke*, in Baur/Tappen, Investmentgesetze, Bd. 1, § 125 Rz. 9; *Hoffert*, in Moritz/Klebeck/Jesch, Frankfurter Komm. z. KAGB, § 126 Rz. 5.

zwingenden gesetzlichen Vorgaben der § 126, § 151 KAGB („sind …zu erstellen") nicht in die gesellschaftsvertragliche Sphäre verlagert werden kann.[214] Aufgrund der detaillierten und spezifischen Ausgestaltung sind die Anlagebedingungen auch nicht tauglich als Unternehmensgegenstand oder in sonstiger Weise in den Gesellschaftsvertrag aufgenommen zu werden.

Somit handelt es sich bei den Anlagebedingungen um einen schuldrechtlichen Vertrag mit eigenem Regelungsgehalt, der zwar formal nicht Teil der gesellschaftsrechtlichen Gründungsdokumente ist (§ 126 S. 2, § 151 S. 2 KAGB), in Bezug auf die Ausgestaltung der Investmenttätigkeit jedoch konstituierenden Charakter hat und materiell nur gemeinsam mit dem Gesellschaftsvertrag rechtsgestaltende Wirkung entfaltet.[215] Die konstituierende Wirkung der Anlagebedingungen ist zwar nicht gesellschaftsrechtlicher, jedoch durchaus zivilrechtlicher Natur.[216]

In diesem Kontext von einer Entwertung des Gesellschaftsvertrages zu sprechen, wäre sicherlich zu weitreichend, wenn auch nicht außer Acht gelassen werden kann, dass der Gesellschaftsvertrag im investmentrechtlichen Kontext nicht mehr alleinige Rechtsgrundlage für die genannten Rechtsbeziehung ist und damit seine Alleinstellung verliert.[217]

---

214 A.A. *Hüwel*, in Baur/Tappen, Investmentgesetze, Bd. 1, § 126 Rz. 17.

215 So auch: *Hüwel*, in Baur/Tappen, Investmentgesetze, Bd. 1, § 126 Rz. 14. Aus investmentrechtlicher Sicht sind die Anlagebedingungen zweifellos das maßgeblichere, weil die Investmenttätigkeit definierende, Dokument, s. auch: *Kracke*, in Baur/Tappen, Investmentgesetze, Bd. 1, § 125 Rz. 9.

216 Die Anlagebedingungen sind notwendiger Bestandteil des Erlaubnisantrags gem. § 22 Abs. 1 Nr. 12 KAGB und damit einhergehend notwendige Voraussetzung für die Erteilung einer Genehmigung zur Aufnahme des Geschäftsbetriebs, vgl. § 20 Abs. 1 S. 1 KAGB. Ohne sie kann kein Investmentgeschäft betrieben werden, so für die InvestmentAG: *Lorenz*, in Weitnauer/Boxberger/Anders, KAGB, § 111 Rz. 5. Damit steht der Gesellschaftsvertrag hinsichtlich der Ausgestaltung der Rechtsbeziehungen der Gesellschafter zur Gesellschaft und des Umfangs des rechtlichen Dürfens der geschäftsführenden Gesellschafter rechtstatsächlich in horizontaler Abhängigkeit zu den Anlagebedingungen.

217 Der Gesellschaftsvertrag ist letztlich nur ein „notwendiges Übel", weil der Gesetzgeber die Investmentgesellschaften – aus steuerrechtlichen (InvestmentKG) bzw. aus kapitalmarktrechtlichen (InvestmentAG) – als dem Sondervermögen vergleichbare Vehikel schaffen wollte. Der Sache nach ist der Gesellschafter in den Investmentgesellschaften weniger echter Gesellschafter als vielmehr Anleger, der so stehen soll, wie der Anleger, der in ein Sondervermögen investiert. Letzteres wird insbesondere bei der internen Verwaltung deutlich, wo die Investmentgesellschaft gleichzeitig auch KVG ist.

2. Änderungskompetenz

Das Gesetz nimmt keine allgemeinverbindliche Kompetenzzuweisung hinsichtlich der Erstellung und Änderung von Anlagebedingungen vor. Ausdrückliche Regelungen finden sich – in formeller Hinsicht – nur in Bezug auf die Antrags- bzw. Vorlageberechtigten, § 267 Abs. 1 S. 1, § 273 Satz 2 KAGB. Hiernach liegt die Alleinzuständigkeit der Antragstellung auf behördliche Genehmigung und die Pflicht zur Vorlage bei der AIF-KVG.[218]

a. Ausdrückliche Kompetenzzuweisung

In materieller Hinsicht finden sich ausdrückliche Kompetenzzuschreibungen lediglich im Bereich der geschlossenen Publikums-AIF. Hier bestimmt das Gesetz, dass Änderungen, die mit den bisherigen Anlegergrundsätzen des geschlossenen Publikums-AIF nicht vereinbar sind sowie Änderungen der Kosten und wesentlicher Anlegerrechte der Zustimmung einer qualifizierten Mehrheit der Anleger bedürfen (mindestens 2/3 des Zeichnungskapitals), § 267 Abs. 3 S. 1 KAGB.[219] Die Genehmigungshoheit der BaFin ist dabei an das vorgenannte Quorum gebunden. Liegt eine entsprechende Zustimmung der Anleger nicht vor, kann die BaFin die Änderung der Anlagebedingungen nur unter der aufschiebenden Bedingung einer solchen erteilen, § 267 Abs. 3 S. 3 KAGB.[220] Durch den kodifizierten Genehmigungsvorbehalt der BaFin weicht der Gesetzgeber von dem Grundsatz ab, dass die aufsichtsrechtliche Genehmigung das zivil- und gesellschaftsrechtliche Vertragsverhältnis der Parteien unter dem Investmentvertrag grundsätzlich unberührt lässt.[221] Begründet wird dieser Eingriff in die vertragliche Sphäre der Parteien damit, dass Anleger eines geschlossenen Fonds entweder gar nicht oder nur in einem gewissen Turnus aus dem Investmentvermögen aussteigen können.[222] Zwar gilt der Genehmigungsvorbehalt der BaFin

---

218 § 267 Abs. 2 S. 2 KAGB i.V.m. § 163 Abs. 2 S. 7 KAGB bestimmt darüber hinaus, dass der Genehmigungsantrag von den Geschäftsleitern der AIF-KVG zu unterschreiben ist.

219 Unter Zeichnungskapital versteht man das maximal zu platzierende Eigenkapital des AIF, *Hartrott*, in Baur/Tappen, Investmentgesetze, Bd. 1, § 267 Rz. 16.

220 Gleiches gilt für die Genehmigungsfiktion i.S.d. § 163 Abs. 2 S. 5 KAGB.

221 RegE zum KAGB, BT-Drucksache 17/12294, S. 272. Grund für diese abweichende Regelung sei die besondere Situation im Bereich geschlossener Fonds. Die Anleger können hier entweder gar nicht oder nur zu einem bestimmten Zeitpunkt aussteigen. Wesentliche Änderungen des Anlageverhältnisses bedürfen demnach ihrer Zustimmung, RegE zum KAGB, BT-Drucksache, 17/12294, S. 272.

222 RegE zum KAGB, BT-Drucksache 17/12294, S. 272.

nur in Bezug auf die drei beschriebenen Arten von Änderungen. Nichtsdestotrotz wird hierdurch deutlich, dass der Gesetzgeber einmal mehr die Stellung der Anleger stärken wollte.[223] Das investmentrechtlich etablierte Zustimmungserfordernis der Anleger zu wesentlichen Änderungen der Anlagebedingungen – sprich des investmentrechtlichen Vertrages – erinnert an das gesellschaftsrechtliche Zustimmungserfordernis aller Gesellschafter zu sog. Grundlagengeschäften – zu denen grds. auch sämtliche Änderungen des Gesellschaftsvertrages zählen.[224] Der Gesetzgeber scheint den in § 267 Abs. 3 S. 1 KAGB genannten Änderungen somit denselben Stellenwert beizumessen wie gesellschaftsvertraglichen Änderungen. Durch die gesetzliche Regelung wird somit sichergestellt, dass trotz der Ausgliederung der Regelungstatbestände aus dem Gesellschaftsvertrag in die Anlagebedingungen bei Änderungen dasselbe Schutzniveau der Anleger gewahrt bleibt, das sie in Bezug auf gesellschaftsvertragliche Änderungen gehabt hätten. Mit anderen Worten: Das Nebeneinander der beiden konstituierenden Vertragsdokumente führt zumindest im Bereich der Publikums-InvestmentKG nicht zu einem verkürzten Schutz der Anleger.[225]

b. Änderungskompetenz in sonstigen Fällen

Mit Ausnahme des beschriebenen Zustimmungserfordernisses lässt das KAGB keine Rückschlüsse auf die zivilrechtliche Erstellungs- und Änderungskompetenz zu. In der Literatur werden hierzu unterschiedliche Ansichten vertreten. Eine Ansicht sieht § 267 Abs. 3 S. 1 KAGB als Ausnahmeregelung für die Publikums-InvestmentKG und schreibt die generelle Änderungskompetenz der Geschäftsführung zu, da es sich gerade nicht um eine gesellschaftsvertragliche – oder so zu behandelnde – Regelung handele.[226] Entgegen dieser Ansicht findet sich in der Literatur auch eine Meinung, die dafür plädiert, dass die Anlagebedingungen als Teil des Mitgliedschaftsverhältnisses dem Kompetenzbereich der Gesellschafter zugewiesen sind, sodass somit jede Änderung eines einstimmig

223 Vgl. auch: RegE zum KAGB, BT-Drucksache 17/12294, S. 272f.

224 *Grunewald*, in MünchKomm. HGB, § 164 Rz. 16; *Schmidt*, in MünchKomm. HGB, § 126 Rz. 10.

225 Dabei bleibt die noch zu erörternde Frage offen, inwieweit Gesellschafter einer Spezial-InvestmentKG Einfluss auf derartige Änderungen der Anlagebedingungen nehmen können.

226 *Kunschke/Klebeck*, in Beckmann/Scholtz/Vollmer, Investment Hdb., Erg.Lfg. 2/14, 405 § 126 Rz. 18; *Hoffert*, in Moritz/Klebeck/Jesch, Frankfurter Komm. z. KAGB, § 151 Rz. 34.

gefassten Beschlusses (§ 119 HGB) bedürfe.[227] Aufgrund des bestehenden Quorums für Publikums-InvestmentKGen (§ 267 Abs. 3 S. 2 KAGB) könne von dem im Grundsatz bestehenden Einstimmigkeitserfordernis nur dergestalt abgewichen werden, dass Mehrheitsentscheidungen *stets* eine 2/3-Mehrheit erfordern.[228] Dies ergebe sich nicht nur aus § 267 Abs. 3 S. 2 KAGB – dem damit ein allgemeinverbindlicher Aussagewert zukomme – sondern auch aus der Regierungsbegründung und den § 165 Abs. 3 Nr. 7, § 166 Abs. 5 Nr. 4 KAGB, deren Formulierung („in den Anlagebedingungen *vereinbart*") darauf hindeute, dass der Gesetzgeber nicht von einer einseitigen Festsetzung der Anlagebedingungen ausgehe.[229] Der Vereinbarungscharakter setze notwendig einen gemeinsamen Parteikonsens voraus, was gegen eine einseitige Änderungskompetenz der Geschäftsführer spreche.[230]

Letztgenannter Ansicht liegt offensichtlich die Annahme zu Grunde, dass jede Änderung der Anlagebedingungen mit einer Änderung des Gesellschaftsvertrages gleichzusetzen ist bzw. es sich hierbei um ein außergewöhnliches Geschäft i.S.d. § 164 S. 1 HGB (analog) handelt, da ansonsten nicht zwingend ein Gesellschafterbeschluss notwendig wäre.[231] Diese Schlussfolgerung erscheint jedoch in mehrfacher Hinsicht verfehlt. Insbesondere die Heranziehung der gesetzgeberischen Vorstellungen erscheint einseitig. So lässt der Vertreter dieser Ansicht außer Acht, dass sich der Gesetzgeber positiv-rechtlich dafür ausgesprochen hat, dass die Anlagebedingungen nicht Bestandteil des Gesellschaftsvertrages sind (§ 126 Satz 2, § 151 Satz 2 KAGB) und damit grds. auch nicht nach gesellschaftsvertraglichen bzw. handelsrechtlichen Grundsätzen zu behandeln sind. Auch die bestehende materielle Abhängigkeit zum Gesellschaftsvertrag rechtfertigt kein anderes Ergebnis. Die ausdrückliche Kodifizierung des Zustimmungsvorbehalts für die Publikums-InvestmentKG zeigt vielmehr deren Ausnahmecharakter. Käme der Regelung für die Publikums-InvestmentKG nur deklaratorische

---

227 *Mohr*, Die offene InvestmentKG, S. 62.

228 *Mohr*, Die offene InvestmentKG, S. 64; *Dorenkamp* bezeichnet das vorgenannte Mehrheitserfordernis als „faktische Änderungssperre", weil erfahrungsgemäß eine große Anzahl der Anleger nicht am Abstimmungsverfahren partizipiert, *ders.*, in Beckmann/Scholtz/Vollmer, Investment Hdb., Erg.Lfg.12/14, 405 § 143 Rz. 5; *Hoffert*, in Moritz/Klebeck/Jesch, Frankfurter Komm. z. KAGB, § 151 Rz. 21.

229 *Mohr*, Die offene InvestmentKG, S. 65.

230 *Mohr*, Die offene InvestmentKG, S. 65.

231 Vgl. hierzu: *Casper*, in Staub/HGB Kommentar, § 161 Rz. 38. Das Einstimmigkeitserfordernis gilt im Bereich der Kommanditgesellschaft grds. nur bei Änderungen des Gesellschaftsvertrages, s. *ebd.*

Wirkung zu, stellte sich die Frage warum der Gesetzgeber dies überhaupt normiert hat. Hätte er dies lediglich aus Klarstellungszwecken getan, hätte sich ein einheitlicher Bezug auf alle Investmentgesellschaften angeboten. Auch der Verweis auf die Ausführungen der Regierungsbegründung überzeugt nicht. In dieser heißt es: „Indem die Bundesanstalt in den genannten Fällen ihre Genehmigung nur unter der aufschiebenden Bedingung einer Zustimmung einer qualifizierten Mehrheit der Anleger erteilen kann, wird das Erfordernis einer Zustimmung der Anleger *zusätzlich unterstrichen.*"[232] Durch die Fokussierung auf nur einen Teilaspekt eines Satzes verliert die vom Gesetzgeber getroffene Aussage ihren Bezugspunkt, was im Ergebnis zu einer Fehldeutung derselben führt. Der Vertreter vorgenannter Ansicht, sieht insbesondere in der Verwendung des Wortes „unterstrichen" die Bestätigung des Gesetzgebers dafür, dass dem Zustimmungserfordernis lediglich deklaratorische Bedeutung zukomme.[233] Schaut man sich jedoch den Satzbau und damit den grammatikalischen Bezugspunkt genauer an, so *unterstreicht* der Gesetzgeber das gesetzlich etablierte Zustimmungserfordernis durch das bedingte Genehmigungserfordernis der BaFin (§ 267 Abs. 3 S. 3 KAGB). Damit soll dem Zustimmungserfordernis, dem aufgrund seiner positivrechtlichen Normierung bereits eigenständige Bedeutung zukommt, zusätzliche Bedeutung dadurch verliehen werden, dass die Genehmigungserteilung von dieser abhängig gemacht wird.

Die Annahme, dass jede Änderung der Anlagebedingungen mit einer Änderung des Gesellschaftsvertrages gleichzusetzen ist, erscheint überdies deshalb widersinnig, weil der KAGB-Gesetzgeber dann in Fällen wesentlicher Beeinträchtigungen der Anlegerrechte von einem grundsätzlich bestehenden Einstimmigkeitserfordernis zugunsten einer 2/3-Mehrheit abweichen würde. Damit wäre für ein Mehr an Eingriff eine geringere Zustimmungsquote erforderlich. Ein solches Ergebnis kann nicht mit dem gesetzgeberischen Willen übereinstimmen. Es ist vielmehr davon auszugehen, dass der Gesetzgeber durch § 267 Abs. 3 S. 2 KAGB eine Sonderregelung schaffen wollte, die – ähnlich den kapitalgesellschaftsrechtlichen Regelungen der § 179a Abs. 1, § 293 Abs. 1 S. 1 AktG – einen materiellen Schutz der Anlegerrechte begründet,

---

232 RegE zum KAGB, BT-Drucksache, 17/12294, S. 274 – Hervorhebung erfolgte durch die Autorin.

233 *Mohr*, Die offene InvestmentKG, S. 65. Im Ergebnis begründet damit weder eine Alleinzuständigkeit der Anleger zur Änderung der Anlagebedingungen, noch bestimmt er, dass sämtliche Änderungen einstimmig gefasst werden müssen.

indem bestimmte Entscheidungen der Geschäftsführung von der Zustimmung der Anleger abhängig sind.[234] Die eigentliche Änderungskompetenz liegt somit bei der Geschäftsführung.[235] Das gesetzliche Zustimmungserfordernis, das im Bereich der geschlossenen Publikums-InvestmentKG zu einer Erweiterung der Kommanditistenrechte führt, ist somit lediglich Wirksamkeitserfordernis für die relevanten Änderungen.[236] Bezogen auf etwaige Zustimmungserfordernisse, kann auch im Bereich der externen Verwaltung gefragt werden, ob der KVG ein Zustimmungsrecht zukommt.[237] Diese Frage stellt sich nicht nur vor dem Hintergrund, dass die Antrags- bzw. Vorlagepflicht formal der KVG zugewiesen ist (vgl. § 267 Abs. 1 S. 1, § 273 Satz 2 KAGB) und sie nach Marktstandard in den Anlagebedingungen aufgenommen ist[238], sondern vornehmlich und gerade auch deshalb, weil der externen KVG die erlaubnispflichtige Verantwortung zur Portfolioverwaltung zukommt, vgl. § 20 Abs. 1 i.V.m. § 17 Abs. 1 KAGB.

3. Sonderfall: Teilgesellschaftsvermögen

Besonders deutlich wird die konstituierende Bedeutung der Anlagebedingungen im Rahmen der Bildung von Teilgesellschaftsvermögen, wo für jedes Teilgesellschaftsvermögen eigene Anlagebedingungen zu erstellen sind, § 132 Abs. 1 S. 2

---

234 Vgl. für die Aktionärsrechte unter § 179a AktG, *Stein*, in MünchKomm. AktG, § 179a Rz. 5.

235 So auch: *Kunschke/Klebeck*, in Beckmann/Scholtz/Vollmer, Investment Hdb. Erg.Lfg. 2/14, 405 § 126 Rz. 18; *Lorenz*, in Weitnauer/Boxberger/Anders, KAGB, § 126 Rz. 2 i.V.m. § 111 Rz. 8; a.A. *Hartrott* in Baur/Tappen, Investmentgesetze, Bd. § 267 Rz. 3, der die AIF-KVG als zuständig ansieht.

236 *Scheel*, in Münchener Hdb. GesR, § 7 Rz. 74f. Dieses Ergebnis kann auch damit untermauert werden, dass das Erstellen der Anlagebedingungen.

237 *Hartrott*, sieht die Änderungskompetenz grds bei der KVG, *ders.*, in Baur/Tappen, Investmentgesetze, Bd. 1, § 267 Rz. 3. Dieses Ergebnis wird auch dadurch gestützt, dass es sich beim Erstellen der Anlagebedingungen um eine vorgelagerte Pflicht handelt. Die Anlagebedingungen sind vor Ausgabe der Anteile schriftlich festzuhalten, § 266 Abs. 1 Nr. 2 a.E., § 273 Satz 1 Nr. 3 a.E. KAGB. Hieraus folgt, dass den Anlegern nicht die Kernkompetenz in Bezug auf die Anlagebedingungen zukommen kann. Des Weiteren dienen die Regelungen als Ausfluss von § 96 Abs. 1d InvG a.F. der Flexibilisierung. Wäre bei jeder Änderung ein Gesellschafterbeschluss notwendig, könnte diesem Erfordernis kaum Rechnung getragen werden. *Dornseifer*, in Emde/Dornseifer/Dreibus/Hölscher, InvG, § 96 Rz. 55; vgl. zu den gesetzgeberischen Erwägungen zu § 96 Abs. 1d InvG: RegE zum KAGB, BT-Drucksache 16/5576, S. 85.

238 Siehe Muster-Anlagebedingungen für die geschlossene Investmentkommanditgesellschaft des BVI.

KAGB.[239] In rechtlicher Konsequenz bedeutet dies, dass die einzelnen Anleger zwar allesamt Gesellschafter der intern verwalteten offenen InvestmentKG sind, sich ihr Rechtsverhältnis zur Gesellschaft jedoch nach der Zugehörigkeit zum jeweiligen Teilgesellschaftsvermögen bestimmt. Während die Anleger im Fall der geschlossenen InvestmentKG – wo die Bildung von Teilgesellschaftsvermögen nicht vorgesehen ist – und der extern verwalteten offenen InvestmentKG stets demselben Regelwerk unterworfen sind, führt die Bildung von Teilgesellschaftsvermögen zumindest materiell zur Bildung einer (quasi-)Gesellschaft in der Gesellschaft, die ihren jeweils eigenen Regeln folgt. Hieran ändert auch die Tatsache nichts, dass die verfassungsgebende Grundlage aller Teilgesellschaftsvermögen der Gesellschaftsvertrag ist. Denn wie bereits weiter oben erläutert ist maßgebliches Dokument zur Regelung der Rechtsbeziehungen der Anleger zur Gesellschaft nicht der Gesellschaftsvertrag, sondern die Anlagebedingungen. Durch die gesetzlich vorgeschriebene Notwendigkeit der Einzelerstellung von Anlagebedingungen, kommt diesen eine erhöhte Individualisierungswirkung begleitet von einer Separationswirkung zu. Kurzum: Die Anlagebedingungen legen den Umfang des rechtlichen Dürfens der einzelnen Teilgesellschaftsvermögen abstrakt vom Gesellschaftsvertrag fest, wodurch die einzelnen Teilgesellschaftsvermögen in quasi eigenständige Untergesellschaften separiert werden.

III. Das Innenverhältnis der InvestmentKG

1. Rechtmäßigkeit der intern verwalteten InvestmentKG

Aus Sicht des Personengesellschaftsrechts stellt die intern verwaltete InvestmentKG, bei der die Geschäftsführung durch den Komplementär erfolgt, den Regelfall dar.[240] Inwieweit diese gesetzestypische Grundkonzeption der Kommanditgesellschaft im Anwendungsbereich des KAGB überhaupt zur Anwendung kommt, ist umstritten. Während sie für einige aufgrund des Regelfalls der

---

239 Zu Teilgesellschaftsvermögen im Allgemeinen s. näher Kap.2 Abschnitt VI.3.

240 Vgl. *Casper*, Die InvestmentKG: große Schwester der Publikums-KG oder Kuckuckskind?, ZHR 179 (2015), 44, 57; Hierbei nimmt der Komplementär als Geschäftsführer die Aufgabe der Anlage und Verwaltung der Mittel und damit die Verwirklichung des Unternehmensgegenstandes wahr. Zu den Anforderungen an den Unternehmensgegenstand siehe Kap. 2 Abschnitt I.3., zur Geschäftsführung, siehe Kap. 2 Abschnitt III.2. Im Rahmen der allgemeinen gesetzlichen Grenzen können auch Kommanditisten an der Geschäftsführung teilhaben, *Casper*, in Staub/HGB-Kommentar, § 164 HGB Rz. 32; *Stöber*, in Westermann, Hdb. PersG, Rz. 3167.

externen Verwaltung nur ein Schattendasein fristet[241], halten sie andere aufgrund eines vermeintlichen Verstoßes gegen höherrangiges Recht für gänzlich unzulässig.[242]

a. *Europarechtliche Grundkonzeption*

Auf Richtlinienbasis ebnet Art. 2 Abs. 2 AIFM-RL den Weg für die nationalen Gesetzgeber, den AIF in Vertragsform, der Form des Trusts, in Satzungsform oder irgendeiner anderen Rechtsform zu errichten. Neben den bekannten Formen des in Vertragsform aufgelegten Sondervermögens und der in Satzungsform konstituierten InvestmentAG konnte sich der nationale Gesetzgeber auf Basis der Formulierung „irgendeiner anderen Rechtsform" auch der Rechtsform der Personengesellschaft bedienen, namentlich der Kommanditgesellschaft. Während das Sondervermögen keinerlei Rechtspersönlichkeit besitzt, sind sowohl die InvestmentAG als auch die InvestmentKG rechtsfähig. Dies folgt bei der InvestmentKG aus der Verweisungskaskade der § 124 Abs. 1 S. 2 bzw. § 149 Abs. 1 S. 2 KAGB i.V.m. § 161 Abs. 2 i.V.m. § 105, § 124 Abs. 1 HGB. Hierüber erlangt die InvestmentKG die Fähigkeit der selbständigen Trägerschaft von Rechten und Pflichten.[243] Anders als die InvestmentAG ist sie jedoch nicht als juristische Person zu qualifizieren.[244]

Die Richtlinie verpflichtet die Mitgliedstaaten zu gewährleisten, dass für jeden AIF, gleich welcher Art, einem einzigen AIFM die Alleinzuständigkeit für die Einhaltung der Richtlinie überantwortet wird.[245] Der AIFM kann hierbei entweder ein externer Verwalter sein – der die vom AIF oder im Namen des AIF bestellte juristische Person ist und aufgrund dieser Bestellung für die Verwaltung des AIF verantwortlich ist, Art. 5 Abs. 1 lit. a AIFM-RL[246] – oder der AIF selbst sein, wenn die Rechtsform des AIF eine interne Verwaltung zulässt und

---

241 So u.a. *Casper*, Die InvestmentKG: große Schwester der Publikums-KG oder Kuckuckskind?, ZHR 179 (2015), 44, 57; *Wallach*, Die Regulierung von PersG im KAGB, ZGR 2014, 289, 300; *Böhme*, Die Vertretung der extern verwalteten InvestmentKG, BB 2014, 2380, 2380.

242 *Freitag*, Die „InvestmentKG" nach dem Regierungsentwurf für ein Kapitalanlagegesetzbuch, NZG 2013, 329, 332.

243 Träger von Rechten und Pflichten sind grds. die über die Gesamthand gebundenen Gesellschafter, vgl. *Boesche*, in Oetker, § 124 HGB Rz. 1.

244 Aus ihrer Stellung als eigenständiges Rechtsobjekt heraus ist die AG selbst Trägerin der Rechte und Pflichte, vgl. *Heider*, in MünchKomm. AktG, § 1 AktG Rz. 25f.

245 Siehe Art. 5 Abs. 1 S. 1 AIFM-RL.

246 Auf nationaler Ebene findet sich diese Regelung in § 17 Abs. 2 Nr. 1 KAGB.

das Leitungsgremium des AIF entscheidet, von einer externen Bestellung abzusehen, Art. 5 Abs. 1 lit. b AIFM-RL.[247] In letztgenanntem Fall wird der AIF selbst als AIFM zugelassen.

Nach Art. 4 Abs. 1 lit. b AIFM-RL ist alternativer Investmentfonds-Manager (AIFM) jede *juristische Person*, deren reguläre Geschäftstätigkeit darin besteht, einen oder mehrere AIF zu verwalten.

Ausgehend vom Wortlaut der vorgenannten europarechtlichen Bestimmungen erweist sich die Konstellation der extern verwalteten InvestmentKG als unproblematisch. Art. 4 Abs. 1 lit. b AIFM-RL bezieht sich ausdrücklich nur auf den AIFM, d.h. den Fondsverwalter und nicht den AIF selbst. Somit sind die dortigen Anforderungen rechtlich abstrakt von der Frage nach der Rechtsform des Fonds selbst zu sehen.[248]

Problematisch wird es erst dann, wenn die rechtliche Abstraktheit dadurch aufgehoben wird, dass der AIF gleichzeitig AIFM ist. In dieser Konstellation gelten die rechtlichen Anforderungen an den AIFM, insbesondere die spezifischen Anforderungen an die Rechtsform, gleichermaßen für den Fonds selbst. Dies ist stets bei der intern verwalteten InvestmentKG der Fall, denn hier lässt sich der AIF selbst als AIFM zu. Damit würde – entgegen des scheinbar offensichtlichen Wortlauts des Art. 4 Abs. 1 lit. b AIFM-RL – durch den AIF in Form der InvestmentKG eine Personengesellschaft als AIFM zugelassen werden. Dies ist zumindest bei der Zugrundelegung eines deutschen Begriffsverständnisses von „juristischer Person" formaljuristisch nicht mit den Anforderungen von Art. 4 Abs. 1 lit. b AIFM-RL vereinbar. Folglich wäre die intern verwaltete InvestmentKG europarechtswidrig.

Zu vorgenanntem Problemkreis kursieren im Schrifttum diverse Meinungen mit jeweils unterschiedlichen Ansatzpunkten sowie unterschiedlich weitreichenden Schlussfolgerungen. So knüpfen einige Auffassungen unmittelbar an das Begriffsverständnis von „juristischer Person" an. Während hierbei teilweise vertreten wird, dass im Gesamtkontext der Art. 4 Abs. 1 lit. b und Art. 5 Abs. 1 lit. a und lit. b AIFM-RL eine Übersetzung als „rechtsfähige Person" aus teleologischer Sicht zutreffender sei,[249] nimmt eine andere Ansicht auf Basis einer rechtsvergleichenden Analyse einen Abgleich mit der im englischen Rechtsraum verwendeten Terminologie vor. Unter Verweis auf das europäische Verbraucherschutzrecht

247 Auf nationaler Ebene findet sich diese Regelung in § 17 Abs. 2 Nr. 2 KAGB.

248 Im Rahmen der externen Verwaltung kommt es somit nur darauf an, dass der externe Verwalter juristische Person ist.

249 *Wallach*, Die Regulierung von PersG im KAGB, ZGR 2014, 289, 299.

kommt diese Ansicht auch zu dem Ergebnis, dass das deutschsprachige und das englischsprachige Rechtsverständnis des Begriffs der „juristischen Person" nicht zwingend gleichbedeutend seien.[250] Nach vorgenannten Auffassungen kann das Investmentvermögen, das in Form der InvestmentKG aufgelegt ist selbst als AIFM zugelassen werden. Hiergegen bringt eine andere Auffassung vor, dass der europäische Gesetzgeber durchaus über ein differenziertes Begriffsverständnis verfüge, das vorliegend synonym für das deutsche Verständnis von „juristischer Person" ist und damit wortlautgetreu zur Anwendung gebracht werden müsse.[251] Folglich stünde die intern verwaltete InvestmentKG im Widerspruch zu Art. 4 Abs. 1 lit. b AIFM-RL womit sie europarechtswidrig wäre und als Gestaltungsform nicht zur Verfügung stünde. Schließlich löst sich eine in der Literatur vertretene Ansicht von dem reinen Wortlautgedanken und vertritt einen pragmatisch-faktischen Ansatz. Maßgeblich sei allein die Rechtsform des die Verwaltungstätigkeit ausübenden Organs.[252] Damit knüpfe die Verwaltereigenschaft an die Geschäftsführung an, weshalb zumindest die intern verwaltete GmbH & Co. InvKG unionsrechtskonform sei, da insoweit genüge, dass die GmbH als geschäftsführendes Organ die Voraussetzung, juristische Person zu sein, erfülle. Diese Ansicht geht somit den Mittelweg. Sie legt Art. 4 Abs. 1 lit. b AIFM-RL zwar auch ein deutsches Rechtsverständnis zugrunde, hält die interne Verwaltung jedoch zumindest insoweit für zulässig, als das geschäftsführende Organ, die Voraussetzung juristische Person zu sein erfüllt.

Inwieweit das Verständnis dieser Auffassungen zu eindimensional ist und inwieweit sich jeweils Anschlussfragen stellen, gilt es im Nachfolgenden zu untersuchen. Zum einen ist der Frage nachzugehen, inwiefern das deutsche Rechtsverständnis des Begriffs „juristische Person" mit dem Verständnis des Richtliniengesetzgebers übereinstimmt.[253] Zum anderen gilt es der Eindimensionalität des rein wortlautbasierten Problemaufrisses durch eine differenzierte Betrachtung des Sinn und Zwecks der einzelnen Regelungen entgegenzutreten.[254] Hierbei sind insbesondere auch systematische Erwägungen anzustellen und die einzelnen Vorschriften in ihrem Gesamtkontext zu analysieren. Um eine

250 *Niewerth/Rybarz*, Änderung der Rahmenbedingungen für Immobilienfonds – das AIFM-Umsetzungsgesetz und seine Folgen, WM 2013, 1154, 1158.

251 *Freitag*, Die „InvestmentKG" nach dem Regierungsentwurf für ein Kapitalanlagegesetzbuch, NZG 2013, 329, 332.

252 *Casper*, Die InvestmentKG: große Schwester der Publikums-KG oder Kuckuckskind?, ZHR 179 (2015), 44, 58.

253 Siehe hierzu nachfolgend Punkt c.

254 Siehe hierzu nachfolgend Punkt c.

sachgerechte Analyse und Würdigung der vorgenannten Auffassungen und der in Streit stehenden Frage durchführen zu können, soll zunächst die Konzeption des deutschen Umsetzungsgesetzgebers dargestellt werden. Diese Darstellung soll dazu dienen, anhand der konkreten Umsetzungen der europäischen Vorgaben das Richtlinienverständnis des nationalen Gesetzgebers aufzuzeigen.

b. Die Systematik der § 17 und § 18 Abs. 1 KAGB

Wie bereits erwähnt bestimmt Art. 4 Abs. 1 lit. b AIFM-RL, dass der AIFM eine juristische Person sein muss.[255] Der deutsche Gesetzgeber geht in § 17 Abs. 1 KAGB zunächst über diese Vorgabe hinaus, indem er KVGen als Unternehmen definiert, deren Geschäftsbetrieb darauf gerichtet ist AIF zu verwalten. Der Begriff der KVG wird hierbei als Oberbegriff für sowohl die externe als auch die interne KVG verwendet.[256] Eine Subsumtion unter diesen Begriff erfolgt erst in Absatz 2 durch die Differenzierung nach ihrer Stellung in Bezug auf das zu verwaltende Investmentvermögen als externe oder interne KVG. Hierbei hat der nationale Gesetzgeber – in Abweichung zu Art. 5 Abs. 1 lit. a AIFM-RL – im Rahmen der Legaldefinition der externen KVG (§ 17 Abs. 2 Nr. 1 KAGB) ausdrücklich darauf verzichtet, die Anforderung an die Rechtsform zu nennen.[257]

---

255 Eine vergleichbare Begriffsbestimmung für AIFM, gleich welcher Form, findet sich im KAGB nicht.

256 Durch die Bildung eines Oberbegriffs zeichnet sich ein erster nennenswerter Unterschied zum früheren InvG ab. Der dort verwendete Begriff der Kapitalanlagegesellschaft (heute: KVG) umfasste ausschließlich die Fremdverwaltung. Zwar war bereits unter Geltung des InvG die Form der selbstverwalteten InvestmentAG bekannt, jedoch stand diese Form der Verwaltung separat neben der Verwaltungsform der Kapitalanlagegesellschaft, *Winterhalder*, in Weitnauer/Boxberger/Anders, KAGB, § 17 KAGB Rz. 6; so auch: *Thole*, in Emde/Dornseifer/Dreibus/Hölscher, InvG, Vor §§ 6-19l Rz. 10. Vor Inkrafttreten des InvÄndG v. 21.12.2007 (BGBl. I S. 3089) eröffnete das InvG nicht die Möglichkeit der fremdverwalteten InvestmentAG. Damit standen sich auch nach Einführung der Möglichkeit der fremdverwalteten InvestmentAG, die getrennten Verwaltungsformen der InvestmentAG und der Kapitalanlagegesellschaft gegenüber, vgl. *Dornseifer*, in Emde/Dornseifer/Dreibus/Hölscher, InvG, § 96 Rz. 67.

257 So heißt es in Art. 5 Abs. 1 lit. a AIFM-RL: „[Der AIFM ist entweder] ein externer Verwalter, der die vom AIF oder im Namen des AIF bestellte **juristische Person** ist […]"; in § 17 Abs. 2 Nr. 1 KAGB heißt es hingegen nur: „[Die Kapitalverwaltungsgesellschaft ist entweder] externe Kapitalverwaltungsgesellschaft, die vom Investmentvermögen oder im Namen des Investmentvermögens bestellt ist […]", die Hervorhebung erfolgte durch die Autorin.

Damit ist die Rechtsform nicht Tatbestandsmerkmal der KVG.[258] Tatbestandlich ist allein das Unternehmensmerkmal.[259] Eine entsprechende Konkretisierung erfolgt erst nachgeordnet in § 18 Abs. 1 KAGB und hierbei nur insoweit, als es sich um die externe KVG handelt. Während Art. 4 Abs. 1 lit. b AIFM-RL eine allgemeine – von der Frage der internen oder externen Verwaltung unabhängig – Definition des AIFM vornimmt, nimmt der nationale Gesetzgeber eine ausdrückliche Rechtsformbeschränkung nur in Bezug auf die externe Verwaltung vor, vgl. § 17 Abs. 1 und 2, § 18 Abs. 1 KAGB. Allerdings verzichtet der Gesetzgeber auch an dieser Stelle auf die ausdrückliche Vorgabe, die externe KVG müsse eine „juristische Person" sein. Vielmehr nimmt er ersatzweise eine abschließende Aufzählung der zulässigen Rechtsformen vor. Hiernach umfasst der für die externe KVG normierte Rechtstypenzwang ausschließlich die Aktiengesellschaft, die Gesellschaft mit beschränkter Haftung und die Kommanditgesellschaft, bei der persönlich haftender Gesellschafter eine Gesellschaft mit beschränkter Haftung ist.[260] Während die beiden erstgenannten Gesellschaftsformen in § 18 Abs. 1 KAGB als juristische Personen zu klassifizieren sind, genügt letztere diesen Anforderungen nicht.

Die GmbH & Co. KG ist eine Kombination von Personen- und Kapitalgesellschaft.[261] Unter Wahrung beider Identitäten stellt sie den typischen Fall der „Grundtypenvermischung"[262] dar und bildet demzufolge keinen eigenständigen Gesellschaftstypus.[263] Durch das bewusste Ersetzen des Begriffs der juristischen Person mit einer enumerativen Liste an zulässigen Gesellschaftsformen unter Aufnahme der GmbH & Co. KG zeigt der deutsche Umsetzungsgesetzgeber, dass er die gewählte rechtliche Ausgestaltung als hinreichende Verwirklichung

---

258 *Winterhalder*, in Weitnauer/Boxberger/Anders, KAGB, § 17 KAGB Rz. 7.

259 Demnach könnte grds. jedes Unternehmen, das den Anforderungen des § 17 Abs. 1 KAGB entspricht, auch ohne Einhaltung der zulässigen Rechtsform KVG sein.

260 Mit letztgenannter Gesellschaftsform wurde der Kanon der zulässigen Rechtsformen im Vergleich zum InvG erweitert. Begründet wird dies damit, dass die die Erweiterung auf die GmbH & Co. KG dem praktischen Bedürfnis existierender geschlossener AIF entspreche, vgl. RegE zum KAGB, BT-Drucksache 17/12294, S. 212.

261 *Liebscher*, in Reichert, GmbH & Co.KG, § 1 Rz. 4.

262 *Liebscher*, in Reichert, GmbH & Co.KG, § 1 Rz. 4.

263 *Liebscher*, in Reichert, GmbH & Co.KG, § 1 Rz. 4f; so auch: *Binz/Sorg*, GmbH & Co. KG, § 1 Rz. 2, die von einem „hybriden Gebilde" sprechen. Die GmbH & Co. KG ist folglich ein artifizielles Gebilde bestehend aus zwei Handelsgesellschaften. Während die KG als Basis dieser Konstruktion das Handelsgewerbe des Unternehmens betreibt, nimmt die GmbH als persönlich haftende Gesellschafterin die Geschäftsführungs- und Vertretungsaufgaben wahr, *Liebscher*, in Reichert, GmbH & Co.KG, § 1 Rz. 5.

der rechtsform-einschränkenden Vorgabe des Art. 4 Abs. 1 lit. b AIFM-RL ansieht.[264]

Dabei ist die Rechtsformbeschränkung zwar nicht Tatbestandsmerkmal der KVG, allerdings wird die systematisch nachgeordnete Rechtsformbeschränkung des § 18 Abs. 1 KAGB – betreffend die externe KVG – über die Bestimmung des § 23 Abs. 11 KAGB zur notwendigen Bedingung für die Erlaubniserteilung zum Geschäftsbetrieb der KVG.[265] Denn bei Nichterfüllung auch nur einer gesetzlichen Voraussetzung wird dieser der Geschäftsbetrieb untersagt.[266] Damit kommt § 18 Abs. 1 KAGB über § 23 Abs. 11 KAGB konstitutive Wirkung zu. Da § 23 Abs. 11 KAGB jedoch ausschließlich an gesetzlich vorgeschriebene Voraussetzungen anknüpft, erstreckt sich die konstitutive Wirkung des Rechtsformzwangs nicht auch auf die intern verwaltete KVG. Für sie existiert lediglich die mit Art. 5 Abs. 1 lit. b AIFM-RL quasi identische Vorschrift des § 17 Abs. 2 Nr. 2 KAGB. Dadurch, dass der Gesetzgeber in § 17 KAGB gänzlich darauf verzichtet, Vorgaben zur Rechtsform zu treffen und es an einer vergleichbaren Regelung zu § 18 Abs. 1 KAGB für die intern verwaltete KVG fehlt, trifft der nationale Gesetzgeber diesbezüglich überhaupt keine Rechtsformbeschränkungen. Hinsichtlich der Anforderungen an die interne KVG bleibt es demnach bei den Vorgaben des Richtliniengebers. Während Art. 5 Abs. 1 lit. a AIFM-RL den Rechtsformzwang zum Gegenstand der Legaldefinition für die externe KVG macht, enthält Art. 5 Abs. 1 lit. b AIFM-RL keinen Hinweis auf die Rechtsform. Damit bleibt es dabei, dass sich die Anforderungen an die interne KVG nach den allgemeinen Vorgaben des Art. 4 Abs. 1 lit. b AIFM-RL und dessen Begriffsverständnis richten.

In dem Wissen um die rechtsformspezifische Eigenart der GmbH & Co. KG und in dem Bestreben eine richtlinienkonforme Umsetzung zu erreichen, kann das bewusste Aufnehmen dieser Rechtsform in § 18 Abs. 1 KAGB unter gleichzeitigem Verzicht auf die Erhebung des Begriffs der juristischen Person zum Tatbestandsmerkmal, zumindest als Indiz dafür angesehen werden, dass der nationale Gesetzgeber dem in der Richtlinie verwendeten Begriff „juristische

---

264 So im Ergebnis auch: *Winterhalder*, in Weitnauer/Boxberger/Anders, KAGB, § 17 KAGB Rz. 7; Durch die abschließende Aufzählung nimmt der KAGB-Gesetzgeber – gegenüber Art. 5 Abs. 1 lit. a AIFM-RL – auch eine Reduzierung der Rechtsformalternativen vor, so erlaubt er bspw. nicht das das juristische Personen des öffentlichen Rechts oder die SE, als KVG zugelassen werden können, vgl. *Winterhalder*, in Weitnauer/Boxberger/Anders, KAGB, § 17 KAGB Rz. 5.

265 KVGen unterliegen dem Erlaubnisvorbehalt der BaFin, § 20 Abs. 1 KAGB.

266 Damit einhergehend, muss auch die an sich zu weitgreifende Regelung des § 17 Abs. 1 KAGB, als richtlinienkonform erachtet werden.

Person" kein deutsches Rechtsverständnis zugrunde legt.[267] Ein rein deutsches Begriffsverständnis des in der Richtlinie verwendeten Terminus würde dazu führen, dass die Erweiterung um die GmbH & Co. KG als zulässige Rechtsform im Widerspruch zu Art. 4 Abs. 1 lit. b AIFM-RL stehen würde. Aufgrund des geltenden Anwendungsvorrangs des Unionsrechts vor nationalem Recht, hätte der Umsetzungsgesetzgeber mit § 17 Abs. 1 KAGB demzufolge eine insoweit unionsrechtswidrige und damit unanwendbare Regelung geschaffen.[268]

c. *Auseinandersetzung mit dem aktuellen Meinungsstand in der Literatur*

Zur Verständlichkeit der nachfolgend zu erörternden Ansichten, erfolgt an dieser Stelle eine kurze Zusammenfassung des bereits ausführlich dargelegten Streitgegenstandes. Den Ausgangspunkt bildet Art. 4 Abs. 1 lit. b AIFM-RL. Dieser definiert den AIFM auf Unionsrechtsebene als „juristische Person". Im Zuge der deutschen Umsetzung ist es nunmehr umstritten, welche Reichweite diesem Begriff zukommt. Würde hierbei das deutsche Rechtsverständnis die äußere Grenze bilden, so kämen nur solche Gesellschaften als AIFM in Betracht, die nach deutschem Recht eigenständige Rechtspersönlichkeit besitzen.[269] Da bei interner Verwaltung das Investmentvermögen, d.h. der AIF selbst als AIFM zugelassen wird, stünde die InvestmentKG als Personengesellschaft im Widerspruch zu den Vorgaben des Unionsgesetzgebers. Damit wäre die intern verwaltete InvestmentKG gänzlich unzulässig. Legt man dem in Art. 4 Abs. 1 lit. b AIFM-RL verwendeten Begriff jedoch ein weiteres Begriffsverständnis zugrunde, so wäre die intern verwaltete InvestmentKG durchaus geeignetes Zulassungssubjekt. Welcher Begründungsaufwand sich hierbei als am tragfähigsten erweist, ist nunmehr zu untersuchen.

---

267 Welchen Einfluss diese Erkenntnis auf die einzelnen Auffassungen hat, wird an relevanter Stelle innerhalb der jeweiligen Meinungsauseinandersetzung besprochen werden.

268 *Geismann*, in von der Groeben/Schwarze, Europäisches Unionsrecht, Art. 288 AEUV Rz. 4. Im Ergebnis wären allein die AG und die GmbH zulässige Rechtsform i.S.d. § 17 Abs. 1 KAGB.

269 So bspw. die AG (§ 1 AktG), die GmbH (§ 13 GmbHG) und die KGaA (§ 278 AktG).

aa. *„Juristischen Person": deutsches Begriffsverständnis oder europarechtlich angepasste Auslegung in Abweichung zur deutschen Gesellschaftsrechtsdogmatik*

Wie sich bereits der vorangestellten Überschrift entnehmen lässt, bildet das Begriffsverständnis von „juristischer Person" in Art. 4 Abs. 1 lit. b AIFM-RL den ausschließlichen Bezugspunkt der folgenden Ansichten. Während für die Vertreter der einen Auffassung die Notwendigkeit besteht, den vermeintlich klaren Wortlaut der Richtlinie aufgrund seines Zukurzgreifens in Abweichung zur deutschen Gesellschaftsrechtsdogmatik weit auszulegen[270], kommt eine hierzu im Widerspruch stehende Auffassung zu gegenteiligem Ergebnis. Nach dieser Ansicht ist das europäische Begriffsverständnis inhaltsgleich mit dem deutschen.[271]

Die Vertreter der erstgenannten Ansicht kommen zwar letztendlich zu demselben Ergebnis, leisten hierfür jedoch unterschiedlichen Begründungsaufwand. So wird zum einen vertreten, dass die Übersetzung des englischen Begriffs „legal person" bzw. des französischen Begriffs „personne morale", wie er sich in der jeweiligen Sprachfassung in Art. 4 Abs. 1 lit. b AIFM-RL wiederfindet, mit „juristischer Person" in der deutschen Version der Richtlinie zu eng geraten sei.[272] Eine Übersetzung mit „rechtsfähige Person" sei zutreffender gewesen und damit vorzugswürdig. Zur Begründung verweist diese Auffassung auf die mit Art. 4 Abs. 1 lit. b AIFM-RL in Zusammenhang stehenden Regelungen des Art. 5 Abs. 1 lit. a und b AIFM-RL. Während lit. a von dem externen Verwalter als der vom AIF bestellten „juristischen Person" spricht, erschöpft sich der Wortlaut von lit. b in der eher vagen Formulierung, AIFM sei der „AIF selbst, wenn die *Rechtsform* des AIF eine *interne Verwaltung zulässt* […]".[273] Allein hieraus lasse sich erkennen, dass der Richtliniengeber seinen Überlegungen ein weites Begriffsverständnis zugrunde gelegt habe. Durch die Rechtsfähigkeit der Kommanditgesellschaft bestehe demnach kein Zweifel daran, dass die InvestmentKG die interne Verwaltung zulässt und somit als KVG zugelassen werden könne.[274] Dass dieses Ergebnis schließlich auch mit dem Ziel der Richtlinie übereinstimme, alle

---

270 *Wallach*, Die Regulierung von PersG im KAGB, ZGR 2014, 289, 299; *Niewerth/Rybarz*, Änderung der Rahmenbedingungen für Immobilienfonds – das AIFM-Umsetzungsgesetz und seine Folgen, WM 2013, 1154, 1158f.

271 *Freitag*, Die „InvestmentKG" nach dem Regierungsentwurf für ein Kapitalanlagegesetzbuch, NZG 2013, 329, 332.

272 *Wallach*, Die Regulierung von PersG im KAGB, ZGR 2014, 289, 299.

273 *Wallach*, Die Regulierung von PersG im KAGB, ZGR 2014, 289, 299.

274 *Wallach*, Die Regulierung von PersG im KAGB, ZGR 2014, 289, 299.

Erscheinungsformen der Verwaltung von AIFs zu erfassen und es diesem Ziel widerspreche, wenn es eine Rechtsform gebe, die sich weder als externer noch als interner AIFM qualifizieren ließe, erscheint jedoch nicht konsistent. Denn Ziel der Richtlinie ist es nicht, rechtsfähige AIF jeglicher Rechtsform als Verwalter zuzulassen, sondern diejenigen Gesellschaften, die als Verwalter qualifizieren, zu regulieren.[275]

Zu demselben Ergebnis kommt eine andere Stimme, deren Begründung auf einer vergleichenden Analyse mit der Begriffsverwendung „juristische Person" im europäischen Verbraucherschutzrecht basiert.[276] Die in der englischen Übersetzung verwendete Terminologie („legal person") sei nicht per se mit dem deutschen Rechtsverständnis von juristischer Person gleichzusetzen.[277] In Abgrenzung zu einer natürlichen Person könne man unter den englischen Begriff „legal person" auch jede rechtlich selbständige Einheit gleich welcher Rechtsform subsumieren.[278] Ein Beleg hierfür

biete das europäische Verbraucherschutzrecht, wonach „Unternehmer" „jede natürliche oder juristische Person [ist], unabhängig davon, ob letztere öffentlicher oder privater Natur ist, die [...] selbst oder durch eine andere Person, die in ihrem Namen oder Auftrag handelt, zu Zwecken tätig wird, die ihrer gewerblichen, geschäftlichen, handwerklichen oder beruflichen Tätigkeit zugerechnet werden können".[279] In einer Empfehlung der Kommission erfährt diese

---

275 Vgl. hierzu u.a. Erwägungsgründe 2, 4 und 8 der AIFM-RL. Wendet man diese Auffassung konsequent an, so könnte zudem auch eine InvestmentKG, deren Komplementäre zwei natürliche – und damit rechtfähige – Personen sind, als AIFM zugelassen werden. Zwar hält es der Gesetzgeber für möglich, dass zwei natürliche Personen grds. die Geschäftsführung übernehmen und damit persönlich haftende Gesellschafter sein können (vgl. RegE zum KAGB, BT-Drucksache 17/12294, S. 243), allerdings erscheint es äußerst zweifelhaft, dass dies auch dann gewollt ist, wenn der AIF gleichzeitig AIFM ist. Die Verwendung des Begriffs „juristische Person" in Art. 4 Abs. 1 lit. b AIFM-RL bringt zumindest zum Ausdruck, dass der Unionsgesetzgeber, als Haftungssubjekt eine Gesellschaft gesehen hat und keine natürlichen Personen.

276 *Niewerth/Rybarz*, Änderung der Rahmenbedingungen für Immobilienfonds – das AIFM-Umsetzungsgesetz und seine Folgen, WM 2013, 1154, 1158.

277 *Niewerth/Rybarz*, Änderung der Rahmenbedingungen für Immobilienfonds – das AIFM-Umsetzungsgesetz und seine Folgen, WM 2013, 1154, 1158.

278 *Niewerth/Rybarz*, Änderung der Rahmenbedingungen für Immobilienfonds – das AIFM-Umsetzungsgesetz und seine Folgen, WM 2013, 1154, 1158.

279 Art. 2 Nr. 2 der Richtlinie 2011/83/EU des Europäischen Parlaments und des Rates vom 25.10.2011 über die Rechte der Verbraucher (Abl. L 304 v. 22.11.2011, S. 64). *Niewerth/Rybarz*, Änderung der Rahmenbedingungen für Immobilienfonds – das AIFM-Umsetzungsgesetz und seine Folgen, WM 2013, 1154, 1158f.

Definition eine dahingehende Konkretisierung, dass unter den Unternehmerbegriff jede Einheit fällt, die eine wirtschaftliche Tätigkeit ausübt, und zwar rechtsformunabhängig.[280]

Antithetisch zu vorgenannten Ausführungen führt die in Widerspruch stehende Ansicht Art. 9 Abs. 1, Art. 11 Abs. 2 Bankenrichtlinie[281], Anhang III zu Art. 17 „Solvabilität II"-Richtlinie[282] sowie Art. 4 Abs. 1 Nr. 1 MiFID I-Richtlinie[283] ins Feld. In Art. 11 Abs. 2 Bankenrichtlinie unterscheidet der Richtliniengeber ausdrücklich zwischen juristischen Personen und anderen, d.h. sonstigen Rechtsträgern. Art. 9 Abs. 1 Bankenrichtlinie fordert, dass das zuzulassende Unternehmen über „getrennte Eigenmittel"[284] verfügen muss. Anhang III zu Art. 17 „Solvabilität II"[285] enthält, gegliedert nach Mitgliedsstaaten, eine detaillierte Aufzählung der zulässigen Rechtsformen in den einzelnen Jurisdiktionen.

---

280 Empfehlung der Kommission (2003/361/EU) vom 6.5.2003 betreffend die Definition der Kleinstunternehmen sowie der kleinen und mittleren Unternehmen. Diese Ansicht verweist des Weiteren darauf, dass die bei Abfassung der Richtlinie verfolgten Regelungsziele nicht darin bestanden hätten, Vorgaben hinsichtlich zulässiger Rechtsformen des Verwalters zu treffen, *Niewerth/Rybarz*, Änderung der Rahmenbedingungen für Immobilienfonds – das AIFM-Umsetzungsgesetz und seine Folgen, WM 2013, 1154, 1158. Zwar ist dies im Grundsatz richtig, allerdings hat sich der europäische Gesetzgeber dazu entscheiden, die Verwaltereigenschaft mit der Vorgabe der AIFM ist „juristische Person" zumindest auf bestimmte Gesellschaftsformen zu beschränken. Damit trägt der Verweis auf den vermeintlichen gesetzgeberischen Willen nicht zur Unterstützung der Argumentation bei.

281 Richtlinie 2006/48/EG des Europäischen Parlaments und des Rates vom 14.6.2006 über die Aufnahme und Ausübung der Tätigkeit der Kreditinstitute (Abl. L 177 v. 30.6.2006, S. 1).

282 Richtlinie 2009/138/EG des Europäischen Parlaments und des Rates vom 25.11.2009 betreffend die Aufnahme und Ausübung der Versicherungs- und Rückversicherungstätigkeit („Solvabilität II") (Abl. L 335 v. 17.12.2009, S. 1).

283 Richtlinie 2004/39/EG des Europäischen Parlaments und des Rates vom 21.04.2004 über Märkte für Finanzinstrumente (MiFID I") (Abl. L 145 v. 30. 4. 2004, S. 1).

284 Der Begriff beschreibt das Prinzip der Vermögenstrennung. Kreditinstitute müssen hiernach die Vermögenswerte der Kunden rechtlich und verwaltungstechnisch angemessen von ihren eigenen Vermögenswerten trennen, um zu verhindern, dass die Gläubiger des Kreditinstituts Zugriff auf Kundenvermögenswerte erlangen, *Burgard/Heimann*, in Dauses Hdb. EU-Wirtschaftsrecht, Abschnitt E. IV. Bankrecht Fn. 76 zu Rz. 62.

285 Richtlinie 2009/138/EG des Europäischen Parlaments und des Rates v. 25.11.2009 betreffend die Aufnahme und Ausübung der Versicherungs- und Rückversicherungstätigkeit (Solvabilität II).

Hier zeige der europäische Gesetzgeber unverkennbar, dass er über ein differenziertes Begriffsverständnis verfüge.[286] Dies zeige sich auch an Art. 4 Abs. 1 Nr. 1 MIFID I-RL. Dieser definiert den Begriff der „Wertpapierfirma" als „jede juristische Person, die im Rahmen ihrer üblichen beruflichen oder gewerblichen Tätigkeit [...] Wertpapierdienstleistungen [...] ausübt". Darüber hinaus können „als Wertpapierfirma auch Unternehmen, die keine juristischen Personen sind", zugelassen werden, „sofern (a) ihre Rechtsform Dritten ein Schutzniveau bietet, das dem von juristischen Personen gebotenen Schutz gleichwertig ist, und (b) sie einer gleichwertigen und ihrer Rechtsform angemessenen Aufsicht unterliegen."[287] Folglich sei dem europäischen Gesetzgeber durchaus die Existenz von Organisationsformen bekannt, die trotz ihrer fehlenden Einordnung als juristische Person dieser gleichwohl nahestehen. Somit handele es sich bei dem Begriff der „juristischen Person" in Art. 4 Abs. 1 lit. b AIFM-RL nicht um eine „unbedachte Formulierung des europäischen Gesetzgebers"[288]. Ihm könne damit nur schwerlich unterstellt werden, er habe den Begriff „juristische Person" gewählt, jedoch „rechtsfähige Person" gemeint. Dies veranschauliche auch Art. 2 Abs. 2 lit. b AIFM-RL. Hier habe der Unionsgesetzgeber unter Einbeziehung landestypsicher Rechtsformspezifika erneut gezeigt, dass er die unterschiedlichen Organisationsformen kenne.[289] Nach dieser Ansicht verbietet sich folglich der Rückschluss, dass das deutsche Begriffsverständnis zu eng ist.[290] Aufgrund des eindeutigen Wortlauts hält diese Ansicht die intern verwaltete InvestmentKG für unvereinbar mit dem Unionsrecht.[291] Als unterstützende teleologische Erwägung

---

286 *Freitag*, Die „InvestmentKG" nach dem Regierungsentwurf für ein Kapitalanlagegesetzbuch, NZG 2013, 329, 332.

287 Die in Klammern stehende Nummerierung wurde nachträglich von der Autorin eingefügt.

288 *Freitag*, Die „InvestmentKG" nach dem Regierungsentwurf für ein Kapitalanlagegesetzbuch, NZG 2013, 329, 332. Die Kategorisierungen des deutschen Rechts als natürliche bzw. juristische Person sowie rechtsfähige und nicht-rechtsfähige Personenvereinigungen seien dem Unionsgesetzgeber vielmehr durchaus geläufig, *ebd.*

289 So erwähnt der Unionsgesetzgeber das Sondervermögen, das keine eigene Rechtspersönlichkeit hat und damit primär schuldrechtlich statt gesellschaftsrechtlich ausgestaltet ist, ebenso wie die typisch angelsächsische Rechtsform des Trusts, die dem deutschen Recht bspw. fremd ist, *Freitag*, Die „InvestmentKG" nach dem Regierungsentwurf für ein Kapitalanlagegesetzbuch, NZG 2013, 329, 332.

290 *Freitag*, Die „InvestmentKG" nach dem Regierungsentwurf für ein Kapitalanlagegesetzbuch, NZG 2013, 329, 332.

291 So auch: *Tollmann*, in Dornseifer/Jesch/Klebeck/Tollmann, AIFM-Richtlinie, Art. 3 Rz. 51, der seine Ansicht damit begründet, dass Art. 3 lit. b des Kommissionsvorschlags zur AIFM-RL (Kommission, Vorschlag für eine Richtlinie des Europäischen

führt diese Ansicht aus, dass juristische Personen gegenüber einem Wechsel im Mitgliederbestand generell immunisiert seien, was bei Personengesellschaften anders sei. Zwar trage das KAGB dafür Sorge, dass hier über die Vorgaben in § 125 Abs. 4, § 150 Abs. 4 KAGB eine Annäherung stattfinde, allerdings erziele diese Regelung keine deckungsgleiche Harmonisierung mit den Gegebenheiten bei juristischen Personen.[292]

Richtig ist zwar, dass die Personengesellschaften insoweit einen Nachteil gegenüber juristischen Personen aufweisen. Jedoch kann die Immunität gegenüber dem Wechsel im Mitgliederbestand nicht als entscheidendes Argument gegen die Rechtmäßigkeit (nur) der intern verwalteten InvestmentKG angeführt werden. Das Problem eines etwaigen Ausscheidens von Gesellschaftern besteht nämlich auch bei externer Verwaltung. Mithin folgte aus besagtem Argument, dass die InvestmentKG insgesamt europarechtswidrig wäre und nicht nur partiell in Bezug auf die interne Verwaltung. Der kontradiktorische Inhalt der angeführten Richtlinien zeigt, dass ihr Wortlaut allein nicht die äußerste Verständnisgrenze bilden kann. Die angeführten Richtlinien belegen lediglich, dass der europäische Gesetzgeber innerhalb der jeweiligen Richtlinien durchaus über ein differenziertes Begriffsverständnis verfügt. Hieraus folgt jedoch nicht zwingend, dass die Verwendung des Begriffs „juristische Person" per se dem deutschen Verständnis entspricht.

Nach alledem erscheint es an dieser Stelle notwendig und gerechtfertigt, den vermeintlich eindeutigen Wortlaut in einen teleologischen wie systematischen Kontext zu setzen.[293] Zuvor gilt es jedoch noch auf eine weitere Ansicht einzugehen, die einen anderen Grundansatz, als die bisher beschriebenen Ansichten, gewählt hat.

Parlaments und des Rates über die Verwalter alternativer Investmentfonds und zur Änderung der Richtlinien 2004/39/EG und 2009/…/EG, KOM(2009) 207 endgültig, Art. 3 lit. b) auch natürliche Personen als potentielle AIFM zugelassen hätte. Dass die Ausdehnung auf natürliche Personen zu weitreichend gewesen wäre, steht außer Frage, trägt jedoch nicht zur Klärung des Begriffsverständnisses bei. Alles, was sich hieraus entnehmen lässt ist, dass der Richtliniengeber natürliche Personen aus dem Anwendungsbereich des Art. 4 Abs. 1 lit. b AIFM-RL sowie Art. 5 Abs. 1 lit. a AIFM-RL ausschließen wollte.

292 *Freitag*, Die „InvestmentKG" nach dem Regierungsentwurf für ein Kapitalanlagegesetzbuch, NZG 2013, 329, 332.

293 *Schwarze*, in: ders., EU-Kommentar, Art. 19 EUV Rz. 36.

bb. AIF gleich AIFM vs. Geschäftsführung gleich AIFM

Vertreter dieser Auffassung bedienen sich eines eher pragmatischen Ansatzes, indem sie von der Rechtsfolgenseite her argumentieren. Innerhalb der InvestmentKG sei der Verwalter dasjenige Organ, das mit der Verwaltungstätigkeit betraut ist. Da die Verwirklichung des Unternehmensgegenstandes und somit die Anlage und Verwaltung der Mittel dem Komplementär als geschäftsführendem Organ obliegt, sei ausschließlich dessen Rechtsform an den Anforderungen von Art. 4 Abs. 1 lit. b AIFM-RL zu messen. Damit löst sich diese Auffassung zugunsten einer differenzierten Betrachtung von der reinen Gleichstellung der Fondsgesellschaft mit der KVG und damit von der ausschließlichen Anknüpfung an das reine Begriffsverständnis.

Nichtsdestotrotz geht diese Ansicht, in Übereinstimmung mit der zuvor genannten Ansicht davon aus, dass nur juristische Personen im deutschen Rechtssinne einen AIF verwalten dürfen.[294] Entgegen der zuvor genannten Ansicht entnimmt diese Auffassung Art. 4 Abs. 1 lit. b AIFM-RL jedoch gerade nicht, dass die Rechtsform, in der das Investmentvermögen betrieben wird, eine juristische Person sein muss. Vielmehr sei nur deren Management, sprich deren Geschäftsführung, diesem Erfordernis unterworfen.[295] Die Komplementärin einer intern verwalteten InvestmentKG müsse somit zwingend eine juristische Person sein.[296] Den europäischen Vorgaben sei damit mit der GmbH & Co. InvestmentKG, bei

---

294 *Casper*, in Staub/HGB-Kommentar, § 161 HGB Rz. 267.

295 *Casper*, in Staub/HGB-Kommentar, § 161 HGB Rz. 267; i.E. auch: *Bußalb/Unzicker*, Auswirkungen der AIFM-Richtlinie auf geschlossene Fonds, BKR 2012, 309, 313, die allerdings ohne Problembewusstsein zu zeigen feststellen, dass bei der GmbH & Co. KG, die Ausführung der Verwaltungstätigkeit bei dem Komplementär bzw. dem geschäftsführenden Kommanditisten liege und somit die GmbH & Co. KG zugelassen werden könne. *Kramer/Recknagel*, Die AIFM-Richtlinie – Neuer Rechtsrahmen für die Verwaltung alternativer Investmentfonds, DB 2011, 2077, 2080 hält die GmbH & Co. KG als lizenzierungspflichtigen AIFM – aufgrund der Rechtsform der GmbH – zumindest dann für möglich, wenn die GmbH tatsächlich eigenverantwortlich für das Portfolio- und Risikomanagement verantwortlich ist; bezweifelt diese Option jedoch für den Fall, dass hinter der den Fonds verwaltenden Komplementär-GmbH ein übergeordneter Initiation bzw. ein Emissionshaus steht. In einem solchen Fall, könnte sich die Lizenzierungspflicht auch auf dieses Erstrecken. Ein solches Ergebnis erscheint jedoch äußerst fragwürdig, da Zulassungssubjekt stets der AIF ist und demnach etwaige Konzernstrukturen bzw. faktische Verwaltungshoheiten hinter der Komplementär-GmbH irrelevant sind und zur Unübersichtlichkeit führen würden.

296 *Casper*, in Staub/HGB-Kommentar, § 161 HGB Rz. 267.

der die GmbH als juristische Person und Komplementärin, die „Verwaltungsaufgaben“ wahrnimmt, Genüge getan.[297]

Für diese Ansicht scheint zunächst zu sprechen, dass die AIFM-RL, als den Manager regulierende Richtlinie, mit Art. 4 Abs. 1 lit. b AIFM-RL gerade an das Organ, das die Manageraufgaben wahrnimmt, anknüpfen wollte. Letztlich greift dieses Verständnis jedoch zu kurz. Denn damit wäre bei gesellschaftsrechtlichen Fondsvehikeln das geschäftsführende Organ – unabhängig von der Gesellschaft selbst – abstrakter Anknüpfungspunkt der Zulassungsvoraussetzungen. Dieses Verständnis steht jedoch im Widerspruch zu Art. 5 Abs. 1 lit. b AIFM-RL a.E. (bzw. § 17 Abs. 2 Nr. 2 KAGB a.E.) der bestimmt, dass der AIF als AIFM zugelassen wird. Hiernach wird nämlich das Investmentvermögen, sprich der AIF, und nicht die Komplementärin als AIFM zugelassen. In dieser Konstellation kann demnach auch nur die Rechtsform des AIF maßgeblich sein. Selbst wenn man die Rechtsformbeschränkung ausschließlich auf die GmbH als Komplementärin beziehen wollte und damit als erfüllt ansähe, bliebe unberücksichtigt, dass das Investmentvermögen durch die in Art. 5 Abs. 1 lit. b AIFM-RL a.E. normierte Gleichstellung mit dem AIFM selbst zum Zulassungssubjekt wird und damit auch den Anforderungen des Art. 4 Abs. 1 lit. b AIFM-RL unterworfen ist. Kurzum: Es ist nicht die GmbH als juristische Person, die als AIFM zugelassen wird. Zulassungssubjekt ist und bleibt die GmbH & Co. InvKG, die eben diesen Rechtsformvoraussetzungen nicht entspricht.

cc. Eigener Ansatz

Die Auseinandersetzung mit den vorgenannten Auffassungen zeigt, dass der Wortlaut des Art. 4 Abs. 1 lit. b AIFM-RL nicht die äußere Grenze der Auslegung bilden kann. In Ermangelung einer Definition des Begriffs der juristischen Person innerhalb der AIFM-RL und eines allgemeinen europäischen Begriffsverständnisses[298] rechtfertigt es sich, eine begriffliche Ausgestaltung auf Basis teleologischer wie historischer Erwägungen vorzunehmen.

---

297 *Casper*, Die InvestmentKG: große Schwester der Publikums-KG oder Kuckuckskind?, ZHR 179 (2015), 44, 58

298 Die jeweils divergierenden Bedeutungen des Wortes „juristische Person“ in den diversen oben genannten Richtlinien zeigen, dass es kein einheitliches europäisches Begriffsverständnis gibt, so auch: *Hüwel*, in Baur/Tappen, Investmentgesetze, Bd. 1, Vorbem. §§ 124 bis 138 Rz. 33. Die einzelnen Richtlinien bilden ein in sich abgeschlossenes Regelwerk. Eine Übertragung des Begriffsverständnisses aus einer bestimmten Richtlinie auf die Bedeutung des Begriffs i.R.v. Art. 4 Abs. 1 lit. b AIFM-RL ist

aaa. Historische Rechtsformbeschränkung wg. Jahresabschlusspflicht

In der deutschen Rechtsvergangenheit erfolgte die Rechtsformbeschränkung auf juristische Personen (§ 1 Abs. 3 KAGG a.F.) vor dem Hintergrund, dass Kapitalgesellschaften, d.h. Aktiengesellschaften sowie Gesellschaften mit beschränkter Haftung, die das Kreditgeschäft betrieben, gesetzlich zur Prüfung und Veröffentlichung ihres Jahresabschlusses nach § 340 – § 340o HGB verpflichtet waren.[299] Die Anwendbarkeit dieser Vorschriften resultierte dabei aus der in § 1 Abs. 1 KAGG a.F. i.V.m. § 1 Abs. 1 S. 2 Nr. 6 KWG a.F. normierten Kreditinstitutseigenschaft von Kapitalanlagegesellschaften[300]. Ziel des Gesetzgebers war es hierbei, eine ausreichende Publizität der Kapitalanlagegesellschaften sicherzustellen.[301] Nach Aufhebung dieser Eigenschaft durch das InvÄndG[302] wurde die Anwendbarkeit der Regelungen über den Jahresabschluss durch § 19d InvG a.F. aufrechterhalten. Dem Leitbild des Investmentgesetzes folgend erklärt § 38 Abs. 1 KAGB die § 340 – § 340o HGB auf die externe KVG für entsprechend anwendbar.

Da dem Investmentrecht bis zur Einführung der selbstverwalteten InvestmentAG durch das InvÄndG im Jahr 2007 die Selbstverwaltung fremd war, bezogen sich die Rechtsformbeschränkung und die damit einhergehenden regulatorischen Überlegungen ausschließlich auf externe Kapitalanlagegesellschaften. Nichtsdestotrotz ist es gerechtfertigt, die vom Gesetzgeber hinsichtlich der externen Verwaltung angestellten Erwägungen auf die interne Verwaltung zu übertragen. Demnach wäre die interne Verwaltung bei nicht-juristischen Personen dann unbedenklich, wenn sie entsprechend den Kapitalgesellschaften erhöhten Publizitäts- und Prüfungsanforderungen unterliegen würden.[303]

---

demnach nicht gerechtfertigt. Ein Rückschluss auf das Begriffsverständnis innerhalb der AIFM-RL scheidet somit aus.

299 *Zeller*, in Brinkhaus/Scherer, Komm. zum KAGG/AuslInvestmG, § 1 Rz. KAGG Rz. 55; *Steck/Gringel*, in Berger/Steck/Lübbehüsen, Komm. zum InvG/InvStG, § 6 InvG Rz. 6; *Thole*, in Emde/Dornseifer/Dreibus/Hölscher, InvG, § 6 Rz. 8.

300 Heute KVGen. Die nachfolgende Verwendung der Terminologie „Kapitalanlagegesellschaft" macht den Bezug zum KAGG und dem InvG deutlich.

301 Siehe hierzu den Bericht des Abgeordneten *Neuburger*, BT-Drucksache 02/2973, S. 2. Für externe KVGen wird dies heute auch explizit durch § 38 KAGB gewährleistet. Der dadurch erreichte Einblick in die wirtschaftliche Verfassung der Gesellschaft war insbes. aufsichtsrechtlich unverzichtbar, *Thole*, in Emde/Dornseifer/Dreibus/Hölscher, InvG, § 6 Rz. 8.

302 RegE zum InvÄndG, BT-Drucksache 16/5576, S. 1.

303 Vgl. hierzu: RegE zum InvModG, BT-Drucksache 15/1553, S. 77; zu den Erwägungen des KAGG vgl. Bericht des Abgeordneten *Neuburger*, BT-Drucksache 02/2973, S. 2.

bbb. Nunmehr: Anwendbarkeit der §§ 246ff., §§ 316ff. HGB auf InvestmentKG

Durch das KAGB wird ein gleichförmiges Regelungsregime zwischen juristischen Personen und Personengesellschaften geschaffen. Sowohl für die offene als auch die geschlossene InvestmentKG gelten die § 135, § 136 KAGB.[304] Hiernach sind die Vorschriften zur Erstellung eines Jahresabschlusses und eines Lageberichts (§ 135 Abs. 1 S. 1 KAGB i.V.m. §§ 264ff. HGB) sowie die Regelungen über deren Prüfung durch einen Abschlussprüfer (§§ 316ff. HGB) anzuwenden. Zwar gelten diesen Normen ihrem Wortlaut nach ausdrücklich nur für Kapitalgesellschaften. Aufgrund des Verweises in § 135 Abs. 2 S. 1 KAGB sowie § 136 Abs. 1 S. 1 KAGB sind sie im Kontext des KAGB jedoch auch auf Personengesellschaften anwendbar. Durch die zwingenden Anordnungen in § 135 Abs. 2 S. 1, § 136 Abs. 1 S. 1 KAGB („hat…zu erstellen", „sind…zu prüfen") hinsichtlich der Aufstellung und Prüfung gemäß den vorgenannten handelsrechtlichen Bestimmungen lässt der Gesetzgeber keine Befreiungsmöglichkeiten zu, wie sie bspw. in § 264 Abs. 1 S. 4 HGB vorsehen ist.[305] Hierdurch garantiert der Gesetzgeber die unbedingte Anwendung dieser Regelungen und erweitert somit den Schutz- und Transparenzumfang. Darüber hinaus sieht § 136 KAGB in seinen Absätzen 2 und 3 eine Erweiterung des Prüfungsumfangs des Abschlussprüfers vor. Hiernach erstreckt sich der Prüfungsumfang auch auf die Kapitalkontenentwicklung und die Einhaltung der gesetzlichen Bestimmungen des KAGB sowie des zugrundeliegenden Gesellschaftsvertrages.

In Umsetzung von Art. 22 AIFM-RL erfolgt bis auf kleinste Unterschiede ein Gleichlauf zwischen § 135 KAGB und dem für die InvestmentAG geltenden § 120 KAGB.[306] Damit bleibt die InvestmentKG hinsichtlich der Transparenzanforderungen und der Anforderungen an den Jahresbericht nicht hinter den Kapitalgesellschaften zurück.

---

304 Über § 158, § 189 KAGB werden die Vorschriften der § 135, § 136 KAGB i.R.d. geschlossenen InvestmentKG für entsprechend anwendbar erklärt. Etwaige Abweichungen oder Modifikationen ergeben sich daraus, dass bei Publikums-InvestmentKGen erhöhte Anlegerschutzvorgaben bestehen.

305 *Jessen*, in Baur/Tappen, Investmentgesetze, Bd. 1, § 136 Rz. 1.

306 Die in der Richtlinie festgelegten Transparenzanforderungen bzw. Anforderungen an den Jahresbericht gelten gleichermaßen für alle Verwalter alternativer Investmentfonds.

ccc. Rechtsformbeschränkung aufgrund Eigenkapitalerwägungen

Ebenfalls nicht überzeugen kann das in der Vergangenheit vorgebrachte Argument, das rechtlich gesicherte Eigenkapital von Kapitalgesellschaften führe zwingend zur Rechtsformbeschränkung.[307] Bereits § 11 InvG a.F. sah Eigenkapitalanforderungen vor, die über die gewöhnlichen Kapitalanforderungen einer AG oder GmbH hinausgingen.[308] § 25 Abs. 1 Nr. 1 KAGB bestimmt nunmehr, dass interne KVGen mit einem Anfangskapital von mind. EUR 300.000 ausgestattet sein müssen. Dabei trifft das Gesetz keine Unterscheidung hinsichtlich der Rechtsform. Die Anforderungen gelten gleichermaßen für Personen- wie Kapitalgesellschaften. Darüber hinaus bestimmt § 34 Abs. 3 Nr. 6 KAGB, dass ein Absinken unter diesen Wert angezeigt werden muss. Wird die Schwelle nicht wieder erreicht, kann die BaFin gem. § 39 Abs. 3 Nr. 2 KAGB die Erlaubnis zum Geschäftsbetrieb aufheben. Somit wird der Erhalt der Eigenmittel auch bei Personengesellschaften sichergestellt. Des sich aus der Rechtsform der Kapitalgesellschaften ergebenden Anlegerschutzes bedarf es folglich nicht.[309]

ddd. Teleologische und systematische Erwägungen

Auch teleologische Erwägungen stützen dieses Ergebnis. Erwägungsgrund 20 der AIFM-RL sieht vor, dass AIF dann als intern verwaltet gelten sollen, wenn die Verwaltungsaufgaben vom Leitungsgremium oder einer anderen internen Ressource des AIF ausgeführt werden können. Der Richtliniengeber verzichtet demnach darauf, die Möglichkeit der internen Verwaltung an die Eigenschaft der juristischen Person zu knüpfen. Vielmehr macht er deutlich, dass die Rechtsform des AIF derart ausgestaltet sein muss, dass die Geschäftsführungs- bzw. Verwaltungsaufgaben intern übernommen werden können. Dies ist bei der Kommanditgesellschaft durch den Komplementär, als interne Ressource zur Wahrnehmung von Geschäftsführungsaufgaben, gewährleistet.

Darüber hinaus hat der europäische Gesetzgeber bewusst darauf verzichtet, in Art. 5 Abs. 1 lit. b AIFM-RL, anders als in lit. a, die Rechtsform erneut zu benennen. Der Rechtsform kommt somit nur im Rahmen der externen Verwaltung eine gesteigerte Bedeutung zu.

---

307 *Beckmann*, in Beckmann/Scholtz/Vollmer, Investment Hdb., Erg.Lfg. 2/14, 405 § 6 Rz. 10.

308 Bereits § 11 Abs. 1 Nr. 1 InvG a.F. sah ein Anfangskapital von mind. EUR 300.000 vor.

309 Die Notwendigkeit der Rechtsformbeschränkung anzweifelnd bereits *Steck/Gringel*, in Berger/Steck/Lübbehüsen, Komm. zum InvG/InvStG, § 6 InvG Rz. 7 (zur alten Rechtslage unter dem InvG).

eee. Rechtsvergleichende Praxis

Neben den vorgebrachten Argumenten kann auch auf die rechtsvergleichende Praxis verwiesen werden. So wurde bspw. in Luxemburg[310] und Großbritannien[311] ein Äquivalent zur deutschen InvestmentKG als zulässiges Fondsvehikel eingeführt. Daran zeigt sich, dass auch im europäischen Ausland der Begriff „legal person" nicht im deutsch-rechtlichen Kontext begriffen wurde. Denn sowohl die *societé en commandite spéciale* als auch die *limited partnership* verfügen über keine eigene Rechtspersönlichkeit.[312]

fff. Abschließende Stellungnahme

Auf Basis der vorgebrachten Argumente könnte der Eindruck entstehen, dass die hier vertretene Ansicht auch die intern verwaltete InvestmentKG, bei der persönlich haftender Geselleschafter eine natürliche Person ist, als zulässig anerkennt. Ein solches Verständnis ist jedoch zu weitgehend. Der Richtliniengeber hat sich bewusst dafür entschieden, natürliche Personen nicht als AIFM zu qualifizieren.[313] Während der Kommissionsentwurf unter Art. 3 lit. b vorsah, dass auch natürliche Personen AIFM sein können, hat der Richtliniengeber in

---

310 Vgl. Chapitre 3, Art. 25 Loi du 13 février 2007 relative aux fonds d'investissment spécialisés et portant.

311 Die FCA (Financial Conduct Authority) bezieht sich in ihren Erläuterungen (abrufbar unter: http://www.fca.org.uk/firms/markets/international-markets/aifmd/latest-news, Stand Januar 2016) auf „limited partnerships". „Limited partnerships" sind im Umkehrschluss zu Art. 4 para. 2 des Partnerships Act 1890 und Art. 4 des Limited Partnerships Act 1907 gleichbedeutend mit der deutschen Kommanditgesellschaft.

312 Gleiches gilt wohl auch für den Willen des nationalen Gesetzgebers, der für die intern verwaltete geschlossene Publikums-InvestmentKG – hinsichtlich der Beiratsgründung – auf die Vorschriften des § 18 Abs. 2 S. 4 und Abs. 3 S. 2 KAGB verweist, die ausschließlich auf die Rechtsform der GmbH & Co. KG anwendbar sind. Darüber hinaus weist die ESMA (European Securitites and Markets Authority) als europäisches Pendant zur deutschen BaFin in ihrem Diskussionspapier in Bezug auf die interne Verwaltung (Art. 5 Abs. 1 lit. b AIFM-RL) ausdrücklich darauf hin, dass der AIF selbst AIFM sein kann, wenn die Rechtsform es zulässt. Dies ist laut ESMA bei AIFs in Gesellschaftsform der Fall, wozu auch „limited partnerships", sprich Personengesellschaften, gezählt werden (Abschnitt V.44 Discussion Paper ESMA/2012/117 v. 23.02.2012).

313 Vgl. Art. 3 lit. b des Kommissionsvorschlags zur AIFM-RL (Kommission, Vorschlag für eine Richtlinie des Europäischen Parlaments und des Rates über die Verwalter alternativer Investmentfonds und zur Änderung der Richtlinien 2004/39/EG und 2009/…/EG, KOM(2009) 207 endgültig.

der AIFM-RL von einer solchen Bestimmung abgesehen.[314] Dass eine natürliche Person zum Haftungssubjekt wird, scheint daher mit dem Willen des Uniongesetzgebers nicht vereinbar zu sein.[315]

Als europarechtskonforme Ausprägung von Art. 4 Abs. 1 lit. b bzw. Art. 5 Abs. 1 lit. b AIFM-RL ist somit nur die intern verwaltete GmbH & Co. InvKG anzusehen.[316]

2. Geschäftsführung

In Abweichung zum Personengesellschaftsrecht, in dem sich keine zwingenden Vorgaben zur Zusammensetzung der Geschäftsführung finden, hat die Geschäftsführung sowohl der offenen als auch der geschlossenen InvestmentKG aus mindestens zwei natürlichen Personen zu bestehen, § 128 Abs. 1 S. 1, § 153 Abs. 1 S. 1 KAGB.[317] Wird die Geschäftsführung von einer juristischen Person wahrgenommen, so hat auch deren Geschäftsführung aus mindestens zwei natürlichen Personen zu bestehen, § 128 Abs. 1 S. 2, § 153 Abs. 1 S. 2 KAGB.[318] Damit folgt die Geschäftsführung unter dem KAGB – in Abweichung zur gesetzestypischen KG – dem sog. Vier-Augen-Prinzip.[319]

---

314 Vgl. Art. 4 Abs. 1 lit. b AIFM-RL.

315 Was bei der InvestmentKG bei der persönlich haftender Gesellschafter eine natürliche Person ist der Fall wäre.

316 Dies gilt in mehrfacher Hinsicht: Zum einen bzgl. des unverhältnismäßigen Haftungsrisikos der natürlichen Person selbst (d.h. aus Schuldnersicht), zum anderen hinsichtlich etwaiger zusätzlicher Haftungsrisiken aufgrund konkurrierender privater Verbindlichkeiten (Gläubigersicht). Damit kommt die hier vertretene Ansicht letztlich zwar zu demselben Ergebnis wie die unter Kap. 2 Abschnitt III.1.c.bb. genannte Auffassung, überwindet jedoch deren argumentative wie dogmatische Defizite. Auch die Vertreter, die ein rein deutsches Begriffsverständnis zugrunde legen, können auf Basis der obigen Überlegungen im Wege einer teleologischen Extension des Art. 4 Abs. 1 lit. b AIFM-RL zu selbigem Ergebnis kommen.

317 Soweit also natürliche Personen zu Komplementären bestellt werden sollen, müssen zwei Komplementäre vorhanden sein, vgl. *Casper*, in Staub/HGB-Kommentar, § 161 Rz. 267. Nach der hier vertretenen Auffassung, wonach die intern verwaltete InvestmentKG europarechtswidrig ist (vgl. Kap. 2 Abschnitt III.1.cc.), kann es allerdings nur im Bereich der extern verwalteten InvestmentKG zu einer derartigen Konstellation kommen.

318 Nach der hier vertretenen Ansicht ist bei interner Verwaltung die GmbH & Co. InvestmentKG die einzig zulässige Ausgestaltungsvariante.

319 Eingeführt in § 33 KWG durch die 2. KWG-Novelle vom 24. März 1976, BGBl. I. 1976, 725, entstammt das Vier-Augen-Prinzip grds. der Sphäre des Kreditwesengesetzes.

Neben den rein quantitativen Vorgaben konkretisiert bzw. erweitert der KAGB-Gesetzgeber auch den verbindlichen Pflichtenkanon der Geschäftsführung. So hat diese bei der Ausübung ihrer Tätigkeit nicht nur im ausschließlichen Interesse der Gesellschafter zu handeln, sondern auch die Integrität des Marktes zu wahren. Weiterhin hat die Geschäftsführung mit der gebotenen Sachkenntnis, Sorgfalt und Gewissenhaftigkeit im besten Interesse des von ihr verwalteten Vermögens zu handeln, § 128 Abs. 1 S. 2 Nr. 1 und 2, § 153 Abs. 1 S. 2 Nr. 1 und 2 KAGB. Sie hat sich um die Vermeidung von Interessenkonflikten zu bemühen und im Fall unvermeidbarer Konflikte dafür zu sorgen, dass diese unter der gebotenen Wahrung der Gesellschafterinteressen gelöst werden, § 128 Abs. 1 S. 2 Nr. 3, § 153 Abs. 1 S. 2 Nr. 3 KAGB.[320]

Durch diesen an die Geschäftsführung adressierten Pflichtenkatalog schafft der KAGB-Gesetzgeber erneut einen Gleichlauf mit den Kapitalgesellschaften, diesmal allerdings nur auf investmentrechtlicher Ebene, d.h. mit der InvestmentAG. So sind die vorgenannten Bestimmungen quasi wortlautidentisch mit § 116 KAGB, der seinerseits der übernommenen Regelung des § 106 InvG für die InvestmentAG mit veränderlichem Kapital entspricht.[321] § 76 Abs. 1 AktG enthält demgegenüber keine vergleichbaren Vorgaben.

Die vorgenannten aufsichtsrechtlichen Bestimmungen etablieren ein zwingendes Anforderungsprofil an die Geschäftsführung, das dem Begriff der Geschäftsführung auch in aufsichtsrechtlicher Hinsicht eine klare inhaltliche Prägung verleiht. Insbesondere durch die Verpflichtung, bei der Ausübung ihrer Tätigkeit die Integrität des Marktes zu wahren, erweitert das KAGB den Verantwortungsbereich der Geschäftsführer.[322] Während sich das Wohl der Gesellschaft

---

Im investmentrechtlichen Kontext fand dieses Prinzip bereits über den aufgehobenen § 106 InvG auf die InvestmentAG Anwendung.

320 Anforderungen an die Offenlegung von Interessenkonflikten finden sich in Art. 36 der Delegierten Verordnung (EU) Nr. 231/2013 (Abl. L 83 v. 22.03.2013, S. 1).

321 § 106 InvG war nur auf die InvestmentAG mit veränderlichem Kapital anwendbar, da die anderen Rechtsformen erst durch das KAGB als zulässige Investmentvehikel eingeführt wurden. Nichtsdestotrotz diente die Regelung des § 106 InvG als Vorbild für die vorgenannten Vorschriften, vgl. RegE zum KAGB, BT Drucksache 17/12294, S. 240, 243, 248, 251.

322 Der Verweis auf die Wahrung der Marktintegrität führt zu einer Erweiterung der Geschäftsführungsverantwortung um eine extrinsische, sprich außerhalb der Gesellschaft, und damit außerhalb des eigentlichen gesellschaftlichen Wohls liegende Komponente. Vgl. zur inhaltlichen Ausformung des Begriffs der Marktintegrität: *Pfüller*, in Fuchs, WpHG, § 15a Rz. 27ff; *v. Hein*, in Schwark/Zimmer, KapMaR-Komm., § 9 Rz. 1ff.; *Steck*, in Emde/Dornseife/Dreibus/Hölscher, InvG, § 9 Rz. 69ff.

und damit die Geschäftsführungsverantwortung im Bereich der gesetzestypischen KG primär in der Wahrung der Partikularinteressen der Gesellschafter niederschlägt, erstreckt sich der geschuldete Pflichtenkanon der Geschäftsführung über den Verweis auf die Wahrung der Marktintegrität nunmehr auch auf Gemeinwohlverpflichtungen.[323] Insgesamt handelt es sich bei den Anforderungen an die Geschäftsführung um Corporate Governance Vorgaben, die im Personengesellschaftsrecht bislang kaum von Bedeutung waren.[324] Hieran anknüpfend stellt sich im Bereich der extern verwalteten InvestmentKG die Frage, inwieweit die Geschäftsführer der InvestmentKG Überwachungs- und Kontrollpflichten gegenüber der KVG treffen (s. nachfolgend Abschnitt a.bb.bbb.).

a. *Funktion der Geschäftsführung in der intern und extern verwalteten InvestmentKG*

Abhängig von der jeweiligen Ausgestaltung der InvestmentKG als intern oder extern verwalteter Gesellschaft kommen auch der Geschäftsführung unterschiedliche Funktionen zu. Bei interner Verwaltung ist die InvestmentKG gleichzeitig KVG, vgl. § 17 Abs. 2 Nr. 2 KAGB. Als solche nimmt sie sämtliche Aufgaben der KVG selbst wahr – insbesondere die Anlage und Verwaltung des Gesellschaftsvermögens. Im Vergleich hierzu verbleiben bei externer Verwaltung nur noch Residualkompetenzen bei der Geschäftsführung.[325] Die Wahrnehmung der eigentlichen Geschäftsführungsaufgaben, sprich die Anlage und

---

323 Durch das Gebot der Wahrung der Marktintegrität erweitert sich der gesellschaftsrechtliche Verantwortungsbereich der Geschäftsführung. *Kunschke/Klebeck*, in Beckmann/Scholtz/Vollmer, Investment Hdb., Erg.Lfg. 2/14, 405 § 128 Rz. 32; *Wiedemann*, Alte und neue Kommanditgesellschaft, NZG 2013, 1041, 1043; s. hierzu auch: *Casper*, Die InvestmentKG: große Schwester der Publikums-KG oder Kuckuckskind?, ZHR 179 (2015), 44, 62.

324 Eigenständigen Regelungscharakter entfalten diese Vorgaben jedoch nur im Fall der externen Verwaltung, da bei interner Verwaltung der vorrangig anzuwendende quasi inhaltsgleiche § 26 Abs. 2 KAGB zu beachten ist.

325 Siehe hierzu sogleich näher Punkt bb. *Zetzsche* geht noch weiter und negiert jegliche Restfunktionen. Nach seiner Auffassung behält die InvestmentKG keinerlei Funktionen zurück. Auch die organschaftliche Vertretungsmacht – die nach h.M. bei der Geschäftsführung verbleibt – sei rein nomineller Natur, da die KVG sachlich unbeschränkt bevollmächtigt wurde. Die Geschäftsführung sei somit zum „Beurkundungsautomaten" degradiert, *Zetzsche*, Das Gesellschaftsrecht des Kapitalanlagegesetzbuches, AG 2013, 613, 621; a.A. *Wallach*, Die Regulierung von PersG im KAGB, ZGR 2014, 289, 300.

Verwaltung der Mittel, obliegt hier der externen KVG, vgl. § 17 Abs. 1 S. 2, Abs. 2 KAGB. Dadurch, dass die Verwirklichung des Unternehmensgegenstandes im Rahmen der externen Verwaltung bei der KVG liegt, verkürzt sich der Kompetenzbereich der Geschäftsführer maßgeblich im Vergleich zur intern verwalteten InvestmentKG.[326] Das unterschiedliche Anforderungsprofil an die Geschäftsführer rechtfertigt eine separate Betrachtung beider Kompetenzbereiche.

aa. Geschäftsführungsaufgaben in der intern verwalteten InvestmentKG

Der Umfang der Geschäftsführungsbefugnis der Leitungsorgane der Gesellschaft richtet sich grds. nach dem Gesellschaftszweck. Sämtliche Handlungen, die auf die Verwirklichung des Gesellschafszwecks gerichtet sind und nicht die Grundlagen der Gesellschaft betreffen, fallen somit in den Kompetenzbereich der Geschäftsführer.[327] In Abweichung zum allgemeinen Personengesellschaftsrecht bestimmt sich der Umfang der Geschäftsführungsbefugnis vorliegend nach dem gesetzlich vorgeschriebenen Unternehmensgegenstand, der in der Anlage und Verwaltung des Kommanditanlagevermögens besteht, § 125 Abs. 1 S. 2, § 150 Abs. 1 S. 2 KAGB. Der gesetzlichen Fixierung kommt dabei die Funktion zu, durch eine klare Festlegung des Schwerpunkts der Geschäftstätigkeit die übrigen Gesellschafter vor Überschreitungen der Geschäftsführungsbefugnis zu schützen.[328] Da die in § 17 Abs. 1 S. 1 KAGB enthaltene Legaldefinition des Begriffs der Verwaltung nur wenig über den Tätigkeitsradius aussagt, bestimmt sich das Tätigkeitsfeld der Geschäftsführung primär nach den relevanten Produktvorschriften und den bindenden Vorgaben der Anlagebedingungen.[329]

aaa. Erweiterung des Pflichtenkanons durch Stellung der InvestmentKG als KVG

Neben der Einhaltung dieser Regelungen treffen die Geschäftsführung der intern verwalteten InvestmentKG aufgrund ihrer Doppelfunktion (Investmentvermögen und KVG) auch die Einhaltung der allgemeinen Verhaltens- und

---

326 So auch: *Escher*, Die Regulierung der geschlossenen Fonds im KAGB, in: Bankrechtstag 2013, S. 123, 139.

327 *Rawert*, in MünchKomm. HGB, § 114 Rz. 6.

328 *Könnecke*, in Baur/Tappen, Investmentgesetze, Bd. 1, § 150 Rz. 12.

329 Nach der Legaldefinition in § 17 Abs. 1 S. 1 KAGB, liegt Verwaltung dann vor, wenn mindestens die Portfolioverwaltung oder das Risikomanagement für ein oder mehrere Investmentvermögen erbracht wird. Für die jeweils relevanten Produktvorschriften, siehe § 125 Abs. 2 S. 1, § 150 Abs. 2 S. 1 Nr. 1 und 2 KAGB.

Organisationspflichten für KVGen, § 26 KAGB.[330] Zur Verhütung missbräuchlicher Marktpraktiken haben sich in der Praxis der KVGen zudem verschiedene Verfahren etabliert und Grundsätze herausgebildet, die nunmehr auch die InvestmentKG einzuhalten pflegt.[331] Die einzelnen Verbote und Maßnahmen sind schriftlich in Form von Arbeitsanweisungen oder Organisationshandbücher festzulegen und den jeweils Verantwortlichen zur Kenntnis zu bringen.[332] Die Einhaltung dieser Vorgaben ist durch geeignete Maßnahmen sicherzustellen.[333] Neben die reine Verhaltenspflicht tritt somit eine Organisationspflicht zur Sicherstellung der gegebenen gesetzlichen Vorgaben.

bbb. Sondervorgaben für Geschäftsführer der intern verwalteten geschlossenen Publikums-InvestmentKG

Für die intern verwaltete geschlossene Publikums-InvestmentKG gilt zusätzlich die aufsichtsrechtliche Vorgabe, dass die Erfüllung von Aufgaben nur Personen überantwortet werden darf, die die notwendigen Fähigkeiten, Kenntnisse und Erfahrungen haben, § 4 Abs. 2 S. 1 Nr. 1 KAVerOV. Weiterhin muss sichergestellt sein, dass die Menge oder Vielfalt der von einer entsprechenden Person wahrgenommenen Aufgaben diese Person nicht daran hindert, sämtliche Aufgaben gründlich, redlich und professionell zu erledigen, § 4 Abs. 2 S. 1 Nr. 2 KAVerOV.

ccc. Stellungnahme

Damit vollzieht sich nicht nur eine Erweiterung des Anforderungsprofils an die Geschäftsführer im Vergleich zu den Vorgaben der gesetzestypischen KG. Es entsteht auch eine unterschiedliche Behandlung der verschiedenen Formen der Kommanditgesellschaft innerhalb des KAGB. Handelt es sich um eine intern verwaltete geschlossene Publikums-InvestmentKG, so hat die Gesellschaft bzw. die Geschäftsführung auch die Einhaltung der Vorgaben der KAVerOV sicherzustellen.

bb. Geschäftsführungsaufgaben in der extern verwalteten InvestmentKG

Im Fall der externen Verwaltung gestaltet sich der Umfang der Geschäftsführungsaufgaben in erheblichem Maße anders. Durch die Bestellung einer

330 Diese Regelungen ähneln zumindest teilweise den Vorgaben der § 125 Abs. 1 S. 2, § 150 Abs. 1 S. 2 KAGB.

331 Siehe *Steffen*, in Baur/Tappen, Investmentgesetze, Bd. 1, § 26 Rz. 103.

332 Siehe *Steffen*, in Baur/Tappen, Investmentgesetze, Bd. 1, § 26 Rz. 103.

333 Siehe *Steffen*, in Baur/Tappen, Investmentgesetze, Bd. 1, § 26 Rz. 103.

externen KVG wird die eigentlich der Geschäftsführung zugewiesene Aufgabe der Anlage und Verwaltung des Kommanditanlagevermögens (vgl. § 129 Abs. 1 S. 1, § 154 Abs. 1 S. 1 KAGB) als originäre Aufgabe der KVG überantwortet.[334] Dass die KVG die ihr zugewiesenen Aufgaben als originäre, sprich eigene Aufgaben wahrnimmt, ergibt sich u.a. aus § 129 Abs. 1 S. 2, § 154 Abs. 1 S. 2 KAGB, wonach es sich gerade nicht um einen Fall der Auslagerung i.S.v. § 36 KAGB handelt.[335] Die KVG, als AIFM, ist demnach für die umfassende Einhaltung der gesetzlichen Vorgaben – der AIFM-RL und des KAGB – haupt- und letztverantwortlich.[336] Sie ist gleichermaßen alleinzuständig und verantwortlich für die Portfolioverwaltung und das Risikomanagement (vgl. § 17 Abs. 1 S. 2 KAGB)[337], sowie für sämtliche korrespondierende Tätigkeiten i.S.d. Anhang I

---

334 Das Gesetz bestimmt nämlich in den zitierten Paragraphen ausdrücklich, dass es sich bei der Übertragung der Tätigkeiten an die KVG nicht um einen Fall der Auslagerung nach § 36 KAGB handelt; vgl. RegE zum KAGB, BT-Drucksache 17/12294, S. 243, 251; Ziff. 1 der BaFin FAQs zum Thema Auslagerung gem. § 36 KAGB v. 12.5.2014, WA 41-Wp 2137-2013/0036; s. auch: *Hüwel*, in Baur/Tappen, Investmentgesetze, Bd. 1, § 129 Rz. 36; *Karrer*, in MAH PersG-Recht, § 14 Rz. 14.

335 So gleichermaßen die Europäische Kommission, die ESMA und die BaFin: Fragenkatalog der Europäischen Kommission zur AIFM-RL, ID 1158 und 1159 (abrufbar unter http://ec.europa.eu/finance/koel/index.cfm?fuseaction=question.show&questionId=1158); Abschnitt III Nummer 10 des ESMA Discussion paper zu Key concepts of the Alternative Investment Fund Managers Directive and types of AIFM vom 23. Februar 2012 (Ref. ESMA/2012/117); Ziff. 1 der BaFin FAQs zum Thema Auslagerung gem. § 36 KAGB v. 12.5.2014, WA 41-Wp 2137-2013/0036.

336 Vgl. § 17 Abs. 3, § 18 Abs. 7 KAGB sowie Art. 5 Abs. 2 und 3 AIFM-RL; *Klebeck/Kunschke*, in Beckmann/Scholtz/Vollmer, Investment Hdb., Erg.Lfg. 2/14, 405 § 154 Rz. 28; a.A. *Wallach*, Die Regulierung von PersG im KAGB, ZGR 2014, 289, 300; *Paul*, in Weitnauer/Boxberger/Anders, KAGB, § 154 Rz. 8, der die Letztverantwortlichkeit und damit die Haftungsrisiken bei den Geschäftsführungsorganen der InvestmentKG sieht.

337 Wenn auch § 17 Abs. 1 S. 2 KAGB in seiner Formulierung von einer alternativen Aufgabenwahrnehmung bezogen auf die Portfolioverwaltung und das Risikomanagement ausgeht („oder“), so ergibt sich aus § 23 Nr. 10 KAGB, dass beide Aufgaben von der KVG kumulativ wahrzunehmen sind. Die Erlaubnis zur Aufnahme des Geschäftsbetriebs als KVG ist nämlich nur dann zu erlauben, wenn die KVG sowohl die Portfolioverwaltung als auch das Risikomanagement wahrnimmt, s. § 23 Nr. 10 KAGB. Damit kann ein Auseinanderfallen dieser beiden Tätigkeiten nur im Wege der Auslagerung (§ 36 KAGB) erreicht werden, wobei in diesem Fall die Letztverantwortlichkeit für die ausgelagerte Tätigkeit bei der KVG verbleibt – da ihr diese Aufgabe originär zugewiesen ist.

Nr. 2 AIFM-RL.[338] Damit obliegt die Verwaltung der InvestmentKG nicht mehr ihrer Geschäftsführung, sondern einer von ihr strukturell und rechtlich getrennten Verwaltungsgesellschaft. Im Nachfolgenden gilt es eben diesen weiten Umfang der zu übertragenden Aufgaben näher in Bezug zu nehmen. Denn zum einen knüpft sich hieran die Frage nach den verbleibenden Kompetenzen der Geschäftsführung der extern verwalteten InvestmentKG (aaa.), insbesondere im Hinblick auf etwaige Kontroll- und Überwachungsaufgaben (bbb.). Zum anderen stellt sich die Frage, inwieweit es gerechtfertigt ist, die Geschäftsführung der extern verwalteten InvestmentKG – obwohl sie selbst keine oder nur untergeordnete Investmenttätigkeiten wahrnimmt (s. hierzu nachfolgend Abschnitt 2.c. bb.) – den gleichen aufsichtsrechtlichen Anforderungen zu unterwerfen wie die Geschäftsführer einer intern verwalteten InvestmentKG. Die gesetzliche Auferlegung der Einhaltung investmentrechtlicher Vorgaben scheint nur dann gerechtfertigt zu sein, wenn auch ein Bezug zu investmentrechtlich relevanten Tätigkeiten besteht.

aaa. Vollständige Übertragung der kollektiven Vermögensverwaltung auf die KVG

Die vollständige Übertragung der kollektiven Vermögensverwaltung bildet zumindest in Bezug auf die Übertragung der Portfolioverwaltung und des Risikomanagements nicht die Ausnahme, sondern den gesetzlich vorgesehenen Regelfall. Dies lässt sich v.a. damit begründen, dass ausweislich der Regierungsbegründung zu § 17 Abs. 1 KAGB sowohl das Erbringen der Portfolioverwaltung als auch des Risikomanagements erlaubnispflichtige Tätigkeiten sind.[339] Während § 17 Abs. 1 S. 2 KAGB lediglich die Erlaubnispflichtigkeit in Bezug nimmt, leitet sich die Erlaubnisfähigkeit aus einem Umkehrschluss zu § 23 KAGB ab.[340] Gemäß § 23 Nr. 10 KAGB erteilt die BaFin einer KVG nur dann die Erlaubnis zum Geschäftsbetrieb nach § 20 Abs. 1 S. 1 KAGB, wenn diese sowohl die Portfolioverwaltung als auch das Risikomanagement betreibt. Das durch § 17 Abs. 1 S. 2 KAGB begründete Alternativverhältnis („Portfolioverwaltung oder

338 Die BaFin fordert in ständiger Verwaltungspraxis die uneingeschränkte Übertragung sämtlicher Aufgaben, d.h. Portfolioverwaltung, Risikomanagement und sämtliche der in Anhang I der AIFM-RL aufgeführte Tätigkeiten, vgl. Ziffer 2 der BaFin FAQs zum Thema Auslagerung gem. § 36 KAGB v. 12.5.2014, WA 41-Wp 2137-2013/0036.

339 RegE zum KAGB, BT-Drucksache 17/12294, S. 211f.

340 § 23 KAGB legt abschließend die Versagungsgründe fest. Ist keiner der dort beschriebenen Punkte einschlägig, ist die Erlaubnis zum Geschäftsbetrieb gem. § 20 Abs. 1 S. 1 KAGB zu erteilen.

Risikomanagement")[341] wird durch die Bestimmung des § 23 Nr. 10 KAGB somit zum Kumulativverhältnis. Damit besteht ein zwingender Konnex beider Tätigkeiten, dem eine Einzelübertragung von der InvestmentKG auf die KVG entgegensteht.[342] Externe Verwaltung meint somit Übertragung der unternehmensgegenständlichen Tätigkeiten.

Hinzukommt, dass die in Anhang I Nr. 2 AIFM-RL aufgeführten (administrativen) Tätigkeiten[343] überwiegend mit vorgenannten Tätigkeiten korrespondieren (bspw. die Kundenanfragen, Gewinnausschüttung und Kontraktabrechnung einschl. Versand der Zertifikate, Vertrieb), sodass davon auszugehen ist, dass regelmäßig sämtliche dieser Tätigkeiten der KVG überantwortet werden. Dies entspricht auch der Aufsichtspraxis der BaFin, wonach die externe KVG zwingend sämtliche der in Anhang I der Richtlinie genannten Tätigkeiten zu erbringen hat.[344] Nach Auffassung der BaFin verbleiben lediglich die „per Gesetz vorgesehenen Aufgaben der Organe" bei der InvestmentKG.[345] Sie selbst nehme hingegen keine Investmenttätigkeiten wahr.[346] Zur Begründung wird angeführt, dass es sich bei der extern verwalteten InvestmentKG um ein Fondsvehikel und nicht um eine operativ tätige Gesellschaft handele, die die Verwaltung erbringt.[347]

Geht man demnach von einer vollständigen Übertragung der kollektiven Vermögensverwaltung einschließlich der in Anhang I Nr. 2 AIFM-RL genannten Tätigkeiten aus, verbleiben lediglich Residualaufgaben im Kompetenzbereich

341 Hervorhebung erfolgte durch die Autorin.

342 Wollte die InvestmentKG somit selbst eine der beschriebenen Tätigkeiten wahrnehmen, wäre sie gezwungen auch die andere zu erbringen. Damit wäre sie allerdings – nach Erlaubniserteilung – eine intern verwaltete InvestmentKG.

343 Hierzu zählen bspw. die Ausgabe und Rücknahme von Anteilen, die Gewinnausschüttung, die Überwachung und Einhaltung der Rechtsvorschriften, rechtliche Dienstleistungen, sowie Dienstleistungen der Fondsbuchhaltung und Rechnungslegung, der Vertrieb und Tätigkeiten im Zusammenhang mit Vermögenswerten des AIF.

344 Ziffer 2 der BaFin FAQs zum Thema Auslagerung gem. § 36 KAGB v. 12.5.2014, WA 41-Wp 2137-2013/0036.

345 Ziffer 2 der BaFin FAQs zum Thema Auslagerung gem. § 36 KAGB v. 12.5.2014, WA 41-Wp 2137-2013/0036.

346 Ziffer 2 der BaFin FAQs zum Thema Auslagerung gem. § 36 KAGB v. 12.5.2014, WA 41-Wp 2137-2013/0036.

347 Ziffer 2 der BaFin FAQs zum Thema Auslagerung gem. § 36 KAGB v. 12.5.2014, WA 41-Wp 2137-2013/0036. Auch wenn der Wortlaut der § 129 Abs. 1 S. 2, § 154 Abs. 1 S. 2 KAGB eine solche Auslegung nicht zwingend nahelegt, ist die Ansicht der BaFin sowohl in teleologischer als auch systematischer Hinsicht gerechtfertigt, So auch: *Hüwel*, in Baur/Tappen, Investmentgesetze, Bd. 1, § 129 Rz. 37.

der Geschäftsführung.[348] Zwar lässt die Beauftragung der KVG die grds. Organisationsstruktur der InvestmentKG einschließlich der allgemeinen Rechte und Pflichten der Organe unberührt. Nichtsdestotrotz reduziert sich der Zuständigkeitsbereich der InvestmentKG auf ein Minimum.[349]

Darüber hilft auch nicht hinweg, dass die InvestmentKG die externe KVG auswählt und bestellt bzw. den Fremdverwaltungsvertrag verhandelt.[350] Die vertraglichen Vereinbarungen mögen der InvestmentKG im Einzelfall zwar schuldrechtlich besondere Kompetenzen zuweisen – bspw. ein Mitspracherecht bei der Auswahl und Abberufung von Dienstleistern (z.B. Asset Manager oder Analageberater) – gesetzlich bleiben die Zuständigkeiten jedoch beschränkt.[351] Zu den bei der Geschäftsführung der externen InvestmentKG verbleibenden sog. Residualkompetenzen zählen insbesondere die Pflicht zur Einberufung und Durchführung der Gesellschafterversammlung (§ 125 Abs. 3 Nr. 1, § 150 Abs. 3 Nr. 1 KAGB)[352], die Aufnahme neuer Kommanditisten[353], die Erhöhung der Beteiligung bereits beigetretener Kommanditisten[354] sowie die über § 14 S. 1 i.V.m. § 44 Abs. 1 und 6 KAGB begründeten Auskunftspflichten gegenüber der BaFin. Andere Aufgaben, wie bspw. strategische Grundentscheidungen (wie u.a. die Festsetzung unternehmerischer Ziele, die mittel- und langfristige Unternehmensplanung) sind dem Einflussbereich der Geschäftsführung weitgehend bis

348 Vgl. auch *Könnecke*, in Baur/Tappen, Investmentgesetze, Bd. 1, § 153 Rz. 77; noch weitgehender *Zetzsche*, Das Gesellschaftsrecht des Kapitalanlagegesetzbuches, AG 2013, 613, 621, der das verbleiben von Restfunktionen gänzlich verneint.

349 So für die InvestmentAG: *Köndgen/Schmies*, in Schimansky/Bunte/Lwowski, Bankrechts-Hdb., § 113 Rz. 146c; a.A. *Hüwel*, in Baur/Tappen, Investmentgesetze, Bd. 1, § 129 Rz. 41f.; zur Rechtslage unter dem InvG: *Dornseifer*, in Emde/Dornseifer/Dreibus/Hölscher, InvG, § 96 Rz. 69, der die Ausgestaltung der Anlagebedingungen und die Auflage und Liquidation von Teilgesellschaftsvermögen als Geschäftsführungskompetenzen ansieht.

350 S. hierzu auch: *Hüwel*, in Baur/Tappen, Investmentgesetze, Bd. 1, § 129 Rz. 42.

351 S. hierzu auch: *Hüwel*, in Baur/Tappen, Investmentgesetze, Bd. 1, § 129 Rz. 42.

352 Eine ausdrückliche Zuweisung der Einberufungskompetenz an die Geschäftsführung findet sich in § 130 S. 2 KAGB. Vgl. für die AG: *Schmidt-Husson*, in Hauschka/Moosmayer/Lösler, Corporate Compliance, § 6 Rz. 19.

353 *Casper*, Die Investmentkommanditgesellschaft: große Schwester der Publikums-KG oder Kuckuckskind?, ZHR 179 (2015), 44, 63.

354 *Wallach*, Die Regulierung von PersG im KAGB, ZGR 2014, 289, 300; *Hoffert*, in Moritz/Klebeck/Jesch, Frankfurter Komm. z. KAGB, § 154 Rz. 29; a.A. *Zetzsche*, Das Gesellschaftsrecht des Kapitalanlagegesetzbuches, AG 2013, 615, 621, der sich für eine vollständige Übertragung sämtlicher Kompetenzen ausspricht.

gänzlich entzogen. Sie stehen nämlich mindestens in einem mittelbaren Zusammenhang zur Verwirklichung des Unternehmensgegenstandes.[355] Dies gilt auch für die Pflicht zum Erstellen eines Jahres- und Lageberichts. Kraft Gesetzes – wie aufgrund der sachlichen Nähe – ist hierfür ebenfalls die KVG verantwortlich.[356]

Die investmentrechtlichen Vorgaben führen somit zu einer Aushöhlung des Kompetenzbereichs der Geschäftsführung der extern verwalteten InvestmentKG. Die Verwirklichung des Unternehmensgegenstandes liegt vollständig in den Händen einer strukturell separierten Gesellschaft. Zwar ist es durchaus möglich, dass die KVG auch die Stellung als Kommanditistin in der InvestmentKG innehat und somit zumindest eine gesellschaftsrechtliche Verbindung beider Gesellschaften besteht.[357] Dies hilft jedoch nicht darüber hinweg, dass der Geschäftsführung durch die investmentrechtlichen Vorgaben ihr personengesellschaftsrechtlich zugewiesener Verantwortungsbereich entzogen bzw. maßgeblich verkürzt wird.[358] Im Fall der extern verwalteten InvestmentKG verkommt die KG zur korporativen Hülle des Investmentvermögens.[359]

---

355 Vgl. zu den Leitungsaufgaben in der AG: *Schmidt-Husson*, in Hauschka/Moosmayer/Lösler, Corporate Compliance, § 6 Rz. 22.

356 Vgl. für die offene InvestmentKG § 135 Abs. 1 S. 1 und Abs. 2 KAGB i.V.m. §§ 264ff., 289 HGB. Für die geschlossene InvestmentKG wird über § 158 KAGB zwar nur für den Jahresbericht auf die vorgenannten Bestimmungen verwiesen, es ist jedoch davon auszugehen, dass auch hier ein Lagebericht zu erstellen ist, so auch: *Jessen*, in Baur/Tappen, Investmentgesetze, Bd. 1, § 158 Rz. 1. Zwar fehlt § 158 KAGB eine ausdrückliche Kompetenzzuweisung an die KVG, allerdings ist davon auszugehen, dass hier keine anderweitige Kompetenzzuschreibung gewollt ist – wenn auch der Gesetzgeber, in der Regierungsbegründung, den Verweis auf § 135 KAGB auf den Inhalt des Jahresberichts beschränkt, RegE zum KAGB, BT-Drucksache 17/12294, S. 254.

357 Zur Stellung der KVG als Kommanditistin, s. *Winterhalder*, in Weitnauer/Boxberger/Anders, KAGB, § 17 Rz. 63; a.A. *Eichhorn*, der zumindest die Doppelfunktion der KVG als externe KVG und geschäftsführende Kommanditistin verneint, da sie in diesem Fall – als Teil der Gesellschaft – nicht extern ist, *ders.*, Moritz/Klebeck/Jesch, Frankfurter Komm. z. KAGB, § 129 Rz. 6.

358 Zur Frage, ob die Übertragung der Geschäftsführungsaufgaben einen Verstoß gegen den Grundsatz der Selbstorganschaft darstellt, s. Kap. 2 Abschnitt IV.2.a.bb.

359 *Köndgen/Schmies*, in Schimansky/Bunte/Lwowski, Bankrechts-Hdb., § 113 Rz. 146c; *Zetzsche* beschreibt die Funktion der Geschäftsführung in diesem Zusammenhang als „Beurkundungsautomaten“ auf Vorlage der externen KVG, *ders.*, Das Gesellschaftsrecht des Kapitalanlagegesetzbuches, AG 2013, 613, 621; a.A. *Paul*, in Weitnauer/Boxberger/Anders, KAGB, § 154 Rz. 8; *Wallach*, Die Regulierung von PersG im KAGB, ZGR 2014, 289, 300.

bbb. Überwachungspflichten der Geschäftsführer

Auf Basis vorstehender Auseinandersetzung stellt sich weiterhin die Frage, ob bzw. inwieweit Überwachungspflichten in den residualen Kompetenzbereich der Geschäftsführung der extern verwalteten InvestmentKG fallen. Im Verhältnis der InvestmentKG zur KVG trifft das Gesetz keine verbindlichen Regelungen.

(1) Mögliche Übertragbarkeit der gesetzlichen KVG-Compliance-Vorgaben

Lediglich für Auslagerungssachverhalte ordnet der Gesetzgeber an, dass die KVG jederzeit in der Lage sein muss, die ausgelagerten Aufgaben wirksam zu überwachen, § 36 Abs. 1 S. 1 Nr. 7 KAGB. Darüber hinaus statuiert der Gesetzgeber – in Abweichung zu allgemeinen Überwachungspflichten – für externe wie interne KVGen Rechtsregeln zur ordnungsgemäßen Geschäftsorganisation, die der KVG als verbindliche Compliance-Aufgaben zuwiesen werden, § 28 Abs. 1 S. 1 KAGB. Hiernach hat die KVG über eine ordnungsgemäße Geschäftsorganisation zu verfügen, die die Einhaltung der von der KVG zu beachtenden gesetzlichen Regelungen gewährleistet. Dabei dient das Risikomanagement (§ 28 Abs. 1 S. 2 KAGB) – anders als im Kapitalgesellschaftsrecht – nicht nur dem Unternehmensinteresse und somit dem Schutz der Gesellschaft, sondern auch und insbesondere dem Schutz der einzelnen Anleger.[360] Da diese Regelungen, wie auch die in Art. 57 Abs. 2ff., Art. 60 der Level II-VO zur AIFM-RL enthaltenen Compliance-Regelungen ausschließlich nur auf den AIFM anwendbar sind, verbietet sich eine stoische Übertragung dieser Anforderungen auf die extern verwaltete InvestmentKG. Auch die Annahme einer Ausstrahlungswirkung der Compliance-Vorgaben auf die extern verwaltete InvestmentKG erscheint vor dem Hintergrund des spezifisch anlegerschützenden Charakters oben genannter Vorschriften nicht gerechtfertigt.[361] Denn durch die originäre Aufgabenzuweisung an die KVG, kann ausschließlich die KVG Handlungen vornehmen und Maßnahmen treffen, die die Anleger nachhaltig beeinträchtigen können.[362] Eine synonyme Übertragung der aufsichtsrechtlich vorgeschriebenen KVG-Compliance-Anforderungen erscheint folglich verfehlt.[363]

---

360 *Kort*, Die Regelungen von Risikomanagement und Compliance im neuen KAGB, AG 2013, 582, 583.

361 Vgl. hierzu auch: *Kort*, Die Regelungen von Risikomanagement und Compliance im neuen KAGB, AG 2013, 582, 583.

362 So wohl auch: *Köndgen/Schmies*, in Schimansky/Bunte/Lwowski, Bankrechts-Hdb., § 113 Rz. 146c.

363 Da sämtliche relevante Strukturen und Prozesse bei der KVG bereitgehalten werden müssen, ist eine identische Etablierung derartiger Systeme bei der InvestmentKG

(2) Nicht-gesetzliche Überwachungspflichten

Nichtsdestotrotz nimmt die Literatur auch bei der InvestmentKG Überwachungspflichten der Geschäftsführer an.[364] Nähere Ausführungen zur dogmatischen Herleitung oder allgemeine Erläuterungen zum Ursprung und den konkreten Ausprägungen dieser Überwachungspflichten finden sich in der Literatur nicht. Vielmehr wird pauschal auf das Bestehenden einer entsprechenden Verpflichtung verwiesen. Wenn auch die Annahme einer solchen Verpflichtung begrüßenswert wäre, erscheint sie sowohl dogmatisch als auch aufgrund von Praktikabilitätserwägungen zweifelhaft. Für die Annahme einer solchen Überwachungsverpflichtung gibt es nämlich schlicht keine rechtliche Grundlage. Auch die originäre Aufgabenwahrnehmung der KVG und die damit verbundene Haupt- und Letztverantwortlichkeit sind ein Indiz dafür, dass sich die Kompetenzen der Geschäftsführer der InvestmentKG auf die Wahrnehmung der Residualaufgaben, d.h. auf die per Gesetz vorgesehenen Aufgaben beschränken.[365] Darüber hinaus zeigen auch weitergehende teleologische Erwägungen, dass einer solchen Verpflichtung praktisch nur schwer gerecht zu werden ist. Denn selbst bei einem tagesaktuellen Informationsstand gäbe es keine gesetzlich vorgesehenen Interventionsmöglichkeiten, die den Geschäftsführern ein aktives Einschreiten ermöglichen würden.[366] Den Geschäftsführern bliebe demnach lediglich die Möglichkeit, die KVG über den erkannten Mangel zu informieren, sodass

---

obsolet. Überdies hat der Gesetzgeber hat davon abgesehen konkrete Vorgaben für entsprechende Systeme bei der InvestmentKG zu formulieren. So wohl auch: *Köndgen/Schmies*, in Schimansky/Bunte/Lwowski, Bankrechts-Hdb., § 113 Rz. 146c.

364 So auch die h.M. *Hüwel*, in Baur/Tappen, Investmentgesetze, Bd. 1, § 129 Rz. 42; *Dornseifer*, in Emde/Dornseifer/Dreibus/Hölscher, InvG, § 96 Rz. 69; *Reiner*, Abgrenzung der Kompetenzen zwischen der InvestmentKG und der AIF-KVG, GWR 2016, 136, 138. Aufgrund der gesetzlichen Vorgaben des KAGB und der strukturellen Gegebenheiten, ist fraglich, inwieweit eine derartige Überwachungs- und Kontrollpflicht praktikabel ist. Der Geschäftsführung der InvestmentKG wird es durch die Entgliederung der KVG kaum möglich sein, deren Tagesgeschäfte laufend zu überwachen und etwaige Rechtsverstöße zu identifizieren.

365 So wohl auch die BaFin: Ziffer 2 der BaFin FAQs zum Thema Auslagerung gem. § 36 KAGB v. 12.5.2014, WA 41-Wp 2137-2013/0036.

366 So wohl auch: *Zetzsche*, Das Gesellschaftsrecht des Kapitalanlagegesetzbuches, AG 2013, 613, 621. Bezogen auf etwaige Interventionsmöglichkeiten kann auch angemerkt werden, dass im Zweifel jedwede Form der Intervention der Geschäftsführer der InvestmentKG – mangels entsprechender aufsichtsrechtlicher Genehmigung (§ 20 KAGB) – als unerlaubte Investmenttätigkeit eingestuft werden könnte, die gem. § 338 Abs. 1 Nr. 1 KAGB unter Strafe gestellt ist.

sich die Überwachungspflicht in einer Hinweispflicht erschöpfen würde.[367] In Ermangelung einer entsprechenden gesetzlichen Regelung oder anderweitigen dogmatischen Grundlage, kann nicht von einer rechtlich bestehenden Überwachungspflicht ausgegangen werden.

b. Anforderungen an die Zusammensetzung der Geschäftsführung

Die Geschäftsführung der InvestmentKG setzt sich nach den Vorgaben des KAGB aus mindestens zwei natürlichen Personen zusammen, § 128 Abs. 1 S. 1, § 153 Abs. 1 S. 1 KAGB. Dies gilt unabhängig davon, ob es sich um eine reine InvestmentKG oder um eine GmbH & Co. InvestmentKG handelt, § 128 Abas. 1 S. 2, § 153 Abs. 1 S. 2 KAGB. Durch die Bestimmung eines quantitativen Minimums verankert der Gesetzgeber das sog. **Vier-Augen-Prinzip** im KAGB.[368] Dieses Prinzip wird durch den in Ziff. 4.4.2 InvMaRisk niedergelegten Grundsatz der Funktionstrennung, wonach das Risikocontrolling als organisatorisch unabhängige Funktion bis auf die Ebene der Geschäftsführung sicherzustellen ist, weiter untermauert.[369] Darüber hinaus wird diesem Prinzip im Rahmen der GmbH & Co. InvestmentKG aufgrund „Durchschau" durch die GmbH auf die natürlichen Personen unabhängig von der konkreten Ausgestaltungsform ein einheitlicher Geltungsanspruch verliehen.[370]

Das Gesetz bestimmt damit zwar abschließend die Mindestanzahl an Geschäftsführern. Eine Aussage dazu, welche Rechtsstellung den Geschäftsführern innerhalb der Gesellschaft zukommen muss bzw. ob sie überhaupt Teil der Gesellschaft sein müssen, trifft das Gesetz hingegen nicht. Mit anderen

---

367 Alternativ könnte die InvestmentKG auch den Verwaltungsvertrag mit der KG kündigen.

368 Das Vier-Augen-Prinzip ist ein aufsichtsrechtliches Prinzip, dem der Grundsatz der Funktionstrennung zugrunde liegt, s. *Braun/Wolfgarten*, in Boos/Fischer/Schulte-Mattler, KWG, § 25a Rz. 393f.; *Lorenz*, in Weitnauer/Boxberger/Anders, KAGB § 119 Rz. 3.

369 Vgl. Ziffer 4.4.2 Nr. 1 Satz 2 InvMaRisk; *Braun/Wolfgarten*, in Boos7Fischer/Schulte-Mattler, KWG, § 25a Rz. 393f.; so auch: *Lorenz*, in Weitnauer/Boxberger/Anders, KAGB, § 119 Rz. 3.

370 *Könnecke*, in Baur/Tappen, Investmentgesetze, Bd. 1, § 153 Rz. 16. Der vom Gesetzgeber offensichtlich vorgesehene Normalfall von zwei natürlichen Personen als Komplementäre erscheint zum einen vor dem Hintergrund des Haftungsspektrums eher ein Schattendasein zu pflegen, zum anderen ist diese Konstellation für den Fall der intern verwalteten InvestmentKG europarechtswidrig s. Kap. 2 Abschnitt III.1.c.cc.

Worten: Müssen die Geschäftsführer zwingend (persönlich haftende) Gesellschafter sein?

Da nach der hier vertretenen Auffassung die intern verwaltete InvestmentKG, bei der zwei natürliche Personen als AIFM – sprich als Komplementäre – fungieren, als europarechtswidrig eingestuft wird, bezieht sich die Beantwortung der aufgeworfenen Frage ausschließlich auf die intern verwaltete GmbH & Co. InvestmentKG sowie die extern verwaltete InvestmentKG. Da letztere nicht gleichzeitig AIFM ist, können hier auch zwei natürlich Personen die Komplementärstellung einnehmen.[371]

In Ermangelung eindeutiger Regelungen im KAGB ist insoweit auf das allgemeine Kommanditgesellschaftsrecht zurückzugreifen, § 124 Abs. 1 S. 2, § 149 Abs. 1 S. 2 KAGB.

aa. „Gesellschafter-Geschäftsführer" in der (extern verwalteten) InvestmentKG

Nach dem gesetzlichen Leitbild der Kommanditgesellschaft liegt die Führung der Geschäfte bei den persönlich haftenden Gesellschaftern, § 164 HGB. Hiervon kann jedoch auf gesellschaftsvertraglicher Ebene abgewichen werden, § 163 HGB. Dabei ist der Gestaltungsfreiheit der Gesellschafter kaum eine Grenze gesetzt. So können die Gesellschafter festlegen, dass die Geschäftsführungshoheit ausschließlich in den Händen des Kommanditisten liegt, was einen vollständigen Ausschluss des Komplementärs von der Geschäftsführung nach sich zieht.[372] Zwar entspricht eine derartige Ausgestaltung nicht der Grundidee des

---

371 Zur Erläuterung der Europarechtswidrigkeit, s. Kap. 2 Abschnitt III.1.c.

372 Da die Kommanditisten ebenfalls Gesellschafter und damit gerade nicht Gesellschaftsexterne sind, kann auch ihnen die Geschäftsführungsbefugnis übertragen werden, s. BGH Urt. v. 17.3.1966 – II ZR 282/63 = BGHZ 45, 204, 209; BGH Urt. v. 9.12.1968 – II ZR 33/67 = BGHZ 51, 198, 201; *Grunewald*, in MünchKomm. HGB, § 164 Rz. 23; *Roth*, in Baumbach/Hopt, § 164 Rz. 7f.; *Gerkan/Haas*, in Röhricht/Graf v Westphalen, § 164 Rz. 10. Wenn auch umstritten, ändert hieran auch die Regelung des § 170 HGB nichts, a.A. *Weipert*, in Ebenroth/Boujong/Joost/Strohn, § 164 Rz. 5. Die ausdrückliche Verneinung einer organschaftlichen Vertretungsbefugnis des Kommanditisten, lässt nämlich im Ergebnis keine Rückschlüsse auf die Geschäftsführungsbefugnis zu. Zwischen beiden Bereichen besteht keine zwingende Konkordanz. Vielmehr hat eine restriktive Interpretation von § 170 HGB zu erfolgen, *Grünewald*, in MünchKomm. HGB, § 164 Rz. 23; *Oetker*, in Oetker § 164 Rz. 39 m.w.N. Aufgrund des bestehenden Haftungsrisikos der Komplementäre und des damit einhergehenden gesteigerten Schutzbedürfnisses, wird jedoch gemeinhin vertreten, dass die Komplementäre zumindest gemeinschaftlich auch gegen den Willen der Kommanditisten eine Unterlassung einer Geschäftsführungshandlung/-maßnahme durchsetzen können, vgl.

Gesetzgebers. Sie ist dennoch zulässig, da sie dem Grundsatz der Selbstorganschaft entspricht, der besagt, dass die Herrschaftsbefugnisse in der Mitgliedschaft gründen.[373] Anders ausgedrückt: Die Geschäftsführung ist Ausfluss der Mitgliedschaft und damit untrennbar mit dieser verbunden.[374]

Aus der unmittelbaren Anknüpfung an die Mitgliedschaft, sprich Gesellschafterstellung, lassen sich gleich mehrere Erkenntnisse ableiten. Zunächst kann festgehalten werden, dass in Abweichung zum Körperschaftsrecht kein gesonderter Organbestellungsakt erforderlich ist, da sowohl die Geschäftsführungs- als auch die Vertretungsbefugnis der Gesellschafterstellung grds. immanent sind.[375]

Die mitgliedschaftliche Stellung ist somit grds. notwendige Voraussetzung der Geschäftsführungsbefugnis, was seinerseits dazu führt, dass nicht alle Gesellschafter von der Geschäftsführung und Vertretung ausgeschlossen werden können.[376] Als Ausfluss der Gesellschafterstellung unterliegt die Geschäftsführungsbefugnis zudem dem von § 717 S. 1 BGB normierten Abspaltungsverbot, wodurch sich eine vollständige Übertragung auf (gesellschafts-)externe Dritte

---

Grünewald, in MünchKomm. HGB, § 164 Rz. 23 m.w.N. Etwas anderes soll lediglich dann gelten, wenn die Komplementärin eine juristische Person ist, da das Haftungsrisiko in diesem Fall – mangels jedweder persönlicher Betroffenheit und summenmäßiger Haftungsbeschränkung – tragbar ist, s. *ebd.* Hinsichtlich der Vertretungsmacht sei darauf verwiesen, dass zwar formal eine Übertragung an den Kommanditisten möglich ist, aufgrund des gesteigerten Haftungsrisikos der Komplementäre ein vertretungsrechtlicher Ausschluss vorgenannter Gesellschaftergruppe jedoch ausscheidet, vgl. *Grunewald*, in MünchKomm. HGB, § 170 Rz. 3. Etwas anderes gilt auch hier, wenn es sich bei der Komplementärin um eine juristische Person handelt, s. *ebd.*

373 S. hierzu: *K. Schmidt*, in MünchKomm. HGB, § 125 Rz. 5ff.; *Oetker*, in Oetker, § 164 Rz. 38f. Damit sind grds. alle Gesellschafter geschäfts- und vertretungsbefugt sind, es sei denn, sie sind hiervon kraft Gesetzes (so grds. die Kommanditisten) oder auf Basis abweichender gesellschaftsvertraglicher Regelungen ausgeschlossenen, s. *Wertenbruch*, in Ebenroth/Boujong/Joost/Strohn, § 105 Rz. 17.

374 *K. Schmidt*, in MünchKomm. HGB, § 125 Rz. 6; *Müller*, in Müller/Rödder, Beck'sches Hdb. AG, § 1 Rz. 80. Im Gesetz kommt dies an folgenden Stellen zum Ausdruck: vgl. § 709, § 714 BGB; § 114, § 125, § 170 HGB.

375 In der Personengesellschaft an sich sind grds. alle Gesellschafter geschäfts- und vertretungsbefugt sind, es sei denn, sie sind hiervon kraft Gesetzes (so grds. die Kommanditisten) oder auf Basis abweichender gesellschaftsvertraglicher Regelungen ausgeschlossenen, s. *Wertenbruch*, in Ebenroth/Boujong/Joost/Strohn, § 105 Rz. 17.

376 S. *Wertenbruch*, in Ebenroth/Boujong/Joost/Strohn, § 105 Rz. 17. Dabei ist es unschädlich, wenn Dritte mit weitreichenden Geschäfts- und Vertretungsbefugnissen betraut werden, *Born*, in Ebenroth/Boujong/Joost/Strohn, § 109 Rz. 15.

verbietet.[377] In Bezug auf die Vertretungsbefugnis sei an dieser Stelle angemerkt, dass die organschaftliche Vertretungskompetenz – anders als die Geschäftsführungsbefugnis – aufgrund der Regelung des § 170 HGB ausschließlich den persönlich haftenden Gesellschaftern zukommt.[378] Damit kann ein geschäftsführender Kommanditist die Gesellschaft nur in den Grenzen der ihm eingeräumten schuldrechtlichen Bevollmächtigung vertreten.[379]

Auf Basis der vorgenannten Erläuterungen lässt sich somit festhalten, dass nach dem handelsrechtlichen Leitbild der Personengesellschaft als (organschaftliche) Geschäftsführer nur Gesellschafter in Frage kommen. Fügt man sich dem gesetzlichen Leitbild der KG, dann müsste der im KAGB verwendete Begriff „Geschäftsführer" als „Gesellschafter-Geschäftsführer" gelesen werden. Während eine solche Interpretation im Bereich der intern verwalteten InvestmentKG, wo Investmentvermögen und Verwaltung zusammenfallen, unproblematisch wäre. Würde ein solches Begriffsverständnis im Bereich der externen Verwaltung außer Acht lassen, dass der KAGB-Gesetzgeber bezogen auf die kollektive Vermögensverwaltung[380] die Haupt- und Letztverantwortlichkeit ausdrücklich der KVG zuschreibt (vgl. § 129 Abs. 1 S. 2, § 154 Abs. 1 S. 2 KAGB) und die Geschäftsführer der InvestmentKG, diese Aufgaben – d.h. die von der KVG

377 Siehe hierzu auch: *Rawert*, in MünchKomm. HGB, § 114 Rz. 25.

378 Siehe hierzu ausführlich Kap. 2 Abschnitt IV.2. Dies wirft durchaus die Frage auf, ob der Grundsatz der Selbstorganschaft nicht auch derart die Geschäftsführung betreffen müsste, dass zwischen Geschäftsführung und Vertretung ein zwingender Konnex bestehen müsste. Denn nach der hier vertretenen Ansicht, die zu einer formalen Trennung führt, kommt den Komplementären zwar die organschaftliche Vertretungsmacht zu – und damit immerhin die Macht rechtgeschäftliche Verbindlichkeiten einzugehen – eine Mitentscheidungsbefugnis über das „ob" und „wie" des Geschäfts (Geschäftsführung) kommt ihnen hingegen nicht zu. Sie führen somit letztlich nur fremde Beschlüsse aus.

379 Dies entspricht auch dem Willen des KAGB-Gesetzgebers, der die Übertragung der Geschäftsführung auf einen Kommanditisten grds. gestattet, Diskussionsentwurf des BMF z. Entwurf eines Gesetzes zur Umsetzung der Verwalter alternativer Investmentfonds (AIFM-Umsetzungsgesetz) v. 20.7. 2012, S. 414. Die Einräumung der Geschäftsführungsbefugnis an den Kommanditisten erfolgte in der Vergangenheit insbesondere zum Zweck der gewerblichen Entprägung der Fondsgesellschaft zur Ausnutzung steuerlicher Vorteile, *Könnecke*, in Baur/Tappen, Investmentgesetze, Bd. 1, § 153 Rz. 25.

380 Hierzu zählen sämtliche der in Anhang I der AIFM-RL genannten Tätigkeiten, vgl. Ziffer 2 der BaFin FAQs zum Thema Auslagerung gem. § 36 KAGB v. 12.5.2014, WA 41-Wp 2137-2013/0036.

übernommenen Aufgaben – weder selbst wahrnehmen können, noch ihnen ein hierauf bezogenes Weisungs- und Mitspracherecht zukommt.[381] Da zwischen der externen KVG und der InvestmentKG regelmäßig keine gesellschaftsrechtliche Verbindung besteht, d.h. die KVG gerade nicht Gesellschafterin ist, erfolgt die Übertragung der unternehmensgegenständlichen Aufgabenwahrnehmung an einen gesellschaftsfremden Dritten. Nach der hier vertretenen Auffassung handelt es sich bei den § 129 Abs. 1 S. 2, § 154 Abs. 1 S. 2 KAGB um einen Tatbestand zulässiger Fremdgeschäftsführung[382], dem ein Begriffsverständnis im handelsrechtlichen Sinne als „Gesellschafter-Geschäftsführer" zuwiderlaufen würde.

bb. „Gesellschafter-Geschäftsführer" in der intern verwalteten GmbH & Co. InvestmentKG

Für die GmbH & Co. InvestmentKG stellt sich die Frage nach der Gesellschaftereigenschaft der Geschäftsführer nicht in gleichem Maße wie bei reinen KG. Zwar ist der Grundsatz der Selbstorganschaft formal auch auf die GmbH & Co. InvestmentKG anzuwenden. Aufgrund des die GmbH beherrschenden Grundsatzes der Fremdorganschaft, erschöpft sich die Frage nach der Einhaltung des Grundsatzes der Selbstorganschaft in vorgenannter Rechtsformkonstellation jedoch darauf, dass die GmbH die Stellung der Komplementärin innehat. Ob es sich bei den für die GmbH handelnden Personen um Gesellschafter handelt, ist hingegen unerheblich.[383]

c. Anforderung an die Qualifikation der Geschäftsführer

Nach den gesetzlichen Vorgaben müssen die Mitglieder der Geschäftsführung zuverlässig sein und die zur Leitung der InvestmentKG erforderliche fachliche Eignung besitzen, § 128 Abs. 2, § 153 Abs. 2 KAGB.[384] Da sich diese Erfordernisse für die intern verwaltete InvestmentKG – in ihrer Eigenschaft als KVG – bereits aus § 22 Abs. 1 Nr. 3 und 4 KAGB ergeben, erlangen die vorgenannten

---

381 Vgl. *Hoffert*, in Moritz/Klebeck/Jesch, Frankfurter Komm. z. KAGB, § 154 Rz. 9.

382 Siehe hierzu ausführlich Kap. 2 Abschnitt IV.2.a.bb.bbb. Anders zu beurteilen ist der Fall der rechtsgeschäftlichen Betrauung einer gesellschaftsfremden Person mit der Ausübung von Geschäftsführungsaufgaben. Hält der Gesellschaftsvertrag hierfür eine entsprechende Regelung vor oder haben die Gesellschafter per Beschluss ihre Zustimmung erteilt, kann auch ein externer Dritter (rechtsgeschäftlich) Geschäftsführungsaufgaben wahrnehmen.

383 *Müller*, in Müller/Rödder, Beck'sches Hdb. AG, § 1 Rz. 79f.

384 Weitere Vorgaben bzgl. der Beschäftigung und Qualifikation von Mitarbeitern finden sich in den Art. 16ff, Art. 22 der Delegierten Verordnung (Fn. 120).

Regelungen ausschließlich im Bereich der extern verwalteten InvestmentKG eigenständige Bedeutung. Damit kommt es im Bereich der externen Verwaltung zu einer doppelten Verwirklichung des gesetzlichen Anforderungsprofils an die Leitungsorgane. So müssen sowohl die Geschäftsführer der InvestmentKG als auch die Geschäftsleiter der KVG zur Führung der Geschäfte geeignet sein.[385]

Wann eine solche Eignung vorliegt, sprich welche inhaltlichen Anforderungen an die Rechtsbegriffe „zuverlässig" und „fachlich geeignet" zu stellen sind, lässt sich dem Gesetz selbst nicht unmittelbar entnehmen. Während für die intern verwaltete InvestmentKG auf § 25c Abs. 1 KWG verwiesen wird (§ 22 Abs. 1 Nr. 3 und 4 i.V.m. § 23 S. 1 Nr. 3 KAGB), trifft das Gesetz für die Geschäftsführer der extern verwalteten InvestmentKG keine vergleichbare Aussage. Aufgrund des identischen Wortlauts beider Regelungen und des damit verbundenen materiellen Gleichlaufs erscheint es jedoch zweckmäßig, sich für die inhaltliche Ausformung der unbestimmten Rechtsbegriffe, insgesamt der zum KWG etablierten Vorgaben zu bedienen.[386] In der Praxis wird in diesem Kontext auch auf die von der BaFin veröffentlichen Merkblätter[387] abgestellt, wonach sich die Zuverlässigkeit des Einzelnen anhand seines polizeilichen Führungszeugnisses, eines Auszugs aus dem Gewerbezentralregister und der Einreichung einer Erklärung zur Zuverlässigkeit beurteilt.[388] Die fachliche Eignung setzt voraus, dass die entsprechende Person über ausreichend theoretische wie praktische Kenntnisse in den betreffenden Geschäftsbereichen, insbesondere auch in Bezug auf die Art des Unternehmensgegenstandes, verfügen muss und Leitungserfahrung aufzuweisen hat.[389] Letztere wird vermutet, wenn eine dreijährige leitende Tätigkeit bei einem Institut gleicher Größe und Geschäftsart nachgewiesen wird.[390]

---

385 Vgl. für die Geschäftsleiter der KVG, § 22 Abs. 1 Nr. 3 und 4 KAGB und für die Geschäftsführer der InvestmentKG, § 128 Abs. 2, § 153 Abs. 2 KAGB.

386 Vgl. *Könnecke*, in Baur/Tappen, Investmentgesetze, Bd. 1, § 153 Rz. 46.

387 BaFin Merkblatt für die Prüfung der fachlichen Eignung und Zuverlässigkeit von Geschäftsleitern gemäß VAG, KWG, ZAG und InvG vom 4. Januar 2016; BaFin Merkblatt zum Erlaubnisverfahren für eine AIF-KVG nach § 22 KAGB-E vom 22. März 2013; *Könnecke*, in Baur/Tappen, Investmentgesetze, Bd. 1, § 153 Rz. 46.

388 S. Abschnitt B) II. 1.-3 des BaFin Merkblatts für die Prüfung der fachlichen Eignung und Zuverlässigkeit von Geschäftsleitern gemäß VAG, KWG, ZAG und InvG vom 4. Januar 2016.

389 S. Abschnitt A) 4. b) des BaFin Merkblatts zum Erlaubnisverfahren für eine AIF-KVG nach § 22 KAGB-E vom 22. März 2013.

390 vgl. hierzu: *Fischer*, in Boos/Fischer/Schulte-Mattler, KWG § 33 Rz. 47 m.w.N. Aufgrund des widerlegbaren Charakters der Vermutung, ist diese nicht Maßstab für die Beurteilung der fachlichen Eignung, sondern eine individuelle Prüfung des

Obwohl derartige Vorgaben dem allgemeinen Personengesellschaftsrecht fremd sind und zu einer materiellen Beschränkung der Entscheidungsfreiheit der Gesellschafter über die Besetzung der Leitungsorgane führen, ist der aufsichtsrechtliche Einfluss auf die personelle Zusammensetzung der Geschäftsführung nicht per se kritikwürdig. Maßgeblich für die Rechtfertigung des Eingriffs in die personengesellschaftsrechtliche Gestaltungsfreiheit ist freilich, dass die betreffenden Personen auch aktiv die Verwaltung der Mittel wahrnehmen.[391] Die aufsichtsrechtlichen Vorgaben sind nämlich nur dann geeignet das legitime Ziel des Anlegerschutzes zu fördern, wenn sie sich an die *tatsächlichen* Verwalter des Kommanditanlagevermögens richten.[392] Nur diese Personen können in relevanter Weise Einfluss auf die vermögensrechtliche Rechtsposition der Anleger nehmen.

Da der Tätigkeitsbereich der Geschäftsführer abhängig von der Verwaltungsform – intern oder extern – variiert, kann auch auf die Frage nach der Rechtmäßigkeit des qualifikatorischen Anforderungsprofils keine allgemeinverbindliche Antwort gefunden werden. Während die Wahrnehmung der Investmenttätigkeit, d.h. die Anlage und Verwaltung der Mittel, im Bereich der internen Verwaltung den Geschäftsführern obliegt, sind die Geschäftsführer der InvestmentKG bei externer Verwaltung von jeglicher Investmenttätigkeit ausgenommen.[393] Dementsprechend gliedert sich die nachfolgende Betrachtung nach der jeweiligen Verwaltungsform – interne (aa.) und externe (bb.) Verwaltung.

Lebenslaufs des Einzelnen, s. Abschnitt A) 4. b) des BaFin Merkblatts zum Erlaubnisverfahren für eine AIF-KVG nach § 22 KAGB-E vom 22. März 2013; *Hoffert*, in Moritz/Klebeck/Jesch, Frankfurter Komm. z. KAGB, § 128 Rz. 12.

391 Vgl. für den Anknüpfungspunkt an die tatsächliche Wahrnehmung der Verwaltungstätigkeit, Art. 8 Abs. 1 lit. c AIFM-RL.

392 Dies entspricht im Kern auch dem Willen des Richtliniengebers, der unter Bezugnahme auf die Anlagestrategie, sprich im weiteren Sinne den Unternehmensgegenstand, das Erfordernis der Zuverlässigkeit und der ausreichenden Erfahrung an die Personen anknüpft, die die Geschäfte des AIFM *tatsächlich* führen, vgl. Art. 8 Abs. 1 lit. c AIFM-RL.

393 Vgl. hierzu erneut: Ziffer 2 der BaFin FAQs zum Thema Auslagerung gem. § 36 KAGB v. 12.5.2014, WA 41-Wp 2137-2013/0036.

aa. Qualifikatorische Anforderungen an die Geschäftsführer der intern verwalteten GmbH & Co. InvestmentKG

Im Bereich der intern verwalteten GmbH & Co. InvestmentKG[394] lassen sich die personellen Vorgaben für die Geschäftsführung unproblematisch rechtfertigen. Die GmbH & Co. InvestmentKG ist gleichzeitig AIF und AIFM, § 17 Abs. 1 Nr. 2 S. 2 KAGB. Die Geschäftsführung wird somit unmittelbar durch die Gesellschaft bzw. die entsprechenden Organe oder vielmehr die hierzu bestimmten Organwalter wahrgenommen, sodass die Geschäftsführer auch tatsächlich das Kommanditanlagevermögens verwalten.

bb. Unzulässigkeit der qualifikatorischen Anforderungen an die Geschäftsführer der extern verwalteten InvestmentKG

Für die Geschäftsführung der extern verwalteten InvestmentKG trägt die vorgenannte Rechtfertigung jedoch nicht.[395] Die extern verwaltete InvestmentKG kann aufgrund der rechtlichen Vorgaben keine der Anlageverwaltungsfunktionen[396] selbst wahrnehmen, ohne sich gleichzeitig als KVG zulassen zu müssen und so zur intern verwalteten InvestmentKG zu werden.[397] Damit ist die tatsächliche Nichtwahrnehmung der Verwaltungstätigkeit notwendige Voraussetzung dafür, extern verwaltete InvestmentKG zu sein. Zwar besteht formal-gesetzlich durchaus die Möglichkeit, die zur kollektiven Vermögensverwaltung zählenden administrativen Aufgaben, den Vertrieb oder Tätigkeiten im Zusammenhang mit den Vermögenswerten des AIF selbst wahrzunehmen. Allerdings widerspricht dies zum einen der Verwaltungspraxis der BaFin, die eine vollständige Aufgabenwahrnehmung durch die KVG vorsieht. Zum anderen ändert auch dies nichts daran, dass die aktive Verwirklichung des Unternehmensgegenstandes – die

394 Da die intern verwaltete InvestmentKG, bei der zwei natürliche Personen Komplementäre sind, als europarechtswidrig abgelehnt wird (s. hierzu näher Kap. 2 Abschnitt III.1.c.cc.) wird an dieser Stelle nur auf die GmbH & Co. InvestmentKG Bezug genommen.

395 Die kollektive Vermögensverwaltung umfasst die Portfolioverwaltung, das Risikomanagement, administrative Tätigkeiten, den Vertrieb eigener Investmentanteile sowie Tätigkeiten im Zusammenhang mit den Vermögensgegenständen des AIF, s. § 1 Abs. 19 Nr. 24 KAGB.

396 Hierunter fallen gemäß Anhang I Nr. 1 der AIFM-RL die Portfolioverwaltung und das Risikomanagement.

397 Um als KVG eingestuft zu werden und damit der Erlaubnis- und Registrierungspflicht nach § 44 KAGB zu unterfallen, genügt es nämlich, wenn die Gesellschaft nur eine der beiden Anlageverwaltungsfunktionen i.S.v. Anhang I Nr. 1 der AIFM-RL wahrnimmt.

Anlage und Verwaltung der Mittel – aus dem Kompetenzbereich der Geschäftsführer der extern verwalteten InvestmentKG ausgeklammert ist. Der Kompetenzbereich der Geschäftsführung verkürzt sich somit proportional um die der KVG übertragenen Aufgaben. Bei vollständiger Übertragung der kollektiven Vermögensverwaltung, umfasst die Geschäftsführungstätigkeit nur noch Residualaufgaben.[398]

Durch die vorliegend beschriebene Anknüpfung der rechtlichen Vorgaben an die Geschäftsführer der extern verwalteten InvestmentKG, vollzieht sich faktisch eine Entkoppelung des aufsichtsrechtlichen Anforderungsprofils vom aufsichtsrechtlichen Bezugsobjekt, das entsprechend der AIFM-RL, als den Fondsverwalter regulierende Richtlinie, der AIFM ist bzw. im konkreten Fall die Personen, die die Geschäfte des AIFM führen. Da die Anlageverwaltungsfunktion in der extern verwalteten InvestmentKG, ihrem Wesen entsprechend, nicht durch ihre eigene Geschäftsführung wahrgenommen wird, kann diese (die Geschäftsführung), als „Nichtverwalter" grds. auch nicht Regelungsadressat der eingangs zitierten qualifikatorischen Anforderungen sein. Für die Geschäftsführung der extern verwalteten InvestmentKG wäre demnach auf die allgemeinen gesellschaftsrechtlichen Vorgaben zurückzugreifen.[399] Die Qualifikationsregelungen wären mithin unanwendbar.[400]

cc. Stellungnahme

Die hier vertretene Auffassung beanstandet zwar das Verlassen des europarechtlich vorgegebenen Bereichs des aufsichtsrechtlichen Wirkens (im Bereich der externen Verwaltung), erkennt jedoch an, dass auf Basis einer rein formal-gesetzlichen Betrachtung die Aufgabenwahrnehmung von mit der Anlage und

---

398 Vgl. auch *Könnecke*, in Baur/Tappen, Investmentgesetze, Bd. 1, § 153 Rz. 77; *Köndgen/Schmies*, in Schimanski/Bunte/Lwowski, Bankrechts-Hdb., § 113 Rz. 146c; *Zetzsche*, Das Gesellschaftsrecht des Kapitalanlagegesetzbuches, AG 2013, 613, 621; a.A. *Wallach*, Die Regulierung von PersG im KAGB, ZGR 2014, 289, 300; *Paul*, in Weitnauer/Boxberger/Anders, KAGB, § 154 Rz. 8. Siehe im Einzelnen hierzu bereits Kap. 2 Abschnitt III.2.a.bb.

399 Damit verlässt der Gesetzgeber vorliegend den ihm durch die Richtlinie zugewiesenen Regelungs-/Regulierungsbereich, Art. 1 der AIFM-RL.

400 Wenn auch nicht gleichermaßen weitgehend, so findet sich in der Literatur jüngst der Hinweis, dass in Anlehnung an Punkt II. des BaFin-Rundschreibens 10/2009 v. 27.4.2009 nicht bei allen Geschäftsführern die gesetzlich geforderten Anforderungen gegeben sein müssen, s. *Eichhorn*, in Moritz/Klebeck/Jesch, Frankfurter Komm. z. KAGB, § 128 Rz. 13.

Verwaltung des Kommanditanlagevermögens korrespondierenden Tätigkeiten (s. Anhang I Nr. 2 AIFM-RL) nicht ausgeschlossen ist.[401] Geht man entgegen der hier vertretenen Ansicht davon aus, dass den Geschäftsführern vorgenannte Kompetenz zukommt, gewinnt das legitime Ziel des Anlegerschutzes im Vergleich zur bloßen Wahrnehmung von Residualaufgaben an Bedeutung. Während die reinen Residualaufgaben keine besondere Sachkunde der Geschäftsführer und daher auch keine aufsichtsrechtliche Kontrolle rechtfertigen, mag dies bei den anderen zur kollektiven Vermögensverwaltung gehörenden Aufgaben anders zu bewerten sein. Denn hierbei handelt es sich um Investmenttätigkeiten.

Aufgrund der Komplexität bzw. der Variationsbreite der Ausgestaltungsmöglichkeiten kann dem Gesetzgeber zwar nicht vorgeworfen werden, dass er eine differenziertere rechtliche Regelung hätte treffen müssen. Allerdings sind die § 128 Abs. 2, § 153 Abs. 2 KAGB teleologisch auf Fälle zu reduzieren, in denen die Geschäftsführung der extern verwalteten InvestmentKG aufsichtsrechtlich-relevante Tätigkeiten ausübt. Denn dann konzentriert sich die Geschäftsführung der InvestmentKG ausschließlich auf gesellschaftsrechtliche Aufgabenbereiche. Mit anderen Worten: Bei umfassender Übertragung der kollektiven Vermögensverwaltung sind die § 128 Abs. 2, § 153 Abs. 2 KAGB nicht auf die Geschäftsführung der extern verwalteten InvestmentKG anzuwenden.

Damit zeigt sich an dieser Stelle erneut das zwischen aufsichtsrechtlicher Zweckmäßigkeit und personengesellschaftsrechtlicher Methodik bestehende Spannungsverhältnis. So tragen die Regelungen zweifellos dazu bei, der hohen Vertrauenssensibilität des Finanzsektors – insbesondere im Bereich der Fremdvermögensverwaltung – gerecht zu werden.[402] Allerdings führen die Regelungen auch zu einer weiteren Entfremdung von der gesetzestypischen KG, deren Geschäftsführer weder einem persönlichen Eignungstest unterliegen noch dem generellen Wirkungsbereich der BaFin ausgesetzt sind.[403] Nach den obigen Erläuterungen müssen sich diese Einflussmöglichkeiten jedoch auf Fälle beschränken, in denen die Geschäftsführer der extern verwalteten InvestmentKG tatsächlich Aufgaben der kollektiven Vermögensverwaltung wahrnehmen.

---

401 A.A. BaFin, Ziffer 2 der BaFin FAQs zum Thema Auslagerung gem. § 36 KAGB v. 12.5.2014, WA 41-Wp 2137-2013/0036.

402 *Kleinert*, in Beck/Samm/Kokemoor, KWG, Erg.lfg. 183 Dez. 2015, § 25c Rz. 17.

403 Der Wirkungsbereich der BaFin ist derart weit, dass ihr eine Abberufungs- und Untersagungskompetenz zukommt, § 128 Abs. 4, § 153 Abs. 5 KAGB.

d. *Erwerb und Veräußerung von Kommanditanteilen als Ausnahme vom Selbstkontrahierungsverbot der Geschäftsführung*

Neben den qualifikatorischen Anforderungen bestimmt das Gesetz weiter, dass die Mitglieder der Geschäftsführung Vermögensgegenstände weder an die InvestmentKG veräußern noch von dieser erwerben dürfen, § 128 Abs. 3 S. 1, § 153 Abs. 4 S. 1 KAGB.[404] Ausgenommen sind gemäß Satz 2 der Erwerb und die Veräußerung von Kommanditanteilen durch die Mitglieder der Geschäftsführung. Versteht man diese Regelung dahingehend, dass ein Komplementär-Geschäftsführer nunmehr auch Kommanditanteile derart erwerben kann, dass der Kommanditanteil neben dem Komplementäranteil als solcher weiterbesteht und nicht durch Vereinigung auf den Komplementäranteil untergeht, ist hierin – zumindest im investmentrechtlichen Kontext – die Aufgabe des Dogmas der Unteilbarkeit der Mitgliedschaft zu sehen.[405] Wenn auch nicht unbestritten, geht die herrschende Meinung weiterhin davon aus, dass ein Aufspalten, sprich eine Separation der Anteile, aus handelsrechtlicher Sicht nicht möglich und damit eine Doppelmitgliedschaft gleich welcher Art ausgeschlossen ist.[406] Ob das vorgebrachte Verständnis der investmentrechtlichen Regelung allerdings tatsächlich dem gesetzgeberischen Willen entspricht, ist zweifelhaft. So weist der Gesetzgeber ausdrücklich darauf hin, dass ein Komplementär-Geschäftsführer beim Erwerb eines Kommanditanteils persönlich haftender Gesellschafter bleibt und

---

404 Rechtlich handelt es sich hierbei nach h.M. um ein Verbotsgesetz i.S.d. § 134 BGB, *Kunschke/Klebeck*, in Beckmann/Scholtz/Vollmer, Investment Hdb., Erg.Lfg. 2/14, 405 § 128 Rz. 47; *Kracke*, in Baur/Tappen, Investmentgesetze, Bd. 1, § 128 Rz. 21; *Dornseifer*, in Emde/Dornseifer/Dreibus/Hölscher, InvG, § 106b Rz. 1; *Fischer/Steck*, in Berger/Steck/Lübbehüsen, InvG/InvStG, § 106b Rz. 1.

405 So *Kracke*, in Baur/Tappen, Investmentgesetze, Bd. 1, § 128 Rz. 23.

406 BGH Urt. v. 11.4.1957 – II ZR 182/55 = BGHZ 24, 106, 108; BGH Urt. v. 4.3.1976 – II ZR 145/75 = BGHZ 66, 98, 101; BGH Urt. v. 20.10.1972 – II ZR 143/69 = BGHZ 58, 316, 318; *K. Schmidt*, GesR, § 45 I 2. b); *ders.* in MünchKomm. HGB, § 105 Rz. 77; *Roth*, in Baumbach/Hopt, § 124 Rz. 16; *Haas*, in Röhricht/Graf v. Westphalen/Haas, HGB, § 105 Rz. 4a; *Weitemeyer*, in Oetker, § 105 Rz. 34; einschränkend *Esch*, Einheitlichkeit der Personengesellschaftsbeteiligung, BB 1993, 664, 667f., der lediglich hinsichtl. des Erwerbs einer Kommanditbeteiligung durch einen Komplementär an dem Dogma festhält, da qualitativ unterschiedliche Beteiligungen nicht möglich seien; ebenfalls einschränkend *Bippus*, AcP 195 (1995), 21ff; **a.A.** *Priester*, in MünchKomm. HGB, § 120 Rz. 93; *Lüttge*, Die zulässige Mehrfachbeteiligung an einer Personengesellschaft, NJW 1994, 5, 10; *Weimar*, Einmann-Personengesellschaften – ein neuer Typ des Gesellschaftsrechts?, ZIP 1997, 1769; OLG Jena Beschl. v. 31.8.2011 – 6 W 188/11 = NZG 2011, 1301, 1301, das für die Abschaffung plädiert.

nicht Kommanditist wird[407], insofern besteht kein Unterschied zur Theorie von der Einheitlichkeit der Mitgliedschaft. Zugegebenermaßen stellt der Gesetzgeber damit lediglich klar, dass Komplementäre nicht gleichzeitig Kommanditisten sein können. Ob der Kommanditanteil separat neben dem Komplementäranteil besteht, der Komplementär gleichzeitig auch die Rechtsstellung eines Kommanditisten innehaben kann, oder ob der Kommanditanteil dem Komplementäranteil zuwächst, wird nicht abschließend geklärt.[408]

Ein Indiz dafür, dass der Gesetzgeber ein Nebeneinander von Komplementär- und Kommanditanteil annimmt, ist die gesetzlich angeordnete Separation des Gesellschaftsvermögens in ein Betriebs- und ein Kommanditanlagevermögen (vgl. §§ 131, 156 KAGB, § 21 Abs. 4 KARBV). Nach vorgenannten Vorschriften geht der Gesetzgeber nämlich davon aus, dass zumindest die intern verwaltete InvestmentKG zwei Bilanzen führt, wodurch die Anteilsaufspaltung in zwei getrennte Vermögensmassen ermöglicht wird.[409] Dass der KAGB-Gesetzgeber grds. davon ausgeht, dass Gesellschaftsanteile voneinander getrennt werden können, zeigt sich auch an § 132 Abs. 1 KAGB, der für die intern verwaltete offene InvestmentKG die Möglichkeit vorsieht, dass sich ein Anleger auch an zwei Teilgesellschaftsvermögen beteiligen kann. Durch die haftungs- und vermögensrechtliche Trennung der Teilgesellschaftsvermögen (§ 132 Abs. 1 S. 2 KAGB), wird in diesem Fall rechtlich wie tatsächlich eine Trennung des Anteils erreicht. Der Anleger-Gesellschafter hält folglich zwei Anteile.[410] Wenn auch der Gesetzgeber den Grundsatz der Unteilbarkeit der Gesellschaftsanteile nicht ausdrücklich aufgibt, so lässt sich auf vorstehender Basis durchaus annehmen, dass der Gesetzgeber dem Komplementär grds. gestattet sich auch am Kommanditanlagevermögen zu beteiligen.[411]

Inhaltlich sind von dem Verbot sämtliche Geschäfte der Geschäftsführung umfasst, die negative Auswirkungen auf das Gesellschaftsvermögen haben könnten.[412] Rechtlich handelt es sich um ein gesetzliches Verbot i.S.d § 134 BGB,

---

407 RegE zum KAGB, BT-Drucksache 17/12294, S. 243.

408 *Kunschke/Klebeck*, in Beckmann/Scholtz/Vollmer, Investment Hdb., Erg.Lfg. 2/14, 405 § 128 Rz. 50 scheinen die Ausführungen des Gesetzgebers wohl so zu verstehen, dass das handelsrechtliche Dogma erhalten bleibt.

409 So auch: *Kracke*, in Baur/Tappen, Investmentgesetze, Bd. 1, § 131 Rz. 18.

410 *Kracke*, in Baur/Tappen, Investmentgesetze, Bd. 1, § 131 Rz. 18.

411 So i.E. auch: *Kracke*, in Baur/Tappen, Investmentgesetze, Bd. 1, § 131 Rz. 18. Gleiches würde auch für den geschäftsführenden Kommanditisten gelten, s. *ebd.*

412 *Kunschke/Klebeck*, in Beckmann/Scholtz/Vollmer, Investment Hdb., Erg.Lfg. 2/14, 405 § 128 Rz. 46.

das in seiner Folge die Nichtigkeit des Rechtsgeschäfts sowie eine bereicherungsrechtliche Rückabwicklung nach sich zieht.[413]

Im Ergebnis kann festgehalten werden, dass die kapitalanlagegesetzlichen Vorgaben einmal mehr zu einer Entfremdung von der rein handelsrechtlich geprägten InvestmentKG führen. Mit der Anordnung der Separation der Vermögensmassen (§§ 131, 156 KAGB) und dem in § 128 Abs. 3, § 153 Abs. 4 KAGB enthaltenen Hinweis darauf, dass die Geschäftsführer Kommanditanteile erwerben können, scheint der Gesetzgeber dem Vorbild der kapitalgesetzlichen Regelungen zu folgen (vgl. u.a. § 15 Abs. 2 GmbHG) und die Teilbarkeit der Gesellschaftsanteile zu ermöglichen.

e. Tätigkeitsuntersagung und Abberufungskompetenz der BaFin

Die BaFin kann bei Vorliegen bestimmter Voraussetzungen die Abberufung der Geschäftsführung oder von Mitgliedern der Geschäftsführung verlangen und ihnen die Ausübung ihrer Tätigkeit untersagen, § 128 Abs. 4, § 153 Abs. 5 KAGB. Ausweislich der Gesetzesbegründung komme dieser Regelung im Bereich der intern verwalteten InvestmentKG nur deklaratorische Bedeutung zu, da sich Entsprechendes bereits aus § 40 KAGB ergebe.[414] Eigenständige Bedeutung erhält die Vorschrift somit nur im Bereich der extern verwalteten InvestmentKG, wobei sich der Wirkungsbereich der Vorschrift – wie oben dargelegt[415] – auf Fälle beschränkt, in denen die Geschäftsführer auch tatsächlich Aufgaben der kollektiven Vermögensverwaltung wahrnehmen.

aa. Abberufungsverlangen

Inhaltlich richtet sich das Abberufungsverlangen der BaFin an die Gesellschaft und nicht an die bzw. den Geschäftsführer.[416] Während sich die Abberufung bei

---

413 *Armbrüster*, in MünchKomm. BGB, § 134 Rz. 106, 113; *Kunschke/Klebeck*, in Beckmann/Scholtz/Vollmer, Investment Hdb., Erg.Lfg. 2/14, 405 § 128 Rz. 47; *Dornseifer*, in Emde/Dornseifer/Dreibus/Hölscher, InvG, § 106b Rz. 1; *Fischer/Steck*, in Berger/Steck/Lübbehüsen, InvG/InvStG, § 106b Rz. 1.

414 RegE zum KAGB, BT-Drucksache 17/12294, S. 243, 251. § 40 KAGB entspricht dabei der Vorgängernorm des § 17a InvG.

415 Siehe Kap. 2 Abschnitt III.2.c.

416 *Kunschke/Klebeck*, in Beckmann/Scholtz/Vollmer, Investment Hdb., Erg.Lfg. 2/14, 405 § 128 Rz. 55; *Könnecke*, in Baur/Tappen, Investmentgesetze, Bd. 1, § 153 Rz. 86. Der BaFin steht bei der intern verwalteten InvestmentKG, bei Vorliegen einer der in § 39 Abs. 3 KAGB genannten Gründe, bereits aus § 40 KAGB eine Abberufungskompetenz zu.

juristischen Personen rechtlich als Widerruf der Bestellung nach § 84 Abs. 3 AktG bzw. § 38 GmbHG darstellt, in dessen Nachgang die organschaftliche Stellung im Wege einer außerordentlichen Kündigung beendet wird, erfolgt die Abberufung im Personengesellschaftsrecht durch Gesellschafterbeschluss.[417] Um dem Abberufungsverlangen der BaFin nachzukommen reduziert sich die Entscheidungsfreiheit der Gesellschafter in einem solchen Fall jedoch auf null.

Während das Abberufungsverlangen eines weiteren Vollzugsaktes durch die Gesellschaft selbst bedarf, führt die Tätigkeitsuntersagung, die sich unmittelbar gegen den Geschäftsführer richtet dazu, dass dieser seine Handlungsbefugnis verliert.[418] Die organschaftliche Stellung und die damit einhergehende Vertretungsbefugnis bleiben hiervon jedoch unberührt.[419]

bb. Tätigkeitsuntersagung

Die Tätigkeitsuntersagung richtet sich als belastender Verwaltungsakt unmittelbar zwar nur an den Geschäftsführer, dennoch ist auch die Gesellschaft von den Wirkungen betroffen.[420] Denn die InvestmentKG muss mindestens zwei natürliche Personen als Geschäftsführer vorweisen können, vgl. § 128 Abs. 1, § 153 Abs. 1 KAGB. Bei einer intern verwalteten InvestmentKG, kann ein nachhaltiger Verstoß gegen diese Regelungen sogar zur Aufhebung der Erlaubnis führen, § 39 Abs. 3 Nr. 5 KAGB.[421]

---

417 Für AG und GmbH: *Kunschke/Klebeck*, in Beckmann/Scholtz/Vollmer, Investment Hdb., Erg.Lfg. 2/14, 405 § 128 Rz. 55; *Könnecke*, in Baur/Tappen, Investmentgesetze, Bd. 1, § 153 Rz. 86; *Holzapfel*, in Emde/Dornseifer/Dreibus/Hölscher, InvG, § 17a Rz. 4. Für die KG: *Könnecke*, in Baur/Tappen, Investmentgesetze, Bd. 1, § 153 Rz. 86. Die Geschäftsführungsbefugnis ergibt sich nämlich aus der Gesellschafterstellung, der kein Organbestellungsakt vorausgeht.

418 *Könnecke*, in Baur/Tappen, Investmentgesetze, Bd. 1, § 153 Rz. 87.

419 *Könnecke*, in Baur/Tappen, Investmentgesetze, Bd. 1, § 153 Rz. 87; zur §17 a InvG bereits *Holzapfel*, in Emde/Dornseifer/Dreibus/Hölscher, InvG, § 17a Rz. 4.

420 Vgl. zur VA-Qualität des Abberufungsverlangens: *Holzapfel*, in Emde/Dornseifer/Dreibus/Hölscher, InvG, § 17a Rz. 3. Zur Kritik an dem Eingriffspotential der BaFin im Bereich der extern verwalteten InvestmentKG, s. Kap. 2 Abschnitt III.2.c.bb.

421 Die weitergehenden Fragen danach was passiert, wenn der Geschäftsführer die Gesellschaft zu spät oder überhaupt nicht über den zugestellten VA in Kenntnis setzt sowie die hieraus resultierenden Konsequenzen für die Wirksamkeit der getätigten Rechtsgeschäfte, wenn nur ein rechtmäßiger Geschäftsführer zum Zeitpunkt der Vornahme vorhanden war, sind nicht Gegenstand dieser Arbeit.

Als Rechtsschutzmittel gegen ein Abberufungsverlangen bzw. ein Tätigkeitsverbot steht dem betroffenen Geschäftsführer sowohl der Widerruf als auch die Anfechtungsklage zur Verfügung.[422]

f. Einzel- oder Gesamtgeschäftsführungsbefugnis

Nachdem die Zusammensetzung der Geschäftsführung und die entsprechenden Anforderungen an die Geschäftsführer näher betrachtet wurden, gilt es abschließend noch zu klären, wie sich die Geschäftsführungsbefugnis auf die Geschäftsführer verteilt.

Das Gesetz trifft hierzu keine konkrete Regelung. Lediglich für den Fall der GmbH & Co. InvestmentKG lässt die Formulierung des Gesetzgebers „[…] deren Geschäftsführung ihrerseits *von zwei Personen wahrgenommen wird*“[423] den Rückschluss zu, dass zumindest in dieser Konstellation die Geschäftsführungsaufgaben gemeinschaftlich wahrgenommen werden sollen.[424] Zwar weist das Gesetz nicht ausdrücklich auf eine „gemeinschaftliche“ Wahrnehmung der Geschäftsführungsaufgaben hin, jedoch entspricht dieses Ergebnis auch den Vorgaben des GmbH-Rechts, wonach mehrere Geschäftsführer grds. nur gemeinschaftlich zur Führung der Geschäfte ermächtigt sind.[425] In Ermangelung abweichender gesellschaftsvertraglicher Regelungen gilt für die GmbH & Co. InvestmentKG folglich Gesamtgeschäftsführungsbefugnis. Ob dies gleichermaßen für die Organisationsform der rein personengesellschaftsrechtlich ausgestalteten extern verwalteten InvestmentKG gilt, ist unklar, da sich die gesetzliche Vorgabe in der rein quantitativen Zusammensetzungsvorgabe erschöpft, § 128 Abs. 1 S. 1, § 153 Abs. 1 S. 1 KAGB.

Nimmt man zunächst die handelsrechtlichen Bestimmungen in den Fokus, so ist jeder Geschäftsführer grds. einzelgeschäftsführungsbefugt, § 161 Abs. 2 i.V.m. § 114 Abs. 1, § 115 Abs. 1 HGB. Dies hätte zur Folge, dass je nach Rechtsformausprägung der InvestmentKG eine unterschiedliche Handhabung der Geschäftsführungsbefugnis gegeben wäre. Ob dieses Ergebnis mit dem gesetzgeberischen Willen übereinstimmt, erscheint fraglich. Ausweislich der Gesetzesbegründung

---

422 *Jesch*, in Moritz/Klebeck/Jesch, Frankfurter Komm. z. KAGB, § 153 Rz. 46; *Könnecke*, in Baur/Tappen, Investmentgesetze, Bd. 1, § 153 Rz. 91.

423 Vgl. hierzu § 128 Abs. 1 S. 2, § 153 Abs. 1 S. 2 KAGB. Hervorhebungen erfolgten durch die Autorin.

424 So auch: *Klebeck/Kunschke*, in Beckmann/Scholtz/Vollmer, Investment Hdb., Erg.Lfg. 2/14, 405 § 153 Rz. 18.

425 *Zöllner/Noack*, in Baumbach/Hueck, GmbHG, § 37 Rz. 29.

entspricht Absatz 1 der in diesem Gesetz in § 119 Abs. 1 KAGB für die InvestmentAG mit veränderlichem Kapital übernommenen Regelung des aufgehobenen § 106 InvG.[426] Folgt man diesem Verweis so gelangt man über die allgemeine Verweisungsnorm (§ 108 Abs. 2 KAGB) zurück ins Aktiengesetz, wo der Grundsatz der Gesamtgeschäftsführung ausdrücklich vorgeschrieben ist, § 77 Abs. 1 S. 1 AktG.

Bei konsequenter Anwendung überlagert der gesetzgeberische Wille somit die personengesellschaftsrechtlichen Vorgaben – Gesamtgeschäftsführungs- statt Einzelgeschäftsführungsbefugnis.[427] Jede anderweitige Beurteilung ließe außer Acht, dass sich der gesetzgeberische Verweis insgesamt auf Absatz 1 erstreckt. Die normative Entsprechenserklärung des Gesetzgebers auf den rein (identischen) Wortlaut der Norm zu beschränken, frei von jeglicher inhaltlicher Bezugnahme, erscheint widersinnig. Eine Entkoppelung des mit dem Wortlaut verbundenen Inhalts hätte den Verweis an sich obsolet gemacht und ihm jegliche Aussagekraft genommen.[428] Darüber hinaus stünde ein solches Ergebnis auch im Widerspruch zu dem gesetzlich angeordneten Vier-Augen-Prinzip, das sich im Wege der Einzelgeschäftsführungsbefugnis nicht verwirklichen lassen würde. In Abweichung zu den allgemeinen handelsrechtlichen Vorgaben gilt somit auch für die rein personengesellschaftsrechtlich ausgestaltete extern verwaltete InvestmentKG Gesamtgeschäftsführungsbefugnis.[429]

3. Gesellschafterversammlung

Anders als im Kapitalgesellschaftsrecht, wo die Hauptversammlung das primäre Willensbildungsorgan ist (vgl. § 118 Abs. 1 S. 1 AktG), werden Gesellschafterbeschlüsse im allgemeinen Personengesellschaftsrecht nicht in einer zu diesem Zweck einzuberufenden Gesellschafterversammlung gefasst.[430] Die Gesellschafterversammlung hat somit weder zwingenden Charakter noch kommt ihr

---

426 RegE zum KAGB, BT-Drucksache 17/12294, S. 243, 251.

427 A.A. *Eichhorn*, in Moritz/Klebeck/Jesch, Frankfurter Komm. z. KAGB, § 128 Rz. 5.

428 A.A. *Könnecke*, in Baur/Tappen, Investmentgesetze, Bd. 1, § 153, Rz. 18; *Klebeck/Kunschke*, in Beckmann/Scholtz/Vollmer, Investment Hdb., Erg.Lfg. 2/14, 405 § 153 Rz. 18.

429 A.A. *Könnecke*, in Baur/Tappen, Investmentgesetze, Bd. 1, § 153, Rz. 18; *Klebeck/Kunschke*, in Beckmann/Scholtz/Vollmer, Investment Hdb., Erg.Lfg. 2/14, 405 § 153 Rz. 18.

430 *Schäfer*, in Staub/HGB-Kommentar, § 119 Rz. 5; *Roth*, in Baumbach/Hopt, § 119 Rz. 1, 26; *Finckh*, in Henssler/Strohn, GesR, § 119 Rz. 1f., 27; *Kindler*, in Kindler/Koller/Roth/Morck, § 119 Rz. 6, 10.

von Gesetzes wegen Organstellung zu.[431] In dogmatischer Konsequenz finden sich demnach im HGB weder normative Bestimmungen zur Einberufung und Durchführung einer Gesellschafterversammlung noch konkrete Anforderungen an die Stimmrechtsausübung und die Beschlussfassung als solche.[432] Lediglich in Bezug auf Letztere hat der Gesetzgeber in definitorischer Hinsicht von seiner Gestaltungsprärogative Gebrauch gemacht. So definiert er das Einstimmigkeitserfordernis als gesetzlichen Regelfall, von dem zugunsten einer Mehrheitsentscheidung gesellschaftsvertraglich abgewichen werden kann, § 161 Abs. 2 i.V.m. § 119 HGB. Die Beschlussfassung kann grds. in jeder beliebigen Form erfolgen. Sofern nichts Abweichendes bestimmt ist, ist der Beschluss gefasst, wenn sämtliche Gesellschafter ihre Zustimmung erteilt haben bzw. diese der Gesellschaft vorliegt.[433] Vorgenannter Regelung liegt dabei das Leitbild der gesetzestypischen Personengesellschaft zugrunde, das durch eine gleichberechtigte Teilhabe in einer Haftungs- und Arbeitsgemeinschaft geprägt ist und der Wahrung der sozietären Interessen dient.[434]

Dieses Bild ist gleich in zweifacher Hinsicht nicht mit der Konzeption der Massengesellschaft kompatibel. Denn sowohl das Einstimmigkeitserfordernis als auch die Formfreiheit der Art der Beschlussfassung erweisen sich bei Massengesellschaften als untaugliches bzw. wenig praktikables Mittel den Willensbildungsprozess und damit die Entscheidungsfindung innerhalb der Gesellschaft zu fördern. Vor diesem Hintergrund stellte sich insbesondere in Bezug auf die Art der Beschlussfassung bereits vor Inkrafttreten des KAGB die Frage, welche

431 Die Gesellschafterversammlung wird weder im BGB noch im HGB besprochen. *Wiedemann*, GesR, § 3 I.1.a); *Stengel*, in Beck'sches Hdb. PersG, § 3 Rz. 440. Ausnahmsweise ist eine Gesellschafterversammlung jedoch dann abzuhalten, wenn dem Auskunfts- und Informationsanspruch der Gesellschafter sonst nicht Rechnung getragen werden könnte. Dies ist regelmäßig bei komplexen Sachverhalten der Fall, *Enzinger*, in MünchKomm. HGB, § 119 Rz. 40. Im Bereich von Massengesellschaften besteht ein erhöhter Bedarf am Abhalten von Gesellschafterversammlungen. Die Gesellschafterversammlung ersetzt dabei den sonst durch den engen Kontakt der Gesellschafter gegebenen Austausch und bildet somit eine taugliche Plattform zum Meinungsaustausch, zur Diskussion und zur Förderung des Meinungsbildungsprozesses, *Enzinger*, in MünchKomm. HGB, § 119 Rz. 43.

432 Siehe zum rechtlichen Ansatz der Regularien der Gesellschafterversammlung, *Schäfer*, in Staub/HGB-Kommentar, § 119 Rz. 17.

433 *Schäfer*, in Staub/HGB-Kommentar, § 119 Rz. 5; *Roth*, in Baumbach/Hopt, § 119 Rz. 1, 26; *Finckh*, in Henssler/Strohn, GesR, § 119 Rz. 1f., 27; *Kindler*, in Kindler/Koller/Roth/Morck, HGB, § 119 Rz. 6, 10.

434 *Enzinger*, in MünchKomm. HGB, § 119 Rz. 3.

rechtlichen Regelungen zur Anwendung kommen, wenn die Zahl der Kommanditisten derart groß ist, dass sich zur sinnvollen Ausübung der Mitgliedschaftsrechte, des Kommunikations-, Informations- und Meinungsaustausches sowie zur Förderung des Willensbildungsprozesses die Einberufung einer Gesellschafterversammlung empfiehlt.[435]

Ohne an dieser Stelle näher auf die einzelnen in Analogie anzuwendenden Regelungen einzugehen, sei vorwegzunehmen, dass in der Rechtsprechungsvergangenheit zur PublikumsKG ausschließlich kapitalgesellschaftsrechtliche Vorschriften zur Lückenfüllung herangezogen worden sind und demnach wohl auch weiterhin herangezogen werden.[436] Im Falle eines Ausgestaltungsmangels durch die Gesellschafter wurde somit stets auf das Kapitalgesellschaftsrecht rekurriert. Begründet wurde dies mit der vergleichbaren Interessenlage der PublikumsKG – als Massengesellschaft – mit der Aktiengesellschaft, die gerade auf einen breiten Anlegerkreis ausgerichtet ist und der GmbH, die je nach Ausprägung auch einen erhöhten personalistischen Charakter haben kann.[437]

Wie bereits oben unter Kap. 2 Abschnitt I.5. angesprochen, trifft das KAGB nunmehr dahingehend gestalterische Vorgaben, dass Ladungen zu Gesellschafterversammlungen unter vollständiger Angabe der Beschlussgegenstände in Textform zu erfolgen haben und den Anlegern ein schriftliches Protokoll über die Ergebnisse zu übermitteln ist, § 125 Abs. 3, § 150 Abs. 3 KAGB. Wie sich

---

435 Zur PublikumsKG, *Windbichler*, GesR, § 19 Rz. 12; *Enzinger*, in MünchKomm. HGB, § 119 Rz. 43.

436 Hinsichtlich der Einberufungsbefugnis eines abberufenen Geschäftsführers und der damit korrespondierenden Wirksamkeit der Gesellschafterbeschlüsse, hat der BGH gleich in zwei Entscheidungen bestimmt, dass sich eine analoge Anwendung des § 121 Abs. 2 S. 2 AktG auf die GmbH und die PublikumsKG verbietet, vgl. für die GmbH: BGH Urt. v. 8.11.2016 – II ZR 304/15 = BGHZ 212, 342 = NJW 2017, 1471, 1473; für die PublikumsKG: BGH Urt. v. 25.10.2016- II ZR 230/15 = NJW 2017, 1467, 1469. Begründet hat der BGH diese Entscheidung damit, dass die Gesellschafter der GmbH den Vorgängen der Bestellung und Abberufung des Geschäftsführers näherständen als die Aktionäre der AG. Die Einladung zur Gesellschafterversammlung richte sich überdies nicht an einen anonymen sondern einen namentlich bekannten Gesellschafterkreis. In den vorgenannten Entscheidungen hat der BGH somit auch den personalistischen Charakter der GmbH und der KG in den Vordergrund gestellt.

437 Vgl. für einen ersten Überblick, *Schäfer*, in Staub/HGB-Kommentar, § 119 Rz. 17 m.w.N.; *S. Schneider/Uwe H. Schneider*, Die Organisation der Gesellschafterversammlung bei Personengesellschaften, in FS Möhring, S. 271ff; *Martens*, in Schlegelberger, HGB Komm., Bd. III/2. Halbbd., § 119 Rz. 6; *Nitschke*, Die körperschaftlich strukturierte Personengesellschaft, S. 197ff.

die nähere Ausgestaltung dieser formalen Vorgaben darstellt, ist nachfolgend zu untersuchen (a.). Abgesehen von den Fragen zur praktischen Ausgestaltung der formal-gesetzlichen Vorgaben ist überdies fraglich, wer überhaupt als berechtigter Teilnehmer anzusehen ist (b.) und inwieweit dieser auch gleichsam stimmberechtigt ist (c.). Vorgenannte Fragen stellen sich im Speziellen im Bereich treuhänderischer Beteiligungen an geschlossenen Publikums-Investment-KGen.[438] Denn während das Gesetz hier eine Gleichstellung von Treugebern und Kommanditisten anordnet (§ 152 Abs. 3 KAGB), ist gesellschaftsrechtlich lediglich der Treuhandkommanditist über seine Mitgliedschaftsrechte teilhabe- und abstimmungsberechtigt. Des Weiteren stellt sich die Frage nach dem Umfang der Mitbestimmungsrechte der Gesellschafterversammlung (e.) und der Art der Beschlussfassung an sich (f.).

Überdies scheint sich der zwingende Charakter der § 125 Abs. 3, § 150 Abs. 3 KAGB nicht nur auf die Erhöhung der Informations- und Transparenzpflichten gegenüber den Anlegern zu beziehen, sondern auch das Erfordernis des Abhaltens von Gesellschafterversammlungen insgesamt positiv-rechtlich zu etablieren.[439] Ob der Gesellschafterversammlung hierdurch Organcharakter zukommt und in wieweit der KAGB-Gesetzgeber mit einer solchen Statuierung den aufsichtsrechtlichen Regelungsbereich verlassen hat und in die gesellschaftsrechtliche Regelungssphäre hineinregiert har, wird ebenfalls zu erörtern sein (g.).[440]

a. Einberufung der und Ladung zur Gesellschafterversammlung

In Bezug auf die Einberufung und Ladung zur Gesellschafterversammlung herrscht bei Personengesellschaften – in Ermangelung konkreter Regelungen – grundsätzlich Formfreiheit.[441] Hiervon weicht der KAGB-Gesetzgeber

438 Eine treuhänderische Beteiligung ist per se nur im Bereich der Publikums-InvestmentKG zulässig, s. § 152 Abs. 1 S. 2 i.V.m. Satz 1.

439 Der Gesetzgeber bestimmt zwar ausdrücklich nur die Modalitäten für den Fall, dass eine Gesellschafterversammlung abgehalten wird und gerade nicht deren zwingendes Vorhandensein. Auf Basis teleologischer Erwägungen ist allerdings davon auszugehen, dass der Gesetzgeber hier den praktischen Regelfall des Abhaltens einer Gesellschafterversammlung in Massengesellschaften insgesamt festlegen wollte.

440 An dieser Stelle sei bereits darauf hingewiesen, dass sich die Frage nach der Organqualität der Gesellschafterversammlung einzig aus struktureller Sicht stellt. In sonstiger Hinsicht hat die Anerkennung der Organqualität der Gesellschafterversammlung nämlich keinerlei Auswirkungen, insbesondere kommen keine Inter-Organstreitigkeiten in Betracht – wie dies im Kapitalgesellschaftsrecht für Aufsichtsrat und Vorstand diskutiert wird, vgl. hierzu: *Schüppen/Schaub*, MAH AktR, § 23 Rz. 47 m.w.N.

441 *Stengel*, in Beck'sches Hdb. PersG, § 3 Rz. 441.

ausdrücklich ab. Nach § 125 Abs. 3 Nr. 1, § 150 Abs. 3 Nr. 1 KAGB hat die Ladung zur Gesellschafterversammlung in Schrift- oder Textform (§ 126b BGB) sowie unter vollständiger Nennung der Beschlussgegenstände zu erfolgen. Über die Ergebnisse der Gesellschafterversammlung ist ein schriftliches Protokoll anzufertigen, von dem die InvestmentKG den Anlegern eine Kopie zu übersenden hat.[442] Durch die nur oberflächlichen Vorgaben fällt die nähere Ausgestaltung der Einzelheiten der Durchführung der Gesellschafterversammlung in den gestaltungsfreien Bereich der Gesellschafter. Die bestmögliche Verwirklichung der Gestaltungsfreiheit ist zwar gesellschaftsrechtsdogmatisch positiv zu bewerten, ein etwaiger Ausgestaltungsmangel hingegen weniger, da das Personengesellschaftsrecht hierfür keine Auffangregelungen bereithält und somit zur Lückenfüllung nur der Rückgriff auf die kapitalgesellschaftsrechtlich etablierten Vorschriften verbleibt.

Neben den konkreten inhaltlichen Ausgestaltungsfragen stellen sich zudem formale Fragen – wie u.a. die Frage nach der Einberufungskompetenz bzw. nach der Berechtigung zur Einberufung einer Gesellschafterversammlung und die Frage nach dem Adressatenkreis des Ergebnisprotokolls. Die nachfolgende Betrachtung widmet sich dabei zunächst den vorstehend aufgeworfenen formalen Fragestellungen.

aa. Recht zur Einberufung

Da es sich bei der Einberufungskompetenz um eine Geschäftsführungsmaßnahme handelt, steht das Recht zur Einberufung der Gesellschafterversammlung grds. dem Komplementär, bei abweichender Regelung zur Geschäftsführungsbefugnis den jeweils geschäftsführungsbefugten Gesellschaftern zu.[443] Ausnahmsweise kann die Einberufung auch durch eine Minderheit erfolgen. Sieht der Gesellschaftsvertrag diesbezüglich keine spezifischen Regelungen vor, so kann eine Minderheit, auf die mindestens 10% der Anteile entfällt, die Einberufung verlangen, § 50 Abs. 1 GmbHG analog.[444]

---

442 § 125 Abs. 3 Nr. 2, § 150 Abs. 3 Nr. 2 KAGB.

443 Bei der praxisrelevantesten Form der GmbH & Co. InvestmentKG obliegt die Einberufung damit der GmbH bzw. den hinter ihr stehenden natürlichen Personen.

444 *Casper*, in Staub/HGB-Kommentar, § 161 Rz. 195, der an dieser Stelle auch eine Analogie zu § 122 Abs. 1 AktG zieht. Da das Aktienrecht jedoch eine Schwelle von 20% vorsieht, erscheint es richtiger den Analogieschluss auf das GmbH-Recht zu beschränken; *Grunewald*, in MünchKomm. HGB, § 161 Rz. 31.

Maßgeblich ist hierbei die Zahl der übernommenen nicht der eingezahlten Kapitalanteile.[445] Kommt der Komplementär dieser Aufforderung nicht nach, verweist die Literatur in Analogie zu § 50 Abs. 3 GmbHG auf das Selbstvornahmerecht der Minderheit.[446]

Der BGH hat jüngst entschieden, dass es für die Einberufungskompetenz bei PublikumsKGs nicht darauf ankomme, wem laut Handelsregister die Geschäftsführungskompetenz zustehe, sondern allein maßgeblich sei wem in tatsächlicher Hinsicht die Stellung als Geschäftsführer zukomme.[447] Die Fiktion des § 121 Abs. 2 S. 2 AktG, wonach Personen, die im Handelsregister als Vorstand eingetragen sind, als zur Einberufung befugt gelten, sei auf eine zu Unrecht im Handelsregister eingetragene Komplementärin nicht analog anwendbar.[448] Begründet hat der BGH seine Entscheidung u.a. damit, dass die Stellung der Kommanditisten einer PublikumsKG nicht mit derjenigen von Aktionären vergleichbar sei.[449] Letztere seien an der Bestellung und Abberufung von Vorstandsmitgliedern nämlich – anders als die Kommanditisten einer KG – gerade nicht beteiligt. Aktionäre hätten demnach ein gesteigertes Interesse daran die Einberufungsbefugnis anhand des Handelsregisters überprüfen zu können.[450]

bb. Einberufungsfrist

Hinsichtlich der Einladungsfrist gilt grundsätzlich die gesellschaftsvertraglich vereinbarte Regelung. Fehlt es an einer solchen, bildet das Kriterium der Angemessenheit der Fristsetzung die äußerste Grenze.[451] Die Wochenfrist des § 51 Abs. 1 S. 2 GmbHG erscheint aus Anlegerschutzgesichtspunkten als zu kurz

---

445 *Grunewald*, in MünchKomm. HGB, § 161 Rz. 132; *Zöllner*, in Baumbach/Hueck, GmbHG, § 50 Rz. 24.

446 *Roth*, in Baumbach/Hopt, Anh. § 177a Rz. 72; *Casper*, in Staub/HGB-Kommentar, § 161 Rz. 195; *Oetker*, in Oetker, § 161 Rz. 135.

447 BGH Urt. v. 25.10.2016 – II ZR 230/15 = NJW 2017, 1467. In einer weiteren Entscheidung hat der BGH für die Geschäftsführer der GmbH ebenfalls eine entsprechende Anwendung von § 121 Abs. 2 S. 2 AktG abgelehnt, vgl. BGH Urt. v. 8.11.2016 – II ZR 302/15 = BGHZ 212, 342.

448 BGH Urt. v. 25.10.2016 – II ZR 230/15 = NJW 2017, 1467, 1470f.

449 BGH Urt. v. 25.10.2016 – II ZR 230/15 = NJW 2017, 1467, 1471.

450 BGH Urt. v. 25.10.2016 – II ZR 230/15 = NJW 2017, 1467, 1471.

451 *Casper*, in Staub/HGB-Kommentar, § 161 HGB Rz. 195.

bemessen.[452] Als ausreichend wird hingegen die Monatsfrist[453] des § 123 Abs. 1 S. 1 AktG angesehen.[454]

Die obigen Ausführungen zeigen einmal mehr, dass zur Lückenfüllung und zur Verwirklichung eines vergleichbaren Schutzniveaus zwischen Anlegern einer InvestmentKG und Aktionären einer AG bzw. Gesellschaftern einer GmbH zwingend auf die entsprechenden kapitalgesellschaftsrechtlichen Normen zurückgegriffen werden muss. Dabei wird an dieser Stelle erstmals deutlich, dass der Rückgriff auf die kapitalgesellschaftsrechtlichen Regelungen einer gewissen Varianz unterliegt. So erfolgt kein einheitlicher Rückgriff auf die Regelungen des Aktien- oder GmbH-Rechts. Vielmehr wird stets diejenige Regelung herangezogen, die zur bestmöglichen Verwirklichung des Anlegerschutzes beiträgt. Dies zeigt sich u.a. daran, dass hinsichtlich der relevanten Schwelle für die Einberufungskompetenz der Minderheit auf die niedrigere Schwelle des GmbH-Rechts verwiesen wurde, wohingegen sich die Einberufungsfrist nach der längeren Frist des Aktienrechts errechnet. Während im erstgenannten Fall der personalistische Charakter des GmbH-Rechts in Bezug genommen wird, verschafft man dem Anleger in letztgenanntem Fall einen gewissen Planungsvorlauf, um die Teilnahmemöglichkeit zu erhöhen und ihm ausreichend Vorbereitungszeit einzuräumen.[455] Wenn auch die Rekurrierung auf das Kapitalgesellschaft einmal mehr die Untauglichkeit des Personengesellschaftsrechts im investmentrechtlichen Kontext unterstreicht, ist es begrüßenswert, dass die Literatur versucht den personalistischen Charakter der Kommanditgesellschaft aufrecht zu erhalten und somit von einer stoischen Anwendung aktienrechtlicher Vorschriften absieht.

cc. Übersendung des Protokolls – Anlegerbegriff

Als weitere formale Anforderung sieht das Gesetz vor, dass über die Ergebnisse der Gesellschafterversammlung ein schriftliches Protokoll anzufertigen ist, § 125 Abs. 3 Nr. 2, § 150 Abs. 3 Nr. 2 KAGB. In rechtlicher Konsequenz zu den obigen Ausführungen fällt auch das Erstellen eines solchen Ergebnisprotokolls in den Kompetenzbereich der Geschäftsführung, die dieser Verpflichtung unaufgefordert nachzukommen hat.[456] Dabei besteht die Pflicht zur Übersendung einer

---

452 *Casper*, in Staub/HGB-Kommentar, § 161 HGB Rz. 195; *Haas/Mock*, in Röhricht/Graf von Westphalen/Haas, § 161 HGB Rz. 149.

453 Formal-juristisch sei an dieser Stelle darauf hingewiesen, dass es sich bei der „Monatsfrist" um eine 30-Tagesfrist handelt.

454 *Haas/Mock*, in Röhricht/Graf von Westphalen/Haas, § 161 HGB Rz. 149; *Casper*, in Staub/HGB-Kommentar, § 161 HGB Rz. 195.

455 *Rieckers*, in Spindler/Stilz, AktG, § 123 Rz. 6; *Kubis*, in MünchKomm. AktG, § 123 Rz. 1.

456 So auch *Casper*, in Staub/HGB-Kommentar, § 161 HGB Rz. 269.

Kopie des Versammlungsprotokolls ausweislich der gesetzlichen Formulierung (§ 125 Abs. 3 Nr. 2, § 150 Abs. 3 Nr. 2 KAGB) nur gegenüber Personen, die als *Anleger* i.S.d § 1 Abs. 19 Nr. 31 bis 33 KAGB zu klassifizieren sind. In Zusammenschau mit dem Kontext ihrer Verwendung lassen die zitierten Normen den Rückschluss zu, dass der Anlegerbegriff primär an unmittelbar beteiligte Personen anknüpft, die ihr Kapital für Zwecke der gemeinsamen Kapitalanlage investieren wollen.[457] Während sämtliche Beteiligte einer Spezial-InvestmentKG unproblematisch unter den Anlegerbegriff zu subsumieren sind, fehlt es bei über einen Treuhandkommanditisten beteiligten Personen einer Publikums-InvestmentKG an der Unmittelbarkeit der Beteiligung. Würde man die mittelbar Beteiligten nicht als Anleger klassifizieren, hätte dies eine Ungleichbehandlung trotz gleicher Schutzbedürftigkeit und Interessenlage zur Folge. Eine solche Ungleichbehandlung ist allerdings weder mit der innergesellschaftlichen Gleichstellungsanordnung vereinbar (§ 152 Abs. 1 S. 3 KAGB) noch mit der ausdrücklichen Formulierung des Gesetzgebers, dass der „mittelbar beteiligte *Anleger*… als *Anleger* im Sinne dieses Gesetzes“[458] gilt, § 152 Abs. 1 S. 4 KAGB. Somit ist auch der mittelbar Beteiligte Adressat des Ergebnisprotokolls.

b. Teilnahmerecht/Teilnehmerkreis

Das Recht zur Teilnahme an *Gesellschafter*versammlungen steht dem Wortlaut entsprechend grds. nur Personen zu, die aufgrund ihrer rechtlichen Stellung als Gesellschafter klassifizieren. Dies gilt stets für unmittelbar an der Gesellschaft Beteiligte, sprich Kommanditisten und Komplementäre. Ihnen steht das Teilnahmerecht kraft Rechtsstellung als unentziehbares, zum Kernbereich der Mitgliedschaft gehörendes, Mitverwaltungsrecht zu.[459]

Durch die positiv-rechtliche Zulassung der mittelbaren Beteiligung über einen Treuhandkommanditisten im Bereich der Publikums-InvestmentKG und die damit einhergehende gesetzgeberische Anordnung der Gleichstellung der Treugeber mit einem Kommanditisten, stellt sich in dieser Konstellation nicht nur die Frage nach dem relevanten Teilnehmerkreis, sondern auch die Frage

457 *Könnencke*, in Baur/Tappen, Investmentgesetze, Bd. 1, § 152 Rz. 6. Dieser Rückschluss rechtfertigt sich (zunächst) daraus, dass das Gesetz nur an einer Stelle, nämlich im Bereich der Publikums-InvestmentKG die mittelbare Beteiligung über Treuhandkommanditisten vorsieht. In allen anderen Bereich ist der Anlegerbegriff an eine unmittelbare Beteiligung gekoppelt.

458 Hervorhebungen erfolgten durch die Autorin.

459 *Weipert*, in Münchener Hdb. GesR, Bd. 1, § 56 Rz. 2; *Schäfer*, in Staub/HGB-Kommentar, § 119 Rz. 20.

inwieweit die Zulassung eines Quasi-Gesellschafters – als formalen Dritten – zu einer Gesellschafterversammlung gegen das Abspaltungsverbot verstößt.

Ohne an dieser Stelle näher auf die Treuhandkonstellation einzugehen, kann im Ergebnis festgehalten werden, dass die Gleichstellungsanordnung (§ 152 Abs. 1 S. 3 KAGB) zu einer Aufwertung der Rechtsstellung des Treugebers führt, die soweit möglich, der Rechtsstellung des Kommanditisten entspricht.[460] Damit tritt neben die *geborenen* Gesellschafter-Teilnehmer eine Gruppe *gekorener* Teilnehmer.[461]

aa. Abspaltungsverbot

Geht man davon aus, dass auch den mittelbar Beteiligten über die Gleichstellungsanordnung ein Teilhaberecht zukommt, knüpft sich hieran die Frage, ob die Einräumung der Rechtsstellung eines solchen Quasi-Gesellschafters im Widerspruch zum Abspaltungsverbot steht bzw. dieses durch die nunmehr bestehende gesetzliche Regelung überlagert wird.[462] Dabei sei darauf verwiesen, dass sich die Frage nach einem Verstoß gegen das Abspaltungsverbot bereits vor Inkrafttreten des KAGB im Kontext treuhänderischer Beteiligungen an PublikumsKGen stellte. Die Einräumung von Mitverwaltungsrechten bzw. die Gleichstellung von mittelbar und unmittelbar Beteiligten, erfolgte im Unterschied zur aktuellen Rechtslage allerdings nicht im Wege einer gesetzlichen Anordnung – im Sinne einer „wenn-dann"-Regelung[463] – sondern auf Basis privatautonomer Ausgestaltungen. Entscheiden sich die Gründungsgesellschafter der Publikums-InvestmentKG gesellschaftsvertraglich für eine Treuhandlösung („wenn"), sind sie von Gesetzes wegen verpflichtet den mittelbar Beteiligten dem unmittelbar Beteiligten gleichzustellen („dann"), vgl. § 152 Abs. 1 S. 3 KAGB. Aufgrund der vergleichbaren Situationen erfolgt die nachfolgende Auseinandersetzung mit der Frage, ob der KAGB-Gesetzgeber mit der Gleichstellungsordnung gegen den gesellschaftsrechtlichen Grundsatz der Unübertragbarkeit (das

---

460 Eine nähere Auseinandersetzung mit der Gleichstellungsanordnung erfolgt unter Kap. 2 Abschnitt V.1.

461 So auch: *Oetker*, in Oetker, § 161 Rz. 209; a.A. *Wiedemann*, Alte und neue Kommanditgesellschaft NZG 2013, 1041, 1045f.

462 Es sei darauf hingewiesen, dass an dieser Stelle keine Auseinandersetzung mit den generellen Bedenken gegen die Zulassung von Treuhandkonstruktionen erfolgt. Wie die nachfolgende Erörterung zeigt wird die Zulässigkeit derartiger Konstruktionen zugrunde gelegt.

463 „Wenn" gesellschaftsvertraglich eine Treuhandkonstellation vorgesehen ist, „dann" hat materiell-rechtlich eine Gleichstellung zu erfolgen.

Abspaltungsverbot) verstoßen hat bzw. diesen zugunsten investmentrechtlicher Interessenerwägungen aufgegeben hat (ddd.), unter Zuhilfenahme der bereits zur PublikumsKG etablierten Rechtsprechung (ccc.).

Um hierfür notwendigen Kontext zu schaffen, erfolgt im Vorfeld dieser Auseinandersetzung jedoch zunächst eine kurze Einführung in den Normzweck des § 717 S. 1 BGB (Abspaltungsverbot) (aaa.) sowie eine komprimierte Darstellung der relevanten treuhänderischen Beteiligungskonstellation (bbb.).

aaa. § 717 S. 1 BGB

Das aus § 717 S. 1 BGB hervorgehende Verbot, das über § 161 Abs. 2 i.V.m. § 105 Abs. 2 HGB auch hier zur Anwendung kommt, besagt, dass sämtliche aus der Mitgliedschaft resultierenden Verwaltungsrechte untrennbar mit der Mitgliedschaft verbunden sind, weshalb eine isolierte Übertragung des Stimmrechts auf Dritte ausscheidet.[464] Dabei gründet die Unübertragbarkeitsanordnung darin, dass die Mitverwaltungsrechte im Verfassungsrecht der Personengesellschaft als Einflussnahme- und Legitimationsmedium fungieren.[465] Die damit erzielte interne Steuerung der Gesellschaft soll zum einen die „Richtigkeitsgewähr" der gesellschaftlichen Willensbildung sicherstellen, zum anderen zur Verwirklichung der mitgliedschaftlichen Selbstbestimmung beitragen.[466] Eine Übertragung von Mitgliedschaftsrechten an Nicht-Gesellschafter ist demnach grds. gesellschaftsrechtlich unzulässig, § 717 S. 1 BGB.

bbb. Treuhänderische Beteiligungskonstellation

Von diesem grundsätzlichen Verbot haben Rechtsprechung und Literatur im Bereich der offenen Treuhand eine Ausnahme zugelassen.[467] In offenen wie auch verdeckten Treuhandkonstellationen kommt allein dem

---

464 *Haas*, in Röhricht/Graf von Westphalen/Haas, § 109 Rz. 7; *Schäfer*, in MünchKomm. BGB, § 717 Rz. 7; *Weipert*, in Münchener Hdb. GesR, Bd. 1, § 56 Rz. 2.

465 *K. Schmidt*, GesR, § 19 III 4. a); *Flume*, Allg. Teil des BGB, PersG, § 14 VII; *Armbrüster*, Die treuhänderische Beteiligung, S. 235.

466 *K. Schmidt*, GesR, § 19 III 4. b); *Flume*, Allg. Teil des BGB, PersG, § 14 IV, VII. Die Grundidee ist, dass der Verband selbst- und nicht fremdgesteuert werden soll.

467 BGH Urt. v. 23.6.2003 – II ZR 46/02 = NJW-RR 2003, 1392; BGH Urt. v. 11.11.2008 – XI ZR 468/07 = NJW-RR 2009, 254, 255; BGH Urt. v. 18.9.2012 – II ZR 201/10 = NZG 2012, 1345, 1345f.; *Haas/Mock*, in Röhricht/Graf v. Westphalen, § 161 Rz. 207; *K. Schmidt*, GesR § 19 III 4. a); *Oetker*, in Oetker, § 161 Rz. 148; gegenteiliger Standpunkt des BGH für verdeckte Treuhand: BGH Urt. v. 10.11.1951 – II ZR 111/50 = BGHZ 3, 354, 360; BGH Urt. v. 25.1.1960 – II ZR 22/59 = BGHZ 32, 17, 29.

Treuhandkommanditisten eine gesellschaftsrechtliche Stellung zu.[468] Er ist als Gesellschafter Träger der Mitgliedschaft.[469] Während die Treugeber bei der verdeckten Treuhand nicht in Erscheinung treten, erfolgt im Rahmen der offenen Treuhand eine privatautonome Einbeziehung der Treugeber in die Gesellschaft, wodurch der Treugeber innergesellschaftlich – d.h. materiell – Teil des Gesellschafterverbandes wird und als solcher intern mitberechtigt ist.[470] Hat der Treuhandkommanditist keine über die treuhänderische Beteiligung hinausgehende „eigene" Beteiligung, ist seine mitgliedschaftliche Stellung vollständig durch die einzelnen zwischen ihm und den Treugebern bestehenden schuldrechtlichen Rechtsbeziehungen geprägt. Auf Basis dieser Schuldverhältnisse trägt der Treuhänder stets den (externen) Willen der Treugeber in die Gesellschaft. Er wird dabei selbst nicht willensbildend tätig. Erlaubt man den Treugebern gesellschaftsvertraglich nunmehr selbst – sprich ohne Umweg über den Treuhänder als Sprachrohr – „seine" Rechte auszuüben, dann übt er mangels eigener Gesellschafterstellung in abgeleiteter Form die Rechte des Treuhänders aus. Damit reduziert sich die Stellung des Treuhandkommanditisten auf eine rein formalgesellschaftsrechtliche Beteiligung. „Wirtschaftlicher Gesellschafter" ist dabei stets der Treugeber.

ccc. Sonderrecht der Rechtsprechung

Aufgrund der Eigenart der Treuhandkonstellation hat die Rechtsprechung in der beschriebenen Zuerkennung von Rechten aus Geschäftsanteilen des Treuhänders an die Treugeber eine Ausnahme zugelassen.[471] Begründet wird die Anerkennung eines Ausnahmetatbestandes damit, dass es sich nicht um eine willkürliche Abspaltung von Mitgliedschaftsrechten des Treuhandkommanditisten handele, sondern um ein Folgeproblem, das aus der Zulassung der Treuhandkonstruktion an sich resultiere.[472] Die Zuerkennung von Rechten fuße dabei nicht auf einer Abspaltung von Einzelbefugnissen, die zu einem Rechtsverlust auf Seiten des Treuhänders führen, sondern auf der Zuerkennung einer gleichwertigen Rechtsstellung der Treugeber (neben dem Treuhänder) die

---

468 *K. Schmidt*, GesR, § 61 III 3. a); *Schürnbrand*, Publikumspersonengesellschaften in Rechtsprechung und Literatur, ZGR 2014, 256, 258ff.

469 *K. Schmidt*, GesR, § 61 III 3. a).

470 Die Einbeziehung erfolgt hierbei entweder über den Gesellschaftsvertrag oder mit Zustimmung der Mitgesellschafter, *K. Schmidt*, in MünchKomm HGB, § 230 Rz. 43; *Schäfer*, in Staub/HGB-Kommentar, § 105 Rz. 107.

471 Siehe hierzu zusammenfassend: BGH Urt. v. 5.2.2013 – II ZR 134/11 = NZG 2013, 379.

472 *K. Schmidt*, GesR, § 19 III 4. b).

gesellschaftsvertraglich – mit der Zustimmung aller Mitgesellschafter – legitimiert sei.[473] Damit könnten dem Treugeber auch Rechte eingeräumt werden, deren Einräumung an Dritte am Abspaltungsverbot scheitern würde.[474]

ddd. Bewertung des Treuhandverhältnisses unter dem Regime des KAGB

Während vor Inkrafttreten des KAGB eine Ausnahme von dem Grundsatz der Unübertragbarkeit gemacht wurde, um die Treugeber rechtmäßig an der Gesellschaft partizipieren zu lassen, stellt sich auf Ebene des KAGB die vorgelagerte Frage, ob dieser Grundsatz von der gesetzlichen Gleichstellungsanordnung (§ 152 Abs. 1 S. 3 KAGB) überhaupt berührt wird. Den Ausgangspunkt der nachfolgenden Überlegungen bildet der Wortlaut des § 152 Abs. 1 S. 3 KAGB, wonach „der mittelbar beteiligte Anleger im Innenverhältnis der Gesellschaft und der Gesellschafter zueinander die gleiche Rechtsstellung wie **ein** Kommanditist [hat]."[475] Durch die Wahl des unbestimmten Artikels „ein" verzichtet der Gesetzgeber auf einen konkreten Verweis auf die Treuhandkommanditistenstellung und abstrahiert so die Rechtsstellung des mittelbar beteiligten Anlegers von der des Treuhandkommanditisten. Dies spricht dafür, dass die innergesellschaftliche Rechtsstellung des Treugebers keine abgeleitete, sondern eine originäre, wenn auch nicht gesellschaftsrechtlich originäre Rechtsstellung ist. Damit besteht gerade nicht das für den Abspaltungstatbestand notwendige Nebeneinander einer ihres wesentlichen Inhalts entkleideten Mitgliedschaft und eines entkoppelten Einzelrechts. Vielmehr bleibt die Rechtsstellung des Treuhandkommanditisten und damit die Einheit der Mitgliedschaft von der gesetzlichen Rechtezuweisung an die mittelbar beteiligten Anleger unberührt.[476] Der Treuhandkommanditist behält folglich die ihm durch die Gesellschafterstellung vermittelten Mitgliedschaftsrechte.

---

473 Vgl. *K. Schmidt*, GesR, § 19 III 4. b); BGH Urt. v. 11.11.2008 – XI ZR 468/07 = NJW-RR 2009, 254, 255; BGH Urt. v. 23.6.2003 – II ZR 46/02 = NJW-RR 2003, 1392; BGH Urt. v. 18.9.2012 – II ZR 201/10 = NZG 2012, 134, 1345f.; *Haas/Mock*, in Röhricht/Graf von Westphalen/Haas, § 161 Rz. 207; *Oetker*, in Oetker, § 161 Rz. 148.

474 So für die GmbH: *Fleck*, Stimmrechtsabspaltung in der GmbH? in FS Robert Fischer, 1979, 107, 118ff., 127; *K. Schmidt*, in MünchKomm. HGB, Vor § 230 Rz. 43, 78; *Westermann*, in Ermann/BGB, § 705 Rz. 27; *Reuter*, Stimmrechtsvereinbarungen bei treuhänderischer Abtretung eines GmbH-Anteils, ZGR 1978, 633, 642; *Tebben*, Die qualifizierte Treuhand im Personengesellschaftsrecht, ZGR 2001, 586, 612f.

475 Siehe § 152 Abs. 1 S. 3 KAGB. Hervorhebung erfolgte durch die Autorin.

476 Dies für die Einräumung eines Stimmrechts an einen Dritten feststellend: BGH Urt. v. 22.2.1960 – II ZR 83/59 = NJW 1969, 963, 964.

eee. Zwischenergebnis

Im Ergebnis schafft der Gesetzgeber eine materiell synonyme *eigene* Rechtsstellung der Treuegeber, die der formellen Rechtsstellung der Kommanditisten im Innenverhältnis entspricht.[477] Zwar erhält der Quasi-Gesellschafter[478] auf diese Weise sämtliche Mitverwaltungsrechte, d.h. Teilnahme- und Stimmrechte, Einsichts-, Informations- und Kontrollrechte[479], ein Konflikt mit dem Abspaltungsverbot besteht durch die formal-gesetzliche „Neuschaffung" dieser Rechtsposition allerdings nicht.[480]

bb. Kein Teilnahmerecht aufgrund der Mediatisierungswirkung der Treuhandkonstellation

Unabhängig von der vorgenannten Frage nach der Zweckmäßigkeit des Einräumens einer gleichwertigen Rechtsstellung, gibt es Stimmen in der Literatur zur PublikumsKG, die ein Teilnahmerecht von mittelbar Beteiligten an Gesellschafterversammlungen abgelehnt haben.[481] Begründet wird dies damit, dass sich der mittelbar Beteiligte bewusst zu einer Mediatisierung in Form der Zwischenschaltung eines Treuhandkommanditisten entschieden habe.[482] Das kennzeichnende Merkmal der mittelbaren Beteiligung liege gerade in der Passivität der Rechtsstellung des Treugebers.[483]

---

477 Die Rechtsstellung wird deshalb als von lediglich materieller Natur beschrieben, weil der mittelbar beteiligte Anleger nicht formal (gesellschaftsrechtlich) zum Gesellschafter erhoben wird. Vielmehr werden ihm ausschließlich dieselben Rechte zugebilligt, was der Gesetzgeber vereinfacht damit beschreibt, dass dem Treugeber innergesellschaftlich die gleiche Rechtsstellung wie einem Kommanditisten zukommt.

478 Eine nähere Auseinandersetzung mit der Rechtsfigur des „Quasi-Gesellschafters" sowie dessen rechtlicher Zulässigkeit erfolgt unter Kap. 2 Abschnitt V.1.

479 BGH Urt. v. 11.11.2008 – XI ZR 468/07 = NJW-RR 2009, 254, 255; eine Ausdehnung auf Mitwirkungs- und Gestaltungsrechte auch nach neuer Rechtsprechung ablehnend: *Wiedemann*, Alte und neue Kommanditgesellschaft, NZG 2013, 1041, 1043.

480 Die dogmatische Auseinandersetzung mit der „Neuschaffung" einer Rechtsposition durch den Gesetzgeber, erfolgt unter Kap. 2 Abschnitt V.1.

481 Zur PublikumsKG: *Grunewald*, in MünchKomm. HGB, § 161 z. 133; *Casper*, in Staub/HGB-Kommentar, § 161 Rz. 196, der unter Geltung der neuen Rechtslage wohl nunmehr anderer Ansicht ist und den mittelbar Beteiligten eine Teilnahme- und Rederecht zuspricht, *ders.* in Staub/HGB-Kommentar, § 161 Rz. 273.

482 *Grunewald*, in MünchKomm. HGB, § 161 Rz. 133; *Casper*, in Staub/HGB-Kommentar, § 161 Rz. 196.

483 *Grunewald*, in MünchKomm. HGB, § 161 Rz. 133; *Casper*, in Staub/HGB-Kommentar, § 161 Rz. 196.

Eine solche Annahme erscheint jedoch vor dem Hintergrund des KAGB und der Regelung des § 152 Abs. 1 S. 3 KAGB nicht mehr zu rechtfertigen. Wie bereits beschrieben wollte der Gesetzgeber durch die Gleichstellung erreichen, dass diejenigen Rechte des Kommanditisten, die schuldrechtlich nachzubilden sind, auch nachgebildet werden.[484] Eine auf Passivität beschränkte Rechtsstellung der Treugeber wäre mit dem eindeutigen gesetzgeberischen Willen unvereinbar. Vielmehr steht jedem Treugeber durch die Vermittlung einer halbseitigen, nämlich auf die Rechteseite konzentrierten Rechtsposition, ein individuelles Teilhaberecht zu.

c. Stimmrecht

In der Personengesellschaft erfolgt die Gestaltung der Rechtsverhältnisse der Gesellschafter zur Gesellschaft sowie untereinander grds. im Wege von Gesellschafterbeschlüssen.[485] Aus diesem Grund bildet das Stimmrecht als wichtigstes Verwaltungsrecht des Einzelnen ein sozietäres Grundrecht.[486] Als solches ist es grds. allein den Gesellschaftern vorbehalten.[487] Damit schließt sich der Frage nach der Teilnahmeberechtigung unmittelbar die Frage nach der Stimmberechtigung an. Vordergründig geht es hierbei darum zu klären, ob und inwieweit die mittelbar beteiligten Anleger stimmberechtigt sind und welche Auswirkungen eine derartige Stimmberechtigung auf das Stimmrecht des Treuhandkommanditisten hätte bzw. hat. Dabei geht es neben der Frage nach der generellen Zulässigkeit und Ausgestaltung vor allem auch um die Lösung des bestehenden Spannungsverhältnisses zwischen dem Treuhänder als Verbandsmitglied und dem Treugeber als Quasi-Gesellschafter, das daraus resultiert, dass eine Stimmrechtszuerkennung an den Treugeber faktisch zu einem materiellen Stimmrechtsentzug des Treuhandkommanditisten führt. Üben die Treugeber ihre Stimmrechte nicht nur einzeln sondern auch eigenständig aus, fragt sich, welchen Inhalts das Stimmrecht des Treuhänders ist. Hält der Treuhänder über die schuldrechtlich begründete Beteiligung der Treugeber hinaus keine „eigene" Beteiligung, führt die Zuerkennung eines eigenen Stimmrechts der Treugeber zu einer Aushöhlung des Stimmrechts des Treuhänders, da sich

---

484 So nunmehr auch: *Casper*, in Staub/HGB-Kommentar, § 161 Rz. 274.

485 *Enzinger*, in MünchKomm. HGB, § 119 Rz. 1.

486 *Enzinger*, in MünchKomm. HGB, § 119 Rz. 1.

487 In der Treuhandkonstellationen führt dies dazu, dass ausschließlich der Treuhänder, als Verbandsmitglied, stimmberechtigt ist, *Armbrüster*, Die treuhänderische Beteiligung, S. 229.

dessen Stimmrechtsausübung – in einer solchen Konstellation – in der Erfüllung seiner schuldrechtlichen Verpflichtungen gegenüber den Treugebern bzw. deren Weisungsausübung erschöpft. Damit stellt sich auch hier die Frage nach einem Verstoß gegen das Abspaltungsverbot.

Bezogen auf die Stimmberechtigung der unmittelbar beteiligten Anleger, d.h. der Kommanditisten, kann festgehalten werden, dass diese grds. stimmberechtigt sind. Allerdings kann das Stimmrecht des einzelnen bzw. einzelner aber auch aller Kommanditisten ausgeschlossen werden.[488] Ein solcher Stimmrechtsausschluss findet seine Grenze jedoch in Gesellschafterbeschlüssen, die in die Rechtsstellung des Kommanditisten als solche eingreifen.[489] Änderungen der Beteiligungen oder der Haftsumme, der Gewinnbeteiligung oder des Rechts auf das Auseinandersetzungsguthaben sind stets nur unter Beteiligung der Kommanditisten zu beschließen.[490]

aa. Stimmberechtigung bei mittelbarer Beteiligung

Da das Stimmrecht als Mitverwaltungsrecht grds. nur den Gesellschaftern – in Treuhandkonstellationen nur dem Treuhänder – als originäres Recht zusteht, kann der Treugeber im Allgemeinen keinen unmittelbaren Einfluss auf die innergesellschaftliche Willensbildung nehmen.[491]

Nichtsdestotrotz konnte der Treugeber schuldrechtlich bereits vor Einführung der gesetzlichen Gleichstellungsanordnung, d.h. vor Inkrafttreten des KAGB, indirekten Einfluss auf die Willensbildung der Gesellschaft nehmen.[492] So unterlag das Abstimmungsverhalten des Treuhänders typischerweise den Weisungen des Treugebers und zwar auch dann, wenn ein solches Weisungsrecht nicht ausdrücklich im Treuhandvertrag vereinbart wurde.[493] Versteht man

---

488 *Lorenz*, in Weitnauer/Boxberger/Anders, KAGB, § 125 Rz. 10; *Grunewald*, in MünchKomm. HGB, § 161 Rz. 26.

489 *Lorenz*, in Weitnauer/Boxberger/Anders, KAGB, § 125 Rz. 10.

490 *Lorenz*, in Weitnauer/Boxberger/Anders, KAGB, § 125 Rz. 10; *Klein/Lorenz/Reichel*, Pension Pooling – mit dem OGAW IV-Umsetzungsgesetz eine Chance vertan?, BB 2012, 334.

491 *Armbrüster*, Die treuhänderische Beteiligung, S. 229.

492 *Armbrüster*, Die treuhänderische Beteiligung, S. 229.

493 In solchen Fällen ergab sich dessen Existenz vornehmlich im Wege der ergänzenden Vertragsauslegung, *Armbrüster*, Die treuhänderische Beteiligung, S. 229. Noch weitergehend waren die Ansätze von *Ebermann* und *Reuter*, die ein umfassendes Weisungsrecht als unabdingbar zur Stellung des Treugebers gehörend, ansahen, *Ebermann*, Die Verwaltungstreuhand S. 29; *Reuter*, Stimmrechtsvereinbarungen bei treuhänderischer Abtretung eines GmbH-Anteils, ZGR 1978, 633, 642.

die Gleichstellungsanordnung – wie hier vertreten – als vollumfängliche interne Gleichstellung des Treugebers mit einem Kommanditisten, steht jedem Treugeber neben dem Teilnahme- auch ein Stimmrecht zu.[494] Im Zuge der Zuerkennung einer eigenen gesellschaftergleichen Rechtsposition des Treugebers, stellt sich die Frage, inwieweit bzw. ob überhaupt der Treuhandkommanditist – bei Nichtvorliegen einer „eigenen" nicht-treuhänderischen Beteiligung – neben dem Treugeber an einer Abstimmung partizipieren kann bzw. welchen Inhalts sein Stimmrecht wäre.

bb. Abspaltungsverbot

Trotz der bereits ausführlichen Auseinandersetzung mit dem Abspaltungsverbot im Rahmen des Teilnahmerechts stellt sich an dieser Stelle erneut die Frage nach einem Verstoß gegen besagtes Verbot. Zwar zählt auch das Stimmrecht zu den Mitverwaltungsrechten, was eine Gleichbehandlung mit dem Teilnahmerecht vermuten lässt. Allerdings kommt dem Stimmrecht über seine rechtsgestaltende Funktion im Vergleich zum Teilnahmerecht eine gesteigerte Erheblichkeit zu. Da das Teilnahmerecht als primäres Anwesenheitsrecht gerade nicht wesensgleiches Minus des Stimmrechts als „Gestaltungsrecht" ist, verbietet sich an dieser Stelle ein stoischer Verweis auf die obigen Ausführungen. Die Eigenart des Stimmrechts und die hieraus folgenden Auswirkungen auf das Rechtsverhältnis zwischen Treugeber und Treuhänder, insbesondere auf die Rechtsstellung des Treuhandkommanditisten, erfordern eine erneute Auseinandersetzung mit der Thematik.

aaa. Materielle Stimmrechtsentkleidung des Treuhänders

Ausgehend von der Konstellation, dass sich die Beteiligung des Treuhandkommanditisten in einer rein treuhänderischen Beteiligung erschöpft, der Treuhänder also nicht auch auf eigene Rechnung an dem AIF beteiligt ist, hat er als Gesellschafter zwar formal-gesellschaftsrechtlich die Stimmrechtshoheit inne.[495]

494 So auch: *Oetker*, in Oetker, § 161 Rz. 209.

495 Eine solche Konstellation ist dergestalt denkbar, dass der Treuhandkommanditist als „Einlage" seine Dienste, namentlich die Koordination der Treugeber, in die Gesellschaft einbringt und hierdurch gleichzeitig den Gesellschaftszweck fördert. Regelmäßig werden die Gesellschaftsverträge jedoch eine geringe Bareinlage Treuhandkommanditisten vorsehen, vgl. bspw. § 4 Nr. 1 lit. c des Gesellschaftsvertrages der IMMAC Sozialimmobilien 71. Renditefonds GmbH & Co. KG geschlossene Investmentgesellschaft, der für die Treuhandkommanditistin eine Kapitaleinlage von EUR 500,00 vorsieht.

Materiell leitet sich der Inhalt seines Stimmrechts jedoch aus den bestehenden schuldrechtlichen Beziehungen zu den Treugebern ab. Damit erfolgt seine Stimmrechtsausübung ausschließlich in Verwirklichung des jeweiligen Treugeberwillens.[496] Folglich führt die Zuerkennung eines eigenen Stimmrechts der Treugeber – in Vermeidung einer doppelten Stimmrechtsausübung – unmittelbar zu einer materiellen Entkleidung des Stimmrechts des Treuhandkommanditisten.[497]

bbb. Keine Doppelung der Stimmabgabe

Die vorliegende Arbeit verzichtet an dieser Stelle auf eine nähere Auseinandersetzung mit der Frage nach der Zulässigkeit der gespaltenen bzw. uneinheitlichen Stimmabgabe seitens des Treuhänders, da es für die vorliegende Analyse keinen Unterschied macht, ob man von einer einheitlichen oder einer quotalen Stimmabgabe ausgeht. Zur Vermeidung einer doppelten Stimmabgabe kann der Treuhänder in beiden Fällen nicht neben den Treugebern zur Abstimmung berechtigt sein.

Im Unterschied zum bloßen Teilnahmerecht, bei dem der Treuhandkommanditist unproblematisch neben den Treugebern anwesend sein kann, erfolgt hier zumindest materiell – d.h. inhaltlich – eine Entrechtung des Kommanditisten, die jedoch nicht das Produkt eines Abspaltungsvorgangs ist. Der inhaltliche Stimmrechtsentzug ist zwar das Ergebnis der Zuerkennung von Rechten an Dritte. Er ist jedoch nicht kausal für diese. Die Stimmberechtigung der Treugeber ist vielmehr Konsequenz der gesetzlichen Gleichstellungsordnung, deren

---

496 *Casper*, in Staub/HGB-Kommentar, § 161 HGB Rz. 274; siehe zur Weisungsgebundenheit des Treuhänders: *Armbrüster*, Die treuhänderische Beteiligung, S. 229.

497 Die Einheitlichkeit der Mitgliedschaft legt nahe, dass die Stimmrechtsausübung nur einheitlich, sprich für alle Treugeber gleichermaßen ausgeübt werden kann und somit der individuelle Treugeberwillen, der Mehrheit unterworfen wird. Allerdings macht die herrschende Meinung hiervon im Fall der treuhänderischen Beteiligung eine Ausnahme. Damit kann der Treuhänder den unterschiedlichen Stimmrechtsanweisungen Ausdruck verleihen und sich somit stets vertragstreu gegenüber seinen Treugebern verhalten, siehe *Armbrüster*, Die treuhänderische Beteiligung, S. 245ff m.w.N und Erläuterungen.. Hält man an dem Grundsatz der Einheitlichkeit der Stimmabgabe fest, lässt sich diese Ansicht kaum dogmatisch begründen, *Armbrüster*, Die treuhänderische Beteiligung, S. 247f.; weshalb K. Schmidt von an dieser Stelle von einer echten Ausnahme vom Grundsatz der Einheitlichkeit spricht, *K. Schmidt*, GesR, § 45 I 2 b) aa).

gleichermaßen konsequente Folge der Stimmrechtsausschluss des Treuhänders ist.[498] Damit liegt auch hierin kein Verstoß gegen das Abspaltungsverbot.

Dieses Ergebnis lässt sich insbesondere damit rechtfertigen, dass der Treuhänder stets nur gebundenen Einfluss auf die innergesellschaftliche Willensbildung nimmt. Ob der Treugeber für sich selbst entscheidet oder der Treuhänder den treugeberischen Willen wiedergibt, kann im Ergebnis keinen Unterschied machen. Entscheidend ist nur, dass es nicht zu einer Doppelung der Stimmabgabe und damit zu einer doppelten Stimmgewichtung kommt. Die Beteiligung über einen Treuhandkommanditisten bzw. die innergesellschaftliche Gleichstellungsanordnung kann nämlich nicht dazu führen, dass sich das Stimmgewicht eines (formal) Gesellschaftsfremden durch die mittelbare Beteiligung erhöht.

cc. Umfang der Stimmrechtsausübung

Wie die vorangehenden Ausführungen gezeigt haben, haben die mittelbar Beteiligten im Zuge der Gleichstellungsanordnung das Recht, aktiv an der gesellschaftlichen Willensbildung zu partizipieren.[499] Dabei bleibt der genaue Umfang der Spiegelbildwirkung der Gleichstellungsanordnung unklar.

So stellt sich bspw. die Frage, ob ein Treugeber, der mangels tatsächlicher Gesellschafterstellung nicht gegenüber Gesellschaftsgläubigern haftet, bei einer Beschlussfassung über die Herabsetzung der Einlagensumme im Innenverhältnis, d.h. des Gesellschafters gegenüber der Gesellschaft, mit abstimmen dürfte.[500] Ganz abstrakt gesprochen: Sollte sich das Stimmrecht des einzelnen Treugebers nur auf solche Beschlussgegenstände beschränken, die ihn auch tatsächlich in seiner vergleichbaren Rechtsposition betreffen können, oder ist der Treugeber generell abstimmungsberechtigt?[501]

Führt man sich das angeführte Beispiel vor Augen, so kann der mittelbar Beteiligte mangels Gesellschafterstellung nicht zum Schuldner eines Gesellschaftsgläubigers werden. Anders als die Kommanditisten, die mit der Höhe ihrer Haftsumme im Handelsregister eingetragen sind (vgl. § 172 Abs. 1 HGB), bleibt der Treugeber gegenüber den Gesellschaftsgläubigern nach außen intransparent. Er ist somit nicht Haftungssubjekt. Auch die gesetzliche Regelung des

---

498 A.A. *Casper*, in Staub/HGB-Kommentar, § 161 Rz. 274, der dem Treugeber zwar ein (aktives) Teilhaberecht zuerkennt, dieses jedoch an ein passives Stimmrecht koppelt, sodass der Treugeber sein Stimmrecht weiterhin nur über den Treuhandkommanditisten ausüben kann.

499 So auch: *Oetker*, in Oetker, § 161 Rz. 209.

500 Dies bejahend: *Wallach*, Die Regulierung von PersG im KAGB, ZGR 2014, 289, 304.

501 A.A. *Wallach*, Die Regulierung von PersG im KAGB, ZGR 2014, 289, 304.

§ 152 Abs. 1 S. 3 KAGB beschränkt die Gleichstellung auf das Innenverhältnis, womit eine Außenhaftung der Treugeber als Quasi-Gesellschafter ausgeschlossen wird. Durch die privatautonom vereinbarte Haftungsfreistellung des Treuhänders ist jedoch der Treugeber als „wirtschaftlicher Gesellschafter“ von den Folgen der Beschlussfassung bzw. dem Ergebnis der Beschlussfassung betroffen. Bestimmte Beschlussgegenstände auszuklammern wäre somit reine Förmelei und damit abzulehnen. Die Stimmberechtigung erstreckt sich somit auch auf Beschlussgegenstände, die ausschließlich die Kommanditisten in ihrer originären Gesellschafterstellung betreffen.

d. Zwischenergebnis

An dieser Stelle kann zusammenfassend festgehalten werden, dass in der über die Gleichstellungsanordnung vermittelten Rechtsposition der Treugeber insgesamt, d.h. sowohl hinsichtlich der Teilnahme- als auch der Stimmberechtigung, kein Verstoß gegen das Abspaltungsverbot liegt. Dies gilt auch im Hinblick auf den dem Abspaltungsverbot immanenten Gedanken einer etwaigen innergesellschaftlichen Einflussnahmemöglichkeit Dritter, die ihr Handeln nicht am Wohle der Gesellschaft orientieren, sondern sich von gesellschaftsfremden Eigeninteressen leiten lassen.

Gegen diese Bedenken kann zum einen vorgebracht werden, dass durch die Aufgabe des personalistischen Charakters der InvestmentKG – in ihrer Prägung als Massengesellschaft – insgesamt eine erhöhte Konzentration auf das Eigeninteresse stattfindet. Zum anderen – und das ist noch entscheidender – sieht sich die Gesellschaft in der beschriebenen treuhänderischen Konstellation nicht in höherem Maße einer eigennützigen Stimmrechtsausübung ausgesetzt als sie es durch ihre Gesellschafter ist. Der Treugeber hat als „wirtschaftlicher Gesellschafter“ die Konsequenzen der Stimmrechtsausübung letztlich gleichermaßen zu tragen, wie die Verbandsmitglieder selbst.

Wenn sich auch ein Verstoß gegen den Abspaltungstatbestand nicht begründen lässt, ist diese Lösung jedoch keinesfalls dogmatisch einwandfrei. Denn faktisch führt die Gleichstellungsanordnung zu einer Entrechtung des Treuhandkommanditisten in Bezug auf die innergesellschaftliche Willensbildung. Seine Mitverwaltungsrechte haben keine Funktion mehr. Er kann zwar physisch der Gesellschafterversammlung beiwohnen. Seine Stimmrechtsausübung wird jedoch durch die Gleichstellungsanordnung materiell auf null beschränkt.[502]

---

502 Damit befindet sich der Treuhandkommanditist in einer mit einem vollständigen Stimmrechtsausschluss vergleichbaren Situation wieder, für die feststeht, dass sie

Hinzukommt, dass die einseitige Konzentration auf die Rechteseite wie eine Besserstellung des mittelbar Beteiligten im Vergleich zum unmittelbar Beteiligten erscheint. Während letzterer auch gegenüber den Gesellschaftsgläubigern visibel und damit haftbar ist, konzentriert sich die Rechtsbeziehung der mittelbar Beteiligten ausschließlich auf das Innenverhältnis und damit – mit Ausnahme der Treuepflicht[503] – ausschließlich auf Rechtszuerkennung.[504]

Vor diesem Hintergrund wäre es vom Gesetzgeber methodenehrlicher und damit dogmatisch sauberer gewesen, einen Ausnahmetatbestand zu formulieren, der die registerrechtliche Eintragungspflicht der Kommanditisten für Zwecke der Publikums-InvestmentKG für unanwendbar erklärt. Insgesamt scheint es nämlich so, dass der einzige – gesellschaftsrechtliche – Zweck der Beibehaltung der Treuhandkonstellation darin besteht, dass zur Strukturwahrung bzw. zur Tatbestandsverwirklichung des § 161 HGB formal mindestens ein Komplementär und ein Kommanditist vorhanden sein müssen. Da sich die Funktion des Treuhandkommanditisten innerhalb der Gesellschaft durch die Gleichstellungsanordnung darin erschöpft, formal als beschränktes Haftungssubjekt im Handelsregister eingetragen zu sein, wäre die beschriebene gesetzliche Alternativlösung vorzugswürdig.

All dies begründet jedoch keinen Verstoß gegen das Abspaltungsverbot, da die Entrechtung des Treuhandkommanditisten nicht darauf zurück zu führen, dass dieser seine Mitgliedschaftsrechte auf die Treugeber überträgt, sondern die Entrechtung aus der gesetzlichen Zuerkennung der Rechtsstellung der Treugeber als Kommanditisten folgt. Die Aushöhlung der Mitgliedschaft des Treuhandkommanditisten ist folglich das Produkt konsequenter Rechtsanwendung und damit legislatorisch gerechtfertigt.

e. *Umfang der Mitbestimmungsrechte*

Neben der Frage nach der Stimmberechtigung im engeren Sinne stellt sich im weiteren Sinne die Frage nach dem Umfang des Kompetenzbereichs der

---

als Eingriff in den Kernbereich der Mitgliedschaft unzulässig ist. Dem Gesellschafter könne nicht jedwede Partizipationsmöglichkeit an der internen Willensbildung genommen werden, *Casper*, in Staub/HGB-Kommentar, § 161 HGB Rz. 13 m.w.N.

503 In Anlagebeziehungen handelt es sich jedoch um eine reduzierte Treuepflicht, vgl. *K. Schmidt*, in MünchKomm. HGB, § 145 Rz. 94; *Zetzsche*, Das Gesellschaftsrecht des Kapitalanlagegesetzbuches, AG 2013, 613, 619.

504 Inwieweit dies gerechtfertigt ist, wird im Verlauf der Arbeit unter einem eigenen Punkt noch näher zu betrachten sein, siehe hierzu näher Kap. 2 Abschnitt V.1.

Gesellschafterversammlung. Da sich die gesetzlichen Vorgaben auf die Festlegung der Formalitäten zur Ladung und Protokollierung der Gesellschafterversammlung beschränken (§ 125 Abs. 3, § 150 Abs. 3 KAGB), bleibt die inhaltliche Kompetenzzuweisung weitgehend offen. Lediglich an zwei Stellen begründet der Gesetzgeber eine inhaltliche Alleinzuständigkeit der Gesellschafterversammlung. So hat der Gesellschaftsvertrag der offenen InvestmentKG vorzusehen, dass über Angelegenheiten, die die Gesellschaft insgesamt, d.h. unabhängig von den gebildeten Teilgesellschaftsvermögen, betreffen, in einer Gesellschafterversammlung entschieden werden muss, § 132 Abs. 6 KAGB.[505] Wenn auch eine vergleichbar ausdrückliche Zuständigkeitszuweisung für allgemeine Gesellschaftsangelegenheiten im Bereich der geschlossenen InvestmentKG fehlt, so findet sich zumindest mittelbar über die spezialgesetzlichen Regelungen für geschlossene Publikums-AIF eine Kompetenzzuweisung an die Gesellschafterversammlung der geschlossenen Publikums-InvestmentKG, § 267 Abs. 3 S. 1 KAGB. Hiernach bedarf jede Änderung der Anlagebedingungen, die mit den bisherigen Anlagegrundsätzen unvereinbar ist, sowie jede Änderung der Kosten und wesentlicher Anlegerrechte eines qualifizierten Mehrheitsbeschlusses.

Abgesehen von den gesetzlichen Zuweisungstatbeständen beschließt die Gesellschafterversammlung über alle ihr gesellschaftsvertraglich zugewiesenen Beschlussgegenstände.[506] Dies sind regelmäßig die Entlastung der Geschäftsführung, die Genehmigung des Jahresabschlusses sowie die Wahl des Abschlussprüfers.[507]

Darüber hinaus bleibt fraglich, ob bzw. inwieweit der Gesellschafterversammlung Zustimmungsrechte bezogen auf die Anlage und Verwaltung der Mittel zustehen. Die Beantwortung dieser Frage gestaltet sich v.a. deshalb schwierig, weil sich in ihr das Spannungsverhältnis zwischen Gesellschaftsrecht und Investmentrecht erneut materialisiert. Widmet man sich der Frage auf einer rein handelsrechtlichen Ebene, wird man zumindest im Fall wesentlicher Entscheidungen – bspw. die Veräußerung wertbildender Vermögensgegenstände – von einem Grundlagengeschäft ausgehen können, das eine Kompetenzzuweisung an die Gesellschafterversammlung begründet.[508] Verkauft

505 Da die Bildung von Teilgesellschaftsvermögen im Bereich der geschlossenen InvestmentKG nicht vorgesehen ist, fehlt es hier an einer vergleichbaren Regelung.

506 *Kracke*, in Baur/Tappen, Investmentgesetze, Bd. 1, § 125 Rz. 14.

507 *Kracke*, in Baur/Tappen, Investmentgesetze, Bd. 1, § 125 Rz. 14.

508 Zu den Grundlagengeschäften, s. *Hillmann*, in Ebenroth/Boujong/Joost/Strohn, § 126 Rz. 8ff; Grundlagengeschäfte sind dabei sämtliche Geschäfte, die nicht den Betrieb, sondern den Bestand des Unternehmens betreffen, *Kracke*, in Baur/Tappen, Investmentgesetze, Bd. 1, § 125 Rz. 15.

eine Personenhandelsgesellschaft somit einen erheblichen Teil ihres Gesellschaftsvermögens, ist dies an die Zustimmung der Gesellschafter gebunden.[509]

Nimmt man jedoch auch investmentrechtliche Faktoren in Bezug, könnte dies insbesondere im Bereich der externen Verwaltung ein anderes Ergebnis rechtfertigen.[510] Durch die Bestellung einer externen KVG wird dieser die unternehmensgegenständliche Tätigkeit der InvestmentKG – sprich die Anlage und Verwaltung der Mittel – als originäre Tätigkeit überantwortet und somit zumindest faktisch dem gesellschaftsinternen Kompetenzbereich entzogen.[511] Die originäre Verantwortlichkeit der KVG könnte somit zu einem generellen Kompetenzausschluss der Gesellschafterversammlung führen. Bestätigend ließe sich hierfür anführen, dass es sich bei der Verwirklichung des Unternehmensgegenstandes um eine Geschäftsführungsaufgabe handelt.[512]

Diese investmentrechtlichen Erwägungen vermögen jedoch nicht, der Gesellschafterversammlung ihre Kernkompetenzen für Grundlagengeschäfte abzusprechen. Zwar handelt es sich bei der KVG und der ihr zugewiesenen Kompetenzen nicht um primär handelsrechtliche Angelegenheiten. Allerdings kann dies nicht darüber hinwegtäuschen, dass die Verwirklichung des „investmentrechtlichen" Unternehmensgegenstandes über die zwingende Implementierung im Gesellschaftsvertrag von gesellschaftsrechtlicher Relevanz ist und damit an personengesellschaftsrechtlichen Maßstäben zu messen ist. Dementsprechend sind auch sämtliche grundlegenden Entscheidungen, die mit der Verwirklichung des Unternehmensgegenstandes korrespondieren und als außergewöhnliches Geschäft qualifizieren, dem Kompetenzbereich der Gesellschafterversammlung zugewiesen.

Für das vorgenannte Beispiel bedeutet dies: Hält sich die Veräußerung von Vermögensgegenständen im Rahmen der Anlagebedingungen und übersteigt sie nicht das gewöhnliche Maß, ist sie reine Geschäftsführungsmaßnahme, die keiner Zustimmung bedarf.

---

509 *Kracke*, in Baur/Tappen, Investmentgesetze, Bd. 1, § 125 Rz. 15.

510 S. hierzu auch: *Kracke*, in Baur/Tappen, Investmentgesetze, Bd. 1, § 125 Rz. 15.

511 Vgl. zur Überantwortung als originäre Tätigkeit, RegE zum KAGB, BT-Drucksache 17/12294, S. 243.

512 Dies entspricht der Wertung des § 164 S. 1 HGB, wonach die Kommanditisten grds. nicht zur Geschäftsführung berufen sind.

f. Beschlussfassung

Innerhalb der Gesellschafterversammlung wird durch Beschlussfassung entschieden. Die jeweiligen Mehrheitsverhältnisse ergeben sich dabei zumeist aus dem Gesellschaftsvertrag.[513] Finden sich keine gesellschaftsvertraglichen Regelungen geht das HGB, wie bereits erwähnt, vom Einstimmigkeitserfordernis aus, § 161 Abs. 2, § 119 Abs. 1 HGB. Um eine Beeinträchtigung der Funktionsfähigkeit der Gesellschaft zu verhindern, erfolgte die Beschlussfassung bereits vor Inkrafttreten des KAGB und unabhängig von (abweichenden) gesellschaftsvertraglichen Regelungen auch ohne gesellschaftsvertragliche Regelung auf Basis einer Mehrheitsentscheidung.[514] In Ermangelung konkreter personengesellschaftsrechtlicher Regelungen wurde auf § 133, §§ 179ff. AktG analog zurückgegriffen.[515] Mit Ausnahme von Grundlagengeschäften genügt hiernach eine nach Kapitalanteilen bestehende einfache Mehrheit.[516]

aa. Kapitalanlagerechtlicher Berechnungsansatz der Mehrheitsverhältnisse

Die analoge Anwendung der aktienrechtlichen Vorschriften führte somit bereits in der Vergangenheit zu einer Abweichung von dem personengesellschaftsrechtlichen Berechnungsansatz, wonach sich – entsprechend dem grds. personalistischen Einschlag des Gesellschaftstypus[517] – die Mehrheit nach der Zahl der stimmberechtigen Gesellschafter berechnet, § 119 Abs. 2 HGB. Während für die Berechnung der Mehrheit im Personengesellschaftsrecht die Zahl der insgesamt Stimmberechtigten ausschlaggebend ist – unabhängig davon, wie viele Gesellschafter tatsächlich erschienen sind oder an der Abstimmung partizipieren – bestimmt sich die Mehrheit im Aktienrecht nach der Zahl der abgegebenen

513 *Casper*, in Staub/HGB-Kommentar, § 161 HGB Rz. 196.

514 Zur PublikumsKG wurde bereits vertreten, dass das Einstimmigkeitserfordernis unanwendbar ist: BGH Urt. v. 13.3.1978 – II ZR 63/77 = BGHZ 71, 53, 58; *Casper*, in Staub/HGB-Kommentar, § 161 HGB Rz. 144, 197; *Enzinger*, in MünchKomm. HGB, § 119 Rz. 5; *Hopt*, in Baumbach/Hopt, Anh. § 177a Rz. 69b. a.A. *Servatius*, in Henssler/Strohn, HGB, Anh. Rz. 61, der eine gesellschaftsvertragliche Grundlage für Mehrheitsentscheidung voraussetzt.

515 *Casper*, in Staub/HGB-Kommentar, § 161 HGB Rz. 197.

516 *Casper*, in Staub/HGB-Kommentar, § 161 HGB Rz. 197.

517 *Enzinger*, in MünchKomm. HGB, § 119 Rz. 5.

Stimmen unter Außerachtlassung der Enthaltungen.[518] Die Berechnung erfolgt somit allein auf Basis der anwesenden Stimmberechtigten.

bb. Stimmrechtsausschluss gem. § 47 Abs. 4 GmbHG

Grundsätzlich ist jeder Teilnahmeberechtigte auch gleichzeitig Stimmberechtigter, sofern er nicht von einem Stimmrechtsausschluss betroffen ist. Ein Stimmrechtsausschluss kommt dabei nur nach allgemeinen Grundsätzen in Betracht. Aufgrund der nur fragmentarischen handelsrechtlichen Einzelaspektregelungen (§ 113 Abs. 2, § 117, § 127, § 140 Abs. 1, § 141 Abs. 1 HGB) greift die Literatur – bei Nichtvorhandensein gesellschaftsvertraglicher Regelungen – auf § 47 Abs. 4 GmbHG analog zurück.[519] Hiernach ist ein Gesellschafter von der Beschlussfassung ausgeschlossen, wenn er durch diese entlastet oder von einer Verbindlichkeit befreit werden soll, oder die Vornahme eines Rechtsgeschäfts oder die Einleitung oder Erledigung eines Rechtsstreits gegenüber dem Gesellschafter Beschlussgegenstand ist.

cc. Zwischenergebnis

Während die analoge Anwendung kapitalgesellschaftsrechtlicher Regelungen vor dem Hintergrund der Entfremdung des personengesellschaftsrechtlichen Charakters der Kommanditgesellschaft in dieser Arbeit eher kritisch gesehen wird, ist der Analogieschluss an dieser Stelle aufgrund der gleichartigen Wertungsaspekte unproblematisch hinzunehmen. Stimmverbote folgen danach im Kapital- wie im Personengesellschaftsrecht dem einheitlichen Prinzip des Verbandsrechts, welches das Richten in eigener Sache und Insichgeschäfte grds. verbietet.[520] Da diese Prinzipien ihren ausdrücklichen Niederschlag in § 47 Abs. 4 GmbHG gefunden haben, gibt der Analogieschluss dem Rechtsanwender an

---

518 *Enzinger*, in MünchKomm. HGB, § 119 Rz. 5; *Rieckers*, in Spindler/Stilz, AktG, § 133 Rz. 29; diese Berechnungsmethode legte der BGH bereits für die PublikumsKG zugrunde: BGH Urt. v. 30.3.1998 – II ZR 20/97 = WM 1998, 1028.

519 *Haas/Mock*, in Röhricht7Graf v. Westphalen, § 161 Rz. 151; *Casper*, in Staub/HGB-Kommentar, § 161 Rz. 197. Zwar sind die aktienrechtlichen Regelungen weniger streng, in Ermangelung eines Aufsichtsrates in der KG, sei die Anwendung der aktienrechtlichen Vorschriften jedoch weniger sachgerecht, *Grunewald*, in MünchKomm. HGB, § 161 Rz. 133. Ob dies im Bereich der intern verwalteten geschlossenen Publikums-InvestmentKG durch die zwingende Einführung eines Beirates, anders zu beurteilen ist, bleibt abzuwarten.

520 *Enzinger*, in MünchKomm. HGB, § 119 Rz. 30; BGH Urt. v. 1.4.1953 – II ZR 235/52 = BGHZ 9, 157, 178f.

dieser Stelle lediglich eine subsumtionsfähige Rechtsgrundlage an die Hand, die zu keiner Erweiterung oder Einschränkung personengesellschaftsrechtlicher Wertungen führt.

Überdies entspricht auch die Modifikation der Berechnungsgrundlage über den Analogieschluss zu § 133, §§ 179ff. AktG der gängigen personengesellschaftsrechtlichen Praxis. Gesellschaftsvertraglich wird überwiegend von einer Berechnung der Mehrheit nach Köpfen abgewichen und auf die Kapitalverhältnisse abgestellt.[521]

g. *Organqualität der Gesellschafterversammlung*

Im Unterschied zu den Kapitalgesellschaften ist die Gesellschafterversammlung in den Personenhandelsgesellschaften kein geborenes Organ.[522] Ihr kommen nach den handelsrechtlichen Bestimmungen keine eigenen Kompetenzen zu.[523] Zwar können sämtliche Gesellschafter durch einstimmigen Beschluss den Gesellschaftsvertrag jederzeit ändern, insoweit handeln sie jedoch nicht als Organ, sondern lediglich als Partner des sie konstituierenden Schuldverhältnisses.[524]

Wenn auch das HGB darauf verzichtet die Gesellschafterversammlung als Organ darzustellen, bleibt es den Gesellschaftern vorbehalten die Gesellschafterversammlung als förmliches Beschlussorgan einzusetzen und durch die Zuweisung bestimmter Verbandsfunktionen zugleich deren Organqualität zu begründen.[525]

---

521 Vgl. hierzu *Schäfer*, in Staub/HGB-Kommentar, § 119 Rz. 2, 50 m.w.N.

522 Eingangs sei darauf hingewiesen, dass die Frage nach der Organqualität der Gesellschafterversammlung sich vor allem auf Basis struktureller Erwägungen stellt. Sieht man die Gesellschafterversammlung der InvestmentKG als Organ der Gesellschaft an, nähert sich die InvestmentKG allein ihrem Strukturgefüge nach weiter der AG an (zur Etablierung eines dualistischen Systems durch die Bildung eines zwingenden Aufsichtsorgans, s. Kap. 2 Abschnitt III. 5.).

523 *Ulmer/Schäfer*, in MünchKomm. BGB, § 705 Rz. 258; *Habermeier*, in Staudinger/BGB, § 705 Rz. 11.

524 *Schürnbrand*, Organschaft im Recht der privaten Verbände, S. 123; *Ulmer/Schäfer*, in MünchKomm. BGB, § 705 Rz. 258.

525 *Schürnbrand*, Organschaft im Recht der privaten Verbände, S. 123; *Habermeier*, in Staudinger/BGB, § 705 Rz. 11; *Ulmer/Schäfer*, in MünchKomm. BGB, § 705 Rz. 258.

aa. Ausdrückliche Kompetenzzuweisung

Kam der Gesellschafterversammlung bislang ausschließlich Organstellung im Wege privatrechtlicher Kompetenzzuweisung zu, weist nunmehr auch das Gesetz der Gesellschafterversammlung eigene Aufgaben zu. So bestimmt § 132 Abs. 6 KAGB für die offene InvestmentKG, dass über Gesellschaftsangelegenheiten in der Gesellschafterversammlung zu entscheiden ist. Während vorgenannte Regelung allgemein auf Gesellschaftsangelegenheiten verweist und damit die Funktion der Gesellschafterversammlung als internes Beschlussorgan unterstreicht, findet sich in § 267 Abs. 3 S. 1 KAGB – der ausschließlich auf die geschlossene Publikums-InvestmentKG Anwendung findet – eine ausdrückliche Kompetenzzuweisung. Hiernach bedarf jede Änderung der Anlagebedingungen, die mit den bisherigen Anlagegrundsätzen des geschlossenen Publikums-AIF unvereinbar ist sowie jede Änderung der Kosten oder wesentlicher Anlegerrechte eines qualifizierten Mehrheitsbeschlusses der Anleger. Zwar besagt der Wortlaut nicht ausdrücklich, dass dies in einer Gesellschafterversammlung zu erfolgen hat, hierfür sprechen jedoch neben reinen Praktikabilitätsgründen auch systematische wie telelogische Erwägungen. Durch die Festsetzung zwingender formaler Anforderungen an die Gesellschafterversammlung, bestimmt der Gesetzgeber – zumindest mittelbar – zwingend deren Existenz, vgl. § 125 Abs. 3, § 150 Abs. 3 KAGB. Diesen Vorschriften ist es immanent, dass sämtliche Beschlüsse – gemäß den formalen Vorgaben – in der Gesellschafterversammlung gefasst werden sollen. Nur so kann dem mit diesen Regelungen verfolgten gesetzgeberischen Ziel der Transparenzsicherstellung von Gesellschafterversammlungen entsprochen werden. Eine weitere ausdrückliche Kompetenzzuweisung findet sich für die intern verwaltete geschlossene Publikums-InvestmentKG gem. § 153 Abs. 3 S. 2 i.V.m § 18 Abs. 2 KAGB i.Vm. § 101 Abs. 1 S. 1, § 103 Abs. 1 S. 1 AktG. Hiernach kommt der Gesellschafterversammlung sowohl das Wahl- als auch das Abberufungsrecht der Beiratsmitglieder zu. Über § 153 Abs. 3 S. 2 i.V.m § 18 Abs. 3 S. 2 KAGB gilt § 18 Abs. 3 S. 1 KAGB entsprechend, wonach die Gesellschafterversammlung mindestens ein Mitglied des Beirats zu wählen hat, das dem gesetzlich vorgeschriebenen Unabhängigkeitspostulat entspricht, vgl. § 18 Abs. 3 S. 1 KAGB a.E. Damit erfolgt zumindest für einzelne Rechtsformausprägungen der InvestmentKG eine gesetzliche Aufgabenzuweisung, die die Annahme der Organstellung zweifellos rechtfertigt.

bb. Teleologische Erwägungen

Auch teleologisch spricht vieles dafür, dass Beschlüsse zwingend in einer Gesellschafterversammlung gefasst werden müssen. Der personengesellschaftsrechtliche

Verzicht auf die Begründung organschaftlicher Zuständigkeiten lässt sich nämlich aus dem gesetzlich vorgesehenen Einstimmigkeitserfordernis rechtfertigten.[526] Mehrheitsentscheidungen hingegen korrespondieren mit einem einheitlichen Abstimmungsvorgang innerhalb einer Gesellschafterversammlung.[527]

cc. Keine unterschiedliche Behandlung der einzelnen Rechtsformausprägung

Dass es sich bei der Gesellschafterversammlung insgesamt um ein Organ und nicht nur um ein Beschlussverfahren handelt, lässt sich weiterhin damit begründen, dass eine uneinheitliche Behandlung der einzelnen Gesellschaftsformen nicht gerechtfertigt erscheint. Eine solche Annahme könnte nur dann als begründet angesehen werden, wenn der Gesetzgeber konsequent zwischen Spezial- und Publikums-AIF unterschieden hätte. Da bei letzterem durch die Teilhabe von Privatanlegern ein erhöhtes Anlegerschutzbedürfnis besteht, das eine Kompetenzerweiterung im Vergleich zu Spezial-InvestmentKGen – an der ausschließlich professionelle und semi-professionelle Anleger beteiligt sind – rechtfertigt.[528] Eine solche strukturelle Unterscheidung findet sich in den gesetzlichen Kompetenzzuweisungstatbeständen jedoch gerade nicht. Vielmehr hat der Gesetzgeber sowohl für die intern verwaltete Spezial-InvestmentKG als auch für die Publikums-InvestmentKG ausdrückliche Regelungen getroffen.

dd. Zwischenergebnis

Vor dem beschriebenen Hintergrund ist davon auszugehen, dass der Gesellschafterversammlung der InvestmentKG – gleich welcher konkreten Ausprägung – Organcharakter zukommt.[529] Durch die gesetzliche Zuweisung der Organstellung an die Gesellschafterversammlung nähert sich die InvestmentKG strukturell weiter der Aktiengesellschaft an, wenn auch eine mit § 119 Abs. 1

---

526 *Hüffer*, Die Gesellschafterversammlung – Organ der GmbH oder bloßes Beschlussverfahren?, in FS 100 Jahre GmbHG, S. 521, 528.

527 *Hüffer*, Die Gesellschafterversammlung – Organ der GmbH oder bloßes Beschlussverfahren?, in FS 100 Jahre GmbHG, S. 521, 528f. m.w.N. Hüffer sieht das Mehrheitsprinzip nur dann für sachgerecht hält, wenn es mit der Kompetenz der Gesellschafterversammlung verknüpft ist, *ebd.*

528 Dass der Gesetzgeber die Anleger von Spezial-AIFs nicht für gleichermaßen schutzwürdig erachtet, zeigt sich insbesondere in § 18 Abs. 3 S. 4 KAGB. So auch: *Bentele*, in Baur/Tappen, Investmentgesetze, Bd. 1, § 18 Rz. 21.

529 So auch: *Casper*, Die Investmentkommanditgesellschaft: große Schwester der Publikums-KG oder Kuckuckskind?, ZHR 179 (2015), 44, 62.

AktG vergleichbar ausdrückliche Regelung fehlt.[530] Damit hat die KG im investmentrechtlichen Kontext stets mindestens zwei Organe: Geschäftsführung und Gesellschafterversammlung. Inwieweit diese bilaterale Organstruktur durch Ergänzung um ein zwingendes Aufsichtsgremium zu einer trilateralen – und damit aktienrechtlichen – Struktur ausgeweitet wird, gilt es nachfolgend näher zu untersuchen.

4. Der Beirat als zwingendes Aufsichtsorgan in der intern verwalteten Publikums-InvestmentKG

Anders als im Aktien- oder GmbH-Recht, wo die Bildung eines Aufsichtsrates entweder stets zwingend ist oder an das Vorliegen bestimmter Voraussetzungen geknüpft ist, finden sich im allgemeinen Personengesellschaftsrecht keine vergleichbaren Regelungen.[531] Vielmehr obliegt es den Gesellschaftern, im Rahmen der ihnen zugewiesenen Gestaltungsfreiheit entsprechende Gremien einzusetzen und Aufgaben zu delegieren, vgl. § 109 HGB.[532] Die Möglichkeit der freiwilligen Errichtung eines Beirats wird nunmehr im Bereich der intern verwalteten geschlossene Publikums-InvestmentKG durch ein zwingendes Gründungserfordernis abgelöst, § 153 Abs. 3 S. 1 KAGB.[533] Hiernach ist entsprechend den Vorgaben zur extern verwalteten KVG ein Beitrat zu bilden, der die Geschäftsführung bei der Umsetzung der Anlagebedingungen überwacht, § 153 Abs. 3 S. 1 und 2 i.V.m. § 18 Abs. 2 S. 4 KAGB.[534]

---

530 Die Anerkennung der Organstellung ist allein struktureller Natur, eine Anerkennung etwaiger Inter-Organstreitigkeiten scheidet aus.

531 Für den obligatorischen Aufsichtsrat in der AG, s. §§ 95ff. AktG. Die GmbH hat stets dann einen Aufsichtsrat zu bilden, wenn die entsprechenden Voraussetzungen des BetrVG oder des MitbestG vorliegen.

532 *Mutter*, in Münchener Hdb. GesR, Bd. 2, § 8 Rz. 1, 11; *Jesch*, in Moritz/Klebeck/Jesch, Frankfurter Komm. z. KAGB, § 153 Rz. 27.

533 Im Fall der externen Verwaltung besteht kein derartiges Bedürfnis zur Etablierung eines Beirats, da man die Anlegerinteressen über die bei der KVG bestehenden Kontrollorgane als ausreichend geschützt ansieht, s. *Jesch*, in Moritz/Klebeck/Jesch, Frankfurter Komm. z. KAGB, § 153 Rz. 34.

534 Die Beiratsgründung für geschlossene Publikumsfonds ist dabei nichts neues, wenn sie auch in der Vergangenheit nicht investmentrechtlich sondern steuerrechtlich getrieben war, vgl. hierzu im Allgemeinen: *Bost/Halfpap*, in: Lüdicke/Arndt, Geschlossene Fonds, S. 15ff. Ziel der Fondsstrukturierung war es hierbei eine günstigere, ertragssteuerliche Behandlung von bestimmten geschlossenen Fonds zu erreichen, *Klebeck/Kunschke*, in: Beckmann/Scholtz/Vollmer, Erg.lfg. 2/14, 405 § 153 Rz. 41.

Die Beiratsgründungspflicht konzentriert sich dabei ausschließlich auf vorgenannte Rechtsformausprägung. Dies lässt sich zum einen damit begründen, dass die handelsrechtlichen Kontrollrechte der Kommanditisten nur mäßig ausgeprägt sind (vgl. § 164, § 166 HGB) und ihnen keine direkte Einflussmöglichkeit auf die Vermögensverwaltung zukommt.[535] Die gesetzliche Regelung dient somit dazu das gleiche Schutzniveau der Privatanleger wie bei externer Verwaltung herzustellen.[536] Zum anderen rechtfertigt sich die Konzentration der Beiratspflicht auf die intern verwaltete geschlossene Publikums-InvestmentKG aus dem geringeren Schutzbedürfnis der Anleger eines Spezial-AIF, bei welchen es sich ausschließlich um professionelle und semi-professionelle Anleger handelt.[537]

In Abweichung zur gesetzestypischen KG, wandelt sich die freiwillige Gründungsmöglichkeit vorliegend in ein zwingendes Gründungserfordernis.[538]

a. Rechtnatur

In Anlehnung an obige Ausführungen zur Organqualität der Gesellschafterversammlung, wird an dieser Stelle auf eine nähere Herleitung der organbegründenden Voraussetzungen verzichtet.[539] Aufgrund der klaren gesetzlichen Vorgaben § 153 Abs. 3 S. 1 und 2 i.V.m. § 18 Abs. 2 S. 4 KAGB bedarf es auch keiner näheren Auseinandersetzung. Durch die gesetzlich zugewiesenen Kompetenzen, die sich aus der Verweisungskette ins Aktienrecht ergeben, kommt

---

535 *Bentele*, in Baur/Tappen, Investmentgesetze, Bd. 1 § 18 Rz. 8; *Casper*, in Staub/HGB-Kommentar, § 161 HGB Rz. 210.

536 *Könnecke*, in Baur/Tappen, Investmentgesetze, Bd. 1, § 153 Rz. 50; *Casper*, in Staub/HGB-Kommentar, § 161 HGB Rz. 210. Gemäß § 18 Abs. 2 S. 1 KAGB muss die externe KVG in der Rechtsform der GmbH sowie in der Rechtsform der GmbH & Co. KG einen Aufsichtsrat bzw. Beirat bilden.

537 *Könnecke*, in Baur/Tappen, Investmentgesetz, Bd. 1 § 153 Rz. 52; *Bentele*, in Baur/Tappen, Investmentgesetze, Bd. 1 § 18 Rz. 21. Sowohl für die intern verwaltete offene als auch geschlossene Spezial-InvestmentKG sieht der Gesetzgeber keine Beiratsgründungspflicht vor.

538 Wenn auch vorliegend nur die intern verwaltete geschlossene Publikums-InvestmentKG in den Fokus genommen wird, so sei dennoch darauf verwiesen, dass die Beiratsgründung im Gestaltungsermessen der Gesellschafter liegt und somit in jeder InvestmentKG – gleich welcher konkreten Rechtsformausprägung – errichtet werden kann.

539 Zu den Voraussetzungen der Begründung einer Organstellung, s. Kap. 2 Abschnitt III.3.g.

dem Beirat – gleich dem Aufsichtsrat der AG – Organstellung zu.[540] Neben der Gesellschafterversammlung und der Geschäftsführung ist der Beirat der intern verwalteten geschlossenen Publikums-InvestmentKG folglich, als drittes Organ, in die Organisation der Gesellschaft einbezogen.

b. Zusammensetzung, Rechte und Pflichten

Zur Regelung der Zusammensetzung sowie der Rechte und Pflichten des Beirats bedient sich der Gesetzgeber einer komplexen Verweisungstechnik, die unter Bezugnahme auf die investmentrechtlichen Anforderungen an externe KVGen ins Aktienrecht führt, § 153 Abs. 3 S. 2 i.V.m. § 18 Abs. 2 S. 4 und Abs. 3 S. 2 KAGB i.V.m. § 90 Abs. 3 bis Abs. 5 S. 2, § 95, § 100, § 101, § 103, § 105, § 107 bis § 114, § 116, § 118 Abs. 3, § 125 Abs. 3 sowie § 171 und § 268 Abs. 2 AktG, wobei § 101 Abs. 1 S. 1 Hs. 1 AktG mit der Maßgabe anzuwenden ist, dass die Gesellschafterversammlung mindestens ein Mitglied des Beirats zu wählen hat, das von den Aktionären, den mit ihnen verbundenen Unternehmen und den Geschäftspartnern der intern verwalteten geschlossenen Publikums-InvestmentKG unabhängig ist, § 153 Abs. 3 S. 2 i.V.m. § 18 Abs. 3 S. 2 KAGB.[541] Die vorstehenden Verweisungen sind abschließend, sodass diese Regelungen gesellschaftsvertraglich nicht abbedungen werden können.[542]

---

540 *Casper*, Die Investmentkommanditgesellschaft: große Schwester der Publikums-KG oder Kuckuckskind?, ZHR 179 (2015), 44, 62; Zur PublikumsKG: *Henze/Notz*, in Ebenroth/Boujong/Joost/Strohn, Anhang B. Rz. 147; *Jaletzke*, in Münchener Hdb. GesR, Bd. 2, § 68 Rz. 12; *Mutter*, in Münchener Hdb. GesR, Bd. 2, § 8 Rz. 11; zur GmbH & Co. KG: Reichert/Ullricht, in Reichert, GmbH & Co. KG, § 19 Rz. 42; zur GmbH: *Giedinghagen*, in Michalski, GmbHG, § 52 Rz. 168; zur AG: *Habersack*, in MünchKomm. AktG, § 95 Rz. 5f.; *Dygala*, in Schmidt/Lutter, AktG, § 95 Rz. 2.

541 Die marginalen Abweichungen in der Verweisungskette zwischen den Anforderungen an einen Aufsichtsrat und an einen Beirat (vgl. § 18 Abs. 2 S. 3 und 4 KAGB) rechtfertigen sich aus der Rechtsnatur der Personengesellschaft, vgl. RegE zum KAGB, BT-Drucksache, S. 212. Die Unterschiede sind im Ergebnis v.a. begrifflicher und nicht inhaltlicher Natur, *Bentele*, in Baur/Tappen, Investmentgesetze, Bd. 1, § 18 Rz. 8.

542 Vgl. zur Vorgängerregelung des § 6 Abs. 2 InvG: *Thole*, in Emde/Dornseifer/Dreibus/Hölscher, InvG, § 6 Rz. 16. Eine Übertragung der gesetzlichen Vorgaben auf den fakultativen Beirat bei anderen Rechtsformausprägungen der InvestmentKG ist durchaus zu erwägen, eine Übertragung auf lediglich beratende Gremien scheint jedoch zu weitgehend, so auch: *Zetzsche*, Das Gesellschaftsrecht des Kapitalanlagegesetzbuches, AG 2013, 613, 620.

aa. Singuläre Überwachungskompetenz

In Abweichung zu der umfassenden aktienrechtlichen Überwachungskompetenz des Aufsichtsrates (vgl. § 111 Abs. 1 AktG) beschränkt sich die gesetzliche Kompetenzzuweisung auf die singuläre, wenngleich bedeutsamen Aufgabe die Geschäftsführung bei der Umsetzung der Anlagebedingungen zu überwachen, § 153 Abs. 3 S. 1 Hs. 1 KAGB.[543] Neben der Überwachungspflicht kommt dem Beirat im Rahmen seiner Kontrollfunktion auch ein Einsichtnahme- und Prüfrecht der Bücher und Schriften der Gesellschaft sowie der Vermögensgegenstände zu, § 111 Abs. 2 AktG analog.[544] Gesellschaftsvertrag oder Beirat können weiterhin bestimmen, dass bestimmte Arten von Geschäften nur mit Zustimmung des Beirats vorgenommen werden dürfen, § 111 Abs. 4 S. 2 AktG analog.[545] Gegenüber den Geschäftsführungsmitgliedern kommt dem Beirat auch die Funktion zu, die Gesellschaft gerichtlich wie außergerichtlich zu vertreten, § 112 AktG analog.

bb. Sorgfaltspflicht, Verantwortung, Vergütung

Für die Sorgfaltspflicht und Verantwortlichkeit der Beiratsmitglieder gilt über den Verweis in § 116 AktG analog § 93 AktG mit Ausnahme von Absatz 2 Satz 3 sinngemäß.[546] Neben dem aktienrechtlichen Sorgfalts- und Verantwortungsmaßstab, folgt aus § 153 Abs. 3 S. 3 KAGB, dass der Beirat bei seiner Aufgabenwahrnehmung stets der Wahrung der Interessen der Anleger verpflichtet sein soll. Nach Einlage der Gelder kommt diesen nämlich keine unmittelbare

---

543 § 153 Abs. 3 S. 1 Hs. 1 KAGB stellt dabei eine Begrenzung der in § 111 Abs. 1 AktG statuierten allgemeinen Überwachungspflicht dar. Im Kontext der InvestmentKG liegt die Überwachungspflicht einzig in der Kontrolle der Geschäftsführung bei Umsetzung der Anlagebedingungen.

544 Zudem steht dem Beirat ein Prüfungsrecht des Jahresabschlusses zu, § 171 AktG analog.

545 Der Zustimmungsvorbehalt kann sich nur auf besonders bedeutsame Rechtsgeschäfte beziehen, *Beckmann*, in Beckmann/Scholtz/Vollmer, Investment Hdb., Erg.Lfg. 3/15, 405 § 18 Rz. 97. Nach Nr. 3.3. des DCGK gehören hierzu Entscheidungen oder Maßnahmen, die die Vermögens-, Finanz- oder Ertragslage des Unternehmens grundlegend verändern, s. hierzu: ebd.

546 In diesem Zusammenhang ist durchaus fragwürdig, inwieweit der Verantwortungsmaßstab des § 93 AktG unverändert auf die Beiratsmitglieder der KG anzuwenden ist, so auch: *Klebeck/Kunschke*, in Beckmann/Scholtz/Vollmer, Investment Hdb., Erg. lfg. 2/14, 405 § 153 Rz. 53.

Einflussmöglichkeit auf die Vermögensverwaltung durch die Geschäftsführung mehr zu.[547]

Inwieweit die Beiratsmitglieder für ihre Tätigkeiten vergütet werden sollen ist im Gesellschaftsvertrag festzusetzen und von der Gesellschafterversammlung zu bewilligen, § 113 Abs. 1 S. 1 und 2 AktG analog. Die Vergütung hat dabei in einem angemessenen Verhältnis zu den Aufgaben der Beiratsmitglieder und zur Lage der Gesellschaft zu stehen, § 113 Abs. 1 S. 3 AktG analog.

cc. Innere Ordnung und Beschlussfassung

Abgesehen von vorgenanntem Aufgabenspektrum und etwaigen Vergütungsregelungen, bestimmt sich die innere Ordnung des Beirats, die Beschlussfassung und Teilhabe an Sitzungen sowie allgemein die Einberufung des Beirats nach § 95, § 101, § 103, § 105, §§ 107 bis 110 KAGB. Entsprechend § 95 Satz 1 AktG besteht der Beirat aus mindestens drei Mitgliedern und je nach Höhe des Grundkapitals der Gesellschaft maximal 21 Mitgliedern. Die Mitglieder des Beirats werden von der Gesellschafterversammlung gewählt und können von dieser auch wieder abberufen werden, § 101 Abs. 1, § 103 AktG.[548] Mit der Bestellung und dem Ausscheiden der Beiratsmitglieder korrespondiert eine unverzügliche Anzeigepflicht gegenüber der BaFin, § 153 Abs. 3 S. 4 KAGB.

dd. Zwischenergebnis

Da die Regelungen betreffend den Beirat nicht nur aktienrechtlichem Vorbild folgen, sondern dem Aktienrecht unmittelbar entstammen, steht der Beirat der intern verwalteten geschlossenen InvestmentKG dem Aufsichtsrat weitestgehend gleich.

c. Anforderungen an die Beiratsmitglieder

Für die Mitglieder des Beirats gelten im Interesse des Anlegerschutzes strengere persönliche Anforderungen als die in § 100 AktG genannten, wonach unabhängig von der persönlichen Eignung und Sachkunde zunächst jede natürliche, unbeschränkt geschäftsfähige Person als Aufsichtsratsmitglied qualifiziert. Nach

---

547 Vgl. zum wortlautidentischen § 18 Abs. 4 S. 1 KAGB: *Bentele*, in Baur/Tappen, Investmentgesetze, Bd. 1, § 18 Rz. 22ff.; zu § 6 Abs. 2 InvG: *Thole*, in Emde/Dornseifer/Dreibus/Hölscher, InvG, § 6 Rz. 17.

548 Bzgl. des mit § 101 Abs. 1 S. 1 Hs. 1 AktG korrespondierenden Unabhängigkeitspostulat, das sich aus § 153 Abs. 3 S. 2 i.Vm. § 18 Abs. 3 S. 2 i.V.m. Satz 1 KAGB ergibt, siehe nachfolgend Kap. 2 Abschnitt III.4.d.

§ 153 Abs. 3 S. 3 KAGB muss die Persönlichkeit und Sachkunde der Mitglieder des Beirats Gewähr dafür bieten, dass die Interessen der Anleger gewahrt werden. Diese Vorgaben zielen auf eine Stärkung der Corporate Governance der Gesellschaft und der Gewährleistung eines erhöhten Anlegerschutzes ab.[549]

Im Einzelnen ist umstritten was unter den Begriffen „Persönlichkeit" und „Sachkunde" zu verstehen ist.[550] Unter den Begriff „Persönlichkeit" ist im Allgemeinen die fachliche Autorität, das Ansehen sowie die Integrität der Person zu verstehen.[551] Wenn auch der Begriff „Sachkunde" die Annahme zuließe, dass hierunter lediglich theoretische Kenntnisse zu fassen sind, bezieht sich der Begriff auch auf praktische Erfahrungen.[552] In Bezug auf letztgenannten Punkt, wird in Anlehnung an die vergleichbaren Anforderungen an die Geschäftsführer eines Kreditinstituts nach § 33 Abs. 2 KWG eine mindestens dreijährige berufliche Tätigkeit angenommen, bei der einschlägige Erfahrungen in den Bereichen des Bank- und Börsenwesen oder im Investmentgeschäft gesammelt wurden.[553] Für die Besetzung des Beirats kommen demzufolge ausschließlich im Wirtschaftsleben erfahrene Personen in Frage.[554] Damit gelten für die Mitglieder des Beirats ähnliche Anforderungen wie für die Qualifikation der Geschäftsführer gem. § 128 Abs. 2, § 153 Abs. 2 KAGB.

Ergänzend sind auf Basis des Verweises in § 18 Abs. 2 S. 4 KAGB auch die Vorgaben zur Vermeidung von Interessenkonflikten zu beachten, § 100 Abs. 2 Nr. 1 bis 3 AktG analog.

d. Unabhängigkeitspostultat des § 18 Abs. 3 S. 2 KAGB

Zur Stärkung der Corporate Governance und zur Verbesserung des Anlegerschutzes schreibt § 18 Abs. 3 KAGB vor, dass die Gesellschafterversammlung

---

549 *Klebeck/Kunschke*, in Beckmann/Scholtz/Vollmer, Investment Hdb., Erg.lfg. 2/14, 405 § 153 Rz. 54.

550 Bereits strittig unter Geltung der alten Rechtslage zu § 6 Abs. 3 InvG a.F.: vgl. *Steck/Gringel*, in Berger/Steck/Lübbehüsen, InvG/InvStG, § 6 Rz. 18ff.; *Thole*, in Emde/Dornseifer/Dreibus/Hölscher, InvG, § 6 Rz. 24.

551 *Klebeck/Kunschke*, in Beckmann/Scholtz/Vollmer, Investment Hdb., Erg.lfg. 2/14, 405 § 153 Rz. 55; *Thole*, in Emde/Dornseifer/Dreibus/Hölscher, InvG, § 6 Rz. 25.

552 Vgl. *Klebeck/Kunschke*, in Beckmann/Scholtz/Vollmer, Investment Hdb., Erg.lfg. 2/14, 405 § 153 Rz. 55; *Thole*, in Emde/Dornseifer/Dreibus/Hölscher, InvG, § 6 Rz. 26.

553 *Klebeck/Kunschke*, in Beckmann/Scholtz/Vollmer, Investment Hdb., Erg.lfg. 2/14, 405 § 153 Rz. 55; *Steck/Gringel*, in Berger/Steck/Lübbehüsen, InvG/InvStG, § 6 Rz. 28.

554 *Beckmann*, in Beckmann/Scholtz/Vollmer, Investment Hdb., Erg.lfg. 3/15, 405 § 18 Rz. 114.

mindestens ein Mitglied des Beirats zu wählen hat, das von den Gesellschaftern, den mit ihnen verbundenen Unternehmen und den Geschäftspartner der Gesellschaft unabhängig ist.[555] Die Einführung der gesetzlichen Verpflichtung, mindestens ein unabhängiges Mitglied in den Beirat aufzunehmen, soll der Gewährleistung der Anlegerinteressen in besonderem Maße Rechnung tragen.[556]

Den Tatbestand der Unabhängigkeit erfüllt dabei, wer frei von sachfremden Erwägungen – insbesondere von Weisungen – handelt.[557] Gemäß den gesetzlichen Vorgaben, kann die Unabhängigkeit durch persönliche Beziehungen zu Gesellschaftern oder Geschäftspartnern beeinträchtigt werden. Nach den Ausführungen des Gesetzgebers zum Investmentänderungsgesetz, sprich zur gleichlautenden Vorschrift des § 6 Abs. 2a InvG a.F. bestimmt sich die Unabhängigkeit der Beiratsmitglieder auf Basis einer wirtschaftlichen Betrachtung.[558] Wirtschaftliche Unabhängigkeit ist nach dem Willen des Gesetzgebers regelmäßig anzunehmen, wenn die Einnahmen des Beiratsmitglieds aus seiner Tätigkeit für einen Gesellschafter, ein mit ihm unabhängiges Unternehmen oder einen Geschäftspartner der Gesellschaft in einem Zeitraum von vier Jahren vor seiner Bestellung im Mittel 30% seiner Gesamteinnahmen nicht überschritten hat.[559] Steht das Beiratsmitglied in einer wirtschaftlichen Abhängigkeit zur InvestmentKG, ist dies nicht per se schädlich. In diesem Fall sind jedoch die Gründe für die Auswahl des entsprechenden Beiratsmitglieds nachvollziehbar zu dokumentieren.[560]

---

555 Zur näheren Begriffsbestimmung von „verbundenen Unternehmen“ und „Geschäftspartnern“, s. *Beckmann*, in Beckmann/Scholtz/Vollmer, Investment Hdb., Erg.lfg. 3/15, 405 § 18 Rz. 53; *Bentele*, in Baur/Tappen, Investmentgesetze, Bd. 1, § 18 Rz. 18.

556 Diese Vorgabe ist wortlautidentisch mit dem vor Inkrafttreten des KAGB geltenden und in § 6 Abs. 2a InvG a.F. statuierten Erfordernis ein unabhängiges Aufsichtsratsmitglied in den obligatorischen Aufsichtsrat einer Kapitalanlagegesellschaft (heute: KVG) zu wählen, s. *Thole*, in Emde/Dornseifer/Dreibus/Hölscher, InvG, § 6 Rz. 19ff; *Steck/Gringel*, in Berger/Steck/Lübbehüsen, InvG/InvStG, § 6 Rz. 18ff. Vgl. RegE zum InvÄndG, BT-Drucksache 16/5567, S. 60.

557 *Beckmann*, in Beckmann/Scholtz/Vollmer, Investment Hdb., Erg.lfg. 3/15, 405 § 18 Rz. 52; *Thole*, in Emde/Dornseifer/Dreibus/Hölscher, InvG, § 6 Rz. 21.

558 RegE zum InvÄndG, BT-Drucksache 16/5567, S. 60.

559 RegE zum InvÄndG, BT-Drucksache 16/5567, S. 60.

560 RegE zum InvÄndG, BT-Drucksache 16/5567, S. 60.

5. Gesetzliche Etablierung eines dualistischen Systems nach aktienrechtlichem Vorbild

Die Auseinandersetzung mit der innergesellschaftlichen Ordnung und den strukturellen Gegebenheiten der Gesellschaft zeigt, dass der Kommanditgesellschaft durch die investmentrechtlichen Vorgaben in ein neues Gewand gehüllt wurde, das weitgehend dem Rechtskleid der Aktiengesellschaft entspricht. Die im Handelsrecht etablierte Gesellschaftsstruktur, die durch ein Leitungsorgan – den Komplementär/die Geschäftsführung – geprägt ist, wird im Investmentrecht von einem dualistischen Leitungssystem nach aktienrechtlichem Vorbild abgelöst. Dies trifft im Besonderen auf die intern verwaltete geschlossene Publikums-InvestmentKG zu.[561] Aufgrund ihres Massengesellschaftscharakters weist sie nicht nur faktisch die näheste Verwandtschaft zur Aktiengesellschaft auf. Durch die zwingende Vorgabe zur Errichtung eines Beirats, schlägt sich in ihr auch die größte formal-gesetzliche Entsprechung mit der Aktiengesellschaft nieder.[562]

Die Organisationsverfassung der Aktiengesellschaft ist dreigliedrig: Leitungsorgan, Aufsichtsorgan und Hauptversammlung.[563] Dabei teilt sich die Unternehmensführung auf zwei institutionell verselbständigte Organe auf (sog. dualistisches System).[564] Das Leitungsorgan führt die Geschäfte der Gesellschaft und vertritt sie nach außen hin, während das personell wie funktionell getrennte Aufsichtsorgan die Geschäftsführung überwacht.[565] Die Hauptversammlung bildet das dritte Organ im dualistischen System. Sie hat in den ihr gesetzlich wie satzungsmäßig zugewiesenen Fällen zu entscheiden.[566] Geprägt ist diese Organisationsstruktur durch drei wesentliche Elemente: Inkompatibilität zwischen

561 Die nachfolgenden Ausführungen nehmen insbesondere diese Rechtsformausprägung der InvestmentKG in Bezug. Die Ausführungen gelten allerdings gelichermaßen für alle InvestmentKGen, die neben der Geschäftsführung und der Gesellschafterversammlung – als allen InvestmentKGen gemeinen Organen – auch einen Beirat errichtet haben.

562 Während die Etablierung eines dualistischen Systems nach aktienrechtlichem Vorbild im Kontext der intern wie extern verwalteten offenen und geschlossenen Spezial-InvestmentKG wie auch der extern verwalteten Publikums-InvestmentKG im Gestaltungsermessen der Gesellschafter liegt, erfolgt i.R.d. intern verwalteten geschlossenen Publikums-InvestmentKG eine gesetzliche Etablierung dieses Leitungssystems.

563 *Müller*, in Müller/Rödder, Beck'sches Hdb. AG, § 1 Rz. 53.

564 *Eberspächer*, in Spindler/Stilz, Art. 38 SE-VO Rz. 3.

565 Vgl. § 111 Abs. 1 AktG; *Müller*, in Müller/Rödder, Beck'sches Hdb. AG, § 1 Rz. 53; *Eberspächer*, in Spindler/Stilz, Art. 38 SE-VO Rz. 3.

566 *Müller*, in Müller/Rödder, Beck'sches Hdb. AG, § 1 Rz. 53.

Mitgliedern des Leitungs- und Aufsichtsorgans, Weisungsfreiheit der Geschäftsführung und erschwerte Abberufbarkeit seiner Mitglieder.[567]

In der intern verwalteten geschlossenen Publikums-InvestmentKG übernimmt die Geschäftsführung, die Leitung der Gesellschaft. Ihr obliegt die Anlage und Verwaltung des Kommanditanlagevermögens, § 129 Abs. 1 S. 2, § 154 Abs. 1 S. 2 KAGB. Der Beirat übernimmt, wenn auch begrenzt auf die Umsetzung der Anlagebedingungen, die Überwachung der Geschäftsführung, § 153 Abs. 3 S. 1 Hs. 2 KAGB.[568] Die Hauptversammlung wählt die Mitglieder des Beirats (§ 153 Abs. 3 S. 2 i.V.m. § 18 Abs. 2 S. 4 KAGB i.V.m. § 101 Abs. 1 S. 1, § 103 Abs. 1 S. 1 AktG) und beschließt in den ihr gesetzlich (§ 267 Abs. 3 S. 1 KAGB) wie gesellschaftsvertraglich zugewiesenen Fällen.[569]

Vergleicht man das dualistische Leitungssystem der Aktiengesellschaft mit der investmentrechtlich etablierten Organisationsverfassung (insbesondere) der intern verwalteten geschlossenen Publikums-InvestmentKG, ist der Befund eindeutig: Vorgenannte Gesellschaft ist gleich der Aktiengesellschaft dualistisch verfasst. Durch die normativen Ausgestaltungen hat der Gesetzgeber vorliegend ausdrücklich die Trennung der Führungsfunktionen – d.h. Geschäftsführung und Überwachung – auf zwei voneinander separierte Gesellschaftsorgane angeordnet. Der Gesetzgeber schafft damit eine „quasi-AG“ personengesellschaftsrechtlichen Ursprungs.

Der KAGB-Gesetzgeber weicht somit in erheblichem Maße von der gesetzestypischen KG ab, bei der organisationsrechtlich weder die Gesellschafterversammlung noch der Beirat vorgesehen sind und – mit Ausnahme von Grundlagengeschäften – die gesamte Unternehmensführung dem geschäftsführenden Organ obliegt, § 164 S. 1 HGB. Das Personengesellschaftsrecht sieht dabei keine funktionale Trennung von Geschäftsführung und Überwachung vor. Die Bildung etwaiger nicht geschäftsführender unabhängiger Gremien, liegt einzig im Gestaltungsermessen der Gesellschafter. Die personengesellschaftsrechtliche Entkleidung der gesetzestypischen KG ist dabei derart weitreichend, dass bezogen auf die (inner-)gesellschaftliche Ordnung von einem nahezu vollständigen Identitätsverlust gesprochen werden.

Die erheblichen normativen Anstrengungen des Gesetzgebers – durch Anpassungsmaßnahmen die KG der AG anzugleichen – sind Beleg dafür, dass auch der Gesetzgeber erkennt, dass die AG den investmentrechtlichen Anforderungen

567 *Eberspächer*, in Spindler/Stilz, Art. 38 SE-VO Rz. 3.
568 S. hierzu auch Kap. 2 Abschnitt III.4.b.
569 *Müller*, in Müller/Rödder, Beck'sches Hdb. AG, § 1 Rz. 53.

am ehesten gerecht wird und damit einzig geeignete Rechtsform ist. Eine investmentrechtliche Modifikation der Aktiengesellschaft wäre demnach vorzugswürdig gewesen. Im Ergebnis erweist sich die KG einmal mehr als untaugliche Rechtsform.

IV. Die externe Verwaltung der InvestmentKG

Die externe Verwaltung dürfte im Vergleich zur internen Verwaltung die in der Praxis bedeutendere Verwaltungsform darstellen.[570] Sie ist dadurch geprägt, dass der Fonds und die Verwaltung voneinander separiert sind und in zwei Gesellschaften bestehen. Die Möglichkeit eine externe KVG zu bestellen steht jedweder Rechtsformausprägung der InvestmentKG zu – sprich der offenen (§ 129 Abs. 1 S. 1 KAGB) wie auch der geschlossenen InvestmentKG (§ 154 Abs. 1 S. 1 KAGB).

Die externe KVG wird vom Investmentvermögen oder im Namen des Investmentvermögens bestellt und ist aufgrund dieser Bestellung für die Verwaltung des Investmentvermögens verantwortlich, § 17 Abs. 2 Nr. 1 KAGB. Während das zu verwaltende Investmentvermögen als Sondervermögen in der Rechtsform der AG, der KG oder der GmbH & Co. KG aufgelegt sein kann muss die externe KVG zwingend die Rechtsform der AG, der GmbH oder der GmbH & Co. KG haben, vgl. § 18 Abs. 1 KAGB.

Wie bereits näher unter Kap. 2 Abschnitt III.2.a.bb. erörtert, nimmt die externe KVG die kollektive Vermögensverwaltung nach § 1 Abs. 19 Nr. 24 KAGB als ihr originär zugewiesene Aufgabe zur eigenverantwortlichen Erledigung wahr.[571] Da es sich hierbei um eine erlaubnispflichtige Tätigkeit handelt, bedarf es zur Aufnahme des Geschäftsbetriebs einer schriftlichen Erlaubnis der BaFin, § 20 Abs. 1 i.V.m. § 17 Abs. 1 KAGB.

---

570 So auch *Böhme*, Die Vertretung der extern verwalteten InvestmentKG, BB 2014, 2380, 2380; *Casper*, Die InvestmentKG: große Schwester der Publikums-KG oder Kuckuckskind?, ZHR 179 (2015), 44, 58.

571 *Beckmann*, in Beckmann/Scholtz/Vollmer, Investment Hdb., Erg.lfg. 13/14, 405 § 17 Rz. 90; § 20 Rz. 64. Aufgrund dieser Aufgabenwahrnehmung durch die KVG, d.h. im Rahmen der externen Verwaltung, negiert *Zetzsche* die Finalität des Zusammenschlusses und verneint somit das Bestehen einer Gesellschaft, *ders.*, Prinzipien der kollektiven Vermögensanlage S. 559. Näheres zum Ansatz des Idealvertrags, s. Kap. 2 Abschnitt I.2.b.

1. Aufgaben der Kapitalverwaltungsgesellschaft

Der externen KVG obliegt die kollektive Vermögensverwaltung nach § 1 Abs. 19 Nr. 24 KAGB. Neben der Portfolioverwaltung und dem Risikomanagement hat die externe KVG auch sämtliche der in Anhang I der AIFM-RL aufgeführten Tätigkeiten wahrzunehmen.[572] Ausweislich der Richtlinie liegt die Übertragung letztgenannter Tätigkeiten zwar grds. im Ermessen der InvestmentKG („andere Aufgaben, die ein AIFM […] zusätzlich ausüben **kann**"), nach der Verwaltungspraxis der BaFin hat die KVG jedoch zwingend sämtliche der in Anhang I der AIFM-RL genannten Tätigkeiten zu erbringen.[573] Nach Auffassung der BaFin verbleiben lediglich die „per Gesetz vorgesehenen Aufgaben der Organe" bei der InvestmentKG, wozu die Wahrnehmung von Investmenttätigkeiten nicht zähle.[574]

Da die BaFin über die Erlaubniserteilung entscheidet, fallen zumindest rechtstatsächlich sämtliche administrative Tätigkeiten (wie bspw. Kundenanfragen, Gewinnausschüttung, Ausgabe und Rücknahme von Anteilen), Tätigkeiten im Zusammenhang mit den Vermögensgegenständen des AIF und der Vertrieb der Anteile des verwalteten Investmentvermögens in den Kompetenzbereich der KVG.[575]

Neben diesen allgemeinen Verwaltungsaufgaben ist die KVG auch für die Einhaltung der Anforderungen des KAGB verantwortlich, § 17 Abs. 3 KAGB. Sie hat überdies dafür Sorge zu tragen, dass die extern verwaltete InvestmentKG, die ihr gesetzlich zugewiesenen Aufgaben erfüllt, vgl. § 18 Abs. 7 KAGB. Da der extern verwalteten InvestmentKG gesetzlich keine Verwaltungskompetenzen zugewiesen werden, ist fraglich, um welche Aufgaben es sich hierbei konkret handelt. Der Gesetzgeber verweist in der Regierungsbegründung exemplarisch auf den Fall, dass die extern verwaltete InvestmentKG keine Verwahrstelle i.S.d.

---

572 Nach Auffassung der BaFin fallen auch die in Anhang I Nr. 2 AIFM-RL genannten Aufgaben zwingend in den Kompetenzbereich der KVG, s. Ziffer 2 der BaFin FAQs zum Thema Auslagerung gem. § 36 KAGB v. 12.5.2014, WA 41-Wp 2137-2013/0036.

573 Ziffer 2 der BaFin FAQs zum Thema Auslagerung gem. § 36 KAGB v. 12.5.2014, WA 41-Wp 2137-2013/0036. Hervorhebung erfolgte durch die Autorin; a.A. *Hoffert*, in Moritz/Klebeck/Jesch, Frankfurter Komm. z. KAGB, § 154 Rz. 23, der die Übernahme der Portfolioverwaltung und des Risikomanagements genügen lässt.

574 Ziffer 2 der BaFin FAQs zum Thema Auslagerung gem. § 36 KAGB v. 12.5.2014, WA 41-Wp 2137-2013/0036. Dies entspreche der Eigenart der InvestmentKG als Fondsvehikel, d.h. als nicht operativ tätige Gesellschaft, s. *ebd.*

575 *Wallach*, Die Regulierung von PersG im KAGB, ZGR 2014, 289, 300.

§§ 80ff. KAGB bestellt.[576] Gem. § 80 Abs. 1 S. 1 KAGB hat die KVG nämlich sicherzustellen, dass für jeden von ihr verwalteten AIF eine Verwahrstelle beauftragt wurde, ohne dass ihr selbst die Abschlusskompetenz des Verwahrstellenvertrags zukommt.[577]

In Abgrenzung zu den unter Kap. 2 Abschnitt III.2.a.bb. näher erörterten Aufgaben der Geschäftsführung der extern verwalteten InvestmentKG kann an dieser Stelle zusammenfassend festgehalten werden, dass die externe KVG – nach Maßgabe der gesetzlichen Vorgaben der § 129 Abs. 1 S. 2, § 154 Abs. 1 S. 2 KAGB – mit ihrer Bestellung die kollektive Vermögensverwaltung anstelle der InvestmentKG übernimmt.[578] Die KVG nimmt die ihr übertragenen Aufgaben in Haupt- und Letztverantwortung wahr, sodass bei der extern verwalteten InvestmentKG keine originären Verwaltungsaufgaben verbleiben.[579] Da sich die Rechte und Pflichten der externen KVG aus dem Gesetz ergeben, kann die bestellende InvestmentKG auch keine Aufgaben zur Selbstwahrnehmung zurückbehalten. Eine hierauf bezogene privatautonome Kompetenzausgestaltung durch die Parteien ist folglich ausgeschlossen.[580]

2. Das Spannungsverhältnis zwischen der InvestmentKG und der Kapitalverwaltungsgesellschaft

Auf Basis der vorstehenden Ausführungen und der Auseinandersetzung mit der Frage nach dem Aufgabenbereich der Geschäftsführung der extern verwalteten InvestmentKG unter Kap. 2 Abschnitt III.2.a.bb. ist die Kompetenzverteilung zwischen der InvestmentKG und der KVG zumindest bezogen auf den Inhalt der von der KVG wahrzunehmenden Aufgaben abschließend geklärt. Der Zuweisungsgrund und die Stellung der KVG in der Verbandskonstitution der

---

576 RegE zum KAGB, BT Drucksache 17/12294, S. 212. Die Begründung des Gesetzgebers geht dabei auf Erwägungsgrund 11 der AIFM-RL zurück.

577 Diese liegt grds. im Kompetenzbereich der Geschäftsführung der extern verwalteten KVG, s. RegE zum KAGB, BT-Drucksache 17/12294, S. 212, 231.

578 Vgl. § 17 Abs. 1 KAGB; Ziffer 2 der BaFin FAQs zum Thema Auslagerung gem. § 36 KAGB v. 12.5.2014, WA 41-Wp 2137-2013/0036. Hiervon unberührt bleibt die Wahrnehmung der allgemeinen gesellschaftsrechtlichen Pflichten, die weiterhin der InvestmentKG zustehen, *Beckmann*, in Beckmann/Scholtz/Vollmer, Investment Hdb., Erg.lfg 3/15, 405 § 17 Rz. 95.

579 *Klebeck/Kunschke*, in Beckmann/Scholtz/Vollmer, Investment Hdb., Erg.Lfg. 2/14, 405 § 154 Rz. 28.

580 *Beckmann*, in Beckmann/Scholtz/Vollmer, Investment Hdb., Erg.lfg 3/15, 405 § 17 Rz. 93.

InvestmentKG blieben aufgrund der rein inhaltlichen Fokussierung bislang hingegen unberücksichtigt. So ist mithin unklar, ob die Aufgabenzuweisung an die KVG auf dem Bestellungsakt beruht und damit rein rechtsgeschäftlicher Natur ist oder ob sie kraft Gesetzes erfolgt. Für die Beantwortung dieser Frage kommt es maßgeblich darauf an, wie man die gesetzliche Vorgabe versteht, „[der KVG] obliegt insbesondere die Anlage und Verwaltung des Kommanditanlagevermögens“[581], § 129 Abs. 1 S. 2, § 154 Abs. 1 S. 2 KAGB.

Hierzu bieten sich zwei Lesarten an. Zum einen könnte der Gesetzgeber hierin eine inhaltliche Vorgabe getroffen haben, die es – seitens der Gesellschafter – zwingend schuldrechtlich umzusetzen gilt. Zum anderen kann hierin eine gesetzliche Kompetenzzuweisung gesehen werden, die gerade keiner schuldrechtlichen Umsetzung mehr bedarf (sog. Kompetenzzuweisung kraft Gesetzes).

Weist man der oben stehenden Formulierung mit der zuerst genannten Interpretationsmöglichkeit lediglich inhaltlichen Bezug zu, erfolgt die Aufgabenzuweisung an die KVG (ausschließlich) per Rechtsgeschäft, wobei der Inhalt des Bestellungsvertrages rechtlich weitgehend gebunden ist.[582] Die Annahme einer solchen inhaltsgestaltenden Wirkung hätte unweigerlich zur Folge, dass die Geschäftsführer der InvestmentKG im Wege des Bestellungsvertrages, rechtsgeschäftlich, Geschäftsführungsaufgaben auf einen Dritten – die KVG – übertragen.[583] Eine derartige Kompetenzübertragung wirft im allgemeinen Personengesellschaftsrecht die Frage nach der Vereinbarkeit mit dem Grundsatz der Selbstorganschaft auf.[584]

---

581 Einfügung erfolgte durch die Autorin.

582 So wohl einhellig die Literatur: *Casper*, Die Investmentkommanditgesellschaft: große Schwester der Publikums-KG oder Kuckuckskind?, ZHR 179 (2015), 44, 60; *Wallach*, Die Regulierung von PersG im KAGB, ZGR 2014, 289, 325f.; *Escher*, Die Regulierung der geschlossenen Fonds im KAGB, in: Bankrechtstag 2013, S. 142f.; *Wagner*, Externe KVGs in geschlossenen Publikums-GmbH & Co. KGs, BKR 2015, 410, 411f.; *Paul*, in Weitnauer/Boxberger/Anders, KAGB, § 154 Rz. 8; insbesondere *Hoffert*, Moritz/Klebeck/Jesch, Frankfurter Komm. z. KAGB, § 154 Rz. 23, der die Regelungen als Vorgabe eines Mindestinhalts einstuft.

583 Den geschäftsführenden Gesellschaftern obliegt die Förderung des gemeinsamen Zwecks in der durch den Gesellschaftsvertrag bestimmten Weise, vgl. § 164 S. 1, § 161 Abs. 2 i.V.m. § 105 Abs. 3 HGB i.V.m. § 705 BGB; *Martens*, in Schlegelberger, HGB Komm., Bd. III/2. Halbbd., § 114 Rz. 12. An dieser Stelle sei darauf hingewiesen, dass die nachfolgende Auseinandersetzung davon ausgeht, dass die KVG nicht an der InvestmentKG beteiligt ist und ihr somit auch keine Gesellschafterstellung zukommt.

584 Vgl. zum Grundsatz der Selbstorganschaft und seinen Grenzen: *Born*, in Ebenroth/Boujong/Joost/Strohn, § 109 Rz. 15; *Rawert*, in MünchKomm. HGB, § 114 Rz. 23ff.; *Roth*, in Baumbach/Hopt, § 114 Rz. 9, 11.

Ob sich diese Frage vor dem Hintergrund des gegebenen rechtlichen Rahmens allerdings überhaupt stellt, ist zweifelhaft.[585] Denn anders als in den typischen Verstoßkonstellationen, in denen die Geschäftsführung ihre Aufgaben vertraglich auf einen Dritten überträgt, erlaubt das KAGB ausdrücklich die externe Verwaltungsform unter originärer Zuweisung der auf die Anlage und Verwaltung bezogenen Geschäftsführungskompetenzen an die KVG, § 129 Abs. 1 S. 2, § 154 Abs. 1 S. 2 KAGB. Damit entsteht durch die investmentrechtlichen Vorgaben – bei Annahme einer rechtsgeschäftlichen Übertragung – die Sonderkonstellation, dass die Geschäftsführung zwar im Bestellungsvertrag, d.h. schuldrechtlich, ihre Kompetenzen auf die KVG überträgt, hierfür jedoch ein „rechtliches Mandat" besteht. Die Annahme eines Verstoßes würde folglich zur Unmöglichkeit rechtskonformen Verhaltens führen. Verhalten sich die Gesellschafter der InvestmentKG investmentkonform und übertragen die relevanten Kompetenzen schuldrechtlich auf die KVG, verhalten sie sich gleichzeitig handelsrechtswidrig.

Dass sich hieraus ergebene Spannungsverhältnis würde sich rechtlich dann nicht stellen, wenn man vorgenannte Regelung als Kompetenzzuweisung kraft Gesetzes verstehen würde.[586] Denn in diesem Fall würde die Aufgabenübertragung ihren schuldrechtlichen Charakter verlieren. Der Bestellungsvertrag wäre lediglich formaler Auslöser für die Anwendung des gesetzlichen Zuweisungstatbestandes, nicht jedoch Rechtsgrund der Zuweisung. Während der Bestellungsvertrag nach erstgenannter Interpretation für die Kompetenzzuweisung

---

585 Die Literatur diskutiert einen solchen Verstoß, kommt allerdings einhellig zu dem Ergebnis, dass ein solcher nicht gegeben ist, siehe hierzu: *Casper*, Die Investmentkommanditgesellschaft: große Schwester der Publikums-KG oder Kuckuckskind?, ZHR 179 (2015), 44, 60; *Wallach*, Die Regulierung von PersG im KAGB, ZGR 2014, 289, 325f.; *Escher*, Die Regulierung der geschlossenen Fonds im KAGB, in: Bankrechtstag 2013, S. 142f.; *Wagner*, Externe KVGs in geschlossenen Publikums-GmbH & Co. KGs, BKR 2015, 410, 411f.; *Paul*, in Weitnauer/Boxberger/Anders, KAGB, § 154 Rz. 8; *Hoffert*, Moritz/Klebeck/Jesch, Frankfurter Komm. z. KAGB, § 154 Rz. 23. Eine nähere Auseinandersetzung mit dem Meinungsspektrum der Literatur erfolgt unter Abschnitt Kap. 2 Abschnitt IV.a.bb.aaa.

586 Notwendige Voraussetzung für die Annahme eines Verstoßes gegen den Grundsatz der Selbstorganschaft ist nämlich eine schuldrechtliche Ermächtigung eines gesellschaftsfremden Dritten, vgl. *Born*, in Ebenroth/Boujong/Joost/Strohn, § 109 Rz. 15; *Rawert*, in MünchKomm. HGB, § 114 Rz. 23ff.; *Roth*, in Baumbach/Hopt, § 114 Rz. 9, 11; BGH Urt. v. 5.10.1981 – II ZR 203/80 = NJW 1982, 1817 („Holiday-Inn"-Entscheidung).

konstituierend wäre, käme ihm vorliegend – bezogen auf die übertragungsgegenständlichen Aufgaben – rein deklaratorische Wirkung zu.[587]

Unabhängig von der dogmatischen Einordnung der oben genannten Vorschriften (als materielle Vertragsgestaltungsnorm oder gesetzlicher Zuweisungstatbestand), bleibt letztlich die Frage nach der Stellung der KVG innerhalb des Systemgefüges der InvestmentKG zu beantworten. Konkret geht es darum, ob bzw. inwieweit der KVG als Nichtgesellschafterin durch die originäre – d.h. allein- und letztverantwortliche – Aufgabenwahrnehmung Organkompetenz zukommt.[588] Während sich die Frage im Innenverhältnis auf die (organschaftliche) Geschäftsführungsbefugnis konzentriert, stellt sich bezogen auf das Außenverhältnis, insbesondere die Frage nach der (organschaftlichen) Vertretungsbefugnis, die allerdings mit der Verfügungsbefugnis über die zum Gesellschaftsvermögen gehörenden Vermögensgegenstände korrespondiert.[589] Obwohl die aufgeworfenen Fragen grundsätzlicher Natur sind, enthält das KAGB hierzu keine eindeutigen Regelungen. In Ermangelung klarer rechtsdogmatischer Vorgaben könnte man geneigt sein, die letztverantwortliche Zuweisung der Anlage- und Verwaltungstätigkeit an die KVG derart zu verstehen, dass sich vorgenannte Begriffe auf die Geschäftsführungs-, Vertretungs- und Verfügungskompetenz hinsichtlich der überantworteten Aufgaben beziehen.[590] Inwieweit diese Annahme rechtlich trägt, wird zusammen mit der zunächst aufgeworfenen Frage nach dem Rechtsgrund der Kompetenzzuweisung zu beantworten sein. Dabei gliedert sich die nachfolgende Untersuchung in eine Innen- und

---

587 Siehe hierzu näher die nachfolgenden Ausführungen unter Kap. 2 Abschnitt IV.2.a.aa. zu Sinn und Zweck bzw. Funktion und Ursprung des Grundsatzes der Selbstorganschaft; vgl. auch: *Born*, in Ebenroth/Boujong/Joost/Strohn, § 109 Rz. 15; *Rawert*, in MünchKomm. HGB, § 114 Rz. 23ff.; *Roth*, in Baumbach/Hopt, § 114 Rz. 9, 11; BGH Urt. v. 5.10.1981 – II ZR 203/80 = NJW 1982, 1817 („Holiday-Inn"-Entscheidung); die denklogisch stets von einer schuldrechtlichen Übertragung ausgehen.

588 Der Begriff „originär" könnte in diesem Zusammenhang mit dem Begriff „organschaftlich" gleichzusetzen sein. Denn die Verwirklichung des Unternehmensgegenstandes obliegt gemäß dem personengesellschaftsrechtlichen Grundsatz der Selbstorganschaft den Geschäftsführern, die hierfür die Allein- und Letztverantwortung tragen. In diesem Zusammenhang ist originär Synonym für organschaftlich, Vgl. hierzu für die InvestmentKG: *Paul*, in Weitnauer/Boxberger/Anders, KAGB, § 154 Rz. 8.

589 *Paul*, in Weitnauer/Boxberger/Anders, KAGB, § 154 Rz. 8; zum rechtlichen Dürfen (Innenverhältnis) und Können (Außenverhältnis), s. näher: *Casper*, in Staub/HGB-Kommentar, § 164 Rz. 1.

590 *Casper*, Die Investmentkommanditgesellschaft: große Schwester der Publikums-KG oder Kuckuckskind?, ZHR 179 (2015), 44, 58; *Roth*, in Baumbach/Hopt, § 114 Rz. 11.

Außenrechtsbetrachtung. Diese Vorgehensweise ermöglicht es, die Reichweite der § 129 Abs. 1 S. 2, § 154 Abs. 1 S. 2 KAGB deutlich abzugrenzen. So geht es zunächst um die Frage, ob der KVG bezogen auf die Anlage und Verwaltung des Kommanditanlagevermögens die (organschaftliche) Geschäftsführungskompetenz zukommt (a.). Anschließend widmet sich die vorliegende Arbeit der Frage bezogen auf das Außenverhältnis, d.h. hinsichtlich der (organschaftlichen Vertretungs- und verfügungsmacht (b.).

a. Das Innenverhältnis

Im Innenverhältnis konzentriert sich die Auseinandersetzung mit vorgenannten Fragestellungen auf die (organschaftliche) Geschäftsführungsbefugnis.[591] Wie alle Rechte und Pflichten ist auch das Recht zur Geschäftsführung an die Mitgliedschaft der Gesellschafter gebunden, vgl. §§ 709ff. BGB, § 114, § 125 HGB.[592] Bei Kommanditgesellschaften gilt dies mit der Einschränkung, dass die organschaftliche Geschäftsführungsbefugnis als rechtliches Dürfen im Innenverhältnis grds. nur den unbeschränkt haftenden Gesellschaftern zukommt, § 164, § 170 HGB.[593] Der Konnex zwischen Organstellung und Mitgliedschaft ist Ausdruck des personengesellschaftsrechtlichen Grundsatzes der Selbstorganschaft, der seinerseits Ausfluss des Gesamthandsprinzips ist.[594] Antonym hierzu besteht im Kapitalgesellschaftsrecht der Grundsatz der Fremdorganschaft.[595] Die erlaubte Fremdorganschaft ist die dogmatische Konsequenz daraus, dass eine juristische Person von Gesetzes wegen – d.h. unabhängig von ihren Mitgliedern – eigene Rechtspersönlichkeit verliehen bekommt.[596] Eine Rückbindung der Organstellung an die Mitgliedschaft erfolgt anders als im Personengesellschaftsrecht nicht.

---

591 Vgl. *Rawert*, in MünchKomm. HGB, § 114 Rz. 25.

592 *Bosche*, in Oetker, § 125 Rz. 6; *Martens*, in Schlegelberger, in Schlegelberger, HGB Komm., Bd. III/2. Halbbd., § 114 Rz. 12; *Buß*, in Sudhoff, Personengesellschaften, § 9 Rz. 4; *Wiedemann*, GesR, § 4 II 2 (S. 334).

593 Vgl. hierzu auch: *Casper*, in Staub/HGB-Kommentar, § 164 Rz. 1.

594 *K. Schmidt*, GesR, § 14 II 2. a); *Beuthien*, Konzernbildung und Konzernleitung kraft Satzung, ZIP 1993, 1589, 1595.

595 *Bosche*, in Oetker, § 125 Rz. 6; *Born*, in Ebenroth/Boujong/Joost/Strohn, § 109 Rz. 15; *Roth*, in Baumbach/Hopt, § 125 Rz. 7; *Buß*, in Sudhoff, Personengesellschaften, § 9 Rz. 4.

596 *Altmeppen*, Die Publikums-Fonds-Gesellschaft und das Rechtsberatungsgesetz, ZIP 2006, 1,3. Hierbei wird auch von dem „Prinzip der abgeleiteten Organamtswaltung" gesprochen, *Beuthien*, Konzernbildung und Konzernleitung kraft Satzung, ZIP 1993, 1589, 1595.

Deshalb müssen die kapitalgesetzlichen Regelungen die Bildung von Organen und die Bestellung von Gesellschaftern oder sonstigen Personen – d.h. auch jeder Dritte – als Organwalter ausdrücklich vorsehen.[597]

Inwieweit auch der KVG durch die originäre Aufgabenzuweisung (§ 129 Abs. 1 S. 2, § 154 Abs. 1 S. 2 KAGB) Organstellung zugewiesen wird bzw. mit ihrer Bestellung ein Fall zulässiger Fremdgeschäftsführung etabliert wird, ist nunmehr eingehend zu untersuchen. Hierbei kommt es entscheidend darauf an, welchen rechtlichen Charakter man vorgenannten Vorschriften zuschreibt.[598] Entnimmt man ihnen lediglich vertragsgestaltenden Charakter, führen die in Rede stehenden Vorschriften zu einer Willensbindung der Gesellschafter auf schulrechtlicher Ebene – die Gesellschafter sind hinsichtlich der zu überantwortenden Aufgaben rechtlich gebunden. In diesem Fall, d.h. im Fall der schuldrechtlichen Aufgabenübertragung an die KVG, ist die Frage nach der Vereinbarkeit mit dem Grundsatz der Selbstorganschaft zwingend zu beantworten bzw. den § 129 Abs. 1 S. 2, § 154 Abs. 1 S. 2 KAGB im Zweifel Ausnahmecharakter zuzuweisen.

Geht man hingegen von einer Kompetenzzuweisung kraft Gesetzes aus, kann die Frage nach einem Verstoß gegen den Grundsatz der Selbstorganschaft dahinstehen. Denn in diesem Fall fehlt es an einem rechtsbegründenden schuldrechtlichen Übertragungstatbestand. Es stellt sich somit vielmehr die Frage nach dem Grad der gesetzlichen Zuweisung – organschaftlich oder nicht-organschaftlich.

Um diese Frage im Detail zu beantworten gilt es zunächst die Reichweite des Grundsatzes der Selbstorganschaft und die von der Rechtsprechung gebilligte bzw. zulässige Aufgabenwahrnehmung durch Dritte – sprich Nichtgesellschafter – zu verstehen. Vor diesem Hintergrund erfolgt zunächst eine Einführung in diese Thematik (aa.), bevor im Weiteren, unter Würdigung der aufgezeigten Spannungsverhältnisse, der von der Literatur gewählte Lösungsansatz einer Bestandsprüfung unterzogen und ein neuer Lösungsvorschlag unterbreitet wird (bb.).

---

597 *Beuthien*, Konzernbildung und Konzernleitung kraft Satzung, ZIP 1993, 1589, 1595. Im Kapitalgesellschaftsrecht kann auch jeder Dritte Geschäftsführer sein, vgl. hierzu ausdrücklich: § 6 Abs. 3 GmbHG der besagt, dass Gesellschafter oder andere Personen zum Geschäftsführer bestellt werden können.

598 Siehe hierzu bereits einleitend Kap. 2 Abschnitt IV.2.

aa. Grundsatz der Selbstorganschaft

Um die Frage nach der rechtlichen Einordnung der § 129 Abs. 1 S. 2, § 154 Abs. 1 S. 2 KAGB sowie die Verstoßfrage besser beantworten zu können, erfolgt an dieser Stelle zunächst einführend eine kurze Darstellung des Grundsatzes der Selbstorganschaft – einschließlich des zulässigen Maßes einer rechtsgeschäftlichen Aufgabenübertragung.

Wie bereits erwähnt, ist die organschaftliche Geschäftsführung wie Vertretung im Personengesellschaftsrecht zwingend den Gesellschaftern vorbehalten.[599] Eine vollständige Übertragung der organschaftlichen Geschäftsführungsbefugnisse auf einen Dritten scheidet demnach grds. aus.[600] Eine weitgehende schuldrechtliche Übertragung nicht-organschaftlicher Geschäftsführungsbefugnisse ist hingegen insoweit zulässig, als alle mit der Geschäftsführung verbundenen Rechte und Pflichten im Kompetenzbereich der zur Geschäftsführung berechtigten Gesellschafter verbleiben.[601] Mit anderen Worten: Die Letztverantwortung verbleibt bei den geschäftsführungsberechtigten Gesellschaftern. Dem mit der Geschäftsführung betrauten Dritten kommt somit gerade keine organschaftliche Stellung zu. Sein Rechtsverhältnis zur Gesellschaft beruht vielmehr einzig auf dem zugrundeliegenden Anstellungs- oder Dienstverhältnis, das jederzeit im Wege der Kündigung beendet werden kann.[602]

Wenn auch eine rechtsgeschäftliche Kompetenzübertragung auf einen Nichtgesellschafter grds. möglich ist, begrenzt der Grundsatz der Selbstorganschaft

---

599 *Wagner*, Externe KVGs in geschlossenen Publikums-GmbH & Co. KGs, BKR 2015, 410, 410.

600 Damit begegnet man auch an dieser Stelle erneut dem Abspaltungsverbot (s. hierzu bereits Kap. 2 Abschnitt III.3.c.bb. zur Frage nach Teilnahme- und Stimmberechtigung von mittelbar Beteiligten). Dem Grunde nach soll das Abspaltungsverbot (§ 717 S. 1 BGB) – das als allgemeines gesellschaftsrechtliches Prinzip auch für die AG und GmbH gilt – die Mitgesellschafter davor bewahren, dass Dritte, die nicht ihr uneingeschränktes Vertrauen genießen, kraft Übertragung einzelner Verwaltungsrechte Einfluss auf die innere Willensbildung nehmen können ohne an den gemeinsam Gesellschaftszweck gebunden zu sein. § 717 S. 1 BGB wahrt somit die Einheitlichkeit der Mitgliedschaft im Sinne der Einheit der Gesellschafterstellung und – rechte, *Beuthien*, Konzernbildung und Konzernleitung kraft Satzung, ZIP 1993, 1589, 1596.

601 *Bosche*, in Oetker, § 125 Rz. 6; *Hillmann*, in Ebenroth/Boujong/Joost/Strohn, § 125 Rz. 3; *Buß*, in Sudhoff, Personengesellschaften, § 9 Rz. 4; *Wiedemann*, GesR, § 4 II 2 (S. 334); *Martens*, in Schlegelberger, HGB Komm., Bd. III/2. Halbbd. § 114 Rz. 12; *Buß*, in Sudhoff, Personengesellschaften, § 9 Rz. 4.

602 *Martens*, in Schlegelberger, HGB Komm., Bd. III/2. Halbbd., § 114 Rz. 12; *Buß*, in Sudhoff, Personengesellschaften, § 9 Rz. 4.

die Gestaltungsfreiheit der Gesellschafter auf ein rechtlich zulässiges Maß.[603] Eine Befugnisübertragung auf Dritte unter dauerhaftem und unwiderruflichem Ausschluss sämtlicher Gesellschafter von der Geschäftsführung ist mithin unzulässig.[604] Verbleibt den Gesellschaftern kein Mindestmaß an Kontroll- und Mitwirkungsrechten bzw. mindestens ein jederzeitiges Widerrufs- oder Kündigungsrecht, sind die vom Grundsatz der Selbstorganschaft gesetzten Grenzen zulässiger Fremdgeschäftsführung überschritten.[605] Dies bestätigt auch die höchstrichterliche Rechtsprechung[606], die eine weitgehende Übertragung von Geschäftsführungsaufgaben nur insoweit toleriert, als die organschaftlichen Geschäftsführungs- und Vertretungsbefugnisse bei den Gesellschaftern verbleiben.[607]

603 *Bosche*, in Oetker, § 125 Rz. 6; *Hillmann*, in Ebenroth/Boujong/Joost/Strohn, § 125 Rz. 3; *Buß*, in Sudhoff, Personengesellschaften, § 9 Rz. 4; *Wiedemann*, GesR, § 4 II 2 (S. 334); *Drescher*, in Ebenroth/Boujong/Joost/Strohn, § 114 HGB Rz. 15.

604 *Roth*, in Baumbach/Hopt, § 114 Rz. 11; *Rawert*, in MünchKomm. HGB, § 114 Rz. 23ff, 28; *Martens*, in Schlegelberger, HGB Komm., Bd. III/2. Halbbd., § 114 Rz. 12; *Buß*, in Sudhoff, Personengesellschaften, § 9 Rz. 4; *Wiedemann*, Gesellschaftsrecht, § 4 II 2 (S. 334); BGH Urt. v. 5.10.1981 – II ZR 203/80 = NJW 1982, 1817, 1817 („Holiday-Inn"-Entscheidung); *Habersack*, in Staub/HGB-Kommentar, § 125 Rz. 5. Als maßgebliches Abgrenzungskriterium für die Zulässigkeit einer Aufgabenübertragung wird demnach die Letztentscheidungshoheit genannt, *Buß*, in Sudhoff, Personengesellschaften, § 9 Rz. 4.

605 *Martens*, in Schlegelberger, HGB Komm., Bd. III/2. Halbbd., § 114 Rz. 12; *Buß*, in Sudhoff, Personengesellschaften, § 9 Rz. 4; *Wiedemann*, GesR, § 4 II 2 (S. 334); *Roth*, in Baumbach/Hopt, § 114 Rz. 11.

606 Der BGH hat sich in der Holiday Inn-Entscheidung mit der Frage auseinander setzen müssen, inwieweit die schuldrechtliche Übertragung von Geschäftsführungsaufgaben die Qualität organschaftlicher Befugnisse erreicht mit der Konsequenz eines Verstoßes gegen den Grundsatz der Selbstorganschaft. Gegenstand der Entscheidung war ein Betriebsführungsvertrag zwischen einer Hotelkette und einer KG, auf dessen Basis die Hotelkette die Leitung und Verwaltung des Hotels im Namen und für Rechnung der KG übernehmen sollte. Der Managementvertrag räumte der Hotelkette, als Nichtgesellschafterin, das Recht ein das Hotel weitgehend alleinverantwortlich, d.h. weisungsfrei, zu führen, BGH Urt. v. 5.10.1981 – II ZR 203/80 = NJW 1982, 1817ff. („Holiday-Inn"-Entscheidung). Der BGH prüfte den Vertrag unter dem Gesichtspunkt der Gesetz- und Sittenwidrigkeit, § 134, § 138 BGB, *ebd.*

607 BGH Urt. v. 20.9.1993 – II ZR 204/92 = WM 1994, 237. m.w.N.; BGH Urt. v. 5.10.1981 – II ZR 203/80 = NJW 1982, 1817

Teleologisch lässt sich der Grundsatz der Selbstorganschaft vorwiegend, wenn nicht ausschließlich, mit Schutzinteressen begründen.[608] So sucht das Gesetz in seinem Ausgangspunkt durch die Verbindung von Herrschaft und Haftung einen angemessen Ausgleich zu schaffen. Durch die Übertragung der Leitungsaufgabe an die Komplementäre soll sichergestellt werden, dass diese nur für eigenes Fehlverhalten mit ihrem Gesamtvermögen haften.[609] Weiterhin dient der Grundsatz der Selbstorganschaft der Sicherung der Mitgesellschafter und des Rechtsverkehrs.[610] Die Mitgesellschafter sollen davor geschützt werden, dass ein Dritter, der nicht ihr Vertrauen genießt, durch die Übertragung einzelner Verwaltungsrechte derart in die Gesellschaft eingebunden wird, dass er mitverwaltend tätig werden kann – ohne an den gemeinsamen Zweck und die korrespondierende gesellschaftliche Treuepflicht gebunden zu sein.[611] Der Schutz des Rechtsverkehrs konzentriert sich auf das Vertrauen in die Richtigkeit des Handelsregisters. Bezogen auf die organschaftliche Geschäftsführungs- und Vertretungsbefugnis qualifizieren nämlich nur Gesellschafter als eintragungsfähige Personen.[612]

Zusammenfassend kann folgendes festgehalten werden: Während die Organe juristischer Personen erst durch entsprechende Personen im Wege eines formalen Bestellungsaktes besetzt werden müssen, erhält die Gesamthand ihre Organe nicht, sie hat sie vielmehr kraft Gesellschafterstellung.[613] Die unbeschränkt

---

608 Vgl. *Beuthien*, Konzernbildung und Konzernleitung kraft Satzung, ZIP 1993, 1589, 1596; *K. Schmidt*, GesR, § 14 II 2. d); *Habersack*, in Staub/HGB-Kommentar, § 125 Rz. 5.

609 *Beuthien*, Konzernbildung und Konzernleitung kraft Satzung, ZIP 1993, 1589, 1596; *K. Schmidt*, GesR, § 14 II 2. d). Wenn auch die Konnexität zwischen Herrschaft und Haftung kein zwingendes personengesellschaftsrechtliches Strukturmerkmal darstellt, so erscheint es jedenfalls unbillig den unbeschränkt haftenden Gesellschafter mit seinem Gesamtvermögen für das Fehlverhalten eines Dritten einstehen zu lassen, s. *ebd.*

610 *K. Schmidt*, GesR, § 14 II 2. e).

611 *Beuthien*, Konzernbildung und Konzernleitung kraft Satzung, ZIP 1993, 1589, 1596.

612 Im Fall der Übertragung der organschaftlichen Geschäftsführungskompetenzen auf die KVG, wäre mangels Eintragungsfähigkeit, für Außenstehende nicht erkennbar wer tatsächlich geschäftsführungs- und vertretungsbefugt ist, so auch: *Beuthien*, Konzernbildung und Konzernleitung kraft Satzung, ZIP 1993, 1589, 1595; *Casper*, Die Investmentkommanditgesellschaft: große Schwester der Publikums-KG oder Kuckuckskind?, ZHR 179 (2015), 44, 60; so i.E. auch: *Böhme*, Die Vertretung der extern verwalteten InvestmentKG, BB 2014, 2380, 2384.

613 *K. Schmidt*, GesR, § 14 II 2. a). Eine Übertragung auf Dritte scheidet demnach grds. aus, *Drescher*, in Ebenroth/Boujong/Joost/Strohn, § 114 HGB Rz. 15; *K. Schmidt*, in Schlegelberger, HGB Komm., Bd. III/2. Halbbd., § 125 Rz. 6.

haftenden Gesellschafter sind somit kraft Gesetzes zur Geschäftsführung berufen (sog. geborene Geschäftsführer) und über den Grundsatz der Selbstorganschaft zur Selbstwahrnehmung der organschaftlichen Befugnisse verpflichtet.[614]

bb. Verstoß gegen den Grundsatz der Selbstorganschaft

Ausgehend von der beschriebenen personengesellschaftsrechtlichen Grundkonzeption muss die organschaftliche Geschäftsführungs- und Vertretungsbefugnis zwingend bei den Gesellschaftern verbleiben. Die Übertragung der Letztverantwortlichkeit auf einen Dritten ist demnach personengesellschaftsrechtlich ausgeschlossen.

Führt man sich nunmehr den bestehenden Rechtsrahmen des KAGB vor Augen, wird die Schwierigkeit der Rechtsanwendung der § 129 Abs. 1 S. 2, § 154 Abs. 1 S. 2 KAGB deutlich. Sieht man nämlich den Bestellungsvertrag der KVG als Rechtsgrund der Aufgabenzuweisung an, erscheint vor dem Hintergrund des Umfangs und der Exklusivität der zu übertragenen Kompetenzen – originäre (letztverantwortliche) Zuweisung der unternehmensgegenständlichen Aufgaben, einschließlich sämtlicher in Anhang I der AIFM-RL aufgeführten Tätigkeiten – die Annahme eines Verstoßes gegen den Grundsatz der Selbstorganschaft naheliegend. Eine solche Betrachtung würde jedoch außer Acht lassen, dass vorliegend der Gesetzgeber die Anordnung trifft, dass im Wege der Bestellung einer externen KVG dieser die Allein- und Letztverantwortlichkeit für die Anlage und Verwaltung des Kommanditanlagevermögens obliegt, vgl. § 129 Abs. 1 S. 2, § 154 Abs. 1 S. 2 KAGB.[615] Eine darauf gerichtete (freie) privatautonome

---

614 *Fleischer*, in MünchKomm. GmbHG, Einleitung Rz. 25; *Altmeppen*, Die Publikums-Fonds-Gesellschaft und das Rechtsberatungsgesetz, ZIP 2006, 1,3. Als Teil des zwingenden Organisationsrechts und der mitgliedschaftlichen Legitimation aller Herrschaftsbefugnisse, konzentriert sich das organschaftliche Monopol in der KG grds. auf die unbeschränkt haftenden Gesellschafter, *ebd.*

615 Vgl. hierzu: § 129 Abs. 1 S. 3, § 154 Abs. 1 S. 3 KAGB, wo der Gesetzgeber ausdrücklich darauf verweist, dass die Bestellung der KVG kein Fall der Auslagerung ist. Diesen Regelungen ist gleich ein mehrfacher Aussagewert immanent. Zum einen stellen sie klar, dass bei der Auslagerung die Haupt- und Letztverantwortlichkeit bei der KVG verbleibt, *Hanten*, in Baur/Tappen, Investmentgesetze, Bd. 1, § 36 Rz. 21; Ziffer 1 der BaFin FAQs zum Thema Auslagerung gem. § 36 KAGB v. 12.5.2014, WA 41-Wp 2137-2013/0036. Zum anderen liegt hierin denklogisch die Aussage begründet, dass die KVG die Aufgaben als originäre Aufgaben in Allein- und Letztverantwortung auch gegenüber der InvestmentKG wahrnimmt. Letzterer kommt nämlich lediglich die Funktion als Investmentvehikel zu, dass von der Investmenttätigkeit an sich – bei externer Verwaltung – entbunden ist, Ziffer 2 der BaFin FAQs zum Thema

Willensentscheidung der Geschäftsführer ist nicht möglich.[616] Vielmehr ist ihre Entscheidung hinsichtlich des Umfangs der Kompetenzüberantwortung rechtlich gebunden.

Auf Basis dieser Gegebenheiten tut sich augenscheinlich auch die Literatur schwer damit personengesellschaftsrechtliche Prinzipientreue walten zu lassen und gleichsam die investmentrechtlichen Vorgaben vollends zu verwirklichen. Die nachfolgende Darstellung widmet sich zunächst dem bestehenden Meinungsbild in der Literatur unter Verweis auf die gewählte dogmatische Einordnung der § 129 Abs. 1 S. 2, § 154 Abs. 1 S. 2 KAGB und die entsprechenden Schlussfolgerungen (aaa.). Da es der Literatur nur unzureichend gelingt den bestehenden Konflikt zwischen aufsichtsrechtlichen Vorgaben und kerngesellschaftsrechtlichen Grundprinzipien zu lösen, schlägt diese Arbeit anschließend einen alternativen Lösungsweg vor (bbb.).

aaa. Meinungsbild in der Literatur

Wenn auch die Begründungsansätze der Literatur von der Annahme eines Ausnahmetatbestandes[617] über rein praktisch-funktionale Erwägungen[618] bis hin zur Negierung eines freien Rechts zur Selbstorganschaft durch die aufsichtsrechtliche Verbandszweckprägung[619] reichen, besteht im Ergebnis Einigkeit darüber, dass der Grundsatz der Selbstorganschaft nicht verletzt ist.[620]

Den pragmatischsten Ansatz liefert *Wallach*, indem er die aufsichtsrechtliche Lizensierungs- und Überwachungspflicht sowie die organisatorischen Anforderungen an Compliance- und Risikomanagementsysteme als eine tatsächliche Hürde einstuft, die die interne Verwaltungsform als wenig praktikable

---

Auslagerung gem. § 36 KAGB v. 12.5.2014, WA 41-Wp 2137-2013/0036. Zur Bedeutung der originären Aufgabenwahrnehmung, vgl. erneut Kap. 2 Abschnitt III.2.a.bb.

616 So auch: *Hoffert*, in Moritz/Klebeck/Jesch, Frankfurter Komm. z. KAGB, § 154 Rz. 9.

617 *Casper*, Die Investmentkommanditgesellschaft: große Schwester der Publikums-KG oder Kuckuckskind?, ZHR 179 (2015), 44, 60.

618 *Wallach*, Die Regulierung von PersG im KAGB, ZGR 2014, 289, 325f.

619 *Escher*, Die Regulierung der geschlossenen Fonds im KAGB, in: Bankrechtstag 2013, S. 142f.

620 Dies wird überwiegend damit begründet, dass die Organkompetenz bei den Geschäftsführern der InvestmentKG verbleibe, s. *Wallach*, Die Regulierung von PersG im KAGB, ZGR 2014, 289, 322ff.; *Wagner*, Externe KVGs in geschlossenen Publikums-GmbH & Co. KGs, BKR 2015, 410, 411f.; *Paul*, in Weitnauer/Boxberger/Anders, KAGB, § 154 Rz. 8; *Casper*, Die Investmentkommanditgesellschaft: große Schwester der Publikums-KG oder Kuckuckskind?, ZHR 179 (2015), 44, 60; *Hoffert*, Moritz/Klebeck/Jesch, Frankfurter Komm. z. KAGB, § 154 Rz. 25.

Alternative zu einer zweitklassigen Verwaltungsform degradiert und die praktische Notwendigkeit der externen Verwaltungsform betont.[621] Dabei dient die Erkenntnis der praktischen Untauglichkeit der internen Verwaltungsform dazu, die Aufgabe der personengesellschaftsrechtlichen Prinzipientreue zugunsten der externen Verwaltung zu rechtfertigen. Wenn auch die interne Verwaltung mit dem Grundsatz der Selbstorganschaft konform wäre, sei eine Beschränkung auf diese Verwaltungsform mit Blick auf die beschriebenen Defizite nicht möglich.[622] Weiterhin sei es auch aus Anlegersicht weder erforderlich noch vorzugswürdiger, dass die InvestmentKG die Verwaltungs- und Kapitalsammelfunktion selbst wahrnehme.[623] Da die aufsichtsrechtlichen Pflichten der KVG inhaltlich mit den Treuepflichten eines KG-Geschäftsführers übereinstimmten und die organschaftlichen Befugnisse bei den Gesellschaftern der InvestmentKG verbleiben, erfahre der Anleger durch die Fremdverwaltung keinen geringeren Schutz.[624] Der Grundsatz der Selbstorganschaft müsse demnach hinter der Fremdgeschäftsführung zurücktreten.[625] Ebenfalls zu diesem Ergebnis kommt

621 *Wallach*, Die Regulierung von PersG im KAGB, ZGR 2014, 289, 325. Dieser Aussage scheint der Hinweis immanent zu sein, dass die KG an sich mit der Einhaltung der gesetzlichen Vorgaben überfordert ist.

622 Eine solche Beschränkung widerspreche überdies der Funktion der InvestmentKG als Investmentvehikel, vgl. *Wallach*, Die Regulierung von PersG im KAGB, ZGR 2014, 289, 325.

623 *Wallach*, Die Regulierung von PersG im KAGB, ZGR 2014, 289, 326. Für den Anleger sei einzig entscheidend, dass hinreichend qualifizierte und zuverlässige Personen mit der Verwaltungsfunktion betraut werden, *ebd.*

624 *Wallach*, Die Regulierung von PersG im KAGB, ZGR 2014, 289, 326; so auch: *Paul*, in Weitnauer/Boxberger/Anders, KAGB, § 154 Rz. 8, der unkritisch auf die sachgerechte Berücksichtigung allgemeiner personengesellschaftsrechtlicher Grundsätze verweist und die Anforderungen an die fachliche Eignung der Geschäftsführer der InvestmentKG als Beleg für den Verbleib der organschaftlichen Befugnisse sieht. Ebenfalls zu diesem Ergebnis kommt *Casper*, der aufgrund der gegebenen rechtlichen Vorgaben bezogen auf die InvestmentKG eine Ausnahme vom Grundsatz der Selbstorganschaft zulassen will, *ders.*, Die Investmentkommanditgesellschaft: große Schwester der Publikums-KG oder Kuckuckskind?, ZHR 179 (2015), 44, 60.

625 *Wallach*, Die Regulierung von PersG im KAGB, ZGR 2014, 289, 326; so auch: *Paul*, in Weitnauer/Boxberger/Anders, KAGB, § 154 Rz. 8, *Casper*, Die Investmentkommanditgesellschaft: große Schwester der Publikums-KG oder Kuckuckskind?, ZHR 179 (2015), 44, 60.

Casper, der in den gegebenen rechtlichen Vorgaben einen Ausnahmetatbestand begründet sieht.[626]

Neben diesen eher praktischen Erwägungen wird in der Literatur auch der Versuch unternommen die gegebenen rechtlichen Vorgaben in ein neues dogmatisches Denkmodell zu integrieren, das die Anwendbarkeit des Grundsatzes der Selbstorganschaft an den gewählten Verbandszweck knüpft und die Systematik des Personengesellschaftsrechts um einen „aufsichtsrechtlich geprägten Verbandszweck" zu erweitern sucht.[627] Dabei geht diese Ansicht davon aus, dass der Grundsatz der Selbstorganschaft ausschließlich bei einem gesetzestypischen Verbandszweck zur Anwendung kommen kann. Bei einem Verbandszweck mit abweichender Prägung, könne der Grundsatz der Selbstorganschaft hingegen nicht berücksichtigt werden.[628] Da die externe Verwaltungsform ein neues gesellschaftsrechtliches Investitionsmodell mit atypischen Verbandszweck sei, könne der Grundsatz der Selbstorganschaft vorliegend auch keine Berücksichtigung finden.[629] Anders als in den gesetzestypischen Konstellationen, reduziere sich die Entscheidungsfreiheit der Gründungsgesellschafter durch die Rechtsformwahl der InvestmentKG nämlich auf den gesetzlich festgelegten Unternehmensgegenstand, an den sich ein Automatismus anschließe, der keine „freie Organschaft" ermögliche. Erst mit der Wahl einer der beiden gesetzlich vorgegebenen Verwaltungsalternativen und dem Vorhandensein einer Erlaubnis der BaFin werde eine Geschäftsführung gesetzmäßig.[630]

---

626 *Casper*, die Investmentkommanditgesellschaft: große Schwester der Publikums-KG oder Kuckuckskind?, ZHR 179 (2015), 44, 60.

627 Vgl. *Escher*, Die Regulierung der geschlossenen Fonds im KAGB, in: Bankrechtstag 2013, S. 142.

628 Vgl. *Escher*, Die Regulierung der geschlossenen Fonds im KAGB, in: Bankrechtstag 2013, S. 142. Im Ansatzpunkt verweist diese Ansicht auf *Mülbert*, der im Zusammenhang mit der Entwicklung des Konzernrechts von Personengesellschaften vertreten hat, dass der Grundsatz der Selbstorganschaft nur dann zur Anwendung komme, wenn es sich um einen „gesetzestypischen Verbandszweck" handele. Bei einem sog. „dienenden Verbandszweck", d.h. der Gründungszweck erschöpft sich in einem dienen Charakter gegenüber der herrschenden Obergesellschaft, könne der Grundsatz der Selbstorganschaft nicht zur Anwendung kommen. *Mülbert*, in MünchKomm. HGB, Konzernrecht der Personengesellschaften, Rz. 138.

629 Vgl. *Escher*, Die Regulierung der geschlossenen Fonds im KAGB, in: Bankrechtstag 2013, S. 142.

630 *Escher*, Die Regulierung der geschlossenen Fonds im KAGB, in: Bankrechtstag 2013, S. 144. Über die konkrete Ausgestaltung des Gesellschaftszwecks erfolgt somit eine faktische Entwertung der Geschäftsführungskompetenzen, die eine Legitimation der Fremdgeschäftsführung miteinschließt.

Im Ergebnis kann festgehalten werden, dass die Literatur das Spannungsverhältnis zwischen Aufsichts- und Gesellschaftsrecht bei externer Verwaltung – wenn auch dogmatisch nicht überzeugend – dadurch löst, dass der Grundsatz der Selbstorganschaft vorliegend nicht zur Anwendung kommt bzw. hinter dem Fremdgeschäftsführungsverlangen zurücktritt.

bbb. Stellungnahme

Die bestehende Literatur widmet sich dem beschriebenen Spannungsverhältnis leider nur unzureichend. Statt einer sauberen dogmatischen Prüfung, die den gegebenen Sachverhalt unter die entsprechenden rechtlichen Regelungen subsumiert bzw. an den relevanten rechtlichen Parametern misst, verliert sich die Literatur überwiegend in einer faktischen Analyse, die ihre Lösung in praktischen Erwägungen sucht. Eine ausdrückliche Auseinandersetzung mit den bereits weiter oben aufgeworfenen Fragestellungen (s. hierzu im Einzelnen erneut Kap. 2 Abschnitt IV.2.) erfolgt in der Literatur nicht. Allein aus der zugrundeliegenden Fragestellung nach einem Verstoß gegen den Grundsatz der Selbstorganschaft lässt sich schließen, dass die Literatur in ihrem Ansatzpunkt davon ausgeht, dass der Bestellungsvertrag den Rechtsgrund der Aufgabenübertragung bildet und damit eine schuldrechtliche Kompetenzübertragung stattfindet.[631] Im Ergebnis lehnt der überwiegende Teil der Literatur die Anwendbarkeit des Grundsatzes der Selbstorganschaft zwar ab, vermag es jedoch nicht hierfür eine entsprechende dogmatische Begründung zu liefern.[632] Insbesondere der von der

---

631 Diese Annahme rechtfertigt sich daraus, dass ein Verstoß gegen den Grundsatz der Selbstorganschaft nur dann überhaupt angenommen werden kann, wenn ein schuldrechtlicher Übertragungstatbestand gegeben ist. Im Umkehrschluss bedeutet dies: Hat eine rechtsgeschäftliche Aufgabenzuweisung mittels des Bestellungsvertrages stattgefunden, kann den § 129 Abs. 1 S. 2, § 154 Abs. 1 S. 2 KAGB eine lediglich inhaltsgestaltende Funktion zukommen. Eine Zuweisung kraft Gesetzes würde dem Bestellungsvertrag nämlich den rechtsbegründenden Charakter nehmen (wie bereits weiter oben unter Kap. 2 Abschnitt IV.2.bb. erläutert). Vgl. hierzu auch: *Wallach*, Die Regulierung von PersG im KAGB, ZGR 2014, 289, 322ff.; *Wagner*, Externe KVGs in geschlossenen Publikums-GmbH & Co. KGs, BKR 2015, 410, 411f.; *Paul*, in Weitnauer/Boxberger/Anders, KAGB, § 154 Rz. 8; *Casper*, Die Investmentkommanditgesellschaft: große Schwester der Publikums-KG oder Kuckuckskind?, ZHR 179 (2015), 44, 60; differenzierter: *Escher*, Die Regulierung der geschlossenen Fonds im KAGB, in: Bankrechtstag 2013, S. 142ff.

632 Die Annahme eines rechtsgeschäftlichen Übertragungsaktes – von dem die Literatur ausgeht – hätte zumindest im Ansatz zwingend die Auseinandersetzung mit der Reichweite zulässiger Fremdgeschäftsführung auf den Plan rufen müssen, bevor von

Literatur vorgenommene Verweis auf den Verbleib der Organkompetenzen bei der Geschäftsführung der InvestmentKG erweist sich als undifferenziert.

In Anbetracht der Vollumfänglichkeit der Aufgabenwahrnehmung der KVG bezogen auf die kollektive Vermögensverwaltung, fragt sich, welchen Inhalts eine hierauf bezogene Organkompetenz der KG-Geschäftsführer wäre (siehe unten).[633] Zum anderen käme es bei Annahme einer erlaubten Fremdgeschäftsführung auf die Verstoßfrage erst gar nicht an. Was die Auseinandersetzung mit selbiger in der Literatur obsolet erscheinen lässt.

Die vorliegende Arbeit bietet hierzu einen alternativen Weg, indem sie den Rechtsgrund der Aufgabenübertragung in den § 129 Abs. 1 S. 2, § 154 Abs. 1 S. 2 KAGB begründet sieht und damit eine *(fremd-)organschaftliche* Kompetenzzuweisung kraft Gesetzes annimmt. Vorgenannte Regelungen weisen der KVG somit zum einen ipso iure sämtliche der in Anhang I der AIFM-RL genannte Aufgaben zu, zum anderen begründen sie einen spezialgesetzlichen Fremdgeschäftsführungstatbestand für Investment-Personengesellschaften (genauer: die InvestmentKG).[634]

Zur Begründung der organschaftlichen Kompetenzzuweisung an die KVG sollen die von der höchstrichterlichen Rechtsprechung entwickelten Parameter zur zulässigen „Fremdgeschäftsführung“ in Bezug genommen werden, die einen Beleg dafür bieten, dass die Aufgabenzuweisung vorliegend organschaftlicher Natur sein muss.[635] Nach der Rechtsprechung des BGH ist von einem Verbleib der organschaftlichen Befugnisse nur dann auszugehen, wenn der Geschäftsführung ein Weisungsrecht gegenüber dem Dritten zukommt oder ein jederzeitiges

---

einem Ausnahmetatbestand gesprochen werden kann, der selbst nicht dogmatisch begründet wurde.

633 Wenn auch eine organschaftliche Bestellung ablehnend, so doch anerkennend, dass die extern verwaltete InvestmentKG, die zur kollektiven Vermögensverwaltung gehörenden Aufgaben weder selbst wahrnehmen kann, noch Weisungsbefugnisse oder Mitspracherechte bestehen, *Hoffert*, in Moritz/Klebeck/Jesch, Frankfurter Komm. z. KAGB, § 154 Rz. 9.

634 Die Negierung eines schuldrechtlichen Übertragungstatbestandes ermöglicht es im Wege der Spezialgesetzlichkeit – d.h. der vorrangigen Anwendung der investmentrechtlichen Vorgaben (vgl. § 124 Abs. 1 S. 2, § 149 Abs. 1 S. 2 KAGB) – einen dogmatisch tragfähigen Lösungsvorschlag zu präsentieren.

635 Zu den Vorgaben der Rechtsprechung im Einzelnen: BGH Urt. v. 16.11.1981 – II ZR 213/80 = NJW 1982, 877, 878; BGH Urt. v. 20.9.1993 – II ZR 204/92 = WM 1994, 237, 238; zusammenfassende Darstellung auch bei: *Hoffert*, in Moritz/Klebeck/Jesch, Frankfurter Komm. z. KAGB, § 154 Rz. 26.

Widerrufs- oder Kündigungsrecht besteht.[636] Weiterhin hat der BGH einen Weisungsverzicht zugelassen, sofern das der Aufgabenüberantwortung zugrunde liegende Rechtsgeschäft konkrete Maßstäbe und Richtlinien für ein Tätigwerden des Betriebsführers festsetze.[637]

Die personengesellschaftsrechtliche Literatur betont überdies, dass ein Mindestmaß an Kontroll- und Mitwirkungsrechten bei den Geschäftsführern verbleiben müsse. Mit anderen Worten: Die Letztentscheidungsbefugnis muss den Gesellschafter-Geschäftsführern obliegen.[638] Weiterhin geht die Literatur davon aus, dass die Leitungskompetenz und die Führungsverantwortung nicht berührt werden dürfen.[639]

Nichts von alledem ist vorliegend gegeben.[640] Durch die originäre Aufgabenwahrnehmung liegt die Allein- und Letztverantwortlichkeit bezogen auf die in § 129 Abs. 1 S. 2, § 154 Abs. 1 S. 2 KAGB aufgeführten Tätigkeiten ausschließlich bei der KVG.[641] Sie nimmt die ihr (gesetzlich) originär übertragenen Tätigkeiten

---

636 Vgl. hierzu im Einzelnen: BGH Urt. v. 16.11.1981 – II ZR 213/80 = NJW 1982, 877, 878; BGH Urt. v. 22.3.1982 – II ZR 74/81 = NJW 1982, 2495; *Servatius*, in Henssler/Strohn, GesR, § 709 Rz. 14. Bezogen auf das Widerrufs-/Kündigungsrecht wird auch eine Beschränkung auf einen wichtigen Grund als ausreichend angesehen, sofern die einfache Mehrheit der Gesellschafter per Beschluss zugestimmt hat, s. *ebd.*

637 BGH Urt. v. 5.10.1981 – II ZR 203/80 = NJW 1982, 1817, 1818; s. hierzu auch: *Huber*, Betriebsführungsverträge zwischen selbständigen Unternehmen, ZHR 152 (1988), 1, 13f.

638 *Buß*, in Sudhoff, Personengesellschaften, § 9 Rz. 5; ebenso: *Martens*, in Schlegelberger, HGB Komm., Bd. III/2. Halbbd., § 114 Rz. 12, der darauf verweist, dass die Gesamtverantwortung weiterhin bei den Gesellschaftern liegen müsse; und *Rawert*, in MünchKomm. HGB, § 114 Rz. 28, der ihnen notfalls sogar die Befugnis zuerkennt gegen den Willen des mit der Geschäftsführung betrauten Dritten zu entscheiden.

639 *Martens*, in Schlegelberger, HGB Komm., Bd. III/2. Halbbd., § 114 Rz. 12.

640 Dies erkennt auch *Hoffert* an, kommt dann jedoch zu dem Ergebnis, dass durch das Verbleiben der sog. Residualaufgaben keine organschaftliche Übertragung gegeben sein kann, *ders.*, in Moritz/Klebeck/Jesch, Frankfurter Komm. z. KAGB, § 154 Rz. 27ff.

641 Durch den gesetzlichen Hinweis, dass es sich bei der Aufgabenwahrnehmung der KVG nicht um eine Auslagerung i.S.d. § 36 KAGB handelt, unterstreicht der Gesetzgeber die ausschließliche Aufgabenhoheit und die Letztverantwortlichkeit der KVG bezogen auf die ihr überantworteten Aufgaben, vgl. § 129 Abs. 1 S. 2 und 3, § 154 Abs. 1 S. 2 und 3 KAGB. So gleichermaßen die Europäische Kommission, die ESMA und die BaFin: Fragenkatalog der Europäischen Kommission zur AIFM-RL, ID 1158 und 1159 (abrufbar unter http://ec.europa.eu/finance/koel/index.cfm?fuseaction=question.show&questionId=1158); Abschnitt III Nummer 10 des ESMA Discussion paper zu Key concepts of the Alternative Investment Fund Managers Directive and types of AIFM vom 23. Februar 2012 (Ref. ESMA/2012/117); Ziff. 1 der BaFin

als eigene Aufgaben wahr.[642] Damit steht den Geschäftsführern der KVG weder eine Weisungsbefugnis zu, noch müssen sie für Geschäftsführungsfehler der KVG haftungsrechtlich einstehen.[643] Die Erteilung einzelfallbezogener Weisungen verbietet sich überdies deshalb, weil ihr inhaltsgestaltender Charakter der erlaubnispflichtigen Verantwortung für das Portfoliomanagement zuwiderlaufen würde.[644] Da Bezugsobjekt der aufsichtsrechtlichen Genehmigungspflicht einzig die KVG ist (vgl. § 20 Abs. 1 S. 1 i.V.m. § 17 Abs. 1 KAGB), könnte jedwede Form der Intervention der Geschäftsführer der InvestmentKG – in Ermangelung einer entsprechenden Genehmigung – als Betreiben eines unerlaubten Investmentgeschäfts angesehen werden, das gem. § 338 Abs. 1 Nr. 1 KAGB unter Strafe gestellt ist.[645] Abgesehen von dem Nichtvorhandensein eines Weisungsrechts, steht den Geschäftsführern der InvestmentKG auch kein ausdrückliches Widerrufs- oder Kündigungsrecht zu.[646] Gesetzlich vorgesehen ist lediglich ein Kündigungsrecht

---

FAQs zum Thema Auslagerung gem. § 36 KAGB v. 12.5.2014, WA 41-Wp 2137-2013/0036. Vgl. § 17 Abs. 3, § 18 Abs. 7 KAGB sowie Art. 5 Abs. 2 und 3 AIFM-RL; *Klebeck/Kunschke*, in Beckmann/Scholtz/Vollmer, Investment Hdb., Erg.Lfg. 2/14, 405 § 154 Rz. 28; a.A. *Wallach*, Die Regulierung von PersG im KAGB, ZGR 2014, 289, 30; *Paul*, in Weitnauer/Boxberger/Anders, KAGB, § 154 Rz. 8, der die Letztverantwortlichkeit und damit die Haftungsrisiken bei den Geschäftsführungsorganen der InvestmentKG sieht.

642 *Klebeck/Kunschke*, in Beckmann/Scholtz/Vollmer, Investment Hdb., Erg.Lfg. 2/14, 405 § 154 Rz. 28; *Hoffert*, in Moritz/Klebeck/Jesch, Frankfurter Komm. z. KAGB, § 154 Rz. 9; *Könnecke*, in Baur/Tappen, Investmentgesetze, Bd. 1, § 154 Rz. 21ff.

643 Dies auch feststellend: *Wallach*, Die Regulierung von PersG im KAGB, ZGR 2014, 289, 301; *Hoffert*, Moritz/Klebeck/Jesch, Frankfurter Komm. z. KAGB, § 154 Rz. 9.

644 So auch: *Hoffert*, Moritz/Klebeck/Jesch, Frankfurter Komm. z. KAGB, § 154 Rz. 9; a.A. *Escher*, Die Regulierung der geschlossenen Fonds im KAGB, in: Bankrechtstag 2013, S. 145, der zwar aufgrund des bestehenden Erlaubniserfordernisses für das Betreiben eines Investmentgeschäfts eine Weisung im Einzelfall ablehnt, im Ergebnis jedoch ein Weisungsrecht der InvestmentKG bejaht. So sieht er die Anlagebedingungen als Weisungen „im Sinne einer statischen Richtlinie" an, s. *ebd.*

645 Der Strafrahmen reicht von einer Geldstrafe zu einer Freiheitsstrafe von bis zu drei Jahren. Unabhängig von einer etwaigen Strafverfolgung kommt der BaFin eine eigene Verfolgungs- und Untersagungskompetenz zu, §§ 15f. KAGB. Trotz bestehender Kontroll- und Überwachungspflichten, können die Geschäftsführer der InvestmentKG etwaigen Verstößen mangels entsprechender Eingriffsmöglichkeiten nicht effektiv entgegentreten.

646 Bezogen auf das Widerrufsrecht: Weder sieht das Gesetz ein solches Recht vor, noch wäre die schulrechtliche Einräumung eines jederzeitigen Widerrufrechts mit den aufsichtsrechtlichen Anforderungen an die Anlage und Verwaltung des Kommanditanlagevermögens oder dem Anlegerschutz vereinbar.

der KVG beschränkt auf einen wichtigen Grund, vgl. § 129 Abs. 1 S. 4 Nr. 1, § 154 Abs. 1 S. 4 Nr. 1 KAGB. Zwar mag den Geschäftsführern ein schuldrechtliches Kündigungsrecht aus wichtigem Grund zustehen, aufgrund des bestehenden Rechtsrahmens kommt diesem Recht jedoch faktisch keine Bedeutung zu.[647]

Dass auch der Gesetzgeber von einem Idealtypus der Fremdverwaltung ausgeht, bei dem die Geschäftsführung der extern verwalteten KVG lediglich nachranginge Residualaufgaben wahrnimmt, zeigt ein Blick auf die Regelungen zur Finanzverfassung der extern verwalteten KVG. Anders als bei der internen Verwaltung, sieht das Gesetz für die extern verwaltete InvestmentKG nämlich gerade nicht die Bildung eines Betriebsvermögens vor.[648] Der Gesetzgeber scheint folglich davon auszugehen, dass die Geschäftsführer für die von ihnen wahrzunehmenden Aufgaben kein eigenes Betriebsvermögen – aus dem u.a. Büroausstattung, Softaware und Hardware finanziert werden – benötigen.[649] Damit können auch die Regelungen zur Finanzverfassung der Gesellschaft als Indiz dafür gereichen, dass sich der Kompetenzumfang der Geschäftsführung in der Wahrnehmung der Residualaufgaben erschöpft.

Nach dem Gesagten kann festgehalten werden, dass der Geschäftsführung der InvestmentKG, bezogen auf die überantworteten Aufgaben, keinerlei Geschäftsführungskompetenzen oder sonstige Einflussnahmemöglichkeiten zukommen, weshalb auch nicht von einem Verbleib entsprechender organschaftlicher Befugnisse ausgegangen werden kann.[650] Damit handelt es sich bei den § 129 Abs. 1

---

647 Kündigt die InvestmentKG das mit der KVG bestehende Vertragsverhältnis, muss sie entweder eine neue KVG finden, die in derselben juristischen Sekunde, in der der Vertrag mit der ersten KVG endet, die Verwaltungstätigkeit übernimmt oder sich selbst als KVG zulassen. Beides erscheint wenig praktikabel. Insbesondere die Option der Selbstverwaltung ist aufgrund des langwierigen und umfangreichen Antragsverfahrens und wegen der organisatorischen Anforderungen an Compliance- und Risikomanagementsystemen keine erstzunehmende Alternative. Der Gesetzgeber hat für den Übergangszeitraum im Fall der Kündigung des Verwaltungsmandats durch die InvestmentKG keine Regelungen getroffen.

648 Dies ergibt ein Umkehrschluss aus § 131 Abs. 1, § 156 Abs. 1 KAGB. Siehe auch: *Wallach*, Die Regulierung von PersG im KAGB, ZGR 2014, 289, 309.

649 So auch *Wallach*, Die Regulierung von PersG im KAGB, ZGR 2014, 289, 309.

650 A.A. *Casper*, Die Investmentkommanditgesellschaft: große Schwester der Publikums-KG oder Kuckuckskind?, ZHR 179 (2015), 44, 60; *Wallach*, Die Regulierung von PersG im KAGB, ZGR 2014, 289, 325f.; *Escher*, Die Regulierung der geschlossenen Fonds im KAGB, in: Bankrechtstag 2013, S. 142f.; *Wagner*, Externe KVGs in geschlossenen Publikums-GmbH & Co. KGs, BKR 2015, 410, 411f.; *ders.*, Geschlossene Fonds gemäß dem KAGB, ZfBR 2015, 113, 116; *Paul*, in Weitnauer/Boxberger/Anders, KAGB, § 154 Rz. 8; *Hoffert*, Moritz/Klebeck/Jesch, Frankfurter Komm. z. KAGB, § 154

S. 2, § 154 Abs. 1 S. 2 KAGB um eine originäre Aufgabenzuweisung kraft Gesetzes, wobei der Begriff „originär" als Synonym für „organschaftlich" zu verstehen ist. Dem Bestellungsvertrag kommt nach der hier vertretenen Ansicht – bezogen auf die zu übertragenen Aufgaben – keine rechtsbegründende Wirkung zu. Er ist vielmehr lediglich Auslöser der Anwendbarkeit der gesetzlichen Zuweisungsnorm und damit maximal mittelbar kausal für die Übertragung.[651] Die gesetzliche Kompetenzzuweisung führt weiterhin zu einer „Aufspaltung" der organschaftlichen Geschäftsführungskompetenzen. So kommt der Geschäftsführung der InvestmentKG weiterhin die Organkompetenz bezogen auf die Residualkompetenzen zu, während der KVG die organschaftliche Aufgabenwahrnehmung der in Anhang I der AIFM-RL genannten Tätigkeiten zukommt (sog. partielle Organkompetenz).[652]

cc. Zwischenergebnis

Während die Literatur einen rechtsgeschäftlichen Ansatz wählt, indem sie den Rechtsgrund der Aufgabenzuweisung an die KVG in dem Bestellungsvertrag begründet sieht – und damit im Ergebnis für eine erlaubte Fremdgeschäftsführung plädiert – geht die hier vertretene Ansicht von einer Aufgabenzuweisung kraft Gesetzes aus, nach der der KVG partiell organschaftliche Befugnisse zukommen.[653] Dieser Lösungsansatz überwindet insbesondere den in der Literatur bestehenden Inhaltsmangel der vermeintlich bestehenden Organkompetenz der KG-Geschäftsführer. Da bezogen auf sämtliche der „Anhang I"-Aufgaben der AIFM-RL die Haupt- und Letztverantwortlichkeit bei der KVG liegt, handelt es sich bei der von der Literatur angenommenen Organkompetenz um eine inhaltsleere Hülle. Die Annahme einer Organstellung ohne jedwede

---

Rz. 23; *Boxberger*, Vertretungsbefugnis einer externen Kapitalverwaltungsgesellschaft, GWR 2016, 1, 3; wenn auch ausdrücklich ablehnend nur für die Vertretung, wohl auch für die Geschäftsführung; OLG München, Urt. v. 1.10.2015 – 23 U 1570/15 = NZG 2015, 1430, 1431. Es fragt sich allerdings welchen Inhalts die von der Literatur angenommene Organkompetenz der Geschäftsführer der InvestmentKG sein soll.

651 Weiterhin rechtsbegründenden Charakter hat er jedoch bezogen auf sämtliche andere Regelungstatbestände.

652 Für die InvestmentAG so i.E.: *Dornseifer*, in Emde/Dornseifer/Dreibus/Hölscher, InvG, § 96 Rz. 74.

653 „Partiell" bezieht sich vorliegend darauf, dass die KVG nicht insgesamt die Geschäftsführung der InvestmentKG übernimmt, sondern „nur" bezogen auf die in Anhang I der AIFM-RL aufgeführten Tätigkeiten.

Kompetenzen erscheint hingegen verfehlt, weshalb der hier beschriebene Lösungsansatz vorzugswürdig ist.[654]

Überdies ist die hier vertretene Ansicht auch bezogen auf die Frage nach einem Verstoß gegen den Grundsatz der Selbstorganschaft die dogmatisch konsequentere Alternative. Denn durch die Kompetenzzuweisung kraft Gesetzes fehlt es an einem rechtgeschäftlichen Übertragungsakt, der mit dem beschriebenen Grundsatz konfligieren könnte. Den in der Literatur insoweit bestehenden Schwächen, kann mit der vorgenannten Ansicht Abhilfe geschaffen werden.

b. Das Außenverhältnis

Während die bisherige Betrachtung sich ausschließlich mit der Geschäftsführungsbefugnis auseinandergesetzt hat, stellt sich die Frage nach der Kompetenzverteilung der InvestmentKG und der KVG gleichermaßen bezogen auf das Außenverhältnis. Den Ausgangspunkt dieser Untersuchung bildet die Frage nach der Vertretungsbefugnis, d.h. die Frage nach der Berechtigung die Gesellschaft gegenüber Dritten im Rechtsverkehr wirksam zu vertreten. Wobei hiermit unweigerlich die Frage nach der Verfügungsberechtigung über die relevanten Vermögensgegenstände korrespondiert.[655]

Nach dem bereits Erläuterten konzentriert sich die Beantwortung der Frage ausschließlich auf die in § 129 Abs. 1 S. 2, § 154 Abs. 1 S. 2 KAGB gegenständlichen Aufgaben – d.h. die kollektive Vermögensverwaltung.[656] Inwieweit sich die Begriffe der „Anlage“ und „Verwaltung“ über die Geschäftsführungsbefugnis

---

654 Zwar verbleiben bei den Gesellschafter-Geschäftsführern noch organschaftliche Kompetenzen bezogen auf die Residualaufgaben, sodass rein formal nicht von einem gänzlichen Entzug des der Mitgliedschaft entstammenden Rechts der Geschäftsführung gesprochen werden kann. Allerdings muss zweifelsfrei von einer weitgehenden Aushöhlung dieses kernmitgliedschaftlichen Rechts gesprochen werden. Zur Geschäftsführung als mitgliedschaftliches Recht, s. *Schäfer*, in Staub/Großkommentar, § 114 Rz. 1.

655 Aufgrund der elementaren Bedeutung dieser Befugnisse für die Handlungsfähigkeit der Gesellschaft bedarf es auch hier einer abschließenden Klärung. Denn nur so kann sich die InvestmentKG am Markt etablieren und in den Rechtsverkehr integrieren. Ebenso: *Böhme*, Die Vertretung der extern verwalteten InvestmentKG, BB 2014, 2380, 2380.

656 Der KVG kommt nämlich nur bezogen auf diese Aufgaben die Geschäftsführungskompetenz zu, sodass auch die Vertretungs- und Verfügungsbefugnis nicht weiter reichen können.

hinaus auch auf die (aaa.) Vertretungs- und (bbb.) Verfügungsbefugnis erstrecken, ist Gegenstand der nachfolgenden Untersuchung.

aa. Vertretungs- und Verfügungsbefugnis

Vor dem gesetzlichen Hintergrund ist unklar, wer die InvestmentKG nach außen im Rechtsverkehr vertritt.[657] Das Gesetz bestimmt lediglich, dass der KVG „insbesondere die Anlage und Verwaltung des Kommanditanlagevermögens" obliegt, § 129 Abs. 1 S. 2, § 154 Abs. 1 S. 2 KAGB. Ob hierunter nur die Geschäftsführung oder auch die Vertretung fällt, lässt sich dem Wortlaut nicht entnehmen.

Ein weiteres Abgrenzungsproblem zwischen extern verwalteter InvestmentKG und externer KVG besteht in Bezug auf die Verfügungsbefugnis, d.h. die Befugnis durch Rechtsgeschäft ein Recht aufzuheben, zu übertragen, zu belasten oder dem Inhalt nach zu verändern.[658] Vor Inkrafttreten des KAGB standen sämtliche Vermögensgegenstände bei geschlossenen Fonds im Eigentum der jeweiligen Fondsgesellschaft.[659] Eine derartige vermögensrechtliche Zuordnung ist zwar weiterhin möglich, vgl. § 81 Abs. 1 Nr. 2 KAGB. Unter Geltung des KAGB stellt sich nunmehr jedoch die Frage, ob der AIF als Eigentümer bzw. als Rechtsinhaber auch Träger der Verfügungsbefugnis ist, oder ob diese der KVG zukommt. An dieser Stelle sei darauf verweisen, dass sich eine unreflektierte Übertragung der Ausführungen zur Geschäftsführung verbietet und die Auslegung der § 129 Abs. 1 S. 2, § 154 Abs. 1 S. 2 KAGB durchaus zu einer unterschiedlichen Würdigung führen kann. Diese Annahme rechtfertigt sich vor allem aus den unterschiedlichen Bezugspunkten der einzelnen Befugnisse. Während die Geschäftsführungsbefugnis sich ausschließlich auf das Innenverhältnis bezieht, sind die Vertretungs- und Verfügungsbefugnis über ihren Außenrechtsbezug von unmittelbarer Relevanz für den Rechtsverkehr. Hierdurch werden besondere Schutzinteressen berührt, die in anderer Weise schutzwürdig sind als die der Mitgesellschafter.

aaa. Vertretungsbefugnis

In Ermangelung einer klaren gesetzlichen Regelung ist für die Frage der Vertretungsbefugnis zunächst über die Verweisungsnorm der § 124 Abs. 1 S. 2, § 149

---

657 So auch *Böhme*, Die Vertretung der extern verwalteten InvestmentKG, BB 2014, 2380, 2380.

658 *Ellenberger*, in Palandt, § 185 Rz. 2.

659 *Paul*, in Weitnauer/Boxberger/Anders, Komm. zum KAGB, § 154 KAGB Rz. 10.

Abs. 1 S. 2 KAGB auf die handelsrechtlichen Bestimmungen zurückzugreifen, wonach grds. von einem organschaftlichen Vertretungsmonopol zugunsten des Komplementärs auszugehen ist, vgl. § 170 HGB.[660] Demensprechend gehen die ersten vertiefenden Stellungnahmen im Schrifttum übereinstimmend davon aus, der Begriff der Verwaltung beziehe sich nur auf die Geschäftsführung und nicht auch auf die Vertretung.[661] Die organschaftliche Vertretungsbefugnis verbleibe demnach richtigerweise vollständig bei der InvestmentKG, sodass die Vertretungsmacht der KVG lediglich rechtsgeschäftlicher Natur ist.[662]

Als Hauptargument verweist die Literatur auf § 96 Abs. 4 InvG a.F., der auf die InvestmentAG anwendbar war und für die gesetzliche Einbindung der extern verwalteten InvestmentKG (genauer: § 129 Abs. 1, § 154 Abs. 1 KAGB) Pate gestanden hat.[663] In den Gesetzesmaterialen zu § 96 Abs. 4 InvG a.F. heißt es: „Die Fremdverwaltung lässt im Übrigen die Organisationsstruktur der InvestmentAG, aber auch die allgemeinen Rechte und Pflichten der Organe unberührt; die benannte KAG übernimmt auch keine aktienrechtliche oder sonstige allgemeine

660 *Oetker*, in Oetker, § 170 HGB Rz. 1.

661 *Hoffert*, in Moritz/Klebeck/Jesch, Frankfurter Komm. z. KAGB, § 154 Rz. 31f.; *Casper*, Die Investmentkommanditgesellschaft: große Schwester der Publikums-KG oder Kuckuckskind?, ZHR 179 (2015), 44, 60; *Wallach*, Die Regulierung von PersG im KAGB, ZGR 2014, 289, 325f.; *Escher*, Die Regulierung der geschlossenen Fonds im KAGB, in: Bankrechtstag 2013, S. 142f.; *Wagner*, Externe KVGs in geschlossenen Publikums-GmbH & Co. KGs, BKR 2015, 410, 411f.; *Paul*, in Weitnauer/Boxberger/Anders, KAGB, § 154 Rz. 8.

662 *Hoffert*, in Moritz/Klebeck/Jesch, Frankfurter Komm. z. KAGB, § 154 Rz. 31f; OLG München, Urt. v. 1.10.2015 – 23 U 1570/15 = NZG 2015, 1430, 1430; OLG München, Urt. v. 29.10.2015 – 23 U 2093/15 = BB 2016, 529, 529; *Wallach*, Die Regulierung von PersG im KAGB, ZGR 2014, 289, 301; *Casper*, Die InvestmentKG: große Schwester der Publikums-KG oder Kuckuckskind?, ZHR 179 (2015), 44, 60; *Böhme*, Die Vertretung der extern verwalteten InvestmentKG, BB 2014, 2380, 2384f.; a.A. wohl BaFin, die annimmt, dass mit der Bestellung der externen KVG die Vertretungsbefugnis auf diese übergeht, BaFin, Unterlagen zum „Seminar zum Kapitalanlagegesetzbuch (KAGB) – Häufig gestellte Fragen zum KAGB“ v. 06.10.2014, Folie 11 (S. 11) Buchstabe f.; sowie *Zetzsche*, Das Gesellschaftsrecht des Kapitalanlagegesetzbuches, AG 2013, 613, 621. An dieser Stelle sei darauf verwiesen, dass die Formulierung, die sich in § 112 Abs. 1 S. 2 und § 144 Abs. 1 S. 2 KAGB findet nicht wortlautidentisch mit den § 129 Abs. 1 S. 2, § 154 Abs. 1 S. 2 KAGB ist. Hieraus ergeben sich jedoch keine inhaltlichen Abweichungen.

663 RegE zum KAGB, BT-Drucksache 17/12294, S. 243, 251; *Wallach*, Die Regulierung von PersG im KAGB, ZGR 2014, 289, 301. § 96 Abs. 4 InvG a.F. eröffnete erstmals die Möglichkeit der Fremdverwaltung.

Zuständigkeiten und Aufgaben der Investmentgesellschaft, *insbesondere nicht die Vertretung.*"[664] Durch den ausdrücklichen Verweis auf § 96 Abs. 4 InvG a.F. in der Gesetzbegründung zu § 129, § 154 Abs. 1 KAGB habe auch der KAGB-Gesetzgeber die vorgenannten Wertungen des InvÄndG-Gesetzgebers in seinen Willen mitaufgenommen.[665]

Wenn es auch zunächst widersprüchlich erscheinen mag, dass zwar die organschaftliche Geschäftsführungsbefugnis auf die KVG übergeht, nicht jedoch die organschaftliche Vertretungsbefugnis, so lässt sich diese unterschiedliche Behandlung sowohl dogmatisch als auch systematisch erklären. Der ausdrückliche Hinweis des InvÄndG-Gesetzgebers, dass die KVG insbesondere nicht zur Vertretung der InvestmentKG berechtigt ist, lässt sich v.a. mit der rechtlichen Trennung und dem unterschiedlichen Wirkungsbereich der beiden Befugnisse rechtfertigen. Im Unterschied zum Kapitalgesellschaftsrecht, wo Geschäftsführungsbefugnis und Vertretungsmacht untrennbare Bestandteile der Rechtsstellung des Leitungsorgans sind, ist die rechtliche Trennung dieser beiden Befugnisse gerade charakteristisches Merkmal der Personengesellschaften (vgl. § 161 Abs. 2 i.V.m. §§ 114ff., 125f. HGB sowie das jeweils gesondert geregelte Entziehungsverfahren der §§ 117, 127 HGB).[666]

Während sich die Geschäftsführung auf das „rechtliche Dürfen" im Innenverhältnis bezieht, knüpft die Vertretungsmacht an das „rechtliche Können" im Außenverhältnis an. Durch den Außenbezug der Vertretungsmacht und die korrespondierende Bindungswirkung ist alleine diese im Rechtsverkehr – und damit gegenüber Dritten – rechtlich erheblich.[667] Anders als bei der Geschäftsführungsbefugnis, knüpfen sich an die Vertretungsbefugnis schützenswerte Interessen des Rechtsverkehrs. Dieser muss sich auf die gesetzlich bekannte und im Handelsregister verlautbarte Vertretungsbefugnis verlassen können.[668] Die

664 RegE zum InvÄndG, BT-Drucksache 16/5576, S. 85. Hervorhebung durch die Autorin.

665 *Wallach*, Die Regulierung von PersG im KAGB, ZGR 2014, 289, 301; *Casper*, Die InvestmentKG: große Schwester der Publikums-KG oder Kuckuckskind?, ZHR 179 (2015), 44, 60; *Böhme*, Die Vertretung der extern verwalteten InvestmentKG, BB 2014, 2380, 2384f.; a.A. *Zetzsche*, Das Gesellschaftsrecht des Kapitalanlagegesetzbuches, AG 2013, 613, 621.

666 *Schäfer*, in Staub/HGB-Kommentar, § 114 Rz. 13.

667 *Schäfer*, in Staub/HGB-Kommentar, § 114 Rz. 13. Durch die Vertretung wird die Gesellschaft gegenüber Dritten rechtsgeschäftlich berechtigt und verpflichtet, s. *ebd.*

668 *Casper*, Die Investmentkommanditgesellschaft: große Schwester der Publikums-KG oder Kuckuckskind?, ZHR 179 (2015), ZHR 179 (2015), 44, 60; *Böhme*, Die Vertretung der extern verwalteten InvestmentKG, BB 2014, 2380, 2384f.

organschaftliche Zuweisung der Vertretungsbefugnis an die KVG könnte jedoch insoweit zu einer Verunsicherung des Rechtsverkehrs führen, als nicht eindeutig wäre, ob die KVG für sich selbst oder den AIF handelt.

Die konsequente Zuweisung der organschaftlichen Vertretungsmacht an die InvestmentKG lässt sich weiterhin mit der im HGB angelegten Normstrenge – bzgl. der Vertretung – begründen. Im Gegensatz zur Geschäftsführungsbefugnis, die nahezu vollständig disponibel ist (vgl. § 109 HGB), ist die Vertretungsmacht im Interesse des Verkehrsschutzes durch die zwingenden Vorgaben der §§ 125, 126 HGB weitgehend vorgeprägt.[669] Privatautonome Abweichungen sind demnach nur sehr begrenzt zulässig.

Überdies bestehen auch keine rechtlichen Bedenken hinsichtlich des Auseinanderfallens von Geschäftsführungsbefugnis und Vertretungsmacht.[670] Eine solche Kompetenzaufspaltung hätte lediglich zur Folge, dass die geschäftspolitischen Entscheidungen – auch solche mit Außenbezug – von den zur Geschäftsführung berufenen Gesellschaftern getroffen werden, die rechtsgeschäftliche Umsetzung jedoch nach Weisung durch die vertretungsberechtigten Gesellschafter der InvestmentKG erfolgt.[671] Weigern sich die Geschäftsführer der InvestmentKG, die entsprechenden Geschäftsführungsentscheidungen umzusetzen, machen sie sich schadensersatzpflichtig.[672]

Auf Basis praktischer Erwägungen und der hier vertretenen Ansicht, dass die KVG die Geschäftsführungsaufgaben organschaftlich wahrnimmt, mag es zwar konsequenter erscheinen die KVG auch als organschaftliche Vertreterin der InvestmentKG anzusehen. Aufgrund der obigen Erläuterungen ist es jedoch

669 *Schäfer*, in Staub/HGB-Kommentar, § 114 Rz. 13.

670 *Schäfer*, in Staub/HGB-Kommentar, § 114 Rz. 14.

671 *Schäfer*, in Staub/HGB-Kommentar, § 114 Rz. 14. Im Verhältnis der InvestmentKG zur KVG wird es aufgrund der wohl stets vorliegenden rechtsgeschäftlichen Bevollmächtigung und der mangelnden Praktikabilität des beschriebenen Szenarios im vorliegenden Fall zwar nicht zu einer solchen Konstellation kommen, rechtlich möglich wäre es jedoch. *Casper*, Die InvestmentKG: große Schwester der Publikums-KG oder Kuckuckskind?, ZHR 179 (2015) 44, 60. Im Ergebnis so auch *Hoffert*, der keine Pflicht zur Einräumung der Vertretungsbefugnis seitens der InvestmentKG an die KVG sieht, *ders.*, in Moritz/Klebeck/Jesch, Frankfurter Komm. z. KAGB, § 154 Rz. 32.

672 *Casper*, Die InvestmentKG: große Schwester der Publikums-KG oder Kuckuckskind?, ZHR 179 (2015) 44, 60; *Hoffert*, Moritz/Klebeck/Jesch, Frankfurter Komm. z. KAGB, § 154 Rz. 36. Entsprechendes würde auch dann gelten, wenn die InvestmentKG – ohne entsprechende Beauftragung durch die KVG – Anlagevermögen veräußert oder hinzuerwirbt. Wenn auch derartige Rechtsgeschäfte im Außenverhältnis wirksam wären, s. *ebd.*

dogmatisch richtiger die organschaftliche Vertretungsmacht bei den Geschäftsführern der InvestmentKG zu belassen. Die KVG ist demnach rechtsgeschäftlich zu bevollmächtigen.[673] Die Bevollmächtigung kann aufgrund der Erlaubnispflichtigkeit des Investmentgeschäft allerdings nicht widerruflich sein.

bbb. Verfügungsbefugnis

Wie bereits eingangs erwähnt setzt sich die für die Vertretungsbefugnis beschriebene Problematik auch im Rahmen der Zuordnung der Verfügungsbefugnis fort.

(1) Handelsrechtlicher Ansatz

Ohne eine klare gesetzliche Zuordnung der Verfügungsbefugnis an die KVG müsste es entsprechend des Verweises in § 124 Abs. 1 S. 2, § 149 Abs. 1 S. 2 KAGB auf die allgemeinen handelsrechtlichen Regelungen bei dem gesetzlichen Normalfall verbleiben, wonach die InvestmentKG vertreten durch ihre Geschäftsführer über die in ihrem Eigentum stehenden Vermögensgegenstände zu verfügen hat, vgl. § 125 Abs. 1, § 170 HGB.[674]

(2) Gesetzliche Begründung der Verfügungsbefugnis?

In Abweichung zu dieser rein gesellschaftsrechtlichen Lösung könnte man unter Verweis auf § 84 Abs. 1 Nr. 3 sowie § 129 Abs. 2 bzw. § 154 Abs. 2 i.V.m. § 100 KAGB allerdings auch zu dem Ergebnis kommen, dass die Verfügungsbefugnis über das Kommanditanlagevermögen grds. der KVG obliegt.[675] Denn der Gesetzgeber scheint zumindest in vorgenannten Regelungen von einer gesetzlichen Verfügungsbefugnis der KVG auszugehen. So heißt es in § 84 Abs. 1 Nr. 3 KAGB, dass die AIF-KVG über Vermögensgegenstände i.S.d. § 261 Abs. 1 Nr. 1 KAGB, die zu einem geschlossenen Publikums-AIF (vorliegend: der

---

673 So auch: OLG München, Urt. v. 1.10.2015 - 23 U 1570/15 = NZG 2015, 1430, 1430; OLG München, Urt. v. 29.10.2015 - 23 U 2093/15 = BB 2016, 529, 529 *Wallach*, Die Regulierung von PersG im KAGB, ZGR 2014, 289, 301; *Casper*, Die InvestmentKG: große Schwester der Publikums-KG oder Kuckuckskind?, ZHR 179 (2015), 44, 60; *Böhme*, Die Vertretung der extern verwalteten InvestmentKG, BB 2014, 2380, 2384f.; a.A. *Zetzsche*, Das Gesellschaftsrecht des Kapitalanlagegesetzbuches, AG 2013, 613, 621. Aus praktischer Sicht wird diese Bevollmächtigung bezogen auf die zur kollektiven Vermögensverwaltung gehörenden Aufgaben vollumfänglich sein.

674 *Böhme*, Die Vertretung der extern verwalteten InvestmentKG, BB 2014, 2380, 2381, 2384; *Paul*, in Weitnauer/Boxberger/Anders, Komm. zum KAGB, § 154 Rz. 11; *Casper*, Die InvestmentKG: große Schwester der Publikums-KG oder Kuckuckskind?, ZHR 179 (2015) 44, 60;

675 So auch: *Casper*, Die InvestmentKG: große Schwester der Publikums-KG oder Kuckuckskind?, ZHR 179 (2015), 44, 59.

geschlossenen Publikums-InvestmentKG) gehören, nur mit Zustimmung der Verwahrstelle verfügen darf. Dieser Vorschrift ist somit zumindest die Aussage zu entnehmen, dass die Verfügungsbefugnis über Sachwerte (§ 261 Abs. 1 Nr. 1 KAGB) wohl der KVG obliegt.[676]

Ein weiteres Indiz für eine Zuordnung der Verfügungsbefugnis an die KVG findet sich in § 129 Abs. 2, § 154 Abs. 2 KAGB. Hiernach ist die Abwicklungsvorschrift für Sondervermögen (§ 100 KAGB) auf die InvestmentKG entsprechend mit der Maßgabe anzuwenden, dass „das Verwaltungs- und Verfügungsrecht [der KVG] über das Gesellschaftsvermögen" nur unter bestimmten Voraussetzungen auf die Verwahrstelle übergeht.[677] Folglich scheinen auch diese Vorschriften von dem Bestehen eines Verfügungsrechts der KVG über die zur InvestmentKG gehörenden Vermögensgegenstände auszugehen. Denn der Übergang eines Rechts setzt zunächst die Inhaberschaft des Übertragenden voraus. Anders als § 84 Abs. 1 Nr. 3 KAGB beschränkt sich ein etwaiges Verfügungsrecht der KVG hier allerdings weder auf Publikums-AIF – d.h. die geschlossene Publikums-InvestmentKG – noch auf bestimmte Vermögensgegenstände.

(3) Keine Übertragung der Verfügungsbefugnis an die KVG

Misst man diesen Regelungen Indizwirkung bei, könnte man durchaus eine gesetzliche Zuweisung der Verfügungsbefugnis an die KVG annehmen. Bei näherer Betrachtung ist allerdings von Gegenteiligem auszugehen. Mit der einhelligen Ansicht in der Literatur ist vielmehr davon auszugehen, dass die Verfügungsbefugnis über ihren (dinglichen) Vollrechtsbezug an das Eigentum gebunden ist und die vorgenannten Regelungen – in Ermangelung der notwendigen Ausdrücklichkeit – keinen gesetzlichen Übertragungstatbestand darstellen, der der KVG die Verfügungsmacht zuweist.[678]

Ausgehend von dem Wortlaut des Gesetzes obliegt der KVG nur die Anlage und Verwaltung der Mittel, § 129 Abs. 1 S. 2, § 154 Abs. 1 S. 2 KAGB. Hierbei fällt unter den Begriff der Verwaltung – wie eingehend unter Kap. 2 Abschnitt

---

676 So auch: *Böhme*, Die Vertretung der extern verwalteten InvestmentKG, BB 2014, 2380 2381. Zu den Sachwerten zählen gem. § 261 Abs. 2 KAGB u.a. Immobilien, Schiffe, Fahrzeuge und Container.

677 Einfügung erfolgte durch die Autorin.

678 Die weiter oben zitierten gesetzlichen Regelungen zur Übertragung des Verfügungsrechts könnten zudem gleichermaßen für ein rechtsgeschäftlich begründetes Verfügungsrecht gelten. Damit wäre die Regelung in § 154 Abs. 2 i.V.m. § 100 KAGB lediglich ein Beleg für das praktische Verständnis des Gesetzgebers, der davon ausgeht, dass die KVG zwingend rechtgeschäftlich verfügungsbefugt sein muss, um die ihr gesetzlich überantworteten Aufgaben eigenständig wahrnehmen zu können.

IV.2.a.bb. erläutert – ausschließlich die Geschäftsführungsbefugnis. Die Vertretungsbefugnis ist von vorgenanntem Begriffspaar hingegen nicht umfasst.[679] Selbst wenn man davon ausgehen würde, dass der Begriff der „Anlage" die Verfügungsmacht anspreche, würde hiermit gleichwohl nur ein Teil der mit dem Begriff der „Anlage" angesprochenen Rechtsgeschäfte erfasst werden.[680] So stellt insbesondere die Bestellung von Sicherheiten zugunsten der finanzierenden Bank bei teilweiser Fremdfinanzierung über einen Darlehensvertrag keine „Anlage" dar.[681] Bei Rechtsgeschäften, die sich nur schwerlich unter den Begriff der Anlage subsumieren lassen, bestünde somit weiterhin Rechtsunsicherheit darüber, wem die Verfügungsmacht letztlich zukäme.[682] Da sich eine über den Anlagebegriff vermittelte gesetzliche Verfügungsbefugnis folglich nicht auf sämtliche Vorgänge der Verwaltung erstrecken ließe, ist auch eine dahingehende Auslegung rechtlich nicht tragfähig.[683]

Weiterhin gilt es zu bedenken, dass der Verfügungsbefugnis – bezogen auf die dinglichen Rechtsgeschäfte – wesentliche Bedeutung zukommt. Wenn von dem gesetzlichen Regelfall abgewichen wird, dass dem Vollrechtsinhaber – in diesem Fall der InvestmentKG als AIF – auch das Verfügungsrecht zukommt, bedarf dies einer ausdrücklichen gesetzlichen Regelung, die gleichzeitig auch eine Ermächtigung an den entsprechenden Dritten vorsehen muss.[684] Dies bestätigt auch ein Blick auf die allgemeine Rechtslage. Nach deutschen Recht kann eine andere Person als der eigentliche Rechtsinhaber nämlich nur dann verfügungsbefugt sein, wenn entweder eine entsprechende Ermächtigung kraft Gesetze besteht (so bspw. in § 80 InsO) oder eine rechtsgeschäftliche Verfügungsermächtigung gem. § 185 Abs. 1 BGB erfolgt ist.[685] Regelungen, die lediglich bestimmte Rechtsformausprägungen ansprechen – wie § 84 Abs. 1 Nr. 3 KAGB für geschlossene Publikums-InvestmentKGen – oder das Liquidationsstadium betreffen, sind nicht

---

679 Vgl. vorangegangenen Abschnitt 2.b.aa.aaa.; sowie *Böhme*, Die Vertretung der extern verwalteten InvestmentKG, BB 2014, 2380, 2382.

680 *Böhme*, Die Vertretung der extern verwalteten InvestmentKG, BB 2014, 2380 2383.

681 *Böhme*, Die Vertretung der extern verwalteten InvestmentKG, BB 2014, 2380 2383.

682 *Böhme*, Die Vertretung der extern verwalteten InvestmentKG, BB 2014, 2380 2383, der in diesem Zusammenhang von einer Überdehnung des Anlagebegriffs spricht.

683 *Böhme*, Die Vertretung der extern verwalteten InvestmentKG, BB 2014, 2380 2383.

684 So für die Vertretungsbefugnis: *Böhme*, Die Vertretung der extern verwalteten InvestmentKG, BB 2014, 2380 2383.

685 *Paul*, in Weitnauer/Boxberger/Anders, KAGB, § 154 KAGB Rz. 10; *Ellenberger*, in Palandt, § 185 Rz. 7.

verallgemeinerungsfähig.[686] Rechtfertigen lässt sich dieses Ergebnis auch mittels eines Erst-Recht-Schlusses nach dem Grundsatz a minori ad maius – in Anlehnung an die Regierungsbegründung zu § 96 Abs. 4 InvG a.F. Der Gesetzgeber verweist in diesem Zusammenhang zwar lediglich auf das der Investmentgesellschaft (hier: der InvestmentKG) weiterhin zustehende Vertretungsrecht. Als das stärkere Recht muss dies jedoch erst recht für die Verfügungsbefugnis gelten.[687] Im eigenen Namen über ein im Eigentum eines Dritten zu verfügen ist nämlich von erheblicherer Bedeutung, als im Namen eines Dritten zu handeln.[688]

Abgesehen von vorgenannten Erläuterungen kann eine Zuweisung der Verfügungsbefugnis an die KVG auch nicht mittels einer analogen Anwendung des § 93 Abs. 1 KAGB erreicht werden.[689] Dieser bestimmt zwar betreffend Sondervermögen, dass die KVG berechtigt ist, im eigenen Namen über die zum Sondervermögen gehörenden Gegenstände zu verfügen.[690] In Ermangelung einer vergleichbaren Interessenlage und einer planwidrigen Regelungslücke scheidet ein Analogieschluss jedoch aus.[691] Sondervermögen verfügen aufgrund ihrer rechtlichen Unselbständigkeit nämlich weder über Organe, die für sie handeln könnten, noch gibt es ein dem HGB entsprechendes Regelwerk, das die Zuweisung bestimmter Aufgaben näher regeln würde. Da ein Handeln für das Sondervermögen anders nicht möglich wäre, besteht eine zwingende Notwendigkeit für eine ausdrückliche Aufgabenzuweisung.[692] Bei einer KG, die den Fonds bildet, ist dies aufgrund des bestehenden handelsrechtlichen Rechtsrahmens gerade nicht notwendig.[693] Damit bleibt es im Ergebnis bei dem Verfügungsrecht der

---

686 So für die Vertretungsbefugnis auch: *Böhme*, Die Vertretung der extern verwalteten InvestmentKG, BB 2014, 2380, 2383.

687 *Böhme*, Die Vertretung der extern verwalteten InvestmentKG, BB 2014, 2380, 2384.

688 *Böhme*, Die Vertretung der extern verwalteten InvestmentKG, BB 2014, 2380, 2384.

689 *Böhme*, Die Vertretung der extern verwalteten InvestmentKG, BB 2014, 2380, 2383; *Casper*, Die InvestmentKG: große Schwester der Publikums-KG oder Kuckuckskind?, ZHR 179 (2015), 44, 59.

690 *Böhme*, Die Vertretung der extern verwalteten InvestmentKG, BB 2014, 2380, 2381.

691 *Böhme*, Die Vertretung der extern verwalteten InvestmentKG, BB 2014, 2380, 2383; *Casper*, Die InvestmentKG: große Schwester der Publikums-KG oder Kuckuckskind?, ZHR 179 (2015), 44, 59; *Hoffert*, in Moritz/Klebeck/Jesch, Frankfurter Komm. z. KAGB, § 154 Rz. 37.

692 *Böhme*, Die Vertretung der extern verwalteten InvestmentKG, BB 2014, 2380, 2383; *Casper*, Die InvestmentKG: große Schwester der Publikums-KG oder Kuckuckskind?, ZHR 179 (2015), 44, 59.

693 *Böhme*, Die Vertretung der extern verwalteten InvestmentKG, BB 2014, 2380, 2383; *Casper*, Die InvestmentKG: große Schwester der Publikums-KG oder Kuckuckskind?, ZHR 179 (2015), 44, 59.

InvestmentKG. Die KVG kann demnach lediglich i.S.d. § 185 Abs. 1 BGB rechtsgeschäftlich zur Verfügung über die zum Kommanditanlagevermögen gehörenden Gegenstände ermächtigt werden.

bb. Zwischenergebnis

Auf Basis vorgenannter Erläuterungen und in Übereinstimmung mit der bestehenden Literatur ist von einem Verbleib der (organschaftlichen) Vertretungs- und Verfügungsmacht bei der InvestmentKG auszugehen. Über die Begriffe „Anlage“ und „Verwaltung“ erfolgt somit lediglich eine einseitige – nämlich auf das Innenverhältnis beschränkte – Kompetenzzuweisung. Da das rechtliche Können und das rechtliche Dürfen im Personengesellschaftsrecht als Einzelkompetenzen begriffen werden und damit kein notwendiger Gleichlauf besteht, stößt auch eine unterschiedliche rechtliche Behandlung nicht auf Bedenken.[694] Die Zuweisung kraft Gesetzes konzentriert sich demnach ausschließlich auf die organschaftliche Geschäftsführungskompetenz. Hinsichtlich der Vertretungs- und Verfügungskompetenz ist die KVG auf eine rechtsgeschäftliche Bevollmächtigung der InvestmentKG angewiesen.

c. Ergebnis des Kompetenzstreits

Der Kompetenzstreit zwischen der KVG, als die vom Gesetzgeber bestimmte alleinverantwortliche Aufgabenwahrnehmerin bezogen auf die kollektive Vermögensverwaltung und der InvestmentKG entscheidet sich bezogen auf die organschaftliche Geschäftsführungsverantwortung zugunsten der KVG. Die Vertretungs- und Verfügungskompetenz verbleibt hingegen bei der InvestmentKG. Im Rahmen der Geschäftsführung ist es entgegen den in der Literatur vertretenen Ansichten nicht gerechtfertigt von einem Verbleib der organschaftlichen Befugnisse bei den Geschäftsführern der InvestmentKG auszugehen. Durch die vollständige Überantwortung der Geschäftsführungsaufgaben an die KVG reduziert sich die Geschäftsführungskompetenz der KG-Geschäftsführer auf null. Demnach kann nicht von einem Verbleib der auf die kollektive Vermögensverwaltung bezogenen organschaftlichen Geschäftsführungskompetenz ausgegangen werden. Etwas anderes gilt jedoch hinsichtlich der sonstigen Geschäftsführungsaufgaben, den sog. Residualaufgaben. Hier liegt die organschaftliche Geschäftsführungskompetenz weiterhin bei den Geschäftsführern der InvestmentKG. Im Ergebnis liegt somit eine „gespaltene“, d.h. nach Aufgaben

694 Vgl. zur rechtlichen Separierung des rechtlichen Könnens und Dürfens: *Schäfer*, in Staub/HGB-Kommentar, § 114 Rz. 13.

gegliederte organschaftliche Geschäftsführungskompetenz vor („partielle Organkompetenz"). Wenn auch diese Lösung, insbesondere bezogen auf die Etablierung einer zulässigen Fremdgeschäftsführung, in der Zusammenschau beider Regelungssysteme die dogmatisch vorzugswürdige Alternative darstellt. Kann nicht außer Acht gelassen werden, dass dieser Lösungsansatz – zumindest bezogen auf die organschaftliche Geschäftsführungsbefugnis – zu einer weiteren Abkehr von personengesellschaftsrechtlichen Grundprinzipien führt. Der Grundsatz der Selbstorganschaft muss dem kapitalgesellschaftsrechtlichen Prinzip der Fremdorganschaft weichen. Eine personengesellschaftsrechtliche Lösung des Kompetenzstreits findet sich hingegeben für die Vertretungs- und Verfügungsbefugnis. Diese Kompetenzen verbleiben entsprechend den handelsrechtlichen Regelungen bei der InvestmentKG.

Insgesamt kann festgehalten werden, dass die Zulassung der Fremdgeschäftsführung eine bewusste Hinwendung des Gesetzes zur kollektivistischen Ausgestaltung der Gesellschaft darstellt.[695] Damit sucht das Gesetz einmal mehr sein Vorbild im Kapitalgesellschaftsrecht. Zwar gewährleistet die bestehende (organschaftliche) Aufgabenverteilung zwischen der KVG und der InvestmentKG, dass Letztere nicht vollständig selbstentmachtet wird, allerdings führt die Bindung der Gesellschaft an die Geschäftsführungsvorgaben der KVG zu einer erheblichen Einschränkung der Selbstbestimmung der Gesellschaft.[696] Es zeigt sich abermals, dass das Personengesellschaftsrecht kaum geeignet ist den investmentrechtlichen Anforderungen identitätswahrend gerecht zu werden.[697]

V. Das Sonderrecht der Kommanditisten (insbesondere i.F.d geschlossenen Publikums-InvestmentKG)

Neben den bereits erläuterten strukturellen wie inhaltlichen Abweichungen der InvestmentKG von der gesetzestypischen KG kommt dem durch das KAGB etablierten Haftungsregime für Kommanditisten, insbesondere im Bereich der geschlossenen Publikums-InvestmentKG, die mitunter größte

695 So für die GmbH: *Fleischer*, in MünchKomm. GmbHG, Einleitung Rz. 26.

696 So i.E. jüngst auch: *Hoffert*, in Moritz/Klebeck/Jesch, Frankfurter Komm. z. KAGB, § 154 Rz. 34, der den Verbleib der Vertretungsmacht bei der InvestmentKG damit begründet, dass ein anderes Ergebnis zu einer unzulässigen Selbstentmachtung der Fondsgesellschaft führen würde.

697 Die Geeignetheit des Personengesellschaftsrechts als Vehikel für das Investmentrecht anzweifelnd: *Casper*, Die Investmentkommanditgesellschaft: große Schwester der Publikums-KG oder Kuckuckskind?, ZHR 179 (2015), 44, 60.

Entfremdungswirkung zu. Die zentrale Norm dieses neuen Haftungsgefüges bildet § 152 KAGB, der für geschlossene Fonds neben reinen Haftungsbeschränkungen auch Vorgaben zu zulässigen Beteiligungsstrukturen enthält.[698] Eine mit § 152 KAGB vergleichbare Vorschrift findet sich zwar auch für die offene (Spezial-)InvestmentKG (§ 127 KAGB), allerdings verkürzt sich der Regelungsrahmen hier um die für Publikumsfonds begründeten Besonderheiten.[699]

In Abweichung zu dem personengesellschaftsrechtlichen Regelfall der unmittelbaren Beteiligung erlaubt das Gesetz im Bereich der geschlossenen Publikums-InvestmentKG – exklusiv – die mittelbare Beteiligung der Anleger über einen Treuhandkommanditisten, § 152 Abs. 1 S. 2 KAGB.[700] Allein hieraus ergibt sich im Vergleich zur offenen und geschlossenen Spezial-InvestmentKG ein erweitertes Regelungsbedürfnis, das insbesondere das Rechtsverhältnis der Treugeber zur InvestmentKG und deren Rechtsstellung im Allgemein in Bezug nimmt, § 152 Abs. 1 S. 2–4, Abs. 5 KAGB.[701]

In diesem Zusammenhang ist insbesondere die innergesellschaftliche Gleichstellungsanordnung hervorzuheben. Gemäß § 152 Abs. 1 S. 3 KAGB kommt dem mittelbar Beteiligten (Treugeber) im Innenverhältnis der geschlossenen InvestmentKG und der Gesellschafter zueinander die gleiche Rechtsstellung wie einem Kommanditisten zu. Klarstellend weist das Gesetz in Satz 4 darauf hin, dass der mittelbar Beteiligte als „Anleger" im Sinne des KAGB gilt. Der Treugeber fällt somit nicht nur vollumfänglich in den Anwendungsbereich der aufsichtsrechtlichen Schutzvorschriften, er ist auch Adressat sämtlicher gegenüber Anlegern geltender Informationspflichten.[702]

---

698 S. auch: *Könnecke*, in Baur/Tappen, Investmentgesetze, Bd. 1, § 152 Rz. 1, 4ff.; *Hoffert*, in Moritz/Klebeck/Jesch, Frankfurter Komm. z. KAGB, § 152 Rz. 19.

699 Offene Fonds können ausschließlich als Spezialfonds aufgelegt werden. Eine Beteiligung von Privatanlegern ist ausgeschlossen (kein Publikumsfonds).

700 Dass der KAGB-Gesetzgeber hierin die Ausnahme und nicht den Regelfall der Beteiligung sieht, zeigt sich an dem in § 152 Abs. 1 S. 1 und 2 KAGB statuierten Regel-Ausnahme-Verhältnis. Hiernach dürfen sich Anleger grds. nur unmittelbar als Kommanditisten an der Gesellschaft beteiligen, es sei denn es handelt sich um eine Publikums-InvestmentKG.

701 Im Bereich der offenen und geschlossenen Spezial-InvestmentKG beschränkt sich die gesetzliche Anordnung auf den personengesellschaftsrechtlichen Regelfall der unmittelbaren Beteiligung.

702 *Könnecke*, in Baur/Tappen, Investmentgesetze, Bd. 1, § 152 Rz. 48; *Hoffert*, in Moritz/Klebeck/Jesch, Frankfurter Komm. z. KAGB, § 152 Rz. 7.

Eine gleichförmige Regelung existiert im Bereich der offenen InvestmentKG nicht, vgl. § 125 Abs. 1 S. 2 KAGB.[703] Ausweislich der Regierungsbegründung ist die mittelbare Beteiligung über einen Treuhandkommanditisten im Bereich der geschlossenen Publikums-InvestmentKG einzig deshalb zulässig, weil so dem Umstand Rechnung getragen werden kann, dass Publikumsinvestmentvermögen eine Vielzahl von Anlegern aufnehmen können, ohne den mit dem handelsrechtlichen Eintragungserfordernis (vgl. § 162 Abs. 1 S. 1 HGB) korrespondierenden praktischen Schwierigkeiten ausgesetzt zu sein.[704]

Mit der mittelbaren Beteiligungsstruktur gestattet der Gesetzgeber die weitere Verwendung dieser bereits richterrechtlich für zulässig erklärten und fortentwickelten Organisationsform im Bereich der Publikumsfonds.[705] Die in § 152 Abs. 1 S. 3 KAGB enthaltene Gleichstellungsanordnung von unmittelbar und mittelbar Beteiligten folgt somit letztlich der Rechtsprechung des BGH, die bereits vor Inkrafttreten des KAGB – im Bereich der PublikumsKG – dem Treugeber die gleiche Rechtsstellung wie einem Kommanditisten eingeräumt hat (sog. „Quasi-Kommanditist").[706]

Während die in § 152 Abs. 1 KAGB aufgenommene Beteiligungsstruktur den Rechtsprechungsleitlinien folgt, entwickelt der Gesetzgeber in den § 127 Abs. 3

703 Durch die Differenzierung der zulässigen Beteiligungsformen zwischen offener und geschlossener wie auch innerhalb der geschlossenen InvestmentKG, kommt es auch auf dieser Ebene zu einem gewissen Rechtsformzwang, *Könnecke*, in Baur/Tappen, Investmentgesetze, Bd. 1, § 152 Rz. 48.

704 RegE zum KAGB, BT-Drucksache 17/12294, S. 250. Zur Sinnhaftigkeit der grundsätzlichen Beschränkung auf die Direktbeteiligung, s. *Könnecke*, in Baur/Tappen, Investmentgesetze, Bd. 1, § 152 Rz. 11ff; *Hoffert*, in Moritz/Klebeck/Jesch, Frankfurter Komm. z. KAGB, § 152 Rz. 16ff.

705 *Voigt*, in Das neue Kapitalanlagegesetzbuch, S. 75; *Könnecke*, in Baur/Tappen, Investmentgesetze, Bd. 1, § 152 Rz. 16, 25; vgl. zur. PublikumsKG: *Oetker*, in Oetker, § 171 Rz. 78f.; *Casper*, in Staub/HGB-Kommentar, § 161 Rz. 237ff.; *Grunewald*, in MünchKomm. HGB, § 161 Rz. 130; BGH Urt. v. 21.07.2015 – II ZR 163/15 zitiert nach juris: Rz. 2, 13ff.; BGH, Urt. v. 5.2.2013 – II ZR 134/11 = NZG 2013, 379, 381; BGH Urt. v. 11.11.2008 – XI ZR 468/07 = BGHZ 178, 271, 276; BGH Urt. v. 24.02.1992 – II ZR 135/91 = EWiR 1992, 891; BGH Urt. v. 18.9..2012 – II ZR 201/10 = ZIP 2012, 2291, 2292.

706 BGH Urt. v. 21.07.2015 – II ZR 163/15 zitiert nach juris: Rz. 2, 13ff.; BGH, Urt. v. 5.2.2013 – II ZR 134/11 = NZG 2013, 379, 381; BGH Urt. v. 11.11.2008 – XI ZR 468/07 = BGHZ 178, 271, 276; BGH Urt. v. 24.02.1992 – II ZR 135/91 = EWiR 1992, 891; BGH Urt. v. 18.9..2012 – II ZR 201/10 = ZIP 2012, 2291, 2292 (Tz11); *Wiedemann*, Treuhand an einer Mitgliedschaft – Gedanken zur Einzel- und Sammeltreuhand im Personengesellschaftsrecht, ZIP 2012, 1786, 1787.

und 4, § 152 Abs. 2–6 KAGB ein dem gesetzestypischen Haftungsregime entledigtes („aufsichtsrechtliches“) Haftungsregime, das insbesondere durch Haftungserleichterungen zu Gunsten der Anleger bei Ein- und Austritt geprägt ist, vgl. § 127 Abs. 4, § 152 Abs. 4 KAGB, § 176 Abs. 1 und 2 HGB.[707] Bevor nachfolgend näher auf die Auswirkungen und die Reichweite der aufsichtsrechtlichen Haftungserleichterungen eingegangen wird (2.), soll zunächst die durch § 152 Abs. 1 S. 2 KAGB angeordnete rechtliche Gleichstellung des mittelbar Beteiligten mit einem Direktkommanditisten in den Fokus genommen werden (1.).

1. Mittelbare Beteiligung an der geschlossenen Publikums-InvestmentKG

Wie bereits eingangs erwähnt, erlaubt § 152 Abs. 1 S. 2–4 KAGB für die geschlossene Publikums-InvestmentKG die Fortführung des klassischen Treuhandmodells, d.h. die mittelbare Beteiligung der Anleger über einen sog. Treuhandkommanditisten, als alternative Beteiligungsform.[708] Im Konkreten ordnet der Gesetzgeber an, dass ein mittelbar beteiligter Anleger die „gleiche Rechtsstellung wie ein Kommanditist“ innehat, § 152 Abs. 1 S. 3 KAGB. Dem Wortlaut entsprechend beschränkt sich der Gesetzgeber nicht auf bloße Teilhabe- und Auskunftsrechte. Vielmehr geht er von einer synonymen Rechtstellung der mittelbar und unmittelbar Beteiligten im Innenverhältnis aus. Die Rechte aus dem Gesellschaftsvertrag werden den Treugebern folglich nicht derivativ über den mit dem Treuhandkommanditisten als Gesellschafter geschlossenen Treuhandvertrag vermittelt; sie stehen dem mittelbar Beteiligten nach der gesetzlichen Regelung vielmehr als eigene Rechte originär zu.[709]

Durch die ausdrückliche und gleichermaßen ausschließliche Anerkennung bzw. Zulassung der Treuhandkonstellation im Rahmen der Publikums-InvestmentKG scheint der Gesetzgeber auf den praktischen Trend der Mediatisierung in diesem Bereich zu reagieren. Anders als bei Spezialfonds, an denen lediglich professionelle und semiprofessionelle Anleger beteiligt sein können, sodass die

---

707 *Voigt*, in Das neue Kapitalanlagegesetzbuch, S. 75. So schließen die § 127 Abs. 4, § 152 Abs. 4 KAGB, die unbeschränkte Haftung der Kommanditisten vor Eintragung im Handelsregister (§ 176 Abs. 1 und 2 HGB) aus. Gleiches gilt gem. § 152 Abs. 5 KAGB für die Haftung der Kommanditisten vor Eintragung der Gesellschaft im Handelsregister

708 Damit steht Spezial-InvestmentKGen gleich welcher Art nur die Möglichkeit der unmittelbaren Beteiligung der Anleger als Kommanditisten zu, vgl. § 127 Abs. 1 S. 2 KAGB.

709 S. zum Teilnahme- und Stimmrecht bereits ausführlich Kap. 2 Abschnitt III.3.b. und c.

Zahl der Beteiligten per se geringer ist, sind Publikumsfonds durch ihren breiten Adressatenkreis Massengesellschaften. Der Weg über die Treuhandkonstellationen erlaubt es den Gesellschaftern das Eintragungserfordernis zu umgehen und hilft so über die bestehenden praktischen Schwierigkeiten hinweg, die mit der Vielzahl der Anleger einhergehen. Weiterhin scheint der Gesetzgeber mit der Gleichstellungsanordnung auf die faktische Gegebenheit reagieren zu wollen, dass die Treugeber, wenn auch nicht gesellschaftsrechtlich so doch wirtschaftlich gesehen, die eigentlichen Anleger sind. Dabei enthebt die gesetzliche Regelung die Gleichstellung der mittelbar Beteiligten mit den unmittelbar Beteiligten der Gestaltungsfreiheit der dispositiven Sphäre der Gesellschafter. Zumindest formal ist die Rechtsstellung der Treugeber somit von den gesellschaftsvertraglichen Regelungen entkoppelt. In materieller Hinsicht, d.h. bezogen auf den konkreten Umfang der Rechte, bleibt es hingegen bei den gesellschaftsvertraglichen Vorgaben.[710]

Zur besseren Einordnung der gesetzlichen Gleichstellungsanordnung (§ 152 Abs. 1 S. 2 KAGB) soll nachfolgend zunächst auf die für die Publikumsfonds anerkannten Treuhandkonstellationen Bezug genommen werden (a.), bevor im Anschluss an diese Ausführungen die Reichweite der mittelbaren Beteiligungsstruktur untersucht wird (b.).

a. *Treuhandverhältnisse im Bereich der PublikumsKG*

Vor Inkrafttreten des KAGB gehörten Treuhandmodelle zur gängigen investmentrechtlichen Praxis. Insbesondere im Bereich der PublikumsKG fanden sich Treuhandmodelle in unterschiedlicher Ausführung. Hierbei lassen sich grundsätzlich zwei Grundformen des Treuhandmodells unterscheiden.[711]

Zum einen gibt es das Modell der echten mittelbaren Beteiligung bzw. der sog. echten Treuhand. Eine solche liegt vor, wenn den Anlegern schuldrechtlich gegenüber der PublikumsKG keinerlei Rechte eingeräumt werden und sie zur Ausübung ihrer Rechte vollständig auf den Treuhandvertrag verwiesen werden. Bei diesem Modell fehlt es an einer Überlagerung der Treuhandverhältnisse durch den Gesellschaftsvertrag.[712]

---

710 S. hierzu nachfolgend Abschnitt b.

711 Überzeugende Systematisierung bei *Wiedemann*, Treuhand an einer Mitgliedschaft – Gedanken zur Einzel- und Sammeltreuhand im Personengesellschaftsrecht, ZIP 2012, 1786, 1787 (1788ff.).

712 *Casper*, in Staub/HGB-Kommentar, § 161 HGB Rz. 239; *Wiedemann*, Treuhand an einer Mitgliedschaft – Gedanken zur Einzel- und Sammeltreuhand im Personengesellschaftsrecht, ZIP 2012, 1786, 1787, 1788ff.

Demgegenüber ist in der Praxis häufiger zu beobachten, dass den Anlegern im Innenverhältnis faktisch die Rechte eines Gesellschafters eingeräumt werden und es so zu einer Teilintegration der Treugeber kommt.[713] Da die praktischen Ausgestaltungen im Einzelnen sehr unterschiedlich sein können, lässt sich keine eindeutige Modellbildung vornehmen.[714] So finden sich Gesellschaftsverträge, die den Treugebern „nur" ein eigenes Teilnahme-, Rede- und Auskunftsrecht in der Gesellschafterversammlung einräumen, wie auch Gesellschaftsverträge, die den Treugebern darüber hinaus ein eigenes Stimmrecht zubilligen oder sie insgesamt mit Mitverwaltungs- und/oder Vermögensrechten ausstatten.[715] Das zentrale Merkmal dieses Modells bildet folglich die gesellschaftsvertragliche Zuteilung von Gesellschafterrechten an die Treugeber (sog. schuldrechtliche Gleichstellungsabrede).[716] Mangels sachenrechtlicher Beteiligung und Registereintragung werden die Treugeber allerdings nicht zu Kommanditisten im handelsrechtlichen Sinne. Die vertragliche Gleichstellungsabrede vermittelt ihnen lediglich schuldrechtlich die Stellung eines Gesellschafters (sog. Quasi-Gesellschafters).[717]

b. Die Gleichstellungsanordnung des § 152 Abs. 1 S. 2 KAGB

Mit der Regelung des § 152 Abs. 1 S. 2 KAGB wird das bereits vor Inkrafttreten des KAGB im Rahmen der PublikumsKG bekannte Modell des Quasi-Gesellschafters, d.h. der mittelbaren Beteiligung, vom Gesetzgeber als zulässige

---

713 Vgl. aus der gerichtlichen Praxis wohl erstmals BGH Urt. v. 13.5.1953 – II ZR 157/52 = BGHZ 10, 44, 49, in jüngerer Zeit wiederholt etwa BGH Urt. v. 5.2.2013 – II ZR 134/11 = BGHZ 196, 131, 136 (Tz 14); BGH Urt. v. 18.9.2012 – II ZR 201/10 = ZIP 2012, 2291, 2292 (Tz 11); BGH Urt. v. 23.6.2003 – II ZR 46/02 = NJW-RR 2003, 1392, 1392. Die beschriebene Teilintegration der Treugeber in das gesellschaftsrechtliche Verhältnis der InvestmentKG wird nunmehr auch vom Gesetzgeber anerkannt, vgl. § 152 Abs. 1 S. 3 KAGB.

714 Zu möglichen Gestaltungsbeispielen vgl. *Schäfer*, Zu Fragen der Treugeberhaftung bei qualifizierten Treuhandbeteiligungen an Publikumspersonengesellschaften, ZHR 177 (2013) 619, 621; *Klöckner*, Wirksamkeit der Stimmabgabe eines Treuhänders in der Publikums-Gesellschaft, BB 2009, 1313, 1314ff.

715 *Casper*, in Staub/HGB-Kommentar, § 161 HGB Rz. 239. Auf schuldrechtlicher Ebene erfolgt entweder eine Einbeziehung des Gesellschaftsvertrages in den Treuhandvertrag oder eine Wiederholung der entsprechenden Klauseln im Treuhandvertrag.

716 *Casper*, in Staub/HGB-Kommentar, § 161 HGB Rz. 239.

717 Zur Begrifflichkeit vgl. BGH Urt. v. 18.9.2012 – II ZR 201/10 = ZIP 2012, 2291, 2292 (Rz. 11); *Wiedemann*, Treuhand an einer Mitgliedschaft – Gedanken zur Einzel- und Sammeltreuhand im Personengesellschaftsrecht, ZIP 2012, 1786, 1787.

Beteiligungsalternative anerkannt.[718] Konkret bestimmt das Gesetz, dass der mittelbar beteiligte Anleger im Innenverhältnis die gleiche Rechtsstellung hat wie ein Kommanditist, § 152 Abs. 1 S. 3 KAGB. Darüber hinausgehende Vorgaben zu Inhalt und Reichweite der Gleichstellungsanordnung enthält das Gesetz nicht. Satz 3 lässt sich immerhin entnehmen, dass die Rechtsstellung der Treugeber keine vom Treuhandkommanditisten abgeleitete, sondern eine originäre ist, also nicht etwa erst vertraglich begründet werden muss.[719] Dies zeigt sich auch daran, dass als Vergleichsobjekt für die Rechtsstellung der Treugeber gerade nicht im Speziellen auf den Treuhandkommanditisten verwiesen wird, sondern gemeinhin auf „einen" Kommanditisten.

Hiervon unberührt bleibt die bei Treuhandverhältnissen allgemein bestehende Beteiligungszuordnung, wonach dingliche und wirtschaftliche Anteilszuordnung auseinanderfallen. Denn die gesetzlich vermittelte formale Gleichstellung hat ausschließlich materiell-rechtlichen Bezug.[720] Dinglich an der Gesellschaft beteiligt ist weiterhin einzig der Treuhandkommanditist. Nur er qualifiziert handelsrechtlich als Gesellschafter.[721] Wirtschaftlich berechtigt bleiben hingegen die Treugeber.[722] Kurzum: Per gesetzlicher Fiktion erhält der Treugeber die Gesellschafterrechte des Kommanditisten, wird jedoch nicht selbst zum Gesellschafter.

Einen materiellen Mindeststandard legt § 152 Abs. 1 S. 3 KAGB trotz seines materiell-rechtlichen Bezugs nicht fest. Vielmehr richtet sich das konkrete Maß an Rechten für den Treugeber nach den im Gesellschaftsvertrag im Einzelfall festgelegten Rechten der Kommanditisten.[723] Der über die Gleichstellungsanordnung zugewiesene Einflussbereich der Treugeber auf die innergesellschaftliche Willensbildung lässt sich demnach entsprechend der personengesellschaftlichen Gestaltungsgrenzen weitgehend beschränken. Dies ändert freilich nichts daran, dass dem Kommanditisten und damit auch dem Treugeber die zum unentziehbaren Kernbereich der Mitgliedschaft gehörenden Rechte nicht vorenthalten werden können.

Die beschriebene Gleichstellung in Satz 3 hat ferner unmittelbare Auswirkungen auf die wechselseitigen Rechte und Pflichten bzw. die treuhänderische

---

718 Zum schuldrechtlichen Modell des Quasi-Gesellschafters, s. näher *Casper*, in Staub/HGB-Kommentar, § 161 Rz. 239.

719 Dies wird deutlich an der Formulierung, der Treugeber „hat […] die gleiche Rechtsstellung" wie ein Kommanditist.

720 *Hoffert*, in Frankfurter Komm. z. KAGB, § 152 Rz. 23.

721 *Wiedemann*, Alte und neue Kommanditgesellschaft, NZG 2013, 1041, 1045.

722 *Hoffert*, in Frankfurter Komm. z. KAGB, § 152 Rz. 23.

723 *Könnecke*, in Baur/Tappen, Investmentgesetze, Bd. 1, § 152 Rz. 39

Kompetenzverteilung zwischen den Treugebern und dem Treuhandkommanditisten.[724] Da dem Treuhandkommanditisten über seine formelle Stellung als Gesellschafter gesellschaftsrechtlich die gleichen Rechte zukommen wie den Treugebern, er über seine treuhänderische Vertragsbeziehung zu diesen jedoch faktisch „fremdverwaltend" tätig wird, könnte es im Zweifel zu einer konfligierenden Doppelung der Rechtewahrnehmung kommen.[725] Im Ergebnis wird man davon ausgehen müssen, dass der Treuhandkommanditist die ihm nach seiner formellen Kommanditistenstellung zustehenden Rechte nur insoweit ausüben darf, als sie nicht der Treugeber selbst ausübt.[726] Dies gilt, wie bereits eingehend unter Kap. 2 Abschnitt III.3.c. erläutert, insbesondere bezogen auf die Ausübung des Stimmrechts.

Insgesamt führt die Aufwertung der Rechtsstellung des Treugebers zu einer Entwertung der Rechtsstellung des Treuhänders. Diese Entwicklung mag zwar aus investmentrechtlicher Sicht zur Erhöhung des Anlegerschutzes beitragen. Gesellschaftsrechtlich führt es jedoch dazu, dass die formale und dingliche Rechtsstellung des Treuhänders als Anleger ausgehöhlt wird.[727] Durch die aufsichtsrechtliche Regelung des § 152 Abs. 1 S. 3 KAGB wird der Treuhandkommanditist zum gesellschaftsrechtlichen Statisten.[728] Hieran ändert auch die Tatsache nichts, dass die Treuhand an sich schon zu einer individuellen Rechtsverkürzung des Treuhänders führt.

Die durch § 152 Abs. 1 S. 3 KAGB angeordnete halbseitig gesellschaftsrechtliche Stellung eines Nicht-Gesellschafters widerspricht zudem dem gesetzestypischen Strukturgefüge der Personengesellschaft, das gerade an die

---

724 *Könnecke*, in Baur/Tappen, Investmentgesetze, Bd. 1, § 152 Rz. 41. Grundsätzlich gilt, dass bei einer Beteiligung über einen Treuhandkommanditisten der Gesellschaftsanteil und somit auch der Kapitalanteil allein dem Treuhandkommanditisten zusteht, vgl. *Sassenrath*, in Westermann, Hdb. PersG, § 26 Rz. 575d.

725 Siehe hierzu bereits Kap. 2 Abschnitt III.3.b und c., der sich eingehend mit der Frage befasst, ob der Treuhänder nach der neuen gesetzlichen Regelung noch teilnahme- und stimmberechtigt ist. Da diese Punkte bereits ausführlich besprochen wurden, wird an dieser Stelle auf ein erneutes Aufgreifen der Problematik verzichtet.

726 So auch: *Könnecke*, in Baur/Tappen, Investmentgesetze, Bd. 1, § 152 Rz. 41. Bezogen auf die Stimmrechtsausübung im Konkreten: *Klebeck/Kunschke*, in Beckmann/Scholtz/Vollmer, Investment Hdb., Erg.Lfg. 2/14, § 152 Rz. 20.

727 Der Treuhandkommanditist hat regelmäßig selbst eine – wenn auch nur geringe – Kapitaleinlage in Geld erbracht, sodass auch er formal als Anleger qualifiziert.

728 Ähnlich auch: *Hoffert*, der unter Bezugnahme auf § 267 Abs. 2 S. 2 KAGB die Stellung des Treuhandkommanditisten mit der eines Boten vergleicht, *ders.*, in Frankfurter Komm. z. KAGB, § 152 Rz. 32.

Gesellschafterstellung anknüpft. Hinsichtlich der Rechte (horizontal) werden die Treugeber den Kommanditisten gleichgestellt, haftungsrechtlich (vertikal) verbleibt es jedoch bei dem abgestuften Verhältnis.[729] Im Außenverhältnis, d.h. haftungsrechtlich, erfolgt nämlich gerade keine Gleichstellung zwischen mittelbar und unmittelbar Beteiligten. Hier bleibt es bei der zweigliedrigen Struktur zwischen Gesellschafter (Treuhandkommanditist) und Nicht-Gesellschafter (Treugeber).

2. Das Haftungsregime im Einzelnen

Durch die in §§ 127, 152 KAGB enthalten haftungsrechtlichen Vorgaben konkretisiert das Gesetz die Stellung der Kommanditisten als bloße Kapitalgeber. Der Gesetzgeber verfolgt dabei das Ziel, einen haftungsrechtlichen Gleichlauf zwischen Kommanditisten der InvestmentKG und Anlegern anderer Investmentvermögen zu schaffen.[730] Um dieses Ziel rechtlich erreichen zu können, wird die Haftung der Kommanditisten weitgehend begrenzt, teilweise sogar gänzlich ausgeschlossen. Letzteres gilt für die nach § 176 Abs. 2 HGB mögliche unbeschränkte Haftung des Kommanditisten für die Zeit zwischen seinem Eintritt und seiner Eintragung im Handelsregister, § 127 Abs. 4, § 152 Abs. 4 KAGB. Im Bereich der geschlossenen Publikums-InvestmentKG erstreckt sich der Haftungsausschluss auch auf den Zeitraum von Geschäftsbeginn bis Eintragung der Gesellschaft im Handelsregister (§ 176 Abs. 1 HGB), § 152 Abs. 5 KAGB.

Nach § 127 Abs. 2 S. 1, § 152 Abs. 2 S. 1 KAGB darf eine Rückgewähr der Einlage oder eine Ausschüttung, die den Wert der Kommanditeinlage unter den Betrag der Einlage herabmindert, nur mit Zustimmung des betroffenen Kommanditisten erfolgen. Dabei obliegt es der Gesellschaft, den Anleger vor seiner Zustimmung hinreichend auf die Haftungsrisiken hinzuweisen, die mit dem Wiederaufleben der Haftung nach § 172 Abs. 4 HGB verbunden sind, § 127 Abs. 2 S. 2, § 152 Abs. 2 S. 2 KAGB. Vorgenannte Bestimmungen gelten gleichermaßen auch für die mittelbar an der Gesellschaft beteiligten Anleger einer Publikums-InvestmentKG. Denn als wirtschaftlich Berechtigte trifft sie über die Freistellungsverpflichtung im Treuhandvertrag eine Ausgleichspflicht gegenüber dem unmittelbar an der Gesellschaft beteiligten Treuhandkommanditisten.[731]

---

729 So i.E. auch: *Paul*, in Weitnauer/Boxberger/Anders, KAGB § 152 Rz. 5f.; hierzu nachfolgend ausführlich Abschnitt V.2.

730 RegE zum KAGB, BT-Drucksache 17/12294, S. 242, 250.

731 *Stari/Meuster*, Die Haftung des mittelbar an einem geschlossenen Fonds beteiligten Anlegers, DStR 2014, 271, 272.

Neben den Außenhaftungsbeschränkungen enthalten die §§ 127, 152 KAGB in Absatz 3 auch Beschränkungen im Innenverhältnis, d.h. der Gesellschaft zu ihren Gesellschaftern. Nach Absatz 3 Satz 2 und 3 dürfen für die Kommanditisten weder Nachschuss- noch Verlustausgleichspflichten begründet werden. Weiterhin sorgt der in § 127 Abs. 3 S. 1, § 152 Abs. 3 S. 1 KAGB enthaltene Hinweis, dass der Anspruch auf die Pflichteinlage (nicht die Hafteinlage) erlischt, für eine Erhöhung des Anlegerschutzes. Der Gesetzgeber scheint mit vorgenannten Regelungen nämlich ein gesellschaftsvertraglich geregeltes Wiederaufleben der Haftung bei Herabminderung der Pflichteinlage unter den vereinbarten Wert ausschließen zu wollen.[732] Insgesamt dient auch Absatz 3 dazu, ein etwaig entstehendes Haftungsgefälle zwischen den organisationsrechtlich verschiedenen Anlagemöglichkeiten auszugleichen.[733]

Nach einem kurzen Einstieg in das handelsrechtlich vorgegebene Haftungsregime der Kommanditisten (a.), widmet sich diese Arbeit – anknüpfend an die handelsrechtlich vorgegebenen Zeitabschnitte – zunächst der Außenhaftung der Kommanditisten (b.). Bevor im Anschluss an das kapitalanlagerechtlich neugefasste Außenhaftungsregime die Modifikationen im Bereich der Innenhaftung in Bezug genommen werden (c.).

a. Das handelsrechtliche Haftungsregime der Kommanditisten

Das Wesen der KG als Gesamthandsgemeinschaft ist von der persönlichen Haftung der Gesellschafter geprägt.[734] Grundsätzlich haften alle Gesellschafter für die Verbindlichkeiten der Gesellschaft unabhängig davon, ob sie unbeschränkt oder summenmäßig beschränkt haften.[735] Die summenmäßige Haftungsbeschränkung der Kommanditisten führt im Außenverhältnis gerade nicht zu einer subsidiären Haftung.[736] Kommanditisten haften vielmehr gleichermaßen persönlich, unmittelbar und akzessorisch.[737] Ebenfalls gemein ist allen Gesellschaftern, dass sie mit zwei verschiedenen Vermögensmassen haften: Zum einen

---

732 Zur näheren Erläuterung s. nachfolgend Abschnitt V.2.b.bb.

733 RegE zum KAGB; BT-Drucksache 17/12294, S. 242, 250.

734 *Strohn*, in Ebenroth/Boujong/Joost/Strohn, § 171 Rz 1; *Oetker*, in Oetker, § 171 Rz. 1. Als Träger des Gesellschaftsvermögens übernehmen die Gesellschafter nämlich grds. persönlich Verantwortung für das Handeln der Gesellschaft – Prinzip der Gesamthandsgemeinschaft.

735 *Strohn*, in Ebenroth/Boujong/Joost/Strohn, § 171 Rz 1.

736 *Thiessen*, in Staub/HGB-Kommentar, § 171 Rz. 3; *Oetker*, in Oetker, § 171 Rz. 5.

737 *Oetker*, in Oetker, § 171 Rz. 4; *Strohn*, in Ebenroth/Boujong/Joost/Strohn, § 171 Rz. 9; *Thiessen*, in Staub/HGB-Kommentar, § 171 Rz. 13.

mit ihrem Anteil am Gesellschaftsvermögen, zum anderen mit ihrem Privatvermögen, das dinglich – wie haftungsrechtlich – vom Gesellschaftsvermögen getrennt ist.[738] Den Gläubigern steht es demnach frei, auf das gesamthänderisch gebundene Vermögen oder das Privatvermögen der einzelnen Gesellschafter Zugriff zu nehmen.[739]

Insgesamt liegt der haftungsrechtliche Unterschied zwischen Kommanditisten und Komplementären ausschließlich in der der Höhe nach beschränkten bzw. beschränkbaren Haftung der Kommanditisten.[740] Gesetzlich niedergelegt ist dies in § 171 Abs. 1 Hs. 1 HGB, nach dem der Kommanditist den Gläubigern der Gesellschaft gegenüber nur bis zur Höhe seiner Einlage haftet. Soweit er seine Einlage geleistet hat, ist seine Haftung ausgeschlossen, § 171 Abs. 1 Hs. 2 HGB.

In der Zusammenschau der § 171 Abs. 1, § 172 Abs. 4, § 176 Abs. 1 und Abs. 2, § 160 Abs. 1 HGB lässt sich das gesetzestypische Haftungsregime des Kommanditisten wie folgt zusammenfassen: Bis zum Zeitpunkt der Einlageerbringung haftet der Kommanditist summenmäßig auf die im Handelsregister eingetragene Haftsumme beschränkt, § 171 Abs. 1 Hs. 1 HGB.[741] Soweit er eine wertmäßig der Haftsumme entsprechende Einlage geleitstet hat – gleich welcher Art (z.B. Geld- oder Sachleistungen) – ist seine Haftung ausgeschlossen, § 171 Abs. 1 Hs. 2 HGB. In diesem Fall ersetzt die im haftenden Gesellschaftsvermögen vorhandene Einlage seine Haftung. Die Haftungsbefreiung ist allerdings nur insoweit final, als ihm kein der Einlage entsprechender Wert aus dem gebundenen Vermögen zurückgewährt wurde. Dies führt gem. § 172 Abs. 4 HGB zum Wiederaufleben der Haftung. Für rechtsgeschäftliche Verbindlichkeiten die zwischen Geschäftsbeginn und vor Eintragung der Gesellschaft in das Handelsregister begründet wurden, haftet der Kommanditist gleich einem Komplementär unbeschränkt persönlich, § 176 Abs. 1 HGB – vorausgesetzt der Gläubiger ist nicht bösgläubig.[742] Gleiches gilt für den Zeitraum zwischen Eintritt und Eintragung eines Kommanditisten, wobei hierbei umstritten ist, ob sich die

---

738 *Oetker*, in Oetker, § 171 Rz. 1; *Strohn*, in Ebenroth/Boujong/Joost/Strohn, § 171 Rz 1.

739 *Oetker*, in Oetker, § 171 Rz. 5.

740 *Strohn*, in Ebenroth/Boujong/Joost/Strohn, § 171 Rz. 1; *Oetker*, in Oetker, § 171 Rz. 1.

741 *K. Schmidt*, GesR, § 54 I.1.a); *Thiessen*, in Staub/HGB-Kommentar, § 171 Rz. 9.

742 Deliktsansprüche, Steuerforderungen sowie öffentlich-rechtliche Beitrags- und Gebührenforderungen sind nach h.M. von der Haftung nicht umfasst, vgl. *K. Schmidt*, in MünchKomm. HGB, § 176 Rz. 37 m.w.N.; a.A. bzgl. Steuerforderungen: *Crezelius*, Zur Stellung des § 176 HGB im Handels- und Gesellschaftsrecht, BB 1983, 11; a.A. bzgl. öffentlich-rechtlicher Beitrags- und Gebührenforderungen: BSG Urt. v. 26.6.1975 – §/12 RK 1/74 = MDR 1976, 259.

unbeschränkte Haftung auch auf Altverbindlichkeiten (§ 173 HGB) erstreckt.[743] Scheidet ein Kommanditist aus der Gesellschaft aus, trifft ihn eine Nachhaftung von fünf Jahren für sämtliche bis zu seinem Austritt begründeten Verbindlichkeiten, § 160 Abs. 2 HGB.

Die §§ 171ff. HGB sind ihrer Regelungssystematik entsprechend Gläubigerschutzvorschriften. Dies zeigt sich nicht nur an dem zwingenden Charakter vorgenannter Vorschriften, sondern auch daran, dass die Haftung zumindest in tatsächlicher Hinsicht synchron zur Publizität des Handelsregisters ausgestaltet worden ist – der Rechtsverkehr soll sich auf die Richtigkeit des Handelsregisters verlassen können (§ 15 HGB).[744] Der Kommanditist kann sich folglich erst dann auf die summenmäßige Haftungsbeschränkung berufen, wenn sie nach außen hin bekannt gemacht wurde und dem Rechtsverkehr bekannt sein musste (§ 15 HGB).[745] Lässt sich die Kommanditistenstellung dem Handelsregister nicht entnehmen, haftet der Kommanditist gleich einem Komplementär – vorausgesetzt es handelt sich um rechtsgeschäftliche Verbindlichkeiten und der Gläubiger war nicht bösgläubig. Ferner sucht § 172 Abs. 4 HGB den Gläubigerschutz durch eine nachhaltige Einlagen- und Kapitalsicherung zu verwirklichen.[746] Sinkt der Wert des haftenden Kapitals unter den Wert der im Handelsregister eingetragenen Haftsumme, lebt die Haftung entsprechend – bei dem einzelnen Kommanditisten – wieder auf.

---

743 Zum Meinungsstand s. Die h.M. lehnt eine unbeschränkte Haftung für Altverbindlichkeiten ab: BGH Urt. v. 8.3.1982 – II ZR 240/81 = ZIP 1982, 566, 567; *Strohn*, in Ebenroth/Boujong/Joost/Strohn, § 176 Rz. 36; *Gummert*, in Henssler/Strohn, GesR, § 176 Rz, 21, 23; *K. Schmidt*, in MünchKomm. HGB, § 176 Rz. 34, *Oetker*, in Oetker, § 176 Rz. 51; *Haas/Mock*, in Röhricht/Graf v. Westphalen, § 176 Rz. 47; a.A. *Thiessen*, in Staub/HGB-Kommentar, § 173 Rz. 26, 77.

744 § 162 Abs. 2 HGB steht dieser Annahme nicht entgegen, da die in dieser Norm angesprochene Bekanntmachung die Pflicht zur Eintragung unberührt lässt, vgl. hierzu ausführlich: *Oetker*, in Oetker, § 162 Rz. 15ff.

745 So haftet ein Kommanditist zwischen Beitritt und Eintragung wie ein Komplementär (§ 176 Abs. 2 HGB), denn bis zum Zeitpunkt der Eintragung ist die beschränkte Haftung nicht erkennbar (vgl. § 15 Abs. 1 HGB). Gleiches gilt für die Nachhaftung (§ 160 HGB).

746 *Thiessen*, in Staub/HGB-Kommentar, § 171 Rz. 9; *Oetker*, in Oetker, § 171 Rz. 1; *Strohn*, in Ebenroth/Boujong/Joost/Strohn, § 172 Rz. 19. Das normative Gefüge der §§ 171ff. HGB ist darauf ausgelegt, die Einlageleistungen der Kommanditisten in der Gesellschaft zu bündeln, Das normative Gefüge der §§ 171ff. HGB ist darauf ausgelegt, die Einlageleistungen der Kommanditisten in der Gesellschaft zu bündeln. Idealtypisch trägt das beschriebene Haftungsregime zur Kreditwürdigkeit der Gesellschaft bei, *ebd.*

Im Ergebnis kann demnach festgehalten werden, dass das handelsrechtliche Haftungsregime dem Gläubigerschutz gewidmet ist.[747]

b. Die kapitalanlagerechtliche Außenhaftung der Kommanditisten

Die Außenhaftung der Kommanditisten bestimmt sich hauptsächlich nach §§ 127, 152 KAGB, wobei der Regelungsgehalt des § 152 KAGB – wie bereits erwähnt – durch den Privatanlegerbezug über den der offenen InvestmentKG hinausgeht (§ 127 KAGB). Zum Schutz der Anleger reichen die kapitalanlagegesetzlichen Modifikationen des bestehenden HGB-Haftungsregimes von reinen Haftungserleichterungen bis hin zur vollständigen Enthaftung.

Entsprechend den handelsrechtlichen Regelungen gliedert sich auch das vorliegende Gesetz in zeitliche Abschnitte. So schließt das Gesetz die unbeschränkte Haftung der Gesellschafter vor Eintragung der Gesellschaft (§ 176 Abs. 1 HGB) für die Publikums-InvestmentKG aus (aa.), § 152 Abs. 5 KAGB. Für die offene wie die geschlossene InvestmentKG gilt § 176 Abs. 1 HGB fort. Anknüpfend an die Eintrittshaftung bestimmen die § 127 Abs. 4, § 152 Abs. 4 KAGB eine Verlagerung der Haftungsbegründung auf den Zeitpunkt der Eintragung des Kommanditist im Handelsregister. Die unbeschränkte Eintrittshaftung für den Zeitraum zwischen Beitritt und Eintragung (§ 176 Abs. 2 HGB) scheidet somit ebenfalls aus (cc.). Die Haftung für Altverbindlichkeiten gem. § 173 HGB bleibt hiervon jedoch unberührt. Weiterhin knüpfen die § 127 Abs. 2, § 152 Abs. 2 KAGB das Wiederaufleben der Haftung nach Rückgewähr der Einlage – die den Wert der Kommanditeinlage unter den Betrag der Einlage herabmindert – an die Zustimmung des einzelnen Kommanditisten (bb.), § 172 Abs. 4 HGB. Bei Treuhandbeteiligungen erstreckt sich das Zustimmungserfordernis auch auf die Treugeber, § 152 Abs. 2 S. 3 KAGB. Haftungschronologisch abschließend bestimmt das Gesetz für die geschlossenen InvestmentKG, dass die Haftung des Kommanditisten mit seinem Ausscheiden aus der Gesellschaft endet (dd.), § 152 Abs. 6 KAGB.

---

747 Dies drückt sich auch dadurch aus, dass abweichende Vereinbarungen lediglich im Innenverhältnis wirken. Die Außenhaftung bleibt hiervon unberührt, *Haas/Mock*, in Röhricht/Graf v. Westphalen, HGB, § 171 Rz. 17; *K. Schmidt*, in MünchKomm. HGB, § 172 Rz. 11.

aa. *Die Haftung des Kommanditisten zwischen Geschäftsbeginn und Eintragung der Gesellschaft*

Beginnt die KG ihren Geschäftsbetrieb vor Eintragung in das Handelsregister, haftet jeder Kommanditist, der dem Geschäftsbeginn zugestimmt hat, bis zur Eintragung der Gesellschaft in das Handelsregister für die bis zum Eintragungszeitpunkt begründeten rechtsgeschäftlichen Verbindlichkeiten gleich einem persönlich haftenden Gesellschafter (§ 176 Abs. 1 HGB), d.h. ohne die summenmäßige Haftungsbeschränkung der §§ 171, 172 HGB.[748] Dies gilt nicht, wenn den Gläubigern die Stellung als Kommanditist bekannt war, § 176 Abs. 1 S. 1 HGB a.E.

Vorgenannte Regelung wird nunmehr durch § 152 Abs. 5 KAGB dergestalt modifiziert, dass die Kommanditisten einer geschlossenen Publikums-InvestmentKG dem Geschäftsbeginn nicht zustimmen können, bevor die Gesellschaft in das Handelsregister eingetragen ist.[749] Damit verlagert der Gesetzgeber den Haftungsbeginn der Kommanditisten der Publikums-InvestmentKG auf den nachgelagerten Zeitpunkt der Eintragung der Gesellschaft im Handelsregister. Auf Basis einer rein formalen Betrachtung steht den Gesellschaftsgläubigern bis zu diesem Zeitpunkt kein Kommanditist als Haftungssubjekt zur Verfügung.[750]

Trotz des scheinbar erheblichen Eingriffs in den Gläubigerschutz ist an dieser Stelle darauf hinzuweisen, dass die tatsächliche Eingriffswirkung vorgenannter Regelung aufgrund der Eigenart der Publikums-InvestmentKG von nur untergeordneter Bedeutung sein wird.[751] Anders als in der gesetzestypischen KG, die auf Personenbezogenheit basiert und davon ausgeht, dass die Kommanditisten

---

748 Deliktsansprüche, Steuerforderungen sowie öffentlich-rechtliche Beitrags- und Gebührenforderungen sind nach h.M. von der Haftung nicht umfasst, vgl. *K. Schmidt*, in MünchKomm. HGB, § 176 Rz. 37 m.w.N.; a.A. bzgl. Steuerforderungen: *Crezelius*, Zur Stellung des § 176 HGB im Handels- und Gesellschaftsrecht, BB 1983, 11; a.A. bzgl. öffentlich-rechtlicher Beitrags- und Gebührenforderungen: BSG Urt. v. 26.6.1975 – §/12 RK 1/74 = MDR 1976, 259.

749 Da es an einer vergleichbaren Vorschrift für die offene wie auch die geschlossene Spezial-InvestmentKG fehlt, bleibt es für diese Gesellschaftsformen bei der handelsrechtlichen Regelungen des § 176 Abs. 1 HGB.

750 S. hierzu im Allgemeinen auch: *Könnecke*, in Baur/Tappen, Investmentgesetze, Bd. 1, § 152 Rz. 121ff., 125f., der insbesondere auch auf die ungewöhnliche Regelungstechnik des Gesetzgebers verweist, der die Zustimmung zum Geschäftsbeginn ausschließt, anstatt § 176 Abs. 1 HGB für unanwendbar zu erklären, *ebd.*

751 *Könnecke*, in Baur/Tappen, Investmentgesetze, Bd. 1, § 152 Rz. 124; *Hoffert*, in Moritz/Klebeck/Jesch, Frankfurter Komm. z. KAGB, § 152 Rz. 74.

stets Gründungskommanditisten sind, werden die Kommanditisten in der Publikums-InvestmentKG erst nachträglich geworben.[752] Die Initiatoren der Fondsgesellschaft werden in der Regel keine Fondsbeteiligungen an Privatanleger vertreiben, bevor die Gesellschaft nicht in das Handelsregister eingetragen ist.[753] Überdies sehen die Vertragswerke der Fondsgesellschaften regelmäßig vor, dass der Beitritt bis zur Eintragung aufschiebend bedingt ist, sodass auch insofern keine Abweichungen zur gängigen Rechtspraxis entstehen.[754]

Abgesehen von diesen eher praktischen Erwägungen sei auch darauf hingewiesen, dass die herrschende Meinung bei einer Firmierung als „GmbH & Co. KG" die Kenntnis über die Kommanditisteneigenschaft bejaht, sodass eine Haftung gem. § 176 Abs. 1 S. 1 HGB a.E. ausscheidet.[755]

Wenn auch die kapitalanlagerechtliche Modifikation des § 176 Abs. 1 HGB formal als gravierender Eingriff in den handelsrechtlich intendierten Gläubigerschutz verstanden werden kann, wird die tatsächliche Eingriffswirkung durch das atypische Gründungsstadium wesentlich, wenn nicht vollständig, herabgemindert.[756] Den Gläubigern wird nämlich gerade nicht eine Vielzahl von Haftungssubjekten entzogen. Vielmehr verlieren sie nur den Gründungskommanditisten als Schuldner.

bb. Die Haftung des Kommanditisten bei Rückgewähr der Einlage

aaa. Die gesetztypische Haftung

Nach dem handelsrechtlichen Haftungstatbestand des § 172 Abs. 4 HGB lebt die (summenmäßig beschränkte) Haftung des Kommanditisten trotz bereits vollständig erbrachter Leistung dann wieder auf, wenn die Einlage eines Kommanditisten zurückbezahlt wurde. Bei nur teilweiser Rückzahlung lebt die Haftung in entsprechender Höhe („soweit") wieder auf. Gleiches gilt, wenn ein Kommanditist Gewinnanteile entnimmt, während sein Kapitalanteil durch Verlust unter den Betrag der geleisteten Einlage herabgemindert ist.

---

752 *Könnecke*, in Baur/Tappen, Investmentgesetze, Bd. 1, § 152 Rz. 124.

753 *Könnecke*, in Baur/Tappen, Investmentgesetze, Bd. 1, § 152 Rz. 124.

754 *Könnecke*, in Baur/Tappen, Investmentgesetze, Bd. 1, § 152 Rz. 124.

755 *Roth*, in Baumbach/Hopt, § 177a Rz. 19 m.w.N.

756 Anders wäre die Tragweite der Haftungsbeschränkung unter Umständen dann zu beurteilen gewesen, wenn die Regelung des § 152 Abs. 5 KAGB gleichsam auch auf Spezial-InvestmentKGen Anwendung gefunden hätte. In diesem Fall sind die Kommanditisten nämlich regelmäßig auch Gründungskommanditisten.

Dem Wiederaufleben der Haftung liegt der Gedanke zugrunde, dass sich der Kommanditist die Haftungsbefreiung durch Wahrung der entsprechenden Normativbestimmungen verdienen kann.[757] Hält der Kommanditist haftendes Kapital als Einlage in der Gesellschaft, ist er nach § 171 Abs. 1 HGB von der (beschränkten) Haftung befreit – vorausgesetzt die Einlageleistung entspricht der geschuldeten Haftsumme und es ist für eine objektive Wertdeckung gesorgt.[758] Verringert sich das von ihm bei der Gesellschaft gehaltene haftende Kapital, lebt seine Haftung in entsprechendem Umfang wieder auf, § 171 Abs. 1 Hs. 2, § 172 Abs. 4 HGB. Im Haftungsgefüge der §§ 171ff. HGB kommt § 172 Abs. 4 HGB die Funktion der Einlagen- und Kapitalsicherung zu.[759] Nur solange die haftungsbefreiende Einlage auch als haftendes Kapital in der Gesellschaft belassen wird, steht dem Kommanditisten die Einwendung der haftungsbefreienden Einlageleistung gegenüber den Gläubigern zu.[760]

Der Vollständigkeit halber sei an dieser Stelle darauf hingewiesen, dass eine Rückzahlung der Einlage i.S.d. § 172 Abs. 4 HGB auch dann gegeben ist, wenn die Gesellschaft dem ausscheidenden bzw. ausgeschiedenen Kommanditisten sein Abfindungsguthaben auszahlt.[761] In diesem Fall tritt die Rechtsfolge des § 172 Abs. 4 HGB gem. § 161 Abs. 2, § 160 Abs. 1 HGB allerdings nur gegenüber den Gesellschaftsgläubigern ein, deren Ansprüche vor dem Ausscheiden des Kommanditisten begründet waren und nur für eine Dauern von fünf Jahren nach Ausscheiden.[762]

bbb. Die kapitalanlagegesetzlichen Modifikationen

Die Vorschrift des § 127 Abs. 2, § 152 Abs. 2 KAGB bindet den gesetzestypischen Automatismus des Wiederauflebens der Haftung an ein individuelles

757 *K. Schmidt*, GesR, § 54 I.3.c), II.1.

758 *K. Schmidt*, GesR, § 54 I.3.c), II.1.; *Thiessen*, in Staub/HGB-Kommentar, § 172 Rz. 72.

759 *K. Schmidt*, in MünchKomm. HGB, § 172 Rz. 67, 72; vgl. auch: *Thiessen*, in Staub/HGB-Kommentar, § 172 Rz. 67.

760 *K. Schmidt*, in MünchKomm. HGB, § 172 Rz. 72. Ob es sich im Einzelnen um eine den Tatbestand des § 172 Abs. 4 HGB erfüllende Rückzahlung handelt, richtet sich nach dem Kontostand des für jeden Kommanditisten zu führenden Kapitalkontos. Wird der Betrag der Haftsumme auf dem Kapitalkonto unterschritten, lebt die die Haftung des Kommanditisten im Umfang der Unterdeckung wieder auf, *Thiessen*, in Staub/HGB-Kommentar, § 172 Rz. 77; *K. Schmidt*, in MünchKomm. HGB, § 172 Rz. 72; *Paul*, in Weitnauer/Boxberger/Anders, KAGB, § 152 Rz. 14.

761 *K. Schmidt*, in MünchKomm. HGB, § 172 Rz. 72.

762 *K. Schmidt*, in MünchKomm. HGB, § 172 Rz. 72.

Zustimmungserfordernis des einzelnen Kommanditisten.[763] Konkret bestimmt der KAGB-Gesetzgeber, dass eine Rückgewähr der Einlage oder eine Ausschüttung, die den Wert der Kommanditeinlage unter den Betrag der Einlage herabmindert, nur mit Zustimmung des betroffenen Kommanditisten (§ 127 Abs. 1 S. 1, § 152 Abs. 1 S. 1 KAGB) und unter Hinweis auf das Wiederaufleben seiner Haftung (§ 127 Abs. 1 S. 2, § 152 Abs. 1 S. 2 KAGB) erfolgen darf. Entsprechendes gilt gemäß § 152 Abs. 1 S. 3 KAGB für den mittelbar beteiligten Anleger. Zusätzlich zu der Zustimmung des Treuhandkommanditisten ist bei der geschlossenen Publikums-InvestmentKG auch die Zustimmung der Treugeber – unter entsprechendem Hinweis auf die Haftung (§ 152 Abs. 1 S. 2 Hs. 2 KAGB) – einzuholen. Zwar sind die Treugeber nach herrschender Meinung nicht von der Außenhaftung nach §§ 128, 171, 172 HGB betroffen.[764] Aufgrund der wirtschaftlichen Vermögenszuordnung der Kapitalbeteiligung soll der Treugeber aus Anlegerschutzgesichtspunkten jedoch ebenfalls zustimmen. Über den Treuhandvertrag – genauer den vereinbarten Freistellungsanspruch – kann der Treugeber nämlich i.H.d. erstatteten Einlage von dem Treuhandkommanditisten in Regress genommen werden, sodass letztlich ihn die haftungsrechtlichen Konsequenzen einer erteilten Zustimmung treffen.[765]

Insgesamt versucht der Gesetzgeber mit § 127 Abs. 2, § 152 Abs. 2 KAGB, im Interesse des Anlegerschutzes, die aus § 172 Abs. 4 HGB folgenden Haftungsrisiken für den Anlegerkommanditisten beherrschbar zu machen.[766]

---

763 Den § 127 Abs. 2, § 152 Abs. 2 KAGB kommt insoweit gesteigerte Relevanz zu als Fondsgesellschaften häufig Ausschüttungen vornehmen, die aus Liquiditätsrückflüssen bedient werden und denen keine handelsbilanziellen Gewinne gegenüberstehen um dem Wunsch der Anleger nach frühzeitigen Kapitalrückflüssen zu entsprechen, *Könnecke*, in Baur/Tappen, Investmentgesetze, Bd. 1, § 152 Rz. 56. Gleiches gilt für den Fall, dass zugewiesene Gewinnanteile entnommen werden, obwohl das Kapitalkonto durch vorherige Verlustzuweisungen noch unter die im Handelsregister eingetragene Haftsumme herabgemindert ist, *Könnecke*, in Baur/Tappen, Investmentgesetze, Bd. 1, § 152 Rz. 56, *Hoffert*, in Moritz/Klebeck/Jesch, Frankfurter Komm. z KAGB, § 152 Rz. 56.

764 *Thiessen*, in Staub/HGB-Kommentar, § 171 Rz. 29 m.w.N.; RegE zum KAGB, BT-Drucksache 17/12294, S. 250; *Paul*, in Weitnauer/Boxberger/Anders, KAGB, § 152 Rz. 14; *Könnecke*, in Baur/Tappen, Investmentgesetze, Bd. 1, § 152 Rz. 71.

765 Vgl. hierzu auch: RegE zum KAGB, BT-Drucksache 17/12294, S. 250; *Paul*, in Weitnauer/Boxberger/Anders, KAGB, § 152 Rz. 15; *Könnecke*, in Baur/Tappen, Investmentgesetze, Bd. 1, § 152 Rz. 72.

766 So auch: *Könnecke*, in Baur/Tappen, Investmentgesetze, Bd. 1, § 152 Rz. 51.Der Anleger-Kommanditist soll vor einer unerwarteten Inanspruchnahme durch

(1) Zustimmungserfordernis

Nach § 127 Abs. 2 S. 1, § 154 Abs. 2 S. 1 KAGB ist die Rückgewähr der Einlage oder eine Ausschüttung, die den Wert der Kommanditeinlage unter den Betrag der Einlage herabmindert, nur mit Zustimmung des betroffenen Kommanditisten zulässig. Konkrete Vorgaben zur Erteilung der Zustimmung enthält das Gesetz nicht. Der Formulierung des Gesetzgebers („Zustimmung des *betroffenen* Kommanditisten") lässt sich allerdings entnehmen, dass Adressat der Zustimmung der einzelne Anleger ist. Aufgrund ihres individuellen Charakters kann die Zustimmungserteilung auch nicht durch einen im Kollektiv gefassten Mehrheitsbeschluss ersetzt werden.[767] Entsprechendes gilt für im Vorfeld – gesellschafts- oder beitrittsvertraglich – erteilte Zustimmungen.[768]

(a) Zeitpunkt der Zustimmung

Der Ausschluss von allgemeinverbindlichen Vorabzustimmungen lässt dabei keinen Rückschluss auf den gesetzlich intendierten Zeitpunkt der Zustimmung zu.[769] Ausgehend von dem allgemeinen zivilrechtlichen Begriffsverständnis kommt der Zustimmung doppelte Bedeutung zu. Zum einen versteht man hierunter die Einwilligung, d.h. die vorherige Zustimmung i.S.d. § 183 S. 1 BGB, zum anderen die Genehmigung, sprich die nachträgliche Zustimmung, § 184 Abs. 1 BGB. Nach der Gesetzessystematik und dem Sinn und Zweck der Vorschrift erscheint die Annahme der Zustimmung i.S.d. Einwilligung vorzugswürdig.[770] Die Anleger sollen ihre Zustimmung vor Rückgewähr oder Ausschüttung erteilen können.

Gesellschaftsgläubiger geschützt werden, *Hoffert*, in Moritz/Klebeck/Jesch, Frankfurter Komm. z. KAGB, § 152 Rz. 38.

767 So auch: *Könnecke*, in Baur/Tappen, Investmentgesetze, Bd. 1, § 152 Rz. 62; *Hoffert*, in Moritz/Klebeck/Jesch, Frankfurter Komm. z. KAGB, § 152 Rz. 47. Etwas anderes gilt denklogisch für einen einstimmig gefassten Beschluss aller – nicht nur der anwesenden – Kommanditisten.

768 *Könnecke*, in Baur/Tappen, Investmentgesetze, Bd. 1, § 152 Rz. 63; *Hoffert*, in Moritz/Klebeck/Jesch, Frankfurter Komm. z. KAGB, § 152 Rz. 50.

769 Vorabzustimmungen sind nämlich nicht gleichbedeutend mit vorherigen Zustimmungen i.S.d. § 183 S. 1 BGB.

770 So auch: *Casper*, Die Investmentkommanditgesellschaft: große Schwester der Publikums-KG oder Kuckuckskind?, ZHR 179 (2015), 44, 67; a.A. Könnecke, in Baur/Tappen, Investmentgesetze, Bd. 1, § 152 Rz. 64, der auch eine Genehmigung nach dem Bezugsereignis zulässt.

(b) Rechtsfolgen bei Zustimmung von nur einzelnen Anlegern

Offen bleibt in diesem Zusammenhang die Frage nach den Rechtsfolgen, wenn nur ein Teil der Kommanditisten der haftungsauslösenden Ausschüttung zustimmt. In der Literatur wird an dieser Stelle darauf hingewiesen, dass sich eine nur teilweise Ausschüttung an die zustimmenden Kommanditisten verbiete, weil die hieraus resultierende Disproportionalität innerhalb der diversen Kapitalkonten zu einer Ungleichbehandlung der Anleger bei der Gewinn- und Verlustverteilung führe.[771] Die Gesellschaftsverträge von Fondsgesellschaften sehen nämlich regelmäßig vor, dass sich die Gewinn- und Verlustverteilung nach der Höhe der tatsächlich geleisteten Einlage – verbucht auf Kapitalkonto I[772] – bestimmt.[773] Eine erteilte Zustimmung könnte somit bei einer späteren Gewinnausschüttung den zustimmenden Anlegern zum Nachteil gereichen.[774]

(c) Rechtsfolgen bei Einlagenrückgewähr ohne bzw. trotz verweigerter Zustimmung

Ebenfalls fraglich ist, welche Konsequenzen eine Rückgewähr der Einlage nach sich zieht, für die keine Zustimmung vorlag bzw. eine entsprechende

771 *Hoffert*, in Moritz/Klebeck/Jesch, Frankfurter Komm. z. KAGB, § 152 Rz. 49; *Loritz*, Ausschüttungen in Verlustjahren bei geschlossenen Fonds, NZG 2008, 887, 888.

772 Kapitalkonto I ist das sog. feste Kapitalkonto, das von Kapitalkonto II, dem sog. variablen Kapitalkonto ergänzt wird. Zusammen bilden beide Kapitalkonten den Kapitalanteil des Gesellschafters, s. *Sassenrath*, in Westermann, Hdb. PersG, § 26 Rz. 588e. Die Grundidee eines festen Kapitalkontos besteht darin, eine stabile Rechnungsziffer als dauernden Bezugspunkt zu schaffen, der für die Zuordnung der Mitgliedschaftsrechte und -pflichten maßgeblich ist, s. *Sassenrath*, in Westermann, Hdb. PersG, § 26 Rz. 587. Weiterhin dient Kapitalkonto I regelmäßig als Bezugsgröße für die Gewinn- und Verlustbeteiligung, wenn auch eine Verbuchung selbiger auf Kapitalkonto II erfolgt s. *Sassenrath*, in Westermann, Hdb. PersG, § 26 Rz. 587f. Die Verbuchung von Gewinnen, Verlusten und Entnahmen auf dem buchhalterisch separat geführten Kapitalkonto II ermöglicht es somit Kapitalkonto I auf einem festen Betrag zu halten, s. *ebd.* Bei nur teilweiser Zustimmung der Anleger könnte es aufgrund der Maßgeblichkeit des Kapitalkontos I für die Berechnung der Beteiligung an Gewinnen und Verlusten zu einer disproportionalen Verteilung zwischen den einzelnen Anlegern kommen.

773 *Loritz*, Ausschüttungen in Verlustjahren bei geschlossenen Fonds, NZG 2008, 887, 888. Zu Kapitalkonten (fest und variabel) allgemein: *Wiedemann*, GesR, § 4 III 3. aa).

774 Richtete sich die Gewinnausschüttung nach dem eingezahlten Kapital und hat der Anleger durch seine Zustimmung eine Rückgewähr der Einlage erhalten, wird er – mangels eingezahltem „Guthaben" – bei einer Gewinnausschüttung nicht bzw. nicht gleichermaßen berücksichtigt, s. hierzu: *Loritz*, Ausschüttungen in Verlustjahren bei geschlossenen Fonds, NZG 2008, 887, 888.

Zustimmung verweigert wurde. Ausgehend von der Intention des Gesetzgebers, mit § 127 Abs. 2, § 152 Abs. 2 KAGB den Leitgedanken der Einlagen- und Kapitalsicherung zu bekräftigen, erscheint es sachgerecht, ein Wiederaufleben der Haftung im Außenverhältnis anzunehmen.[775] Vor dem Hintergrund des gesetzgeberischen Ziels der Stärkung des Anlegerschutzes wird allerdings, insbesondere für den Bereich der Publikums-InvestmentKG, auch Gegenteiliges vertreten.[776] Die Schutznormkollision zwischen der Anlegerschutzvorschrift des § 152 KAGB und den Gläubigerschutzvorschriften der § 172 Abs. 4, § 171 Abs. 1 HGB müsse im Fall der Publikums-InvestmentKG zugunsten der Privatanleger entschieden werden.[777] Die hohe Schutzbedürftigkeit der Privatanleger schließe ein Wiederaufleben der Haftung aus.[778] Da in diesem Fall eine Inanspruchnahme durch die Gesellschaftsgläubiger ausscheidet, steht den Kommanditisten im Innenverhältnis gegenüber der Gesellschaft auch kein Schadensersatzanspruch zu. Anders verhält es sich, wenn man davon ausgeht, dass die Außenhaftung wiederauflebt. Durch die Pflichtverletzung der Gesellschaft erleidet der Kommanditist bei Inanspruchnahme durch einen Gläubiger eine Vermögenseinbuße, die im Wege eines Schadensersatzanspruchs gegenüber der Gesellschaft geltend gemacht werden kann.[779]

Wenn auch die Ablehnung des Wiederauflebens der Haftung aus Anlegerschutzgesichtspunkten vorzugswürdig erscheint, so kann nicht außer Acht gelassen werden, dass diese Lösung zu einer Verringerung des haftenden Kapitals ohne haftungsrechtliches Äquivalent führt. Denn mit den ausgezahlten Geldern korrespondiert gerade kein Anspruch der Gläubiger gegen den Kommanditisten,

---

775 RegE zum KAGB, BT-Drucksache 17/12294, S. 242, 250; *Könnecke*, in Baur/Tappen, Investmentgesetze, Bd. 1, § 152 Rz. 82; *Freitag*, Die „Investmentkommanditgesellschaft" nach dem Regierungsentwurf für ein Kapitalanlagegesetzbuch, NZG 2013, 329, 335. *Wiedemann* sieht in den in Rede stehenden Regelungen keine Gläubigerschutzvorschriften. Vielmehr sieht er den Gläubigerschutz vom Anlegerschutz verdrängt, *ders.*, Alte und neue Kommanditgesellschaft, NZG 2013, 1041, 1043.

776 *Hoffert*, in Moritz/Klebeck/Jesch, Frankfurter Komm. z. KAGB, § 152 Rz. 56.

777 Aufgrund der Unterschiedlichkeit der Anlegergruppen bezogen auf Sachkunde und Erfahrung mag die Lösung der kollidierenden Interessen bei professionellen und semiprofessionellen Anlegern auch anders ausfallen, *Hoffert*, in Moritz/Klebeck/Jesch, Frankfurter Komm. z. KAGB, § 152 Rz. 56.

778 *Hoffert*, in Moritz/Klebeck/Jesch, Frankfurter Komm. z. KAGB, § 152 Rz. 56.

779 *Könnecke*, in Baur/Tappen, Investmentgesetze, Bd. 1, § 152 Rz. 83. Inwieweit der Kommanditist dann letztlich tatsächlich von der Gesellschaft befriedigt wird, hängt von den wirtschaftlichen Verhältnisses der Gesellschaft zu dem entsprechenden Zeitpunkt ab.

sodass der handelsrechtlich intendierte Gläubigerschutz zurückgedrängt wird. Ob dies mit dem gesetzgeberischen Willen vereinbar ist, erscheint auf Basis der Ausführungen in der Regierungsbegründung zweifelhaft.[780] Abgesehen von der Möglichkeit der Inregressnahme der Gesellschaft muss dem Kommanditisten letztlich auch die Rückbuchung des ausgezahlten Betrages zur haftungsbefreienden Einlageleistung ermöglicht werden.[781]

(d) Zwischenergebnis

Unabhängig von den konkret aufgeworfenen Einzelfragen kann festgehalten werden, dass das zwingende Zustimmungserfordernis zu einer Verlagerung des haftungsrechtlichen Automatismus des § 172 Abs. 4 HGB in die privatautonome Sphäre des einzelnen Anlegers führt. Die Autarkie des Haftungsregimes wird somit begrenzt.

(2) Hinweispflicht

Ausweislich des Wortlauts der § 127 Abs. 2 S. 2, § 152 Abs. 2 S. 2 KAGB ist der Kommanditist *vor* der Zustimmung darauf hinzuweisen, dass er den Gläubigern der Gesellschaft unmittelbar haftet, soweit die Einlage durch die Rückgewähr oder Ausschüttung zurückbezahlt wird. Die Hinweispflicht besteht stets dann, wenn eine der nach Satz 1 zustimmungspflichtigen Zahlungen erfolgen soll.

Offen lässt das Gesetz, welchen Inhalts der Hinweis im Konkreten sein muss. Aus Anlegerschutzgesichtspunkten erscheint ein nur abstrakter Hinweis auf das Wiederaufleben der Haftung unzureichend.[782] Vielmehr sollte der Hinweis auf den konkreten Sachverhalt Bezug nehmen und die Höhe der wiederauflebenden Haftung beziffern.[783] Dies gilt entsprechend für den Hinweis an die Treugeber, § 152 Abs. 2 S. 3 KAGB. Richtigerweise sollte der Hinweis an die Treugeber um einen Verweis auf den Freistellungsanspruch ergänzt werden.[784]

---

780 Vgl. RegE zum KAGB, BT-Drucksache 17/12294, S. 250.

781 *Könnecke*, in Baur/Tappen, Investmentgesetze, Bd. 1, § 152 Rz. 84.

782 *Paul*, in Weitnauer/Boxberger/Anders, KAGB, § 152 Rz. 14; *Könnecke*, in Baur/Tappen, Investmentgesetze, Bd. 1, § 152 Rz. 67, 69. Zur analogen Anwendung der Hinweispflicht auf das Innenverhältnis, s. *Paul*, in Weitnauer/Boxberger/Anders, KAGB, § 152 Rz. 16f.

783 *Paul*, in Weitnauer/Boxberger/Anders, KAGB, § 152 Rz. 14; *Könnecke*, in Baur/Tappen, Investmentgesetze, Bd. 1, § 152 Rz. 69.

784 So auch: *Paul*, in Weitnauer/Boxberger/Anders, KAGB, § 152 Rz. 19; wohl a.A. *Könnecke*, in Baur/Tappen, Investmentgesetze, Bd. 1, § 152 Rz. 80.

Fehlt ein hinreichender Hinweis, kann das zur Schadenersatzpflichtigkeit der Gesellschaft führen.[785] Die Haftung der Anleger im Außenverhältnis bleibt hiervon jedoch unberührt.[786]

cc. Die Haftung des beitretenden Kommanditisten

aaa. Allgemeines

Der Beitritt eines Kommanditisten vollzieht sich in der gesetzestypischen KG regelmäßig durch Abschluss eines Aufnahmevertrages zwischen sämtlichen bereits in der Gesellschaft vorhandenen Gesellschaftern und dem Beitretenden.[787] Der Gesellschaftsvertrag kann allerdings vorsehen, dass die Abschlusskompetenz des Aufnahmevertrags stellvertretend für alle Gesellschafter von nur einem Gesellschafter, der Geschäftsführung oder einem Beirat wahrgenommen wird. Dies ist bei Fondsgesellschaften, insbesondere bei Publikumsgesellschaften aus Praktikabilitätsgründen regelmäßig der Fall.[788] Anders als bei unmittelbarer Beteiligung, bei der sich der Beitritt durch Eintragung des Kommanditisten im Handelsregister vollzieht, folgt bei mittelbarer Beteiligung auf den Abschluss des Treuhandvertrags die Eintragung der entsprechenden Erhöhung der Kommanditbeteiligung des Treuhandkommanditisten.[789]

bbb. Die handelsrechtliche Haftung des beitretenden Kommanditisten

Tritt eine Person als Kommanditist in eine bestehende KG ein, haftet sie nach Maßgabe der §§ 171, 172 HGB für die vor ihrem Eintritt begründeten Verbindlichkeiten der Gesellschaft, § 173 HGB.[790] Der Beitretende haftet weiterhin für

---

785 *Paul*, in Weitnauer/Boxberger/Anders, KAGB, § 152 Rz. 16.

786 *Casper*, Die Investmentkommanditgesellschaft: große Schwester der Publikums-KG oder Kuckuckskind?, ZHR 179 (2015), 44, 67f.; *Freitag*, Die „Investmentkommanditgesellschaft“ nach dem Regierungsentwurf für ein Kapitalanlagegesetzbuch, NZG 2013, 329, 335; a.A. *Zetzsche*, Das Gesellschaftsrecht des Kapitalanlagegesetzbuches, AG 2013, 613, 625; für die Publikums-InvestmentKG ebenfalls abweichend: *Hoffert*, in Moritz/Klebeck/Jesch, Frankfurter Komm. z. KAGB, § 152 Rz. 56. Zu den Rechtsfolgen siehe auch vorherigen Abschnitt.

787 *Roth*, in Baumbach/Hopt, § 105 Rz. 67.

788 Vgl. *Könnecke*, in Baur/Tappen, Investmentgesetze, Bd. 1, § 152 Rz. 109.

789 *Könnecke*, in Baur/Tappen, Investmentgesetze, Bd. 1, § 152 Rz. 110.

790 (str.) ob der Eintretende bis zu seiner Eintragung für Altverbindlichkeiten – gem. § 176 Abs. 2 HGB – unbeschränkt haftet. Die h.M. lehnt eine unbeschränkte Haftung für Altverbindlichkeiten ab: BGH Urt. v. 8.3.1982 – II ZR 240/81 = ZIP 1982, 566, 567; *Strohn*, in Ebenroth/Boujong/Joost/Strohn, § 176 Rz. 36; *Gummert*, in Henssler/

sämtliche rechtsgeschäftliche[791] Verbindlichkeiten der Gesellschaft, die in der Zeit zwischen seinem Eintritt und seiner Eintragung in das Handelsregister begründet wurden, gleich einem persönlich haftenden Gesellschafter, sprich unbeschränkt persönlich (§ 176 Abs. 2 HGB) – vorausgesetzt dem Gläubiger war die Beteiligung des Gesellschafters als Kommanditist nicht bekannt.[792] Haftungsbegründend ist grds. die Wirksamkeit des Beitritts.[793]

Mit der Anordnung, dass der nicht eingetragene Kommanditist wie ein unbeschränkt haftender Gesellschafter für Verbindlichkeiten einzustehen hat, wird nicht nur erneut der Konnex von Eintragung und Haftung bestätigt, sondern auch die Funktion des handelsrechtlichen Haftungsregimes als Gläubigerschutzregime betont.[794] Der Rechtsverkehr soll sich stets auf die Publizität des Handelsregisters verlassen können, § 15 HGB. Geht hieraus nicht hervor, dass der Gesellschafter Kommanditist ist, haftete er entsprechend dem gesetzten Rechtsschein gleich einem unbeschränkt haftenden Gesellschafter. Die unbeschränkte Haftung trifft den Kommanditist nur dann nicht, wenn er die Voraussetzungen der Haftungsbeschränkung nicht herbeiführen konnte oder der Gläubiger um seine Stellung als Kommanditist wusste, vgl. § 176 Abs. 2 i.V.m. Abs. 1 HGB.[795]

ccc. Die Kapitalanlagerechtliche Haftungsmodifikation

Die Regelung der § 127 Abs. 4, § 152 Abs. 4 KAGB bestimmt, dass der Eintritt eines Kommanditisten in eine InvestmentKG erst mit der Eintragung des Eintritts im Handelsregister wirksam wird. Durch die Verlagerung des Wirksamkeitszeitpunktes fallen Beitritt und Eintragung – auf den Zeitpunkt der

---

Strohn, GesR, § 176 Rz, 21, 23; *K. Schmidt*, in MünchKomm. HGB, § 176 Rz. 34, *Oetker*, in Oetker, § 176 Rz. 51; *Haas/Mock*, in Röhricht/Graf v. Westphalen, § 176 Rz. 47; a.A. *Thiessen*, in Staub/HGB-Kommentar, § 173 Rz. 26, 77.

791 Deliktsansprüche, Steuerforderungen sowie öffentlich-rechtliche Beitrags- und Gebührenforderungen sind nach h.M. von der Haftung nicht umfasst, vgl. *K. Schmidt*, in MünchKomm. HGB, § 176 Rz. 37 m.w.N.; a.A. bzgl. Steuerforderungen: *Crezelius*, Zur Stellung des § 176 HGB im Handels- und Gesellschaftsrecht, BB 1983, 11; a.A. bzgl. öffentlich-rechtlicher Beitrags- und Gebührenforderungen: BSG Urt. v. 26.6.1975 – §/12 RK 1/74 = MDR 1976, 259.

792 S. *K. Schmidt*, MünchKomm. HGB, § 176 Rz. 32.

793 Der Beitritt wird grds. mit Zustimmung aller Altgesellschafter wirksam, *Thiessen*, in Staub/HGB-Kommentar, § 173 Rz. 75.

794 Vgl. *Thiessen*, in Staub/HGB-Kommentar, § 176 Rz. 28. Der eingetragene Kommanditist haftet gem. §§ 171-175 HGB beschränkt, der nicht eingetragene Kommanditist unbeschränkt, § 176 HGB.

795 *Thiessen*, in Staub/HGB-Kommentar, § 176 Rz. 28.

Eintragung – zusammen, wodurch der für § 176 Abs. 2 HGB relevante Haftungszeitraum entfällt. Der Anleger wird erst mit Eintragung Gesellschafter. Denklogisch kann er vorher auch nicht Haftungssubjekt sein.[796]

Mit vorgenannten Regelungen hat der Gesetzgeber den praktisch häufigen Fall des aufschiebend bedingten Beitritts (bis zur Eintragung), der bei Fondsgesellschaften herkömmlicher Prägung typisch war, rechtlich bindend statuiert. Unzweifelhaft zielt diese Regelung auf eine Erhöhung des Anlegerschutzes. Der Kommanditist soll vor einer unbeschränkten Inanspruchnahme der Gläubiger geschützt werden.[797]

Unberührt lassen die § 127 Abs. 4, § 152 Abs. 4 KAGB die Haftung für Altverbindlichkeiten der Gesellschaft gem. § 173 HGB, sodass der beitretende Anleger-Kommanditist auch für Altschulden der InvestmentKG einzustehen hat. Vor dem Hintergrund, dass der Beitretende zugleich auch von vergangenen, positiven Wertentwicklungen des Anlagevermögens profitiert, ist die Eintrittshaftung zweifelsfrei geboten.[798]

dd. Die Haftung des Kommanditisten nach Austritt

aaa. Die kapitalanlagegesetzliche Enthaftung der Kommanditisten

Scheidet ein Gesellschafter während der Laufzeit der Gesellschaft aus der Gesellschaft aus, so haftet er für sämtliche bis dahin begründeten Verbindlichkeiten, die vor Ablauf von fünf Jahren nach dem Ausscheiden fällig geworden sind, § 160 Abs. 1 HGB. Der aus der Gesellschaft ausscheidende Kommanditist haftet allerdings nur dann nach vorgenannter Bestimmung, wenn er seine haftungsbefreiend geleistete Einlage i.S.d. § 172 Abs. 4 HGB haftungsauslösend zurückerhalten hat, etwa durch eine Abfindungszahlung.[799]

§ 152 Abs. 6 S. 1 KAGB knüpft tatbestandlich an § 172 Abs. 4 HGB an, indem er bestimmt, dass die Erfüllung des Abfindungsanspruchs bei Ausscheiden eines Kommanditisten nicht als Rückzahlung der Einlage gilt. Somit fehlt es bereits auf Tatbestandsebene an einem haftungsauslösenden Ereignis i.S.d. § 172 Abs. 4

---

796 *Freitag*, Die „Investmentkommanditgesellschaft" nach dem Regierungsentwurf für ein Kapitalanlagegesetzbuch, NZG 2013, 329, 335. In der gesetzestypischen KG ist der Neukommanditist nämlich bereits ab Wirksamwerden des Beitritts Gesellschafter und als solcher auch haftungsrechtlich über die Gesamthand verpflichtet.

797 S. RegE zum KAGB, BT-Drucksache 17/12294, S. 242, 250.

798 *Freitag*, Die „Investmentkommanditgesellschaft" nach dem Regierungsentwurf für ein Kapitalanlagegesetzbuch, NZG 2013, 329, 335.

799 *Thiessen*, in Staub/HGB-Kommentar, § 173 Rz. 78.

HGB. Ein Wiederaufleben der Haftung ist folglich ausgeschlossen. Dem Wortlaut entsprechend bezieht sich § 152 Abs. 6 S. 1 KAGB ausschließlich auf die Erfüllung des Abfindungsguthabens. Andere Zahlungen, die den Wert der Einlage unter den Wert der Haftsumme herabmindern, sind hiervon zunächst nicht umfasst, sodass es rein rechtlich zu einem Wiederaufleben der Haftung kommen müsste. Einer solchen Haftung steht jedoch § 152 Abs. 6 S. 2 KAGB entgegen. Hiernach haftet der ausgeschiedene Kommanditist ab dem Zeitpunkt seines Ausscheidens nicht mehr für Verbindlichkeiten der Gesellschaft, § 152 Abs. 6 S. 2 KAGB.

Da dem Wortlaut keine haftungsrelevanten Einschränkungen zu entnehmen sind, ist davon auszugehen, dass es sich bei dieser Regelung um eine umfassende Enthaftungsnorm handelt.[800] Dies bestätigen auch die Ausführungen des Gesetzgebers in der Regierungsbegründung, wonach einerseits die Nachhaftung des Kommanditisten ausgeschlossen und andererseits eine Gleichstellung der nach dem Gesetz möglichen Fondsvehikel erreicht werden soll.[801] Der Hinweis auf den Ausschluss der Nachhaftung verdeutlicht, dass mit dem Ausscheiden des Kommanditisten aus der Gesellschaft auch jegliche Form der Inanspruchnahme enden soll, und zwar unabhängig davon, ob seine Einlage im haftenden Vermögen der Gesellschaft verbleibt oder an ihn zurückgeführt wird.[802] Mit der Gleichstellung der möglichen Fondsvehikel bezweckt der Gesetzgeber eine Synchronisierung der Rechtsstellung der Kommanditisten und der Aktionäre.[803] Da die Aktionäre nicht von einer etwaigen Außenhaftung betroffen sind, ist auch dies ein Beleg für den vollständigen Ausschluss der Haftung der Kommanditisten.[804]

Wendet man sich nunmehr weg von den gesetzgeberischen Intentionen hin zu einer rein rechtlichen Betrachtung, so gilt es festzuhalten, dass § 152 Abs. 6 KAGB nicht nur eine Haftung des Kommanditisten gem. § 172 Abs. 4, § 160 Abs. 1, § 161 Abs. 2 HGB ausschließt, sondern vor allem auch zu einer Einschränkung der Publizitätswirkung des Handelsregisters (§ 15 HGB) führt. § 152 Abs. 6 S. 2 KAGB stellt bezogen auf den Zeitpunkt der Enthaftung nämlich nicht auf den Zeitpunkt der Eintragung des Ausscheidens im Handelsregister ab,

800 *Paul*, in Weitnauer/Boxberger/Anders, KAGB, § 152 Rz. 31; RegE zum KAGB, BT-Drucksache 17/12294, S. 250f..

801 RegE zum KAGB, BT-Drucksache 17/12294, S. 250f.

802 So auch: *Paul*, in Weitnauer/Boxberger/Anders, KAGB, § 152 Rz. 31.

803 Vgl. RegE zum KAGB, BT-Drucksache 17/12294, S. 250f.; *Paul*, in Weitnauer/Boxberger/Anders, KAGB, § 152 Rz. 31.

804 *Paul*, in Weitnauer/Boxberger/Anders, KAGB, § 152 Rz. 31.

sondern auf den (vorgelagerten) Zeitpunkt des tatsächlichen Ausscheidens.[805] Die kapitalanlagegesetzliche Regelung führt demnach für den Zeitraum zwischen Ausscheiden und Eintragung des Ausscheidens zur Unrichtigkeit des Handelsregisters. Auf diese Unrichtigkeit bzw. auf die negative Publizität des Handelsregisters können sich die Gläubiger allerdings nicht berufen, da § 152 Abs. 6 S. 2 KAGB lex specialis zu § 15 Abs. 1 HGB ist, § 149 Abs. 1 S. 2 KAGB.

bbb. Zwischenergebnis

Der Entzug des dem Abfindungsanspruch entsprechenden Betrags aus dem haftenden Vermögen der Gesellschaft führt zwar mathematisch zu einer Veränderung der Haftungsquote der verbleibenden Gesellschafter, ändert im Ergebnis jedoch nichts an dem betragsmäßigen Haftungsumfang der Kommanditisten.[806] Sie haften weiterhin summenmäßig begrenzt auf den im Handelsregister festgeschriebenen Betrag. Von erheblicherer Bedeutung ist die Enthaftung für die Gesellschaftsgläubiger, da ihnen trotz Verringerung des Haftungskapitals – bedingt durch die Einlagenrückgewähr – kein Anspruch gegen den Kommanditisten entsprechend § 172 Abs. 4, § 160 Abs. 1 HGB zusteht. Das Ausscheiden des Kommanditisten führt demnach unmittelbar zu einer Reduzierung des den Gläubigern zur Verfügung stehenden Haftkapitals.[807]

Die Anleger sind von den Auswirkungen der investmentrechtlichen Haftungsregelung allerdings insoweit betroffen, als es sich um die Gewinn- und Verlustverteilung handelt. Denn das Ausscheiden eines Gesellschafters erhöht den quotalen Beteiligungsanteil der übrigen Gesellschafter entsprechend.[808] Denklogisch partizipieren die verbleibenden Gesellschafter entsprechend der neuen quotalen Verteilung an Gewinn und Verlust.

---

805 „Ab dem Zeitpunkt des Ausscheidens…", § 152 Abs. 6 S. 2 KAGB. Dass der Gesetzgeber durchaus zwischen dem Zeitpunkt der Eintragung und des Ausscheidens unterscheidet, zeigt sich an der Eintrittsregelung des § 152 Abs. 4 KAGB. Hier wird der Eintritt des Kommanditisten nämlich erst „mit der Eintragung des Eintritts […] im Handelsregister wirksam".

806 A.A. *Paul*, in Weitnauer/Boxberger/Anders, KAGB, § 152 Rz. 32, der in der quotalen Haftungsverschiebung einen deutlichen Nachteil für die verbleibenden Kommanditisten zu sehen scheint.

807 Gleichermaßen zu einer Benachteiligung der Gläubiger führen die typischen Ein- und Austritts-Konstellationen, die nicht i.W.d. Anteilsübertragung erfolgen, s. zu diesen Konstellationen näher: *K. Schmidt*, GesR, § 54 IV.2. und 3.

808 Siehe zur Gewinn- und Verlustverteilung bei geschlossenen Fonds allgemein, *Loritz*, Ausschüttungen in Verlustjahren bei geschlossenen Fonds, NZG 2008, 887, 889.

Geht man weiterhin mit der herrschenden Meinung richtigerweise davon aus, dass es sich um einen vollständigen Haftungsausschluss handelt, führt dies zu dem paradoxen Ergebnis, dass das zustimmungspflichtige Wiederaufleben der Haftung (i.S.d. § 152 Abs. 2 KAGB) zeitlich auf den Zeitpunkt des Ausscheidens begrenzt ist. Im Konkreten bedeutet das, dass das Wiederaufleben der Haftung gem. § 172 Abs. 4 HGB durch das Zustimmungserfordernis zu einer individuellen Entscheidung des Einzelnen über seine Haftung wird, die er mit seinem Ausscheiden beenden kann. Zwar ist das Ausscheiden eines Kommanditisten aus der geschlossenen InvestmentKG nur aus wichtigem Grund möglich (§ 161 Abs. 2 S. 2 und 3 KAGB i.V.m. § 133 Abs. 2 und 3 HGB) und damit selten. Nichtsdestotrotz zeigt sich an dieser Regelung einmal mehr, dass sich die vom Gesetzgeber gewünschte Interdependenz zwischen Handels- und Investmentrecht nur schwer verwirklichen lässt.

Dem vollständigen Ausschluss der Nachhaftungspflicht kann überdies die gesetzgeberische Wertung entnommen werden, dass der Gesetzgeber eine klare gesetzgeberische Wertung zugunsten des Anlegerschutzes getroffen hat. Der handelsrechtlich intendierte Gläubigerschutz tritt vorliegend zurück.[809]

c. *Innenverhältnis*

Im Gegensatz zu den bisherigen Ausführungen, die ausschließlich auf die Haftung der Kommanditisten im Außenverhältnis Bezug genommen haben, konzentriert sich die nachfolgende Auseinandersetzung auf das Innenverhältnis der Gesellschaft zu den Gesellschaftern und vice versa. Bei den kapitalanlagerechtlichen Ausgestaltungen mit Innenrechtsbezug handelt es sich vorwiegend ebenfalls um haftungsrechtliche Modifikationen des gesetzestypischen Haftungsregimes des HGB. Die § 127 Abs. 3, § 152 Abs. 3 KAGB regeln wesentliche Aspekte der Einlageverpflichtung der Anleger der offenen und geschlossenen InvestmentKG. Vorgenannte Regelungen stellen insbesondere sicher, dass die Kommanditisten keine Nachhaftungsverpflichtungen im Innenverhältnis treffen. Die Kommanditisten sind weder dazu verpflichtet, entstandene Verluste der Gesellschaft anteilsmäßig auszugleichen (Absatz 3 Satz 2), noch trifft sie eine Verpflichtung zur anteilsmäßigen Erhöhung ihrer Haftsumme (Absatz 3 Satz 3). Abgesehen vom rein haftungsrechtlichen Bezug vorgenannter Vorschriften knüpft die Regelung des § 152 Abs. 7 KAGB auch an die Dispositions- bzw.

---

809 *Veith*, Die Haftung des aus der geschlossenen Publikumsgesellschaft ausgeschiedenen Treugebers, BKR 2015, 233, 236.

Gestaltungsfreiheit der Gesellschafter an, indem sie einschränkend festlegt, dass in Publikums-InvestmentKGen Sacheinlagen nicht vereinbart werden dürfen.

Ähnliches gilt für § 127 Abs. 3 S. 1 und § 152 Abs. 3 S. 1 KAGB. Auch diese Regelungen haben neben ihrer rein klarstellenden Wirkung, dass die Erfüllung der Einlageschuld im Innenverhältnis zum Erlöschen des Einlageanspruchs führt (§ 362 BGB), mittelbaren Einfluss auf die Gestaltungsfreiheit der Gesellschafter und das innergesellschaftliche Haftungsgefüge.[810] Aufgrund ihrer Stellung im systematischen Gefüge des Absatz 3 erfolgt die Auseinandersetzung mit § 127 Abs. 3 S. 1, § 152 Abs. 3 S. 1 KAGB unter einem eigenen Prüfungspunkt (bb.) zwischen der Betrachtung der Beschränkung der Einlageschuld (aa.) und der Binnenhaftung (cc.).

aa. Einlageverpflichtung/Sacheinlageverbot

Nach den handelsrechtlichen Vorgaben steht es den Gesellschaftern frei, bei der Vereinbarung der Beitragspflicht auch Leistungen, die keine Geldleistungen sind – wie bspw. Sacheinlagen – als Einlageleistung zuzulassen, § 161 Abs. 2 i.V.m. § 105 HGB i.V.m. §§ 705, 706 BGB. Die Werthaltigkeit einer solchen nicht in Geld geleisteten Einlage und damit der Umfang der Enthaftung im Außenverhältnis bestimmt sich dabei – im Interesse des Gläubigerschutzes – nach einem objektiven Maßstab.[811] Zwar können die Gesellschafter im Innenverhältnis auch eine minderwertige Sachleistung als Erfüllung der Pflichteinlage ansehen. Bezogen auf die nach außen gerichtete Haftsumme muss der tatsächliche Wert der Sachleistung allerdings effektiv erbracht worden sein, sprich dem Wert der Haftsumme tatsächlich entsprechen. Der Kommanditist kann sich die Haftungsbeschränkung nämlich nur dadurch verdienen, dass er das Haftungsvermögen der Gesellschaft wertmäßig entsprechend seiner Haftsumme mehrt.[812]

Der beschriebenen Freiheit der Beitragsbestimmung tritt der KAGB-Gesetzgeber mit dem für geschlossene Publikums-InvestmentKGen geltenden Sacheinlageverbot entgegen, § 152 Abs. 7 KAGB.[813] Die übrigen Privatanleger

---

810 Einfluss auf die Gestaltungsfreiheit haben die genannten Regelungen insofern, als gesellschaftsvertragliche Regelungen die ein Wiederaufleben der Pflichteinlage nach Herabminderung unter den entsprechenden Wert (durch Auszahlung) vorsehen, unwirksam sind, s. hierzu nachfolgend näher Abschnitt bb.

811 *Strohn*, in Ebenroth/Boujong/Joost/Strohn, § 171 Rz. 3.

812 Vgl. *Oetker*, in Oetker, § 171 Rz. 38.

813 Die Ungleichbehandlung zwischen Spezial-InvestmentKGen und der Publikums-InvestmentKG liegt wohl darin begründet, dass der Gesetzgeber davon ausgeht, dass den professionellen und semiprofessionellen Anlegern das Risiko einer

sollen vor einer wertmäßigen Verwässerung ihrer Beteiligung durch geringwertige Sachleistungen geschützt werden.[814] Wenn auch diese Regelung faktisch gleichermaßen gläubiger- wie anlegerschützend ist, so liegt das gesetzgeberisch intendierte Regelungsziel nicht in der Kapitalerhaltung (Gläubigerschutz), sondern im Schutz der übrigen Anleger vor Verwässerung durch wertmäßige Unterdeckung.[815]

Das Sacheinlageverbot erstreckt sich über § 152 Abs. 1 S. 3 KAGB konsequenterweise auch auf die mittelbar beteiligten Anleger.[816] Die Einschränkung der Beitragsleistung auf Geldleistungen ist zwar insbesondere deshalb akzeptabel, weil die Anleger nicht an einer anderen als einer Geldleistung interessiert sein werden.[817] Nichtsdestotrotz bleibt es bei dem Eingriff in die Dispositionsfreiheit der Gesellschafter.[818]

Ausweislich der Regierungsbegründung entspricht § 152 Abs. 7 KAGB der in § 109 Abs. 5 KAGB für die Publikums-AG mit veränderlichem Kapital übernommene Regelung des aufgehobenen § 99 i.V.m. § 23 Abs. 1 S. 3 InvG a.F., sodass der Gesetzgeber an dieser Stelle erneut einen Gleichlauf der Fondsvehikel anzustreben scheint.[819]

bb. Erlöschen des Einlageanspruchs

Nach § 127 Abs. 3 S. 1, § 152 Abs. 3 S. 1 KAGB erlischt der Anspruch der Gesellschaft gegen einen Kommanditisten auf Leistung der Einlage, sobald er seine Kommanditeinlage erbracht hat. Anders als bei den sonstigen in §§ 127, 152 KAGB aufgeführten Haftungsbestimmungen ergibt sich aus dem Wortlaut von Absatz 3 ein eindeutiger Innenrechtsbezug („*Anspruch der […]*

Unterkapitalisierung auferlegt werden kann, so auch: *Könnecke*, in Baur/Tappen, Investmentgesetze, Bd. 1, § 152 Rz. 144.

814 RegE zum KAGB, BT-Drucksache 17/12294, S. 251; *Hoffert*, in Moritz/Klebeck/Jesch, Frankfurter Komm. z. KAGB, § 152 Rz. 80.

815 So auch: *Paul*, in Weitnauer/Boxberger/Anders, KAGB, § 152 Rz. 38. Durch die konkrete Bezugnahme des Gesetzgebers auf die übrigen Anleger steht auch bei dieser Regelung der Anlegerschutz im Vordergrund, vgl. RegE zum KAGB, BT-Drucksache 17/12294, S. 251.

816 *Paul*, in Weitnauer/Boxberger/Anders, KAGB, § 152 Rz. 38.

817 *Freitag*, Die „Investmentkommanditgesellschaft“ nach dem Regierungsentwurf für ein Kapitalanlagegesetzbuch, NZG 2013, 329, 335.

818 *Kobabe*, in Das neue Kapitalanlagegesetz, S. 340.

819 Der Gesetzgeber äußert diese Intention ausdrücklich im Rahmen von § 152 Abs. 6 KAGB, RegE zum KAGB, BT-Drucksache 17/12294, S. 251.

Investmentkommanditgesellschaft gegen einen Kommanditisten"). Die Regelung betrifft folglich nicht die im Handelsregister eingetragene Haftsumme, sondern die im Innenverhältnis – gesellschaftsvertraglich – vereinbarte und zu leistende Pflichteinlage.[820] Die Höhe der Pflichteinlage ist dabei nicht an die Höhe der Haftsumme gebunden. Gleiches gilt für die Art und Weise ihrer Leistung.[821]

Hat der Kommanditist die gesellschaftsvertraglich vereinbarte Leistung erbracht, erlischt der Anspruch der Gesellschaft auf selbige, § 362 BGB.[822] Da es für das Innenverhältnis keine mit § 172 Abs. 4 HGB vergleichbare Regelung gibt, kommt es bei der Rückzahlung der Pflichteinlage an den Kommanditisten nicht zu einem Wiederaufleben der Einlageverpflichtung.[823] Vor dem Hintergrund der Geltung des § 362 BGB erscheint der Hinweis auf das Erlöschen des Leistungsanspruchs zwar zunächst redundant. Auf den zweiten Blick kann er jedoch als Bekräftigung der Finalität des Erlöschens der Einlageverpflichtung nach Leistung verstanden werden.

Zum Schutz der Anleger soll hier wohl betont werden, dass eine (nachträgliche) Inanspruchnahme im Innenverhältnis – auch bei etwaig anderslautender Regelung im Gesellschaftsvertrag – ausgeschlossen ist. Erhält der Kommanditist eine Rückgewähr der Einlage, die lediglich den überschießenden (d.h. höheren) Betrag der Pflichteinlage, nicht jedoch den der Haftsumme unterschreitet, hat die Gesellschaft auch bei einer abweichenden gesellschaftsvertraglichen Regelung – nach dem Vorbild des § 172 Abs. 4 HGB – keinen Anspruch auf erneute Beitragsleistung.[824] Dieses Verständnis entspricht insgesamt dem

---

820 *Könnecke*, in Baur/Tappen, Investmentgesetze, Bd. 1, § 152 Rz. 88; *Hoffert*, in Moritz/Klebeck/Jesch, Frankfurter Komm. z. KAGB, § 152 Rz. 60.

821 Mit Ausnahme des bereits zuvor beschriebenen Sacheinlageverbots bei geschlossenen Publikums-InvestmentKGen.

822 Es ist davon auszugehen, dass „Leistung" i.S.d. § 362 BGB als Leistungserfolg, nicht als Leistungshandlung, zu verstehen ist, *Casper*, Die Investmentkommanditgesellschaft: große Schwester der Publikums-KG oder Kuckuckskind?, ZHR 179 (2015), 44, 65; *Könnecke*, in Baur/Tappen, Investmentgesetze, Bd. 1, § 152 Rz. 89.

823 *Könnecke*, in Baur/Tappen, Investmentgesetze, Bd. 1, § 152 Rz. 90f. Auch eine analoge Anwendung der § 127 Abs. 2 S. 1, § 152 Abs. 2 S. 1 KAGB verbietet sich mangels planwidriger Regelungslücke.

824 A.A. *Könnecke*, in Baur/Tappen, Investmentgesetze, Bd. 1, § 152 Rz. 92, 96, der in einer derartigen gesellschaftsvertraglichen Vereinbarung keine *nachträgliche* Erhöhung der Beitragspflicht sieht. Gesetzlich ist eine Auszahlung bei Unterschreitung der Pflichteinlage nur dann haftungsbegründend, wenn gleichzeitig auch die Haftsumme unterschritten wird, vgl. hierzu näher: *Veith*, Die Haftung des aus der geschlossenen PublikumsKG ausgeschiedenen Treugebers, BKR 2015, 233, 233.

Regelungscharakter der § 127 Abs. 3, § 152 Abs. 3 KAGB, die den Ausschluss von Nachschusspflichten im weiteren Sinne beabsichtigen.[825]

cc. *Haftung im Innenverhältnis*

Die Haftung im Innenverhältnis der InvestmentKG ergibt sich im Konkreten aus § 127 Abs. 3 S. 2–5, § 152 Abs. 3 S. 2–5. KAGB. Hiernach sind die Kommanditisten nicht verpflichtet, entstandene Verluste auszugleichen. Auch eine nachträgliche Erhöhung der Beitragspflicht (sog. Nachschusspflicht) ist unzulässig. Der Gesetzgeber möchte mit den Regelungen zum Ausschluss der Innenhaftung sicherstellen, dass der Anleger-Kommanditist, gleich den Anlegern anderer organisationsrechtlicher Formen von Investmentvermögen, keiner Nachschusspflicht unterliegt.[826] Unterstützt wird dieses Bestreben durch den zwingenden Regelungscharakter der Vorschriften. Im Nachfolgenden werden sowohl der Ausschluss der Verlustausgleichs- (aaa.) als auch der Nachschusspflicht (bbb.) kurz erläutert.

aaa. Keine Verlustausgleichspflicht

Neben dem Erlöschen der Einlageverpflichtung durch Leistung und dem damit verbundenen Ausschluss etwaiger Nachhaftungsansprüche regelt § 127 Abs. 3 S. 2, § 152 Abs. 3 S. 2 KAGB zwingend den Ausschluss einer Verlustausgleichspflicht. Die sonst für Personengesellschaften geltende Regelung des § 735 BGB, wonach die Gesellschafter für den Fehlbetrag nach dem Verhältnis aufzukommen haben, nach welchem sie den Verlust zu tragen haben, wenn das Gesellschaftsvermögen allein nicht zur Berichtigung der gemeinschaftlichen Schulden ausreicht, kann vorliegend nicht zur Anwendung kommen. Ausweislich der Regierungsbegründung möchte der Gesetzgeber durch die Regelung in Absatz 3 sicherstellen, dass die Anleger der InvestmentKG ebenso wie bei allen anderen organisationsrechtlichen Formen von Investmentvermögen keiner Nachschusspflicht unterliegen.[827]

bbb. Ausschluss der Nachschusspflicht

Gemäß § 127 Abs. 3 S. 3–5, § 152 Abs. 3 S. 3–5 KAGB soll eine nachträgliche Erhöhung der Beitragspflicht der Kommanditisten ausgeschlossen werden (sog. Nachschusspflicht). Satz 4 stellt dabei sicher, dass die sonst dispositive Vorschrift

825 Vgl. RegE zum KAGB, BT-Drucksache 17/12294, S. 242, 250.
826 Vgl. RegE zum KAGB, BT-Drucksache 17/12294, S. 242, 250.
827 RegE zum KAGB, BT-Drucksache 17/12294, S. 242, 250.

des § 707 BGB, die über § 161 Abs. 2, § 105 Abs. 3 HGB auch auf die Kommanditgesellschaft Anwendung findet, für unabdingbar erklärt wird. Abweichende Vereinbarungen sind unwirksam, § 127 Abs. 3 S. 5, § 152 Abs. 3 S. 5 KAGB.

Da auch diesen Regelungen die gesetzgeberische Intention zugrunde liegt, die Anleger-Kommanditisten im Innenverhältnis haftfrei zu halten, sprich sie von jedweder Form der Nachschusspflicht zu befreien, sind auch im Vorfeld erteilte, d.h. gesellschaftsvertraglich antizipierte Zustimmungen zu einer späteren Beitragserhöhung unwirksam.[828]

d. Sonderfall: Haftung für Teilgesellschaftsvermögen

Nach § 132 Abs. 5 S. 2 KAGB haften Kommanditisten gem. §§ 171 bis 176 HGB in Verbindung mit den kapitalanlagegesetzlichen Haftungsvorschriften nur für Verbindlichkeiten des sie betreffenden Teilgesellschafsvermögens. Vorgenannte Regelung hat damit zwar keinen materiell-rechtlichen Einfluss auf das beschriebene Haftungsregime. Sie führt jedoch formal zu einer Beschränkung der Haftung der Kommanditisten auf die zu „ihrem" Teilgesellschaftsvermögen gehörenden Verbindlichkeiten.[829] Für die Gläubiger der offenen InvestmentKG hat dies zur Folge, dass sie nicht sämtliche Kommanditisten, deren Einlage nicht vollständig erbracht oder unter ihren ursprünglichen eingezahlten Wert herabgemindert worden ist, gesamtschuldnerisch mit der Gesellschaft und den unbeschränkt haftenden Gesellschaftern in Anspruch nehmen können. Die Regressmöglichkeit der Gläubiger konzentriert sich folglich auf die Anleger des jeweiligen Teilgesellschaftsvermögens – sowie die unbeschränkt haftenden Gesellschafter, vgl. § 132 Abs. 5 S. 1 KAGB.[830] Die Regelung führt somit auch zu einer unmittelbaren Durchbrechung bzw. Verlagerung des Gesamthandsprinzips. Denn anders als in der gesetzestypsichen KG reduziert sich die gesamthänderische Inanspruchnahme auf die jeweiligen Teilgesellschaftsvermögen. Gesamtschuldner sind nach vorgenannter Regelung somit nicht die offene InvestmentKG, die Kommanditisten und die persönlich haftenden Gesellschafter, sondern das jeweilige

828 *Könnecke*, in Baur/Tappen, Investmentgesetze, Bd. 1, § 152 Rz. 102; *Hoffert*, in Frankfurter Komm. z. KAGB, § 152 Rz. 50.

829 Faktisch reduziert die beschriebene Regelung somit den Umfang der etwaig bestehenden Verbindlichkeiten, was für die Anleger von nur untergeordneter Bedeutung ist, da ihre Haftung mit Einlageerbringung – und ohne zwischenzeitliche Rückerstattung – ausgeschlossen ist.

830 Die persönlich haftenden Gesellschafter haften nämlich für sämtliche Teilgesellschaftsvermögen, vgl. § 132 Abs. 5 S. 1 KAGB.

Teilgesellschaftsvermögen, die an ihm beteiligten Kommanditisten und die persönlich haftenden Gesellschafter. Die offene InvestmentKG verliert folglich ihren Status als Haftungssubjekt. Im Ergebnis entsteht quasi eine eigene Gesellschaft in der Gesellschaft. Eine derartige Separation von Haftungssubjekten ist dem allgemeinen Personengesellschaftsrecht fremd. Mit vorgenannter Regelung hat der Gesetzgeber einmal mehr zugunsten investmentrechtlicher Effizienzmaximierung und entgegen personengesellschaftsrechtlicher Prinzipientreue entschieden. Das personengesellschaftsrechtlich konstituierende Gesamthandsprinzip erfährt entsprechend den obigen Ausführungen erhebliche Einschränkungen.

VI. Finanzverfassung der InvestmentKG

Für die gesetzestypische KG gilt: Das Gesellschaftsvermögen ist Gesamthandsvermögen.[831] Rechtlich gesehen bildet das Gesellschaftsvermögen ein selbständiges Sondervermögen, dessen Trägerin allein die Gesellschaft ist.[832] Den Gesellschaftern stehen an den einzelnen zum Gesellschaftsvermögen gehörenden Gegenständen keine Anteilsrechte zu, sprich sie sind weder partiell noch quotal Rechtsinhaber der zum Gesellschaftsvermögen gehörenden Gegenstände, vgl. § 719 BGB.[833] Vielmehr verfügen die Gesellschafter über eine bloß wertmäßige Beteiligung in Gestalt der Mitgliedschaft.[834]

Art und Umfang der Vermögensbildung ist den Gesellschaftern der Personengesellschaft grds. freigestellt. Mindestkapitalanforderungen gibt es nicht. Gleiches gilt für Regelungen betreffend die sachliche Zusammensetzung sowie für Bewertungsmaßstäbe.[835] Die Kapitalaufbringung kann durch (sach-) gegenständliche Leistungen erfolgen, sprich durch einen Zuordnungswechsel (z.B. durch Übereignung oder Abtretung) oder durch eine monetäre Werteinlage im Wege der Selbstfinanzierung.[836] Letzteres vollzieht sich regelmäßig durch die Umwandlung gebildeter Rücklagen in festes Geschäftskapital.[837]

---

831 *Windbichler*, GesR, § 8 Rz. 6; *Schäfer*, in MünchKomm. BGB, § 718 Rz. 6; vgl. auch: §§ 718, 719 BGB.

832 *Windbichler*, GesR, § 8 Rz. 7; *Kilian*, in Henssler/Strohn, GesR, § 718 Rz. 3; *Wiedemann*, GesR, § 4 III.

833 *Windbichler*, GesR, § 8 Rz. 7; *Kilian*, in Henssler/Strohn, GesR, § 719 Rz. 5. Das Gesellschaftsvermögen wird dinglich der Gesellschaft zugeordnet, *Schäfer*, in MünchKomm. BGB § 718 Rz. 2.

834 *Kilian*, in Henssler/Strohn, GesR, § 719 Rz. 5.

835 *Wiedemann*, GesR, § 4 III 4 a).

836 *Wiedemann*, GesR, § 4 III 4 aa), bb).

837 *Wiedemann*, GesR, § 4 III 4 aa), bb).

Personengesellschaftsrechtlich gesehen zählen zum Gesellschaftsvermögen zunächst die Beiträge der Gesellschafter, d.h. geleistete Einlagen, Beitragsforderungen sowie Nutzungs- und Gebrauchsrechte an den überlassenen Gegenständen.[838] Ebenfalls zum Gesellschaftsvermögen gehören Vermögensgegenstände, die durch die Geschäftsführung erworben wurden, wie bspw. bewegliche und unbewegliche Sachen.[839] Aus der Rechtnatur der Gesamthand folgt neben der beschriebenen Vermögenszuordnung auch die gesamtschuldnerische Haftung der Gesellschaft und der Gesellschafter.[840] Insgesamt handelt es sich bei dem Vermögen der Personengesellschaft um ein einheitliches Vermögen.

Die beschriebene Kapitalverfassung der KG wird durch die kapitalanlagerechtlichen Vorgaben zumindest für die intern verwalteten InvestmentKGen weitgehend aufgegeben.[841] So sehen §§ 131, 156 KAGB die Bildung zwei rechnerisch voneinander separierter Gesellschaftsvermögen – Anlage- und Betriebsvermögen – vor. Für jedes dieser Gesellschaftsvermögen enthält das Gesetz weitere Vorgaben, insbesondere hinsichtlich der vermögensrechtlichen Zuordnung.[842] Darüber hinaus erlaubt § 132 KAGB für die offene InvestmentKG die Bildung von Teilgesellschaftsvermögen, d.h. die Bildung von haftungs- und vermögensrechtlich getrennten Vermögensmassen innerhalb der InvestmentKG. Die nachfolgende Betrachtung widmet sich anfänglich den gesetzlichen Anforderungen an die intern verwaltete InvestmentKG (1.). In diesem Zusammenhang werden zunächst die Kapitalanforderungen in Bezug genommen (1.a.), bevor anschließend eine nähere Betrachtung der gesetzlichen Trennungsanordnung erfolgt (1.b.). Eine Auseinandersetzung mit der für offene InvestmentKGen erlaubten Bildung von Teilgesellschaftsvermögen sowie den hieraus resultierenden dogmatischen Einordnungsschwierigkeiten (3.) erfolgt im Anschluss an die Betrachtung der Kapitalstruktur extern verwalteter InvestmentKGen (2.).

---

838 Vgl. § 718 BGB; *Schäfer*, in MünchKomm. BGB, § 718 Rz. 1; *Kilian*, in Henssler/Strohn, GesR, § 718 Rz. 7.

839 *Kilian*, in Henssler/Strohn, GesR, § 718 Rz. 8.

840 Die Haftung der Kommanditisten ist allerdings dann ausgeschlossen, wenn sie ihre Einlage vollständig geleistet haben (§ 171 Abs. 1 HS. 2, § 172 Abs. 1 HGB), es sei denn, es liegt einer der Fälle des § 172 Abs. 4 HGB vor nach denen die Haftung wieder auflebt.

841 Für die extern verwaltete InvestmentKG sind die Modifikationen weniger einschneidend, wenn auch nicht völlig unwesentlich.

842 Vgl. § 131 Abs. 1 und 2, § 156 Abs. 1 und 2 KAGB.

1. Die intern verwaltete InvestmentKG

a. Anfangskapital und Eigenmittel

Da die intern verwaltete InvestmentKG[843] gleichzeitig interne KVG und Investmentvermögen ist (vgl. § 17 Abs. 2 Nr. 2 KAGB), unterliegt sie auch den rechtlichen Vorgaben für KVGen, einschließlich der Vorschriften zum Anfangskapital und zu zusätzlichen Eigenmitteln gem. § 25 KAGB. Entsprechend den Vorgaben in § 25 Abs. 1 Nr. 1 lit. a KAGB ist die intern verwaltete InvestmentKG verpflichtet, ein Anfangskapital von mindestens EUR 300.000 vorzuhalten. Überdies muss sie über zusätzliche Eigenmittel i.H.v. wenigstens 0,02% des Betrages, um den der Wert des verwalteten Investmentvermögens EUR 250 Mio. übersteigt, verfügen, § 25 Abs. 1 Nr. 2 KAGB. Hieran schließen sich – alternativ zu erfüllende – kostenabhängige Eigenmittelanforderungen an, § 24 Abs. 4 KAGB.[844] In den Absätzen 6 und 8 vorgenannter Regelung folgen Anforderungen an zusätzliche Eigenmittel oder den Deckungsschutz der Berufshaftpflichtversicherung. Diese nur kurz angerissene Übersicht zeigt, dass den gesetzlichen Kapitalanforderungen an eine KVG ein mehrgliedriges Konzept von Mindestkapital, dynamischen Anforderungen an zusätzliche Eigenmittel sowie kosten- und funktionsabhängigen Eigenmittelanforderungen unterliegt.[845] Die in § 25 KAGB aufgestellten Kapitalanforderungen betreffen sowohl das Stadium des Beginns der Geschäftstätigkeit als auch den laufenden Geschäftsbetrieb der KVG.[846]

843 Sofern nicht ausdrücklich auf eine der beiden Alternativen Bezug genommen wird, ist der Verweis auf die intern verwaltete InvestmentKG als Verweis auf die offene und geschlossene intern verwaltete InvestmentKG zu verstehen.

844 *Schücking*, in Moritz/Klebeck/Jesch, Frankfurter Komm. z. KAGB, § 25 Rz. 2. Sofern noch kein Jahresabschluss vorliegt, sind gem. § 25 Abs. 4 S. 2 KAGB die Aufwendungen auszuweisen, die im Geschäftsplan für das laufende Jahr für die entsprechenden Posten vorgesehen sind.

845 *Schücking*, in Moritz/Klebeck/Jesch, Frankfurter Komm. z. KAGB, § 25 Rz. 2. Die verschiedenen aus fixen und dynamischen Komponenten bestehenden Eigenmittelanforderungen sollen v.a. dazu dienen operationelle Risiken abzudecken, vgl. *Winterhalder/Seibel*, in Weitnauer/Boxberger/Anders, KAGB, § 25 Rz. 1.

846 *Beckmann*, in Beckmann/Scholtz/Vollmer, Investment Hdb., Erg.Lfg. 2/14, 405 § 25 Rz. 87.

aa. Rechtsnatur und Definition des Anfangskapitals

Nach § 1 Abs. 19 Nr. 1 KAGB versteht man unter dem Begriff „Anfangskapital" (für die intern verwaltete InvestmentKG)[847], die Summe aus dem eingezahlten Geschäftskapital der KVG und den Rücklagen, abzüglich der Entnahmen der persönlich haftenden Gesellschafter oder ihnen gewährter Kredite.[848] In Satz 2 der vorgenannten Regelung findet sich unter Verweis auf Art. 26 CRR[849] eine nähere Festlegung des Begriffs „Rücklagen".[850]

Seiner Rechtsnatur nach ist das Anfangskapital aufsichtsrechtlich gebotenes Kapital und damit gerade nicht gesellschaftsrechtliches Kapital, wenn auch dem Anfangskapital durch die Einbuchung auf das Konto der KG gesellschaftsrechtlicher Bezug zukommt. Da die intern verwaltete InvestmentKG gleichzeitig auch KVG ist, sind die Eigenmittelanforderungen auf der Ebene des Investmentvermögens einzuhalten.[851] Konkret bedeutet das, dass die InvestmentKG und nicht die geschäftsführende Komplementär-GmbH die zum Geschäftsbetrieb erforderlichen Eigenmittel – d.h. Anfangskapital und zusätzliche Eigenmittel i.S.d § 25 Abs. 1 Nr. 1 und 2 KAGB – vorhalten und nachweisen (§ 22 KAGB) muss.[852]

---

847 Bei dem Anfangskapital handelt sich ausschließlich um Geldmittel, die der KVG im Inland unbefristet und frei von Rechten Dritter zur Verfügung stehen, *Winterhalder/Seibel*, in Weitnauer/Boxberger/Anders, KAGB, § 25 Rz. 5; *Beckmann*, in Beckmann/Scholtz/Vollmer, Investment Hdb., Erg.Lfg. 2/14, 405 § 25 Rz. 102; Die Einzahlung darf nicht fremdfinanziert sein, d.h. von Dritten gestellte Mittel erfüllen – nach dem Prinzip der effektiven Kapitalaufbringung – nur dann die Anfangskapitalanforderungen, wenn sie der KVG auch tatsächlich zugeflossen sind, s. *ebd.*

848 Der Gesetzgeber definiert in § 1 Abs. 19 Nr. 1 KAGB den Begriff des Anfangskapitals, unter Bezugnahme auf die jeweils mögliche Rechtsform der KVG, selbst.

849 Verordnung (EU) Nr. 575/2013 des Europäischen Parlaments und des Rates vom 26. Juni 2013 über Aufsichtsanforderungen an Kreditinstitute und Wertpapierfirmen und zur Änderung der Verordnung (EU) Nr. 646/2012.

850 Wenn auch das KAGB eine eigenständige Definition des Begriffs „Anfangskapital" aufstellt, werden dennoch aufgrund der Verweisketten in den relevanten Richtlinien, insbesondere durch die Bezugnahme auf die CRR in § 1 Abs. 19 Nr. 9 KAGB, die Entwicklungen des Begriffs des Anfangskapitals im Bankaufsichtsrecht mit zu berücksichtigen sein, *Schneider-Deters*, in Patzner/Döser/Kempf, InvR, § 1 Rz. 59. An dieser Stelle sei auch auf ausgewählte Literatur zu den bankaufsichtsrechtlichen Vorgaben verwiesen, s. bspw. *Schwennicke*, in Schwennicke/Auerbach, KWG, § 33 Rz. 5ff.; *Fischer/Müller*, in Boos/Fischer/Schulte-Mattler, KWG, § 33 Rz. 6ff.

851 *Winterhalder/Seibel*, in Weitnauer/Boxberger/Anders, KAGB, § 25 Rz. 1.

852 *Winterhalder/Seibel*, in Weitnauer/Boxberger/Anders, KAGB, § 25 Rz. 2.

Das Anfangskapital muss zum Zeitpunkt der Erlaubniserteilung voll eingezahlt sein und frei von Rechten Dritter sein.[853] Dass es sich bei den Vorgaben zum Anfangskapital nicht nur um eine einmalige Vorgabe, sondern um eine dauerhaft zu erfüllende Anforderung handelt, ergibt sich insbesondere daraus, dass eine Unterschreitung der gesetzlichen Wert- bzw. Betragsvorgaben nicht nur anzeigepflichtig ist sondern letztlich auch zur Aufhebung der Erlaubnis führen kann (zu den Rechtsfolgen bei Nichteinhaltung, s. nachfolgend Abschnitt dd.). Handelt es sich um neu gegründete Gesellschaften ist die Einzahlung des Anfangskapital durch die Einzahlungsbestätigung eines Kreditinstituts nachzuweisen.[854] Bei einer bereits bestehenden Gesellschaft, ist die Bestätigung eines Wirtschaftsprüfers über das Vorhandensein des Anfangskapitals ausreichend.[855]

bb. Anforderungen an die notwendigen Eigenmittel

§ 25 Abs. 1 Nr. 2 KAGB ergänzt die Anforderungen an das Anfangskapital um sog. dynamische Eigenmittelanforderungen, die abhängig vom Wert der verwalteten Investmentvermögen zum Tragen kommen.[856] Zweck der Regelung ist es zu gewährleisten, dass die Eigenmittel fortwährend in einem angemessenen Verhältnis zum Volumen des verwalteten Investmentvermögens stehen.[857] Der Gesetzgeber definiert den Begriff „Eigenmittel" in § 1 Abs. 19 Nr. 9 KAGB als Eigenmittel gem. Art. 72 CRR, wonach Eigenmittel die Summe aus Kernkapital und Ergänzungskapital darstellen. Der Verweis auf Art. 72 CRR ist sowohl gesetzgebungstechnisch als auch i.H.a. die Gesetzesanwendung von Bedeutung. Er ermöglicht es über die Begriffe Kernkapital und Ergänzungskapital Rückgriff auf die näheren Bestimmungen (Art. 25-61 CRR und Art. 62ff. CRR) zu vorgenannten Begriffen zu nehmen. Diese vom KAGB-Gesetzgeber gewählte Regelungstechnik setzt die bereits gelebte Praxis der Anlehnung der

---

853 *Schücking*, in Moritz/Klebeck/Jesch, Frankfurter Komm. z. KAGB, § 25 Rz. 2; *Winterhalder/Seibel*, in Weitnauer/Boxberger/Anders, KAGB, § 25 Rz. 5.

854 *Beckmann*, in Beckmann/Scholtz/Vollmer, Investment Hdb., Erg.Lfg. 2/14, 405 § 25 Rz. 102; Die Einzahlung darf nicht fremdfinanziert sein, d.h. von Dritten gestellte Mittel erfüllen – nach dem Prinzip der effektiven Kapitalaufbringung – nur dann die Anfangskapitalanforderungen, wenn sie der KVG auch tatsächlich zugeflossen sind, s. *ebd.*

855 *Beckmann*, in Beckmann/Scholtz/Vollmer, Investment Hdb., Erg.Lfg. 2/14, 405 § 25 Rz. 102.

856 Die KVG muss über zusätzliche Eigenmittel i.H.v. 0,02% des Betrages, um den der genannte Schwellenwert übersteigen wird, verfügen, § 25 Abs. 1 Nr. 2 KAGB.

857 *Winterhalder/Seibel*, in Weitnauer/Boxberger/Anders, KAGB, § 25 Rz. 8.

Eigenmittelanforderungen für KVGs an die bankaufsichtsrechtlichen Anforderungen – wie bspw. § 33 KWG – an das haftende Eigenkapital materiell-rechtlich fort.[858]

Nach § 25 Abs. 1 Nr. 2, 2. HS KAGB wird die Summe aus Anfangskapital und zusätzlichen Eigenmitteln auf EUR 10 Mio. begrenzt. Da für das Anfangskapital faktisch eine Obergrenze besteht, ist vorgenannte Obergrenze letztlich v.a. für die zusätzlichen Eigenmittel maßgeblich. Dabei wäre es jedoch verfehlt die gesetzliche Obergrenze des § 25 Abs. 1 Nr. 2, 2. HS KAGB als eine absolute Obergrenze zu verstehen.[859] Ein solches Verständnis würde § 25 Abs. 4-6 KAGB zuwiderlaufen, für die § 25 Abs. 1 Nr. 2, 2. HS KAGB gerade nicht gilt.[860]

cc. Anlage der Eigenmittel, § 25 Abs. 7 KAGB

Die in § 25 Abs. 7 KAGB getroffene Regelung stellt eine Neuerung im investment- wie finanzaufsichtsrechtlichen Bereich dar.[861] Die Regelung gilt sowohl für das Anfangskapital als auch für die zusätzlichen Eigenmittel. Vorgenannte Vorschrift gestattet dabei ausschließlich die Anlage in liquiden Mitteln und die Anlage in Vermögensgegenständen, die kurzfristig unmittelbar in Bankguthaben umgewandelt werden können und keine spekulativen Positionen enthalten.[862]

dd. Rechtsfolgen eines Verstoßes gegen § 25 KAGB

Hält die KVG die nach § 25 KAGB gesetzlich vorgeschriebenen Kapitalanforderungen nicht ein, begründet dies zwar keinen Straf- oder Ordnungswidrigkeitentatbestand i.S.d. §§ 339, 340 KAGB, allerdings kann die Verletzung der Eigenmittelvorschriften Anzeigepflichten auslösen, deren Verletzung sodann gem. § 34 Abs. 3 Nr. 6, § 340 Abs. 2 Nr. 2, Abs. 6 KAGB mit einer Geldbuße bedroht ist. Die speziell für interne KVGs geltenden Anzeigepflichten aus § 130 S. 1, § 155 S. 1 KAGB sind gem. § 340 Abs. 2 Nr. 15, Abs. 6 KAGB ebenfalls bußgeldbewehrt.

---

858 *Schücking*, in Moritz/Klebeck/Jesch, Frankfurter Komm. z. KAGB, § 25 Rz. 12.

859 *Schücking*, in Moritz/Klebeck/Jesch, Frankfurter Komm. z. KAGB, § 25 Rz. 30f.; *Winterhalder/Seibel*, in Weitnauer/Boxberger/Anders, KAGB, § 25 Rz. 8.

860 *Schücking*, in Moritz/Klebeck/Jesch, Frankfurter Komm. z. KAGB, § 25 Rz. 30f.

861 *Schücking*, in Moritz/Klebeck/Jesch, Frankfurter Komm. z. KAGB, § 25 Rz. 65.

862 S. zu den einzelnen Begrifflichkeiten ausführlich: *Schücking*, in Moritz/Klebeck/Jesch, Frankfurter Komm. z. KAGB, § 25 Rz. 69ff.; BaFin FAQ zur Anlage von Eigenmitteln gemäß § 25 Abs. 7 KAGB – WA 41-Wp 2137-2013/0025 v. 28.6.2016, zuletzt geänd. am 31.8.2016.

Im Erlaubnisverfahren führt das Nichteinhalten der Kapitalanforderungsvorschriften zur Ablehnung der Erlaubnis, vgl. § 23 Nr. 1 KAGB. Ist die Erlaubnis bereits erteilt worden und sinkt der Wert des Anfangskapitals oder der zusätzlichen Eigenmittel unter den gesetzlich vorgeschriebenen Betrag herab, kann die BaFin, nach Ablauf einer von ihr bestimmten angemessenen Frist, die Erlaubnis aufheben, § 39 Abs. 3 Nr. 2 KAGB.[863]

b. Das Gesellschaftsvermögen der intern verwalteten InvestmentKG

Die §§ 131, 156 KAGB enthalten Regelungen zum Gesellschaftsvermögen der intern verwalteten InvestmentKGen, die kraft Gesetzes sowohl KVG als auch Investmentvermögen ist, § 17 Abs. 2 Nr. 2 KAGB. Während im Rahmen der externen Verwaltung durch die Funktionentrennung von KVG und Investmentvermögen auch eine klare Trennung von Betriebs- und Anlagevermögen erreicht werden kann, ist eine solche vermögensrechtliche Separation im Fall der internen Verwaltung gerade nicht gegeben. Vor diesem Hintergrund gliedern oben genannte Regelungen das Gesellschaftsvermögen der intern verwalteten InvestmentKGen rechnerisch in zwei unterschiedliche Bestandteile, nämlich das Betriebs- und das Kommanditanlagevermögen. Während Letzteres dem Kommanditkapital der Anleger zugeordnet wird (Absatz 2), ist das Betriebsvermögen rechnerisch bei den Kapitalanteilen der geschäftsführenden Gesellschafter zu erfassen (Absatz 1). Mit der Separation vorgenannter Vermögensmassen versucht der Gesetzgeber zum einen der Doppelfunktion der intern verwalteten InvestmentKG als KVG und Investmentvermögen Rechnung zu tragen. Zum anderen soll die Vermögenstrennung dazu dienen, einen mit der externen Verwaltung vergleichbaren Zustand zu schaffen und so die Vermögensinteressen der Anleger gleichermaßen zu schützen.[864] Die rechnerische Trennung der Vermögensmassen zielt folglich darauf ab, die im Anlagevermögen befindlichen Vermögensgegenstände[865] ausschließlich der Kapitalanlage zu widmen, um somit eine positive Wertentwicklung zu fördern und die laufende Rendite zu steigern.[866] Demgegenüber dienen die zum Betriebsvermögen gehörenden

863 Die Ermächtigungsgrundlage für die Anordnung entsprechender Maßnahmen findet sich in § 41 KAGB.

864 *Könnecke*, in Baur/Tappen, Investmentgesetze, Bd. 1, § 156 Rz. 2.

865 Hierzu zählen im Einzelnen: Die Einlagen der Anleger, die im Zusammenhang mit der Anlagetätigkeit erhaltenen und verwalteten Vermögensgegenstände, für diese erhaltene Sicherheiten und liquide Mittel, s. § 131 Abs. 2 S. 1, § 156 Abs. 2 S. 1 KAGB.

866 So auch: *Eichhorn*, in Moritz/Klebeck/Jesch, Frankfurter Komm. z. KAGB, § 131 Rz. 2.

Vermögensgegenstände der Ausübung der Verwaltungs- bzw. Geschäftstätigkeit der KVG.[867] Sie erfüllen demnach einzig einen funktionalen und gerade keinem wirtschaftlichen Zweck. Die nachfolgende Betrachtung befasst sich zunächst mit dem Betriebsvermögen der Gesellschaft, wobei insbesondere die zum Betriebsvermögen gehörenden Vermögensgegenstände, ihre rechnerischen Verortung und Finanzierung näher erläutert werden (aa.). Sodann widmet sich diese Arbeit dem Anlagevermögen, wobei auch hier die relevanten zum Anlagevermögen zählenden Vermögensgegenstände und ihre rechnerische Zuweisung zum Kommanditanlagevermögen näher betrachtet werden (bb.). Dem Wortlaut entsprechend sind die vorgenannten Vermögensmassen lediglich buchhalterisch, sprich rechnerisch, voneinander zu trennen. Inwieweit darüber hinaus allerdings auch eine haftungsrechtliche Separation vom Gesetzgeber gewollt ist, soll nach einer kurzen Auseinandersetzung mit der Frage nach der tatsächlichen Realisierung der Vermögenstrennung (cc.) näher in den Blick genommen werden (dd.).

aa. Betriebsvermögen

Die § 131 Abs. 1 S. 1, § 156 Abs. 1 S. 1 KAGB bestimmen, dass die intern verwaltete InvestmentKG bewegliches und unbeweglichen Vermögen erwerben darf, das für den Betrieb der Gesellschaft notwendig ist (sog. Betriebsvermögen). Ausweislich der Regierungsbegründung ist der Erwerb des Betriebsvermögens Aufgabe der KVG und demnach letztlich Aufgabe der Geschäftsführung.[868] Dass die geschäftsführende Gesellschafterin[869] für den Erwerb der zum Betrieb notwendigen Gegenstände verantwortlich ist, ergibt sich auch aus § 131 Abs. 1 S. 3, § 156 Abs. 1 S. 3 KAGB, wonach das Betriebsvermögen vollständig aus den Einlagen der geschäftsführenden Gesellschafterin zu erbringen ist.

Im Interesse des Anlegerschutzes und für Zwecke der Rechnungslegung ist weiterhin sicherzustellen, dass das Betriebsvermögen rechnerisch ausschließlich bei den Kapitalanteilen der geschäftsführenden Gesellschafter erfasst und auf deren Kapitalkonten gebucht wird, § 131 Abs. 1 S. 1 und 2, § 156 Abs. 1 und 2

867 *Eichhorn*, in Moritz/Klebeck/Jesch, Frankfurter Komm. z. KAGB, § 131 Rz. 2.

868 Vgl. RegE zum KAGB, BT-Drucksache 17/12294, S. 252.

869 Da die vorliegende Arbeit davon ausgeht, dass die einzig europarechtskonforme interne Verwaltungsform die der intern verwalteten GmbH & Co. InvestmentKG ist, wird nachfolgend stets von der „geschäftsführenden Gesellschafterin" gesprochen. Zur Frage nach der Europarechtskonformität der intern verwalteten InvestmentKG s. näher Kap. 2 Abschnitt III.1.

KAGB.[870] Eine Zuordnung zum Anlagekapital, d.h. dem Kapital aus der Begebung von Kommanditanteilen, ist unzulässig. Andernfalls würden die Anleger-Kommanditisten auch das Betriebsvermögen finanzieren, was zu einem strukturellen Nachteil der internen gegenüber der externen Verwaltungsform führen würde.[871]

Bei der Beantwortung der Frage, was konkret unter das notwendige Betriebsvermögen zu fassen ist, orientiert sich die Literatur – mit dem Hinweis der Unverbindlichkeit – an § 95 BewG.[872] Nach Maßgabe dieser Vorschrift zählen zum Betriebsvermögen alle Teile eines Gewerbebetriebs, die bei der steuerlichen Gewinnermittlung dem notwendigen Betriebsvermögen zugeordnet werden. Zum notwendigen Betriebsvermögen zählen demnach Wirtschaftsgüter, die für eigenbetriebliche Zwecke genutzt werden bzw. zur Nutzung bestimmt sind – bspw. Büroausstattung, Computer und Software.[873]

bb. Anlagevermögen

Die § 131 Abs. 2, § 156 Abs. 2 KAGB nehmen das Kommanditanlagevermögen in Bezug. Hiernach setzt sich das Kommanditanlagevermögen aus den Einlagen der Anleger, die sich als Kommanditisten beteiligen, den im Zusammenhang mit der Anlagetätigkeit erhaltenen und verwalteten Vermögensgegenständen sowie den für diese erhaltenen Sicherheiten und den liquiden Mitteln zusammen. Auch im Rahmen vorgenannter Regelungen wird erneut die konkrete rechnerische Zuordnung zu einer bestimmten Vermögensmasse, nämlich dem Kommanditanlagevermögen, angeordnet, § 131 Abs. 2 S. 2, § 156 Abs. 2 S. 2 KAGB.

cc. Tatsächliche Trennung der Vermögensmassen

Nachdem zunächst eine kurze Auseinandersetzung bzw. Darstellung der einzelnen Vermögensmassen erfolgte, fragt sich nunmehr, inwieweit rein tatsächlich eine Trennung des Betriebs- und des Kommanditanlagevermögens erreicht

870 Erfolgt die Verwaltung durch einen geschäftsführenden Kommanditisten, besteht neben dem Kommanditanlagevermögen auch ein Kommanditbetriebsvermögen. Letzteres ist gleichsam rechnerisch vom Anlagevermögen zu trennen. S. *Eichhorn*, in Moritz/Klebeck/Jesch, Frankfurter Komm. z. KAGB, § 131 Rz. 11.

871 *Könnecke*, in Baur/Tappen, Investmentgesetze, Bd. 1, § 156 Rz. 7.

872 *Eichhorn*, in Moritz/Klebeck/Jesch, Frankfurter Komm. z. KAGB, § 131 Rz. 4.

873 *Eichhorn*, in Moritz/Klebeck/Jesch, Frankfurter Komm. z. KAGB, § 131 Rz. 4; *Kracke*, in Baur/Tappen, Investmentgesetze, Bd. 1, § 131 Rz. 5. Zur näheren Differenzierung des Begriffs des Betriebsvermögens in notwendiges und gewillkürtes Betriebsvermögen, s. *Jesch*, in Moritz/Klebeck/Jesch, Frankfurter Komm. z. KAGB, § 156 Rz. 11.

werden kann. Das Kommanditgesellschaftsrecht bzw. das Personengesellschaftsrecht im Allgemeinen kennt keine innergesellschaftliche Trennung unterschiedlicher Vermögensmassen.[874] Auch dogmatisch bieten sich hierfür kaum Lösungsansätze. Ohne eine dogmatische Begründung bzw. Herleitung geht § 21 Abs. 1 KARBV schlicht davon aus, dass bei intern verwalteten Investmentgesellschaften das Investmentbetriebs- und das Investmentanlagevermögen voneinander separiert werden können.[875] Als Vorbild für die Trennung einzelner Vermögensmassen können sog. Umbrella-Konstruktionen herangezogen werden, bei denen für jedes Teilgesellschaftsvermögen eine individuelle Gewinn- und Verlustverteilung besteht.[876]

Der Weg über die Bildung eines Teilgesellschaftsvermögens bietet sich allerdings nur für die offene InvestmentKG an, da das Gesetz nur für sie die Möglichkeit der Bildung von Teilgesellschaftsvermögen vorsieht, vgl. § 132 KAGB.[877] Das Betriebsvermögen der intern verwalteten offenen InvestmentKG kann demnach als ein besonderes Teilgesellschaftsvermögen ausgestaltet werden, dessen einzige Kapitalgeberin die geschäftsführende Gesellschafterin ist.[878] Inwieweit sich eine tatsächliche Trennung der Vermögensmassen im Bereich der intern verwalteten geschlossenen InvestmentKG erreichen lässt, werden Literatur und Praxis noch zu klären haben.

Zu beachten ist weiterhin, dass für das Betriebs- und das Kommanditanlagevermögen unterschiedliche Bewertungsansätze gelten. Gemäß § 21 Abs. 2 S. 1 KARBV ist das Investmentbetriebsvermögen für Zwecke der Bilanzierung sowie der Aktienpreisermittlung ausschließlich nach den Grundsätzen der Bilanzierung des Dritten Buches des HGB anzusetzen und zu bewerten. Nach Satz 2 der Vorschrift gilt der ermittelte Wert als Verkehrswert i.S.d. § 168 Abs. 1 KAGB. Auf die Bewertung des Investmentanlagevermögens sind die Vorschriften der

874 So auch: *Kracke*, in Baur/Tappen, Investmentgesetze, Bd. 1, § 131 Rz. 9. .

875 Vgl. hierzu auch: BaFin Begründung zur Kapitalanlage-Rechnungslegungs- und Bewertungsverordnung – KARBV v. 22.7.2013.

876 Vgl. BaFin Begründung zur Kapitalanlage-Rechnungslegungs- und Bewertungsverordnung – KARBV v. 22.7.2013 zu § 22 KARBV; *Kracke*, in Baur/Tappen, Investmentgesetze, Bd. 1, § 131 Rz. 9.

877 Eine entsprechende Parallelvorschrift für die geschlossene InvestmentKG existiert nicht.

878 *Kracke*, in Baur/Tappen, Investmentgesetze, Bd. 1, § 131 Rz. 9. In der Praxis erfolgt die Trennung von Anlage- und Betriebsvermögen schlicht und einfach durch das Führen separater Konten, die auch buchhalterisch als solche ausgewiesen werden.

§§ 26–31 KARBV sowie § 34 KARBV für die Bewertung bei Anlagen von Spezial-AIF anzuwenden, vgl. § 21 Abs. 3 KARBV.

Insgesamt kann festgehalten werden, dass die intendierte Vermögenssonderung zwischen Gesellschafts- und Anlagevermögen darauf abzielt, das Risiko der Substanzerhaltung zu minimieren und somit den Anlegerschutz zu fördern.[879] Allerdings führt die Anordnung der rechnerischen Separation lediglich formal wie buchhalterisch zur Bildung zweier Vermögenssphären. Haftungsrechtlich bleibt es hingegen weitgehend bei der Einheit des Gesellschaftsvermögens.[880]

dd. Haftungsrechtliche Separation der Vermögensmassen

Abgesehen von der Frage nach der tatsächlichen Separation der Vermögensmassen stellt sich weiterhin die Problematik, inwieweit eine haftungsrechtliche Separation des Betriebs- und des Anlagevermögens möglich ist.

Wie bereits weiter oben erwähnt geht das Kommanditgesellschaftsrecht von einem „einheitlichen" Gesellschaftsvermögen aus. Eine Trennung von mehreren unterschiedlichen Vermögensmassen ist dem (handelsrechtlichen) Personengesellschaftsrecht folglich fremd. Nach Maßgabe der handelsrechtlichen Grundkonzeption könnten die Gesellschaftsgläubiger die InvestmentKG, ihre Komplementärin und die Kommanditisten, die ihre Einlage noch nicht vollständig erbracht haben oder diese nach entsprechender Zustimmung zurückerhalten haben, gesamtschuldnerisch in Haftung nehmen.[881] Die Inanspruchnahme durch die Gläubiger wäre in diesem Fall nicht auf eine bestimmte Vermögensmasse konzentriert.[882] Vielmehr stünde den Gläubigern das Gesamtgesellschaftsvermögen zur Verfügung.

Hieran ändert sich zunächst auch durch die kapitalanlagegesetzlichen Regelungen der §§ 133 Abs. 1, 156 Abs. 1 KAGB nichts, da die Zuordnung der einzelnen Vermögensmassen rein rechnerischer Natur ist. Nach außen, d.h. gegenüber den Gläubigern, haftet die InvestmentKG sowohl mit dem Betriebs- als auch mit dem Kommanditanlagevermögen.[883] Das Problem, das sich hieraus ergibt ist,

---

879 So bereits zur Vermögensseparation unter dem KAGG *Hopt*, Inwieweit empfiehlt sich eine allgemeine gesetzliche Regelung des Anlegerschutzes?, Gutachten G zum 51. Deutschen Juristentag, S. 19.

880 Nach außen haftet die Gesellschaft gleichermaßen mit beiden Vermögensmassen, *Jesch*, in Moritz/Klebeck/Jesch, Frankfurter Komm. z. KAGB, § 156 Rz. 2; ebenfalls dort *Eichhorn*, § 131 Rz. 9; *Paul*, in Weitnauer/Boxberger/Anders, KAGB, § 156 Rz. 1. Zur Haftung im Einzelnen nachfolgend Abschnitt dd.

881 *Kracke*, in Baur/Tappen, Investmentgesetze, Bd. 1, § 131 Rz. 10.

882 *Kracke*, in Baur/Tappen, Investmentgesetze, Bd. 1, § 131 Rz. 10.

883 *Paul*, in Weitnauer/Boxberger/Anders, KAGB, § 156 Rz. 1.

dass das erklärte gesetzgeberisch Ziel, die Vermögensmassen wie bei der externen Verwaltung zu separieren, so nicht erreicht wird.[884]

Um die haftungsrechtliche Vermögenstrennung zu erreichen, schlägt die Literatur für die offene wie die geschlossene InvestmentKG eine analoge Anwendung der für Teilgesellschaftsvermögen geltenden Regelung des § 132 Abs. 1 S. 5 KAGB vor.[885] Betrachtet man das Betriebsvermögen – wie bereits weiter oben angesprochen – dementsprechend als eine Art Teilgesellschaftsvermögen, ließe sich die Haftung entsprechend vorgenannter Regelung auf die zum jeweiligen Teilgesellschaftsvermögen gehörenden Verbindlichkeiten beschränken.[886] Die Anleger müssten demnach nicht für Verbindlichkeiten des Betriebsvermögens haften. Gemäß § 132 Abs. 5 KAGB müsste die Komplementär-GmbH hingegen auch für Verbindlichkeiten des Kommanditanlagevermögens einstehen, was im Vergleich zur externen Verwaltung – wo die Vermögensmassen durch die unterschiedlichen Gesellschaften rechtlich getrennt sind – einen erheblichen Nachteil darstellte.[887] Die Literatur folgt insoweit dem bereits zur Vorgängervorschrift (§ 99 Abs. 3 InvG a.F.) entwickelten Ansatz, wonach schlicht davon ausgegangen wurde, dass es sich bei dem Betriebsvermögen um ein vermögens- wie haftungsrechtlich eigenständiges Teilgesellschaftsvermögen handele, dessen Trennung vom Anlagevermögen sichergestellt sei.[888] Dogmatisch begründet wurde diese Ansicht nicht. Vielmehr wurde die haftungsrechtliche Trennung schlicht als gegeben angesehen.[889]

Dieser Ansatz ist allerdings gleich in mehrfacher Hinsicht zu beanstanden. Auf einer rein formalen Betrachtungsebene ist bereits die Zulässigkeit einer analogen Anwendung der Regelung über Teilgesellschaftsvermögen auf die geschlossene InvestmentKG höchst fragwürdig. Denn der Gesetzgeber hat für die geschlossene InvestmentKG gerade darauf verzichtet, eine § 132 KAGB entsprechende Vorschrift zu etablieren. Dass dies als eine bewusste gesetzgeberische

---

884 Vgl. RegE zum KAGB, BT-Drucksache 17/12294, S. 244.

885 *Könnecke*, in Baur/Tappen, Investmentgesetze, Bd. 1, § 156 Rz. 16; ebenfalls dort *Kracke*, § 131 Rz. 12; *Eichhorn*, in Moritz/Klebeck/Jesch, Frankfurter Komm. z. KAGB, § 131 Rz. 7f.. In diesem Zusammenhang ist darauf hinzuweisen, dass die Bildung von Teilgesellschaftsvermögen für die geschlossene InvestmentKG nicht vorgesehen ist.

886 *Kracke*, in Baur/Tappen, Investmentgesetze, Bd. 1, § 131 Rz. 12.

887 *Kracke*, in Baur/Tappen, Investmentgesetze, Bd. 1, § 131 Rz. 13f.

888 Auch im Rahmen der Vorgängervorschrift fand sich keine ausdrücklich gesetzliche Regelung, die eine Haftungstrennung angeordnet hätte, vgl. *Dornseifer*, in Emde/Dornseifer/Dreibus/Hölscher, InvG, § 99 Rz. 33.

889 *Dornseifer*, in Emde/Dornseifer/Dreibus/Hölscher, InvG, § 99 Rz. 33.

Entscheidung einzustufen ist, lässt sich insbesondere damit rechtfertigen, dass sich für nahezu jede Vorschrift, die für die offene InvestmentKG existiert, eine wortlautidentische Parallelvorschrift im Recht der geschlossenen InvestmentKG widerfindet. Damit ist davon auszugehen, dass es an einer für die Analogie zwingend notwendigen planwidrigen Regelungslücke fehlt. Eine analoge Anwendung von § 132 KAGB auf die geschlossene InvestmentKG scheidet folglich aus.[890] Im Bereich der intern verwalteten geschlossenen InvestmentKG bleibt somit weiterhin fraglich, wie eine haftungsrechtliche Trennung des grds. einheitlichen Gesamtgesellschaftsvermögens erreicht werden kann.

Darüber hinaus führt die haftungsrechtliche Trennung der Vermögensmassen unweigerlich zu einer Durchbrechung des gesamtschuldnerischen Haftungsgefüges. Die Gläubiger könnten die InvestmentKG nur beschränkt auf das jeweilige Teilgesellschaftsvermögen in Anspruch nehmen, wodurch sie faktisch nicht nur potentielle Schuldner verlieren, sondern auch einer Vermögensbegrenzung auf das Teilgesellschaftsvermögen ausgesetzt sind. Hinzukommt, dass die vermögensrechtliche Trennung nach außen hin, d.h. gegenüber dem Rechtsverkehr, nicht visibel gemacht wird.[891] Zwar könnte der Rechtsverkehr i.F.d. intern verwalteten offenen InvestmentKG gem. § 134 Abs. 2 KAGB darüber informiert werden, dass die Gesellschaft Teilgesellschaftsvermögen gebildet hat. Über die Trennung des Vermögens in Betriebs- und Anlagevermögen wird der Rechtsverkehr hingegen nicht ausdrücklich informiert.[892] Für die Gläubiger wäre demnach nicht ersichtlich, ob die InvestmentKG eine Verbindlichkeit für das Betriebs- oder das Anlagevermögen eingeht. Denklogisch wäre ihnen bei Vertragsschluss auch nicht bekannt, wem gegenüber sie im Zweifel ihre Ansprüche geltend zu machen hätten. Denn aus der unterschiedlichen Vermögenszuordnung (vgl. §§ 131, 156 KAGB), ergeben sich auch unterschiedliche Haftungsadressaten.[893]

---

890 Auch der Verweis auf die Vorgängervorschrift des § 99 InvG a.F. hilft nicht weiter, da sich dieser ausschließlich auf die InvestmentAG bezieht und eine vergleichbare Unterscheidung, wie sie das Gesetz nunmehr trifft – zwischen offenen und geschlossenen, intern und extern verwalteten Investmentgesellschaften – nicht existierte.

891 *Kracke*, in Baur/Tappen, Investmentgesetze, Bd. 1, § 131 Rz. 12.

892 Dies anmerkend auch: *Kracke*, in Baur/Tappen, Investmentgesetze, Bd. 1, § 131 Rz. 15, der den Rechtsverkehr i.E. allerdings als ausreichend geschützt ansieht. Letztlich ist es auch vertretbar anzunehmen, dass dem Rechtsverkehr allein aus dem Rechtsformhinweis in der Firma <u>Investment</u>KG die Separation der Vermögensmassen bekannt ist.

893 Vgl. hierzu auch: *Könnecke*, in Baur/Tappen, Investmentgesetze, Bd. 1, § 156 Rz. 18.

2. Das Gesellschaftsvermögen der extern verwalteten InvestmentKG

Die extern verwaltete InvestmentKG ist gesetzlich nicht zur Erbringung eines Mindestkapitals verpflichtet. Die Eigenmittelanforderungen treffen allein die externe KVG, § 25 Abs. 1 Nr. 1 lit. b KAGB. Überdies ergibt sich aus einem Umkehrschluss zu § 131 Abs. 1, § 156 Abs. 1 KAGB, dass die extern verwaltete InvestmentKG auch kein eigenes Betriebsvermögen zu bilden hat bzw. eines solchen nicht bedarf.[894] Der Gesetzgeber scheint somit davon auszugehen, dass die bei der KVG verbleibenden Aufgaben der Geschäftsführung derart reduziert sind, dass hierfür kein Betriebsvermögen benötigt wird.[895] Dass der Gesetzgeber von der Bildung eines Betriebsvermögens nur i.R.d. intern verwalteten InvestmentKG ausgeht, zeigt sich auch an § 135 Abs. 10 KAGB[896], der einen gesonderten Ausweis des Betriebsvermögens nur in der Bilanz und den Gewinn- und Verlustrechnungen der intern verwalteten InvestmentKGen vorsieht. Gleiches gilt für die §§ 21, 22 KARBV. Auch diese sehen den Ausweis eines Betriebsvermögens nur bei der intern verwalteten InvestmentKG vor.

In der Praxis scheint es zudem regelmäßig so zu sein, dass der Komplementär keine Kapitaleinlage erbringt und auch ein geschäftsführender Kommanditist nur mit einem nominellen Betrag an der Gesellschaft beteiligt ist.[897] In beiden Fällen ist die Bildung eines Betriebsvermögens mangels ausreichender Kapitaldeckung nicht möglich.[898] Die für die Geschäftsführung anfallenden Kosten sind – wie bei Sondervermögen – anteilig von den Anleger-Kommanditisten zu tragen.[899] Auf welchen Betrag sich die jeweiligen Kosten belaufen, ist in den Anlagebedingungen anzugeben.[900]

---

894 So auch: *Wallach*, Die Regulierung von PersG im KAGB, ZGR 2014, 289, 309.

895 RegE zum KAGB, BT-Drucksache 17/12294, S. 244; *Wallach*, Die Regulierung von PersG im KAGB, ZGR 2014, 289, 309; a.A. *Angsten*, in Beckmann/Scholtz/Vollmer, Investment Hdb., Erg.Lfg. 5/14, 405 § 131 Rz. 104; *Mohr*, Die offene Investmentkommanditgesellschaft, S. 113.

896 Der gem. § 158 S. 1 KAGB auch auf die geschlossene InvestmentKG Anwendung findet.

897 *Wallach*, Die Regulierung von PersG im KAGB, ZGR 2014, 289, 309.

898 *Wallach*, Die Regulierung von PersG im KAGB, ZGR 2014, 289, 309.

899 Vgl. *Anders*, in Weitnauer/Boxberger/Anders, KAGB, § 97 Rz. 9f; *Wallach*, Die Regulierung von PersG im KAGB, ZGR 2014, 289, 309.

900 Dies findet sich für die geschlossene Publikums-InvestmentKG ausdrücklich in § 266 Abs. 2 i.V.m. § 162 Abs. 2 Nr. 11 KAGB. Für Spezial-InvestmentKG kann nichts anderes gelten.

3. Die Bildung von Teilgesellschaftsvermögen i.R.d. intern verwalteten offenen InvestmentKG

Das Gesetz sieht für die offene InvestmentKG die Bildung von Teilgesellschaftsvermögen vor (§ 132 Abs. 1 S. 1 KAGB), wodurch sog. Umbrella-Konstruktionen geschaffen werden können, also haftungs- und vermögensrechtlich separierte Teilfonds (§ 132 Abs. 1 S. 2 KAGB), die unter dem Dach eines einzigen Fondsvehikels zusammengefasst sind.[901] Ziel dieser haftungs- und vermögensmäßigen Trennung ist es letztlich, unterschiedliche Anlagestrategien innerhalb ein und desselben Fondsvehikels verfolgen zu können.[902] Zur näheren Konkretisierung der vermögensrechtlichen Trennung bestimmt das Gesetz, dass im Verhältnis der Anleger untereinander jedes Teilgesellschaftsvermögen als eigenständiges Vermögen behandelt wird, § 132 Abs. 1 S. 3 KAGB. Zur Verwirklichung des angestrebten Ziels der unterschiedlichen anlagestrategischen Ausrichtung innerhalb der InvestmentKG beschränkt der Gesetzgeber die Rechte von Anlegern und Gläubigern auf die zu dem betroffenen Teilgesellschaftsvermögen gehörenden Vermögensgegenstände, § 132 Abs. 1 S. 4 KAGB.[903] Entsprechendes gilt für die auf das einzelne Teilgesellschaftsvermögen entfallenden Verbindlichkeiten. Auch hier haftet stets nur das betroffene Teilgesellschaftsvermögen bzw. die ihm „zugewiesenen“[904] Anleger, § 132 Abs. 1 S. 5 KAGB.

901 *Lorenz*, in Weitnauer/Boxberger/Anders, KAGB, § 132 Rz. 1.

902 *Hüwel*, in Baur/Tappen, Investmentgesetze, Bd. 1, § 132 Rz. 11; *Eichhorn*, in Moritz/Klebeck/Jesch, Frankfurter Komm. z. KAGB, § 132 Rz. 5; *Lorenz*, in Weitnauer/Boxberger/Anders, KAGB, § 132 Rz. 17. Konsequenterweise sind jedem Teilgesellschaftsvermögen eigene Anlagebedingungen gewidmet, vgl. § 132 Abs. 2 S. 1 KAGB.

903 Die Möglichkeit unterschiedliche Anlagestrategien innerhalb einer Gesellschaft verfolgen zu können soll Kosten, Zeit und Aufwand sparen, *Hüwel*, in Baur/Tappen, Investmentgesetze, Bd. 1, § 132 Rz. 11; *Kunschke/Klebeck*, in Beckmann/Scholtz/Vollmer, Investment Hdb., Erg.Lfg. 5/14, 405 § 132 Rz. 14.

904 In diesem Zusammenhang von einer „Beteiligung“ der Anleger zu sprechen, erscheint verfehlt. Denn der Begriff der Beteiligung impliziert, dass das Teilgesellschaftsvermögen derart von der eigentlichen Gesellschaft abstrahiert ist, dass es wie eine eigene Gesellschaft neben dieser besteht. Handelsrechtlich müssen die Anleger jedoch zwingend an der intern verwalteten offenen InvestmentKG beteiligt sein. Sie sind Gesellschafter eben dieser Gesellschaft und der einzelnen Teilgesellschaftsvermögen. Aus diesem Grund können sie den Teilgesellschaftsvermögen lediglich zugewiesen sein.

a. *Rechtsstellung der Anleger*

Entsprechend der beschriebenen Trennung der Teilgesellschaftsvermögen konzentriert sich die Beteiligung des einzelnen Gesellschafters stets auf ein bestimmtes Teilgesellschaftsvermögen. In der Literatur findet sich in diesem Zusammenhang die Aussage, dass der Kommanditist nur an dem einzelnen Teilgesellschaftsvermögen beteiligt sei, nicht jedoch an der gesamten Kommanditgesellschaft.[905] Begründet wird dies u.a. damit, dass für jedes Gesellschaftsvermögen eine gesonderte Gesellschafterversammlung abgehalten wird.[906] Trotz der auch formalen Separationsmöglichkeit der Teilgesellschaftsvermögen ist obige Aussage missverständlich. Sie suggeriert nämlich, dass der Kommanditist nicht Gesellschafter der InvestmentKG, sondern des jeweiligen Teilgesellschaftsvermögens ist. Eine solche Annahme ist handelsrechtlich jedoch verfehlt. Denn die Eigenschaft, Gesellschafter zu sein, setzt die Beteiligung an einer Gesellschaft voraus. Die Teilgesellschaftsvermögen mögen zwar weitgehend haftungs- und vermögensrechtlich separiert sein. Tatsächlich handelt es sich bei ihnen jedoch nicht um eigene Gesellschaften.[907] Über ihre teilweise – auch nach außen gerichtete[908] – Verselbständigung qualifizieren Teilgesellschaftsvermögen maximal als „quasi-Gesellschaften“ oder „ verbandsinterne teilverselbständigte Unternehmungen“.[909] Somit ist es dogmatisch richtiger, von einer „Zuweisung“ der Gesellschafter zu einem bestimmten Teilgesellschaftsvermögen zu sprechen. Dass die Kommanditisten lediglich an der InvestmentKG – als übergeordneter Einheit – beteiligt sind, zeigt sich insbesondere an der Regelung zu Gesellschafterversammlungen. § 132 Abs. 6 KAGB weist nämlich ausdrücklich darauf hin, dass der Gesellschaftsvertrag zwingend vorsehen muss, dass über Angelegenheiten der offenen InvestmentKG insgesamt in einer Gesellschafterversammlung zu entscheiden ist, zu der Anleger sämtlicher Teilgesellschaftsvermögen

905 *Wallach*, Die Regulierung von PersG im KAGB, ZGR 2014, 289, 311.

906 Dies ergibt sich aus einem Umkehrschluss zu § 132 Abs. 6 KAGB. S. auch: RegE zum KAGB, BT-Drucksache 17/12294, S. 244; *Hüwel*, in Baur/Tappen, Investmentgesetze, Bd. 1, § 132 Rz. 28; *Eichhorn*, in Moritz/Klebeck/Jesch, Frankfurter Komm. z. KAGB, § 132 Rz. 20 *Wallach*, Die Regulierung von PersG im KAGB, ZGR 2014, 289, 311.

907 So auch: *Mohr*, Die offene Investmentkommanditgesellschaft, S. 117ff.

908 Die Teilgesellschaftsvermögen haften nach außen hin eigenständig. Jedes Teilgesellschaftsvermögen haftet nämlich nur für seine eigenen Verbindlichkeiten, § 132 Abs. 1 S. 5 KAGB. Siehe zur Haftung näher Kap. 2 Abschnitt V.2.d sowie VI.1.b.dd.

909 *Mohr* spricht in diesem Zusammenhang von einer verbandsinnenrechtlichen Ausgestaltung und bejaht die Teilverselbständigung, *ders.*, Die offene Investmentkommanditgesellschaft, S. 115, 118.

geladen werden. Wären die Anleger-Kommanditisten lediglich Gesellschafter der Teilgesellschaftsvermögen, käme ihnen keine Kompetenz zur Entscheidung über allgemeine Gesellschaftsangelegenheiten zu. Denn die Partizipation und Stimmrechtsausübung sind Kernmitgliedschaftsrechte, die grds. nur den Gesellschaftern zustehen.[910] Im Ergebnis kann festgehalten werden, dass die organisatorischen Regelungen – wie die Regelung zu Gesellschafterversammlungen – die Funktion der Teilgesellschaftsvermögen als „quasi-Gesellschaft" in der Gesellschaft stärken. Sie führen letztlich allerdings nicht zu einer gesellschaftsrechtlichen Entkoppelung der Teilgesellschaftsvermögen von der Gesamtgesellschaft.[911]

b. Stellung der Teilgesellschaftsvermögen innerhalb der Gesamtgesellschaft

Auf Basis vorgenannter Ausführungen lässt sich auch festhalten, dass Teilgesellschaftsvermögen dogmatisch keine eigenständigen Gesellschaften darstellen. Dieses Ergebnis wird durch die gesetzliche Konzeption unterstützt. § 132 Abs. 1 S. 1 KAGB spricht ausdrücklich von der „Bildung" eines Teilgesellschaftsvermögens und damit gerade nicht von der „Gründung" eines solchen.[912] Hinzukommt, dass der Gesetzgeber lediglich von einer haftungs- und vermögensrechtlichen Trennung ausgeht. Eine gesellschaftsrechtliche Separation wird nicht angestrebt.[913] Es bleibt somit rechtlich bei einem einzelnen Rechtssubjekt. Nichtsdestotrotz erfüllen die Teilgesellschaftsvermögen jeweils isoliert alle Tatbestandsmerkmale eines Investmentvermögens.[914] Es entstehen getrennte Organismen für gemeinsame Anlagen, die von einer Vielzahl von Anlegern Kapital einsammeln, um es entsprechend den für jedes Teilgesellschaftsvermögen zu erstellenden Anlagebedingungen zum Nutzen der beteiligten Anleger zu investieren.

Da die einzelnen Teilgesellschaftsvermögen – wie Sondervermögen – allerdings keine eigene Rechtspersönlichkeit besitzen, führt die gesetzliche Anordnung der haftungs- und vermögensrechtlichen Separation wohl zu keiner Verschiebung des dinglichen Zuordnungssubjekts.[915] Faktisch werden den

---

910 *Enzinger*, in MünchKomm. HGB, § 119 Rz. 1; *Roth*, in Baumbach/Hopt, § 119 Rz. 5; *Müller*, in Beck'sches Hdb. PersG, § 4 Rz. 105.

911 So i.E. auch *Mohr*, der darauf hinweist, dass es gerade an einer gesellschaftsrechtlichen Trennung fehlt, *ders.*, Die offene Investmentkommanditgesellschaft, S. 117.

912 Ebenso: *Mohr*, Die offene Investmentkommanditgesellschaft, S. 117.

913 So auch: *Mohr*, Die offene Investmentkommanditgesellschaft, S. 117.

914 *Kunschke/Klebeck*, in Beckmann/Scholtz/Vollmer, Investment Hdb. Erg. Lfg. 5/14, 405 § 132 Rz. 12; *Hüwel*, in Baur/Tappen, Investmentgesetze, Bd. 1 § 132 Rz. 11.

915 Die einzelnen Vermögensgegenstände stehen somit wohl im Eigentum der Gesellschaft.

einzelnen Teilgesellschaftsvermögen allerdings bestimmte Vermögensgegenstände (exklusiv) zugewiesen. Dies zeigt sich insbesondere daran, dass für jedes Teilgesellschaftsvermögen eine eigene Verwahrstelle zu benennen ist (§ 132 Abs. 4 KAGB), die die zu diesem Teilgesellschaftsvermögen „gehörenden" bzw. diesem zugewiesenen Vermögensgegenstände verwahrt. Die faktische Vermögenszuordnung ergibt sich weiterhin daraus, dass die einzelnen Teilgesellschaftsvermögen in ihren Anlagebedingungen unterschiedliche Anlageobjekte und Anlagegrenzen für zulässig erachten bzw. definieren können.[916]

Darüber hinaus drückt sich die Teilverselbständigung der Teilgesellschaftsvermögen auch darin aus, dass sich die Gewinn- und Verlustverteilung für die Anleger nach ihrer Beteiligung an dem einzelnen Teilgesellschaftsvermögen ergibt, § 132 Abs. 1 S. 2 KAGB, § 22 Abs. 1 S. 2 KARBV.[917] Insgesamt kann somit festgehalten werden, dass die Teilverselbständigung der Teilgesellschaftsvermögen nicht zu einer dinglichen Vermögenzuordnung führt.

c. *Stellungnahme*

Wenn auch gesellschaftsrechtlich keine Untergliederung in „Sub-Gesellschaften" stattfindet, führt die Bildung von Teilgesellschaftsvermögen dennoch zu einer erheblichen Entfremdung des Konstitutionsgefüges der KG. Durch die vermögens- und haftungsrechtliche Trennung entsteht nicht nur verbandsintern eine Teilverselbständigung (Gewinne und Verluste werden auf das jeweilige Teilgesellschaftsvermögen konzentriert). Auch nach außen hin enthalten die einzelnen Teilgesellschaftsvermögen eigenständige Wirkkraft. Die Verbindlichkeiten werden nämlich nicht der InvestmentKG als Trägerin von Rechten und Pflichten zugewiesen, sondern dem einzelnen Teilgesellschaftsvermögen.[918] Hierdurch wird auch das grundlegende Prinzip der Gesamthandsgemeinschaft bzw. der gesamthänderischen Haftung durchbrochen. Die Gesellschaft und die Gesellschafter haften nicht gesamthänderisch für sämtliche Verbindlichkeiten. Vielmehr reduziert sich die gesamthänderische Haftung auf das einzelne Teilgesellschaftsvermögen, die unbeschränkt haftende Komplementär-GmbH und

916 Vgl. hierzu §§ 273, 282 KAGB.

917 Nach § 22 Abs. 1 S. 2 KARBV muss die Investmentgesellschaft, die in Form einer Umbrella-Konstruktion besteht, die Gewinn- und Verlustrechnung nach Teilgesellschaftsvermögen aufgliedern.

918 Die Inanspruchnahmemöglichkeit der Gläubiger beschränkt sich somit auf das jeweilige Teilgesellschaftsvermögen.

die betroffenen, d.h. an dem jeweiligen Teilgesellschaftsvermögen beteiligten, Anleger.

Überdies führt die Bildung von Teilgesellschaftsvermögen auch gegenständlich zu einer weiteren Entfremdung von der gesetzestypischen KG. Die Notwendigkeit zum Erstellen eigener Anlagebedingungen für jedes Teilgesellschaftsvermögen erlaubt eine unterschiedliche strategische Ausrichtung innerhalb der InvestmentKG. Die Teilgesellschaftsvermögen teilen somit lediglich den gesetzlich festgelegten Unternehmensgegenstand als übergeordneten gemeinsamen Zweck. Konkret verlagert sich die personengesellschaftsrechtlich geforderte Zweckförderung (§ 705 BGB) jedoch auf die einzelnen Teilgesellschaftsvermögen.[919] Eine gemeinsame übergeordnete Zweckförderung im Interesse der Gesamtgesellschaft besteht folglich nicht. Jedes Teilgesellschaftsvermögen wirtschaftet im Eigeninteresse und nicht im Interesse der InvestmentKG als Ganzes. Die Einheit der Gesellschaft zeigt sich letztlich ausschließlich bei Überschuldung eines Teilgesellschaftsvermögens. Durch die alle Teilgesellschaftsvermögen umfassende Komplementärhaftung überträgt sich die Insolvenz des persönlich haftenden Gesellschafters nämlich auf alle Teilgesellschaftsvermögen, was letztlich zur Insolvenz der Gesamtgesellschaft führt.[920] Die InvestmentKG ist im Ergebnis mehr Schicksalsgemeinschaft als Gesellschaft.

4. Kritik an der Vermögensorganisation

Mit der kapitalanlagegesetzlich geschaffenen Vermögensorganisation vollzieht sich eine weitere Annäherung an das Recht der Kapitalgesellschaften. Denn anders als im allgemeinen Personengesellschaftsrecht ergibt sich aus den gesetzgeberischen Vorgaben des KAGB ein dichtes Regelungsgeflecht, das die Vermögensverfassung des Unternehmensträgers näher bestimmt. Insbesondere durch die in § 25 KAGB getroffenen Regelungen versucht der Gesetzgeber die Aufbringung und Erhaltung von – dem Personengesellschaftsrecht fremdem – Eigenkapital nachhaltig zu gewährleisten. Abgesehen von den Regelungen zur Haftsumme des Kommanditisten fehlt es im Personengesellschaftsrecht an zwingenden Vorschriften zur Kapitalausstattung der Gesellschaft.[921] Allen übrigen Vorschriften (§§ 718–722, §§ 167–169 HGB) fehlt der zwingende Charakter.

---

919 Entsprechend der Anlagebedingungen und der darin festgelegten Anlagestrategie verfolgen die Teilgesellschaftsvermögen ihre eigenen Zwecke.

920 Siehe hierzu ausführlich nachfolgend Abschnitt VIII.3.

921 *Wiedemann*, GesR, § 4 III 1a).

Sie sind vielmehr Regelungsvorschläge, deren konkrete Ausgestaltung in das Ermessen der Gesellschafter gelegt legt.[922]

Die größte Entfremdung vollzieht sich im Bereich der intern verwalteten offenen InvestmentKG mit Teilgesellschaftsvermögen. Sie ist nicht nur rechtlich dazu verpflichtet, zwei voneinander getrennte Vermögensmassen zu bilden, sondern verfügt generell über rechtlich separierte Teileinheiten, die zur weitgehenden Aufgabe der Einheit der Gesellschaft und der Gesamthandstruktur führen.

VII. Die Firma

Die Investmentkommanditgesellschaft firmiert in Abweichung zu § 19 Abs. 1 Nr. 3 HGB entweder unter der Bezeichnung „offene Investmentkommanditgesellschaft" (§ 134 Abs. 1 KAGB) oder „geschlossene Investmentkommanditgesellschaft" (§ 157 KAGB).[923] Weitere konkrete Vorgaben hinsichtlich der Firmierung trifft das Gesetz lediglich in Bezug auf die offene InvestmentKG. Diese hat bei Vorhandensein von Teilgesellschaftsvermögen den Zusatz „mit Teilgesellschaftsvermögen" oder eine allgemein verständliche Abkürzung dieser Bezeichnung in ihre Firmierung aufzunehmen, § 134 Abs. 2 S. 1 KAGB. Weiterhin sieht das Gesetz bezogen auf Teilgesellschaftsvermögen vor, dass die InvestmentKG immer dann, wenn sie im Rechtsverkehr lediglich für ein oder mehrere Teilgesellschaftsvermögen tätig ist, dies offenzulegen und auf die haftungsrechtliche Trennung der Teilgesellschaftsvermögen hinzuweisen hat, § 134 Abs. 2 S. 2 KAGB. Gesetzlich nicht vorgesehen ist ein firmenrechtlicher Hinweis darauf, ob es sich um eine intern oder extern verwaltete InvestmentKG handelt.[924]

1. Allgemeines

Die Firma der InvestmentKG – gleich welcher Ausprägung – wird zunächst durch das Firmenrecht des HGB, insbesondere §§ 18f., § 30 HGB bestimmt.[925] Dabei muss die Firma grds. zur Individualisierung des Unternehmens geeignet sein und Unterscheidungskraft besitzen, § 18 Abs. 1 HGB. Nach dem weiterhin

---

922 Vgl. *Wiedemann*, GesR, § 4 III 1a).

923 Vorgenannte Vorschriften sind angelehnt an die in § 118 KAGB für die InvestmentAG übernommene Regelung des § 98 Abs. 1 S. 1 InvG. Die Regierungsbegründung weist jedoch darauf hin, dass in Ermangelung eines festen Grundkapitals keine Regelungen zu Hinweisen auf das veränderliche Kapital in Geschäftsbriefen getroffen werden müssen, RegE zum KAGB, BT-Drucksache 17/12294, S. 245.

924 Dass ein solcher Hinweis begrüßenswert wäre, wird nachfolgend kurz besprochen.

925 So auch: *Könnecke*, in Baur/Tappen, Investmentgesetze, Bd. 1, § 157 Rz. 4.

in § 18 Abs. 2 HGB statuierten Grundsatz der Firmenwahrheit, darf die Firma keine Angaben enthalten, die geeignet sind, über geschäftliche Verhältnisse, die für die angesprochenen Verkehrskreise wesentlich sind, irrezuführen. Das Irreführungsverbot des § 4 Abs. 1 KAGB stellt insoweit eine Erweiterung des § 18 Abs. 2 HGB dar, als eine bloße Eignung zur Täuschung ausreichend ist und demnach keine tatsächliche Täuschung vorliegen muss.[926] Zum Schutz der Anleger und der Wettbewerber finden damit das wettbewerbsrechtliche Irreführungsverbot und die Grundsätze der Produktwahrheit und -klarheit auch auf die InvestmentKG Anwendung.[927] Für sie gilt weiterhin, dass die Firma einer Personenhandelsgesellschaft, bei der keine natürliche Person unbeschränkt haftet, einen die Haftungsbeschränkung kennzeichnenden Zusatz enthalten muss (z.B. „GmbH & Co. InvestmentKG"), § 19 Abs. 2 HGB.[928] Der nunmehr geforderte Firmenbestandteil „offene" oder „geschlossene" InvestmentKG – oder entsprechende Abkürzungen dieser Begriffe – hilft dem Rechtsverkehr dabei, die einzelnen Fondsvehikel bereits anhand ihres Namens zu unterscheiden. Insbesondere im Fall der geschlossenen (Publikums-)InvestmentKG trägt der Firmenzusatz zu mehr Publizität und Transparenz bei. Denn anders als in der gesetzestypischen KG und auch der offenen InvestmentKG, weist die geschlossene (Publikums-) InvestmentKG ein abweichendes Haftungsregime für Kommanditisten auf.[929] Durch den Verweis auf das handelsrechtliche Firmenrecht und die marginalen aufsichtsrechtlichen Anpassungen, erfolgt ein weitgehender Gleichlauf zwischen dem handels- und aufsichtsrechtlichen Firmenrechts.

2. Regelungszweck

Ziel der gesetzlich geforderten typenspezifizierenden Firmenzusätze ist, wie im handelsrechtlichen Firmenrecht, die Unternehmenspublizität.[930] Die Firma soll insbesondere dazu dienen Dritten Gewissheit über die im Außenverhältnis

926 *Jesch*, in Moritz/Klebeck/Jesch, Frankfurter Komm. z. KAGB, § 157 Rz. 9; vgl. auch: *Führmeyer/Klein*, in Baur/Tappen, Investmentgesetze, Bd. 1, § 4 Rz. 1.

927 *Boxberger*, in Weitnauer/Boxberger/Anders, KAGB, § 4 Rz. 1.

928 S. auch: *Könnecke*, in Baur/Tappen, Investmentgesetze, Bd. 1, § 157 Rz. 7.

929 *Jesch*, in Moritz/Klebeck/Jesch, Frankfurter Komm. z. KAGB, § 157 Rz. 13; *Könnecke*, in Baur/Tappen, Investmentgesetze, Bd. 1, § 157 Rz. 9.

930 *Hüwel*, in Baur/Tappen, Investmentgesetze, Bd. 1, § 134 Rz. 6; *Könnecke*, in Baur/Tappen, Investmentgesetze, Bd. 1, § 157 Rz. 9.

relevanten Verhältnisse des Unternehmens zu schaffen.[931] Zum Schutz des Rechtsverkehrs und aus Transparenzgründen sollen vornehmlich die Gesellschafts- und Haftungsverhältnisse für den Rechtsverkehr offen gelegt werden.[932] Wie im Allgemeinen (handelsrechtlichen) Firmenrecht geht es somit auch im aufsichtsrechtlichen Bereich primär darum, den Rechtsverkehr vor haftungsrechtlichen Unklarheiten zu schützen.[933]

3. Ergänzungsvorschlag

Wenn auch der Gesetzgeber darauf verzichtet den Zusatz „extern" oder „intern" (verwaltet) in die Firmierung aufzunehmen, sollten die bisherigen Vorgaben zur Firmierung um diese Hinweise ergänzt werden. Verzichtet man auf einen derartigen Hinweis, büßt die Firma an Aussagekraft ein, denn dem Rechtsverkehr wird eine wesentliche Information vorenthalten. Wie die Ausführungen unter Kap. 2 Abschnitt IV. zeigen, verschiebt sich bei externer Verwaltung nicht nur das Kompetenzgefüge innerhalb der InvestmentKG und damit auch der Zuständigkeitsbereich, sondern insbesondere auch das Haftungsgefüge. Durch die Zuweisung der Letztverantwortlichkeit an die KVG ist diese nämlich primäres Haftungssubjekt. Zur Klarstellung und um dem Gebot des Firmenrechts Publizität und Transparenz zu schaffen gerecht zu werden, sollte die Firmierung um den Hinweis auf die Verwaltungsform ergänzt werden (bspw. „interne geschlossene GmbH & Co. Publikums-InvestmentKG"). Die Offenlegung des aufsichtsrechtlichen Statuts würde den Informationsgehalt der Firma steigern und somit dem Firmenrecht als Ordnungsrecht nachhaltiger Rechnung tragen. Mit dem vorgeschlagenen Firmenzusatz wäre der Rechtsverkehr nachhaltig über die gegebene Haftungsstruktur besser informiert, was neben dem Schutz der Öffentlichkeit vor täuschender Firmenführung zentrale Funktion des Firmenrechts ist.[934]

---

931 Der firmenrechtliche Hinweis auf die Haftungsbeschränkung hat dabei v.a. Informations- und Warnfunktion, *Hüwel*, in Baur/Tappen, Investmentgesetze, Bd. 1, § 134 Rz. 6.

932 Der firmenrechtliche Hinweis auf die Haftungsbeschränkung hat dabei v.a. Informations- und Warnfunktion, *Hüwel*, in Baur/Tappen, Investmentgesetze, Bd. 1, § 134 Rz. 6; *Eichhorn*, in Moritz/Klebeck/Jesch, Frankfurter Komm. z. KAGB, § 134 Rz. 2.

933 *Hüwel*, in Baur/Tappen, Investmentgesetze, Bd. 1, § 134 Rz. 6; vgl. auch § 134 Abs. 2 S. 2 KAGB, der die haftungsrechtliche Komponente ausdrücklich anspricht.

934 Zum Zweck des Firmenrechts näher: *Roth*, in Koller/Kindler/Roth/Morck, § 17 Rz. 4.

VIII. Auflösung und Liquidation

1. Auflösung

Die Auflösung der InvestmentKG richtet sich grundsätzlich nach allgemeinen Kriterien. Die § 125 Abs. 4, § 150 Abs. 4 KAGB bestätigen dabei entsprechend dem gesetzlichen Leitbild, dass die Eröffnung eines Insolvenzverfahrens über das Vermögen eines Gesellschafters und die Kündigung durch einen Privatgläubiger (§ 131 Abs. 3 S. 1 Nr. 2 und Nr. 4 HGB) zwingende Ausscheidungsgründe sind. Zur Kontinuitätssicherung der InvestmentKG unterliegen vorgenannte Fallkonstellationen folglich nicht der Dispositionsfreiheit der Gesellschafter.[935] Die Gesellschaft wird somit im aufsichtsrechtlichen Kontext ausdrücklich von nachteiligen Entwicklungen in der privaten Vermögenslage des Einzelnen freigehalten.[936] Ziel des Abweichungsverbots ist eine Gleichstellung der InvestmentKG mit dem Sondervermögen. Der Gesetzgeber verweist hierbei auf § 99 Abs. 5 KAGB, der es dem einzelnen Anleger verbietet eine Aufhebung der Gemeinschaft der Anleger zu verlangen.[937] Ein solches Recht steht auch nicht einem Gläubiger, Pfandgläubiger, Pfändungsgläubiger oder dem Insolvenzverwalter über das Vermögen eines Anlegers zu, vgl. § 99 Abs. 5 HS. 2 KAGB. In der Rechtsfolge führt die Insolvenz wie auch die Kündigung durch einen Privatgläubiger eines Gesellschafters lediglich zum Ausscheiden des betroffenen Gesellschafters, nicht jedoch zur Auflösung der Gesellschaft.[938]

Darüber hinaus ist die Auflösungsklage des § 133 HGB nicht anwendbar, § 138 Abs. 1, § 161 Abs. 2 KAGB. Die Gesellschafter erhalten stattdessen ein außerordentliches Kündigungsrecht aus wichtigem Grund.[939] Insgesamt dienen sämtliche der besprochenen Regelungen der Sicherung des Gesellschafterbestands.

---

935 Inwieweit im allgemeinen Personengesellschaftsrecht eine diesbezügliche Dispositionsfreiheit besteht ist umstr., vgl. *K. Schmidt*, in MünchKomm. HGB, § 131 Rz. 57; *Roth*, in Baumbach/Hopt, § 131 Rz. 83; *Schäfer*, in Staub/HGB-Kommentar, § 131 Rz. 86; *Haas*, in Röhricht/Graf v. Westphalen, § 131 Rz. 30.

936 *Könnecke*, in Baur/Tappen, Investmentgesetze, Bd. 1, § 151 Rz. 32. Ausweislich der Regierungsbegründung soll hierdurch sichergestellt werden, dass die Gesellschaft in vorgenannten Konstellationen fortbesteht und es nicht zur Auflösung der Gesellschaft kommt, RegE zum KAGB, BT-Drucksache, 17/12294, S. 242.

937 Vgl. RegE zum KAGB, BT-Drucksache 17/12294, S. 242.

938 *Jesch*, in Moritz/Klebeck/Jesch, Frankfurter Komm. z. KAGB, § 150 Rz. 49.

939 *Stöber*, in Westermann, Hdb. PersG, Rz. 3169n.

2. Liquidation

Neben den Regelungen zur Auflösung enthält das Gesetz auch konkrete Regelungen zur Liquidation der InvestmentKG bzw. zur Forthaftung der Kommanditisten nach Beendigung der Liquidation, vgl. § 138 Abs. 2, § 161 Abs. 4 KAGB. Nach vorgenannten Vorschriften scheidet eine Nachhaftung der Kommanditisten – d.h. eine Haftung nach Beendigung der Liquidation – für Verbindlichkeiten der InvestmentKG aus. Die Haftung der Kommanditisten entfällt folglich unmittelbar mit der Beendigung der Liquidation und nicht erst nach Ablauf von fünf Jahren seit Eintragung der Auflösung ins Handelsregister, wie dies § 161 Abs. 2 i.V.m. § 159 HGB für die gesetzestypische KG vorsehen.[940]

Die Regelungen dienen in erster Linie dem Anlegerschutz und reihen sich damit in das bereits und Kap. 2 Abschnitt V.2. beschriebene (beschränkte) Haftungsregime der Kommanditisten ein. Auch an dieser Stelle profitieren die Gesellschafter von ihrer Stellung als „Anleger-Gesellschafter". Denn das allgemeine Kommanditgesellschaftsrecht sieht derart umfassende Haftungserleichterungen bzw. -ausschlüsse im Ausgangspunkt nicht vor.

Neben den Regelungen zur Nachhaftung der Kommanditisten sieht das KAGB keine konkreten Regelungen zum Liquidationsverfahren der InvestmentKG vor. Hier bleibt es gem. § 124 Abs. 1 S. 2, § 149 Abs. 1 S. 2 KAGB bei den allgemeinen handelsrechtlichen Bestimmung, wonach eine Kommanditgesellschaft liquidiert wird, wenn die Zeit abgelaufen ist, für die sie eingegangen wurde (§ 161 Abs. 2 i.Vm. § 131 Abs. 1 Nr. 1 HGB), die Gesellschafter einen entsprechenden Beschluss fassen (§ 161 Abs. 2 i.Vm. § 131 Abs. 1 Nr. 2 HGB) oder das Insolvenzverfahren über das Vermögen der Gesellschaft eröffnet wurde (§ 161 Abs. 2 i.Vm. § 131 Abs. 1 Nr. 3 HGB). Fällt bei einer extern verwalteten InvestmentKG die KVG weg bzw. wird diese aufgelöst, führt dies nur dann zur Auflösung, wenn die InvestmentKG nicht eine andere KVG mit der Verwaltung betraut oder sich in eine intern verwaltete InvestmentKG umwandelt, was dann einer Konstruktion als GmbH & Co. InvestmentKG bedarf, § 129 Abs. 2, § 154 Abs. 2 KAGB.

940 *Stöber*, in Westermann, Hdb. PersG, Rz. 3169n.

3. Sonderfall: Insolvenz der offenen InvestmentKG und Auflösung von Teilgesellschaftsvermögen

a. *Insolvenz*

Nach § 132 Abs. 1 S. 6 KAGB besteht die für Teilgesellschaftsvermögen etablierte haftungs- und vermögensrechtliche Trennung auch für den Fall der Insolvenz der intern verwalteten offenen InvestmentKG und der Abwicklung eines Teilgesellschaftsvermögens. Dem Wortlaut entsprechend kommt eine Einzelinsolvenz von Teilgesellschaftsvermögen nicht in Betracht („*für den Fall der Insolvenz der offenen Investmentkommanditgesellschaft*"). Diese sind vielmehr in entsprechender Anwendung von § 100 Abs. 1 und 2 KAGB abzuwickeln, s. § 132 Abs. 7 S. 3 KAGB.

De lege lata scheidet ein isoliertes Insolvenzverfahren für einzelne Teilgesellschaftsvermögen aus.[941] Im Fall der Insolvenz eines Teilgesellschaftsvermögens vermag die gesetzliche Anordnung der haftungs- und vermögensrechtlichen Trennung (§ 132 Abs. 1 S. 6 KAGB) lediglich sicherzustellen, dass sich die Gläubiger des insolventen Teilgesellschaftsvermögens nicht bei den übrigen Teilgesellschaftsvermögen befriedigen können. § 132 Abs. 1 S. 6 und Abs. 5 KAGB kann somit ein insolvenzrechtlicher Verteilungsschlüssel entnommen werden, wonach die Teilgesellschaftsvermögen im Insolvenzverfahren jeweils gesondert zu betrachten sind.[942]

b. *Auflösung*

Der Gesellschaftsvertrag der offenen InvestmentKG kann vorsehen, dass die Geschäftsführung die Auflösung eines Teilgesellschaftsvermögens mit Zustimmung der Verwahrstelle beschließen kann, § 132 Abs. 7 S. 1 KAGB. Der Auflösungsbeschluss sechs Monate nach Mitteilung des Beschlusses an die Anleger des betreffenden Teilgesellschaftsvermögens wirksam, es sei denn, die Anleger stimmen einer früheren Auflösung, § 132 Abs. 7 S. 2 KAGB. Für die Abwicklung des Teilgesellschaftsvermögens gilt § 100 Abs. 1 und 2 KAGB entsprechend, § 132 Abs. 7 S. 4 KAGB.

---

941 Dass auch der Gesetzgeber diese Ansicht teilt, zeigt sich an der differenzierten Formulierung im Wortlaut von § 132 Abs. 1 S. 6 KAGB „*Insolvenz* der offenen Investmentkommanditgesellschaft" und „*Abwicklung* eines Teilgesellschaftsvermögen". Hervorhebungen erfolgten durch die Autorin. S. auch: *Lorenz*, in Weitnauer/Boxberger/Anders, KAGB, § 132 Rz. 8.

942 *Lorenz*, in Weitnauer/Boxberger/Anders, KAGB, § 132 Rz. 8.

Da die Auflösung eines Teilgesellschaftsvermögens durch die Geschäftsführung – ausweislich des Wortlauts – einer statutarischen Grundlage bedarf, fragt sich, inwieweit auch dann eine Auflösung erfolgen kann, wenn eine solche Vorgabe im Gesellschaftsvertrag fehlt. Die Literatur schlägt für diesen Fall eine analoge Anwendung der Regelungen zur Auflösung der Kommanditgesellschaft vor.[943] Da die Gesellschaft nach Auflösung eines Teilgesellschaftsvermögens fortbesteht, kommt auch nur eine analoge ungerade keine unmittelbare Anwendung der §§ 131ff. HGB in Betracht.[944] Dem Ansatz der Literatur ist zuzustimmen. Denn das statutarische Regelungserfordernis ist nur insoweit zwingend als es eine Ermächtigung zur Auflösung an die Geschäftsführung beinhaltet. In diesem Fall dient die gesellschaftsvertragliche Verankerung – gemeinsam mit dem Zustimmungserfordernis der Verwahrstelle – nämlich dem Schutz der Anleger.[945] Fehlt es hingegen gänzlich an einer Regelung zur Auflösung, erscheint es durchaus interessengerecht sich an den handelsrechtlichen Vorgaben zu orientieren.

943 *Eichhorn*, in Moritz/Klebeck/Jesch, Frankfurter Komm. z. KAGB, § 132 Rz. 23.
944 *Eichhorn*, in Moritz/Klebeck/Jesch, Frankfurter Komm. z. KAGB, § 132 Rz. 23.
945 RegE zum KAGB, BT-Drucksache 17/12294, S. 244.

Kapitel 3: Ergebnis

Sind nun sowohl das kapitalanlagegesetzliche Regelwerk als auch die Modifikationen des gesetzestypischen Regelungsregimes der KG ausführlich untersucht, lässt sich im Folgenden als Abschluss der vorliegenden Arbeit die Reichweite der Entfremdungswirkung der kapitalanlagerechtlichen Vorgaben im Hinblick auf das bestehende gesellschaftsrechtliche Systemgefüge bestimmen und einordnen.

Hierzu werden zunächst im Rahmen einer Einzelaspektbetrachtung die kapitalanlagerechtlichen Modifikationstatbestände mit ihrem jeweiligen Entfremdungspotential zusammenfassend dargestellt (I.). Anschließend wird die Reichweite der jeweiligen Entfremdung den Begriffen „Unterform", „Sonderform" und „Investmentvehikel eigener Art" zugeordnet bzw. unter diese Begriffe gefasst (II.1.) und in Bezug zu dem bestehenden numerus clausus der Rechtsformen gesetzt (II.2). Dabei wird insgesamt deutlich werden, wie unterschiedlich stark die einzelnen Modifikationstatbestände je nach Ausprägungsalternative vom gesetzestypischen Regelungsregime der KG abweichen. Während die intern verwaltete geschlossene Spezial-InvestmentKG noch eine vergleichsweise nahe Verwandtschaft zur gesetzestypischen KG aufweist, sind sowohl die intern verwaltete offene Spezial-InvestmentKG als auch die intern verwaltete geschlossene Publikums-InvestmentKG der gesetzestypischen KG derart entwachsen, dass sie weder als Unterform noch als Sonderform der KG zu qualifizieren sind. Sie sind vielmehr eigenständige Rechtsformen, die den bestehenden Kanon zulässiger Gesellschaftsformen um investmentrechtliche Spezialgesellschaften erweitern. Da dieser Befund die Sinnhaftigkeit der Wahl der Rechtsform der InvestmentKG als Anlagevehikel in Zweifel zieht, soll schließlich mit der „Investment-GmbH" ein alternatives Anlagevehikel vorgeschlagen werden (II.3.). Den Abschluss dieser Arbeit bildet sodann eine kurze Gesamtwürdigung ihrer zentralen Ergebnisse (III.).

I. Einzelaspektbetrachtung: Reichweite der investmentrechtlichen Modifikationstatbestände

Die vorliegende Arbeit hat gezeigt, dass das handelsrechtliche Personengesellschaftsrecht durch die investmentrechtlichen Vorgaben erheblich modifiziert wird, teilweise sogar bis zum Identitätsverlust. Um den Grad der Entfremdungswirkung zu verdeutlichen, erfolgt nachfolgend eine Zusammenfassung der Einzelergebnisse, die sich in einen allgemeinen Teil (a.) und einen besonderen Teil (b.) gliedert. Während im allgemeinen Teil die für sämtliche Ausprägungen gleichermaßen geltenden Bestimmungen dargestellt werden, erfolgt im besonderen Teil eine Darstellung der speziellen, nur für bestimmte Rechtsformausprägungen geltenden Regelungen.

1. Allgemeiner Teil

a. Gesellschaftsvertrag

Der Gesellschaftsvertrag bildet auch weiterhin die gesellschaftsrechtliche Grundlage der InvestmentKG. Allerdings folgt das KAGB in seinem Ansatz nicht dem personengesellschaftsrechtlichen Leitbild, durch die Gestaltungsfreiheit der Gesellschafter weitgehend konstitutionelle Autonomie zu schaffen. Vielmehr etabliert das Gesetz diverse Verpflichtungen, die es gesellschaftsvertraglich umzusetzen gilt, vgl. § 125, § 150 KAGB. Gesellschaftsvertraglich festzulegen ist nunmehr der gesetzlich vorgeschriebene und einzig zulässige Unternehmensgegenstand, ebenso wie der legitime Anlegerkreis. Weiterhin hat der Gesellschaftsvertrag die Einberufungsmodalitäten der nunmehr zwingend abzuhaltenden Gesellschafterversammlung vorzusehen. Die eigentlich disponiblen Regelungen des § 131 Abs. 3 Nr. 2 und 4 HGB werden zum ius cogens erklärt. Die personengesellschaftsrechtliche Gestaltungsfreiheit wird somit bereits auf konstitutioneller Ebene der Pflichtgebundenheit unterworfen.

Mit der formalen Anforderung, den Gesellschaftsvertrag schriftlich (§ 125 Satz 1 BGB) abzufassen, etabliert der Gesetzgeber einen Formzwang, der sich im allgemeinen Personengesellschaftsrecht zwar nicht wiederfindet, jedoch gängige Praxis ist. Die Eingriffswirkung dieser Regelung ist mithin von nur untergeordneter Bedeutung.

Von erheblicherer Bedeutung ist hingegen die gesetzliche Festlegung eines einzig zulässigen Unternehmensgegenstandes, der mit seinem verbindlichen Inhalt zum notwendigen Bestandteil des Gesellschaftsvertrages wird. Denn anders als bei dem kapitalgesellschaftsrechtlichen Vorbild dieser Regelung (vgl. § 3 Abs. 1 S. 2 GmbHG, § 23 Abs. 3 Nr. 2 AktG) beschränkt sich der Regelungsgehalt nicht auf die statutarische Festsetzung (irgend)eines Unternehmensgegenstandes. Die inhaltliche Vorformulierung des gesellschaftsvertraglich festzusetzenden Unternehmensgegenstandes trägt vielmehr maßgeblich zur Formalisierung der Gesellschaft bei, was letztlich die Etablierung investmentrechtlicher Zweckgesellschaften zur Folge hat.

Bei Auslegungsfragen wirkt sich ferner die Aufgabe der personalistischen Struktur der Kommanditgesellschaft aus. Die ausgeprägte körperschaftliche Verfassung und die kapitalistische Prägung der InvestmentKG führen nämlich zu einer strukturellen Vergleichbarkeit der InvestmentKG mit der AG, die notwendig die Anwendung kapitalgesellschaftsrechtlicher Prinzipien mit sich bringt. Gleich der AG, die ihrem urtypischen Wesen nach auf die Aufnahme einer Vielzahl von Anlegern ausgerichtet ist, folgt auch die Auslegung des Gesellschaftsvertrages der InvestmentKG streng objektiven Maßstäben. Subjektive Vorstellungen und Partikularinteressen können aufgrund der gegebenen strukturellen Ausgestaltung keine Berücksichtigung finden.

b. Gesellschafterversammlung

Mit der gesellschaftsvertraglich festzusetzenden Vorgabe, dass Ladungen zu Gesellschafterversammlungen unter vollständiger Angabe der Beschlussgegenstände in Textform zu erfolgen haben (§ 125 Abs. 3 Nr. 1, § 150 Abs. 3 Nr. 1 KAGB), etabliert der Gesetzgeber nicht nur die Notwendigkeit, eine entsprechende Versammlung abzuhalten. Er erhebt die Gesellschafterversammlung gleichzeitig zum einzig legitimen Beschlussgremium. Beschlüsse sind exklusiv in der Gesellschafterversammlung zu fassen. Dem aktienrechtlichen Vorbild folgend (§ 121 Abs. 3 S. 2 AktG), treten anderweitige – personengesellschaftsrechtlich bekannte – Beschlussfassungsmethoden hinter der gesetzlichen Regelung zurück. Während das allgemeine Personengesellschaftsrecht aufgrund seines personalistischen Charakters auf die Gesellschafterversammlung als zwingendes Gremium verzichtet, kommt der Gesellschafterversammlung im investmentrechtlichen Kontext sogar Organqualität zu. In struktureller Verwandtschaft zur AG und in Abweichung zur gesetzestypischen KG erhält die InvestmentKG hierdurch eine bilaterale Organstruktur. Abgesehen von den strukturellen Änderungen sind auch in materiell-rechtlicher Hinsicht kritische Abweichungen festzustellen. Zur Wahrung der Funktionsfähigkeit der Gesellschaft sind Beschlüsse analog § 133, §§ 179ff. AktG stets auf Basis einer Mehrheitsentscheidung zu fassen. Es genügt demnach eine nach Kapitalanteilen bestehende einfache Mehrheit. Im Ergebnis führt die Orientierung an vorgenannten Regelungen somit zur Aufgabe des personengesellschaftsrechtlichen Berechnungsansatzes, wonach sich die Mehrheit nach der Zahl der stimmberechtigten Gesellschafter berechnet.

c. Anlagebedingungen

Eine weitere Entfremdung von der gesetzestypischen KG erfolgt durch das Aufstellen von Anlagebedingungen. Nach den gesetzlichen Vorgaben bestimmen diese nämlich in Verbindung mit dem Gesellschaftsvertrag das Rechtsverhältnis der Gesellschafter zur Gesellschaft (vgl. u.a. § 266 Abs. 1 Nr. 2 KAGB). Dabei kommt den Anlagebedingungen v.a. inhaltliche Wirkung zu. Während sich der Gesellschaftsvertrag auf die Aufnahme der allgemeinen Vorformulierung des Unternehmensgegenstandes, sprich die Anlage und Verwaltung der Mittel, beschränkt, übernehmen die Anlagebedingungen die inhaltliche Konkretisierung. Damit tritt neben den Gesellschaftsvertrag als verfassungsgebendes Dokument der Gesellschaft ein weiteres Vertragsdokument, das bezogen auf die inhaltliche Reichweite der Investmenttätigkeit, und damit das rechtliche Dürfen der Geschäftsführer, konstitutiv ist. Rechtstatsächlich besteht somit eine horizontale Abhängigkeit zwischen Anlagebedingungen und Gesellschaftsvertrag, die letzteren in seiner „Konstitutionsmacht" auf strukturelle Vorgaben beschränkt. Die inhaltliche Konkretisierung des Gesellschaftszwecks bzw. des Unternehmensgegenstandes wird somit der gesellschaftsrechtlichen Sphäre entzogen und in den investmentrechtlichen Bereich verlagert.

d. Geschäftsführung

Auch bezogen auf die Geschäftsführung trifft das Gesetz weitreichende Vorgaben. So hat die Geschäftsführung dem sog. Vier-Augen-Prinzip folgend aus mindestens zwei natürlichen Personen zu bestehen, § 128 Abs. 1 S. 1, § 153 Abs. 1 S. 1 KAGB, die in Abweichung zum allgemeinen Personengesellschaftsrecht und in Anlehnung an die aktienrechtlichen Vorgaben nur gemeinschaftlich handeln dürfen. Überdies müssen die Geschäftsführer zuverlässig sein und die zur Leitung der Gesellschaft erforderliche fachliche Eignung haben. Dieser persönliche „Eignungstest" verkürzt die Entscheidungsfreiheit der Gesellschafter über die Besetzung der Geschäftsführung. Neben den qualifikatorischen Anforderungen, die die Geschäftsführer zu erfüllen haben, vollzieht sich auch eine Erweiterung des einzuhaltenden Pflichtenkanons. Während sich die Geschäftsführungsverantwortung im Bereich der gesetzestypischen KG primär auf die Wahrung der Partikularinteressen der Gesellschafter fokussiert, erstreckt sich der geschuldete Pflichtenkanon über den Verweis auf die Marktintegrität nunmehr auch auf außerhalb der Gesellschaft liegende Gemeinwohlverpflichtungen.

e. Erwerb und Veräußerung von Kommanditanteilen

Das Gesetz bestimmt weiterhin, dass die Mitglieder der Geschäftsführung Kommanditanteile erwerben und veräußern dürfen (§ 128 Abs. 3 S. 2, § 153 Abs. 4 S. 1 KAGB). Dabei lässt der Blick auf die für Teilgesellschaftsvermögen geltenden Regelungen den Rückschluss zu, dass der personengesellschaftsrechtliche Grundsatz der Unteilbarkeit der Mitgliedschaft aufgehoben wurde.

f. Haftungsregime

Die gravierendsten, für sämtliche Ausprägungen der InvestmentKG geltenden Abweichungen von den gesetzestypischen Vorgaben sind schließlich im haftungsrechtlichen Bereich zu verzeichnen. So wird u.a. der gesetzliche Automatismus des Wiederauflebens der Haftung durch das in § 127 Abs. 2 S. 1, § 152 Abs. 2 S. 1 KAGB niedergelegte Zustimmungserfordernis in den privatautonomen Bereich verlagert und somit die Autarkie des Haftungsregimes begrenzt. Darüber hinaus wird der Wirksamkeitszeitpunkt des Beitritts auf den Zeitpunkt der Eintragung im Handelsregister verschoben, sodass der für § 176 Abs. 2 HGB relevante Haftungszeitraum entfällt. Der Anleger wird erst mit Eintragung Gesellschafter. Neben den genannten Änderungen betreffend die Außenhaftung vollziehen sich auch Änderungen der internen Haftungsverfassung. Die Anleger sind weder zum Verlustausgleich verpflichtet noch haben sie eine Nachschusspflicht, § 127 Abs. 3 S. 2 und 3, § 152 Abs. 3 S. 1 und 2 KAGB. Die im Personengesellschaftsrecht angelegte Dispositivität wird weiterhin von zwingenden investmentrechtlichen Vorschriften verdrängt. Die Notwendigkeit für derartige Regelungen überrascht nicht. Denn um dem gesetzgeberischen Ziel der Erhöhung des Anlegerschutzes gerecht zu werden, bedarf es eines Regelwerks, das gerade keinen Raum für alternative Ansätze bietet, die in der Lage wären, den angestrebten Schutz auszuhöhlen. Damit zeigt sich an dem nunmehr im KAGB etablierten Haftungsregime insbesondere auch die Interdependenz zwischen Anlegerschutz und Entfremdung. Je mehr die einzelnen handelsrechtlichen Vorgaben dem Anlegerschutz gewidmet sind, desto höher der Grad der Entfremdung. Das KAGB-Haftungsregime zeigt weiterhin, dass Anlegerschutz grds. rechtsformorientierter Schutz ist. Während das Personengesellschaftsrecht aus sich selbst heraus gerade nicht dem Unternehmensinnenschutz, sondern vielmehr dem Gläubigerschutz verpflichtet ist, ist das Aktienrecht maßgeblich darauf ausgerichtet, Aktionäre umfangreich gegen (Haftungs-)Risiken abzusichern. Etwaige Schutznormkollisionen zwischen dem personengesellschaftsrechtlich angestrebten Gläubigerschutz und dem investmentrechtlich forcierten Anlegerschutz werden vorliegend wohl stets zugunsten von letzterem entschieden werden.

2. Besonderer Teil

Während die vorgenannten Abweichungen allgemeinverbindlich sind und damit gleichermaßen für sämtliche Ausprägungen der InvestmentKG gelten – offen/geschlossen, intern/extern verwaltet – sieht das Gesetz für die jeweiligen Einzelausprägungen der InvestmentKG gesonderte Regelungen vor, die zu einer weitergehenden Entfremdung vom handelsrechtlichen Leitbild der InvestmentKG führen. Auch sind einzelne Regelungen im KAGB, die für alle Erscheinungsformen der InvestmentKG gelten, für bestimmte Ausprägungen von besonderer Bedeutung.

a. Extern verwaltete InvestmentKGen

So sind für sämtliche **extern verwalteten InvestmentKGen** – egal ob offen oder geschlossen aufgelegt – die bereits im allgemeinen Teil beschriebenen qualifikatorischen Anforderungen an die Geschäftsführung besonders kritikwürdig. Denn anders als bei interner Verwaltung sind die Geschäftsführer hier nicht mit der Verwaltung fremden Vermögens betraut.[946] Damit vollzieht sich im Bereich der externen Verwaltung eine Entkoppelung des aufsichtsrechtlichen Anforderungsprofils vom aufsichtsrechtlichen Bezugsobjekt.[947]

Im Fall der externen Verwaltung wird ferner nicht nur die Verwirklichung des Gesellschaftszwecks originär, d.h. haupt- und letztverantwortlich, in die Hände einer eigenständigen (Dritt-)Gesellschaft gelegt. Vielmehr führen die gesetzlichen Anforderungen insgesamt zur Legalisierung der **Drittorganschaft**.[948] Damit wird den Geschäftsführern nicht nur ihr personengesellschaftsrechtlich zugewiesener Verantwortungsbereich entzogen bzw. um die unternehmensgegenständlichen Aufgaben verkürzt, sondern auch der personengesellschaftsrechtlich prägende Grundsatz der Selbstorganschaft partiell aufgegeben.[949] Da sich die gesetzlich angeordnete originäre Aufgabenzuweisung lediglich auf die Geschäftsführung bezieht, behält die Geschäftsführung der extern verwalteten InvestmentKG im Außenverhältnis ihre Organkompetenz, d.h. bezogen auf die Vertretung und Verfügung.

---

946 Nach der hier vertretenen Ansicht, die der Ansicht der BaFin folgt, obliegt den Geschäftsführern nämlich auch nicht die Wahrnehmung von mit der Anlage und Verwaltung korrespondierenden Tätigkeiten (s. Anhang I Nr. 2 AIFM-RL). Vgl. auch: Ziff. 1 der BaFin FAQs zum Thema Auslagerung gem. § 36 KAGB v. 12.5.2014, WA 41-Wp 2137-2013/0036

947 S. hierzu ausführlich Kap. 2 Abschnitt III.2.c.bb.

948 S. hierzu ausführlich Kap. 2 Abschnitt IV.2.a.bb.bbb.

949 „Partiell“ bedeutet in diesem Zusammenhang bezogen auf die Anlage und Verwaltung des Kommanditanlagevermögens sowie sämtliche der in Anhang I der AIFM-RL aufgeführten Tätigkeiten. Bei der Geschäftsführung verbleiben lediglich Residualkompetenzen, s. hierzu näher Kap. 2 Abschnitt III.a.bb.

b. Intern verwaltete InvestmentKGen

Für intern verwaltete InvestmentKGen gleich welcher Art – offen oder geschlossen – gelten neben den allgemeinen Anforderungen zusätzlich besondere Eigen- und Mindestkapitalanforderungen. Nach Maßgabe des § 25 Abs. 1 Nr. 1 lit. a KAGB haben intern verwaltete InvestmentKGen ein Anfangskapital i.H.v. EUR 300.000 vorzuhalten sowie über zusätzliche Eigenmittel i.H.v. wenigstens 0,2% des Betrags zu verfügen, um den der Wert der verwalteten Investmentvermögen EUR 250 Millionen übersteigt, § 25 Abs. 1 Nr. 2 KAGB. Während AG und GmbH gesetzlich seit jeher mit einem Stamm- bzw. Grundkapital belegt sind, kennt das allgemeine Personengesellschaftsrecht weder Eigen- noch Mindestkapitalanforderungen. Damit vollzieht sich auch bezogen auf die Kapitalanforderungen intern verwalteter InvestmentKGen eine weitere Angleichung an die Kapitalgesellschaften. Darüber hinaus gliedert das KAGB das Gesellschaftsvermögen der intern verwalteten InvestmentKGen in Anlage- und Betriebsvermögen. Durch diese Trennung soll sichergestellt werden, dass für das Betriebsvermögen ausschließlich die Einlagen der geschäftsführenden Gesellschafter zur Verfügung stehen.[950] Sofern auch eine haftungsrechtliche Trennung der Vermögen erreicht werden kann – wie im Bereich der **intern verwalteten offenen InvestmentKG** über die analoge Anwendung des § 132 Abs. 1 S. 2 KAGB – wird die handelsrechtlich vorgegebene Einheit der Vermögensmasse durchbrochen und zugunsten des Anlegerschutzes der vermögensrechtlichen Trennung unterworfen.

Aufgrund ihrer Doppelfunktion als Investmentvermögen und KVG erweitert sich überdies der oben beschriebene allgemeine Pflichtenkanon der Geschäftsführung um die Einhaltung allgemeiner Verhaltens- und Organisationspflichten, § 26 KAGB. Dieses Anforderungsprofil zwingt die Geschäftsführung zur Aufsetzung entsprechender Systeme, die die Einhaltung der investmentrechtlichen Vorgaben sicherstellen sollen.

Im Rahmen der **offenen Spezial-InvestmentKG** erweitert sich die beschriebene Finanzverfassung um die Möglichkeit der Bildung von Teilgesellschaftsvermögen, § 132 Abs. 1 KAGB.[951] Dabei erlaubt der Gesetzgeber den offenen Spezial-InvestmentKGen die haftungs- und vermögensrechtliche Trennung der einzelnen Teilgesellschaftsvermögen. Eine solche Untergliederung des eigentlich einheitlichen Gesellschaftsvermögens in einzelne haftungs- wie vermögensrechtlich unabhängige Teilgesellschaftsvermögen führt rechtlich wie tatsächlich

950 RegE z. KAGB, BT-Drucksache 17/12294, S. 244.

951 Diese Möglichkeit besteht gleichermaßen für die extern verwaltete offene InvestmentKG.

letztlich zu einer Teilbarkeit des Kommanditanteils, die dem personengesellschaftsrechtlichen Konzept der Unteilbarkeit der Mitgliedschaft fundamental widerspricht. Damit kommt es einmal mehr zu einer Angleichung an die kapitalgesellschaftsrechtlichen Strukturen, in denen die Selbständigkeit einzelner Anteile gesetzlich festgelegt ist, vgl. § 15 Abs. 2 GmbHG. Im Rahmen der Haftung führt die Möglichkeit der Bildung von Teilgesellschaftsvermögen zu einer Einschränkung des die Personengesellschaften prägenden Gesamthandsprinzips. Die Haftungsseparation führt nämlich dazu, dass Gläubiger nicht mehr sämtliche Kommanditisten zusammen mit der Gesellschaft und dem Komplementär in Anspruch nehmen können, sondern nur die jeweils am Teilgesellschaftsvermögen beteiligten Anleger und den Komplementär. Dadurch verliert die offene InvestmentKG als Gesellschaft ihren Status als Haftungssubjekt. Jedes Teilgesellschaftsvermögen verfolgt letztlich seine eigene Anlagestrategie, sodass sich die eigentlich gemeinsame übergeordnete Zweckförderung auf die untergeordnete Ebene verlagert. Das Abhalten eigener Gesellschafterversammlungen, das Aufstellen separater Anlagebedingungen und das Bestellen einer jeweils eigenen Verwahrstelle lassen die Teilgesellschaftsvermögen im Ergebnis wie quasi-Gesellschaften bzw. verbandsinterne teilverselbständigte Unternehmungen in der Gesellschaft erscheinen, die teilautonom neben der Gesellschaft bestehen. Hiermit hat sich der Gesetzgeber einmal mehr auf Kosten personengesellschaftsrechtlicher Prinzipien zur Effizienzförderung im Investmentrecht entschieden.

Während die extern verwaltete offene Spezial-InvestmentKG durch die Bildung von Teilgesellschaftsvermögen und den allgemeinen Entfremdungstatbeständen (siehe oben unter a.) sich demnach von der gesetzestypischen KG bereits maßgeblich entfernt hat, lässt sich die intern verwaltete offene Spezial-InvestmentKG mit ihren zusätzlichen Kapitalanforderungen nicht mehr dem handelsrechtlichen Leitbild zuordnen. Einen sogar noch weitergehenden Entfremdungsgrad erfährt die intern verwaltete geschlossene Publikums-InvestmentKG (hierzu sogleich).

c. intern und extern verwaltete geschlossene InvestmentKGen

Neben den für alle Rechtsformausprägungen gleichermaßen gültigen haftungsrechtlichen Regelungen trifft das KAGB im Bereich der **geschlossenen InvestmentKG** (intern wie extern verwaltet) weitergehende rechtliche Vorgaben für den Zeitpunkt ab bzw. nach dem Ausscheiden der Kommanditisten. Mit dem tatsächlichen Ausscheiden aus der Gesellschaft endet die Haftung der Kommanditisten, vgl. § 152 Abs. 6 KAGB. Die hiermit verbundene haftungsrechtliche Finalität des Ausscheidens führt zu einer weiteren Beschränkung des personengesellschaftsrechtlich vorgesehenen Haftungsumfangs. Mit dieser Anpassung synchronisiert der Gesetzgeber die Rechtsstellung der Kommanditisten mit der der Aktionäre, um so eine Gleichstellung der nach dem Gesetz möglichen Fondsvehikel zu erreichen.[952] Neben den hiermit verbundenen Auswirkungen auf die Gläubiger – Verringerung des zur Verfügung stehenden Haftkapitals ohne äquivalenten Anspruch – führt die beschriebene Vorgabe auch zu einer Einschränkung der Publizitätswirkung und damit der Verlässlichkeit des Handelsregisters. Denn: Zwischen dem Zeitpunkt des tatsächlichen Ausscheidens und dessen Eintragung ist das Handelsregister unrichtig. Da § 152 Abs. 6 S. 2 KAGB allerdings lex specialis zu § 15 HGB ist, können sich die Gläubiger auf die Unrichtigkeit des Handelsregisters nicht berufen.

d. Geschlossene Publikums-InvestmentKG

Während die haftungsrechtlichen Anforderungen im Bereich der geschlossenen InvestmentKG durch den Nachhaftungsausschluss (§ 152 Abs. 6 KAGB) bereits weitergehen als die entsprechenden Regelungen für offene InvestmentKGen, vollzieht sich innerhalb der geschlossenen InvestmentKGen eine weitere haftungsrechtliche Differenzierung. Durch den Privatanlegerbezug wird die Kommanditistenhaftung für **geschlossene Publikums-InvestmentKGen** noch weiter eingeschränkt. So verlagert der Gesetzgeber den Haftungsbeginn der Kommanditisten der Publikums-InvestmentKG auf den nachgelagerten Zeitpunkt der Eintragung der Gesellschaft ins Handelsregister und erklärt auch Sacheinlagen für unzulässig. Während ersteres zur Unanwendbarkeit des § 176 Abs. 1 HGB führt, greift letzteres in die personengesellschaftsrechtlich bestehende Beitragsfreiheit der Gesellschafter ein. Beide Regelungen führen zum Schutz der Anleger zu einer weiteren Anpassung an die AG, bei der weder eine Vorgründungshaftung der Aktionäre noch die Möglichkeit der Sacheinlageleistung besteht.

Wenn auch die unmittelbare Beteiligung den gesetzlich vorgesehenen Regelfall darstellt, gestattet der Gesetzgeber im Bereich der **geschlossenen Publikums-InvestmentKG** die **mittelbare Beteiligung** gesellschaftsfremder Dritter über einen Treuhandkommanditisten. Die innergesellschaftliche Gleichstellungsanordnung konzentriert sich dabei ausschließlich auf eine Gleichstellung auf der Rechteseite. So steht den Treugebern nicht nur ein Teilhaberecht an der Gesellschafterversammlung zu, sondern auch ein Stimmrecht. Die Treugeber als Nicht-Gesellschafter können somit aktiv an der innergesellschaftlichen Willensbildung partizipieren. Auf Basis einer rein formalen Betrachtung lässt

---

952 S. RegE zum KAGB, BT-Drucksache 17/12294, S. 250f.

sich demnach festhalten, dass die Zuweisung mitgliedschaftlicher Rechte an die Treugeber zu einer Entwertung der Rechtsstellung des Treuhandkommanditisten führt. Hält der Treuhandkommanditist keine eigene Beteiligung, wird er zum reinen Statisten. Seine einzige Funktion ist es dann, zur Strukturwahrung bzw. Tatbestandsverwirklichung des § 161 HGB als Kommanditist im Handelsregister eingetragen zu sein.

Über die vorgenannten Anforderungen hinaus, erweitert sich i.R.d. **intern verwalteten geschlossenen Publikums-InvestmentKG** auch das qualifikatorische Anforderungsprofil an die Geschäftsführer. Nach § 4 Abs. 2 S. 1 Nr. 1 KAVerOV dürfen nur Personen mit hinreichenden Fähigkeiten, Kenntnissen und Erfahrungen die Führung der Geschäfte übernehmen. Überdies ist sicherzustellen, dass jeder Geschäftsführer in der Lage ist sämtliche Aufgaben gründlich, redlich und professionell zu erledigen.

Weiterhin hat die **intern verwaltete geschlossene Publikums-InvestmentKG** einen **Beirat** zu bilden. Gleich dem Aufsichtsrat in der AG kommt dem Beirat die Aufgabe zu, die Geschäftsführung bei der Umsetzung der Anlagebedingungen zu überwachen, § 153 Abs. 3 S. 1 und 2 i.V.m. § 18 Abs. 2 S. 4 KAGB. Hinsichtlich der Zusammensetzung des Beirats sowie dessen Rechte und Pflichten verweist der Gesetzgeber ausdrücklich auf die aktienrechtlichen Regelungen zum Aufsichtsrat. Zur Stärkung der Corporate Governance und zur Verbesserung des Anlegerschutzes wird vorgesehen, dass die Gesellschafterversammlung mindestens ein unabhängiges Mitglied in den Beirat zu wählen hat, § 18 Abs. 3 KAGB. Überdies ist der Beirat gleich dem Aufsichtsrat Organ der Gesellschaft.

Auf Basis der vorstehenden Ausführungen lässt sich konstatieren, dass die intern verwaltete geschlossene Publikums-InvestmentKG die näheste Verwandtschaft zur Aktiengesellschaft aufweist. Durch die zwingende Errichtung eines Beirats entspricht sie auch formal dem Aufbau einer AG. Die im KAGB bereits etablierte bilaterale Organstruktur – Geschäftsführung und Gesellschafterversammlung – wird um den Beirat ergänzt, was zu einer trilateralen Organstruktur führt, die spiegelbildlich dem aktienrechtlichen Strukturgefüge gleicht. Durch die normativen Ausgestaltungen hat der Gesetzgeber vorliegend ausdrücklich die Trennung der Führungsfunktionen – d.h. Geschäftsführung und Überwachung – auf zwei voneinander separierte Gesellschaftsorgane angeordnet. Der Gesetzgeber schafft damit eine „quasi-AG" personengesellschaftsrechtlichen Ursprungs. Seine erheblichen normativen Anstrengungen, durch Anpassungsmaßnahmen die KG der AG anzugleichen, sind Beleg dafür, dass auch der Gesetzgeber erkennt, dass die AG den investmentrechtlichen Anforderungen strukturell am ehesten gerecht wird.

II. Reichweite der Entfremdungswirkung

Wie der Verlauf der Arbeit und die vorstehende Zusammenfassung der Einzelergebnisse gezeigt haben, variiert der Grad der Entfremdung je nach konkreter Ausgestaltungsart. Während die intern verwaltete geschlossene GmbH & Co. Spezial-InvestmentKG noch am ehesten der gesetzestypischen KG entspricht, sind die intern verwaltete offene Spezial-InvestmentKG und die intern verwaltete geschlossene Publikums-InvestmentKG derart weit vom handelsrechtlichen Leitbild der KG entfernt, dass sich eine Zuordnung zu den handelsrechtlichen Personengesellschaften nicht mehr rechtfertigen lässt.

In Anbetracht dieser Erkenntnisse kann zunächst festgehalten werden, dass die Frage danach, ob die InvestmentKG noch eine Unterform bzw. Sonderform der HGB-KG oder schon ein Investmentvehikel eigener Art ist, nicht für sämtliche Ausprägungsvarianten allgemeinverbindlich beantwortet werden kann. Vielmehr ist die InvestmentKG in ihrer jeweiligen Einzelausprägung zu betrachten. Um die gesetzgeberische Einordnung der InvestmentKG als *Unterform* der HGB-KG abschließend bewerten zu können, ist nun noch die Bedeutung einer „Unterform" zu klären (1.) und allgemein auf den numerus clausus der Rechtsformen einzugehen (2.). Im Lichte der gewonnenen Erkenntnisse soll schließlich noch ein alternativer Lösungsvorschlag gemacht werden (3.), der der in dieser Arbeit mehrfach belegten Untauglichkeit des Personengesellschaftsrechts zur Lösung investmentrechtlicher Bedürfnisse Rechnung trägt.

1. Unterform, Sonderform oder Investmentvehikel eigener Art

Wie sich den § 124 Abs. 1 S. 2, § 149 Abs. 1 S. 2 KAGB sowie der Gesetzesbegründung entnehmen lässt, ist die InvestmentKG vom Gesetzgeber als eine *Unterform* der gesetzestypischen KG konzipiert worden.[953] Die InvestmentKG ist „[…] Kommanditgesellschaft im Sinne des Handelsgesetzbuches. Dementsprechend fügt sich die […] Investmentkommanditgesellschaft grundsätzlich in das bestehende Regelwerk für Kommanditgesellschaften im Handelsgesetzbuch."

Die rechtliche Einordnung als eine Unterform der handelsrechtlichen KG impliziert, dass an die InvestmentKG im Vergleich zur „regulären" KG geringere Anforderungen zu stellen sind. Dies zeigt das Beispiel der Unternehmergesellschaft

953 So heißt es in der Regierungsbegründung Die InvestmentKG ist „[…] Kommanditgesellschaft im Sinne des Handelsgesetzbuches. Dementsprechend fügt sich die […] Investmentkommanditgesellschaft grundsätzlich in das bestehende Regelwerk für Kommanditgesellschaften im Handelsgesetzbuch.", RegE z. KAGB, BT-Drucksache 17/12294, S. 241, 249.

(UG) i.S.d. § 5a GmbHG. Die UG stellt keine neue Rechtsform dar. Vielmehr ist sie dem Grunde nach eine GmbH mit geringeren Kapitalanforderungen. Die UG als Unterform der GmbH ist somit eine Art „wesensgleiches Minus". Während der Begriff der *Unterform* in vorgenanntem Verhältnis unstreitig richtig gewählt ist. Erweist sich die Eingliederung der InvestmentKG als *Unterform* der gesetzestypischen KG als verfehlt.[954]

Anders als die Gesetzesbegründung glauben machen will, belegt die vorstehende Zusammenfassung der Einzelergebnisse, dass der Grad der Entfremdung der InvestmentKG von ihrem handelsrechtlichen Ursprung teils derart gravierend ist, dass von einer Rechtsform sui generis auszugehen ist. Da der Entfremdungsgrad je nach Ausprägungsvariante variiert, mag teils auch die Annahme einer Sonderform der gesetzestypischen KG gerechtfertigt sein.[955] Noch als Sonderform eingestuft werden könnten die extern verwaltete offene und geschlossene Spezial-InvestmentKG sowie die intern verwaltete geschlossene Spezial-InvestmentKG und die extern verwaltete Publikums-InvestmentKG. Während diese Ausprägungsvarianten trotz ihrer erheblichen Abweichungen noch gewisse Bezüge zur KG der §§ 161ff. HGB erkennen lassen, sind die intern verwaltete offene Spezial-InvestmentKG und die intern verwaltete geschlossene Publikums-InvestmentKG der gesetzestypischen KG in ihrer Gesamtkonstitution derart entwachsen, dass eine Einordnung als Sonderform nicht mehr in Frage kommt.

Die intern verwaltete offene Spezial-InvestmentKG und die intern verwaltete geschlossene Publikums-InvestmentKG sind in ihrer Ausprägung eher der Aktiengesellschaft als der Kommanditgesellschaft zuzuordnen. Sie qualifizieren mithin nicht mehr als Personengesellschaft. Ihre Firmierung als Investment*KG* ist damit letztlich irreführend.

An dieser Stelle sei noch folgende hypothetische Überlegung ins Feld geführt: Wären die einzelnen Modifikationen schuldrechtlicher Natur, hätten also etwa Fondsinitiatoren die im KAGB vorgesehenen Anpassungen vor dessen Inkrafttreten gesellschaftsvertraglich vorgenommen, wäre wohl ein Verstoß

954 So auch: *Casper*, Die Investmentkommanditgesellschaft: große Schwester der Publikums-KG oder Kuckuckskind?, ZHR 179 (2015), 44, 79, der zwar anerkennt, dass es sich faktisch um eigene Rechtsformen handelt, sich letztlich jedoch für die Annahme einer Sonderform ausspricht, s. ebd; so auch: *Freitag/Fürbass*, Wann ist ein Fonds eine Investmentgesellschaft?, ZGR 2016, 729, 733.

955 S. *Casper*, Die Investmentkommanditgesellschaft: große Schwester der Publikums-KG oder Kuckuckskind?, ZHR 179 (2015), 44, 79, der schlechthin von einer Sonderform der KG ausgeht.

gegen den numerus clausus anzunehmen gewesen, mit der Folge, dass die Fondsinitiatoren auf die Rechtsform der AG oder GmbH verwiesen worden wären. Im Rahmen seiner legislatorischen Hoheitsmacht steht es dem Gesetzgeber zwar frei, den bestehenden Rahmen der Gesellschaftsformen zu erweitern. Nichtsdestotrotz bleibt es bei der Erkenntnis, dass die (vom Gesetzgeber) gewählte Gesellschaftsform ungeeignet ist. Die intern verwaltete offene Spezial-InvestmentKG und die intern verwaltete geschlossene Publikums-InvestmentKG als KG auszuweisen, ist (legislatorischer) Etikettenschwindel.

2. Numerus clausus der Rechtsformen

In ihrem Zusammenspiel kodifizieren die §§ 91, 139 KAGB einen numerus clausus der investmentrechtlich zulässigen Organisationsformen. Lässt man die für offene Fonds zulässige Organisationsform des Sondervermögens (§ 91 Abs. 1 Alt. 1 KAGB) außen vor, verbleiben mit der InvestmentAG und der InvestmentKG zwei alternative Anlagevehikel in Gesellschaftsform. Dabei fügt sich der investmentrechtliche numerus clausus nur mäßig in das allgemeine gesellschaftsrechtliche System zulässiger Gesellschaftsformen ein. Nicht nur, weil er einen anderen Ansatz verfolgt (hierzu sogleich), sondern auch und v.a., weil die gesetzgeberische Ausgestaltung der InvestmentKG im Einzelnen zu einer Erweiterung des tradierten Systemgefüges führt. Die intern verwaltete offene Spezial-InvestmentKG und die intern verwaltete geschlossene Publikums-InvestmentKG sind nämlich wie dargelegt gerade keine Unter- oder Sonderformen der gesetzestypischen KG, sondern Investmentvehikel eigener Art und damit eigenständige Gesellschaftsformen.

Der allgemeine numerus clausus der Gesellschaftsformen ist bekanntlich dem Gläubiger- und Verkehrsschutz gewidmet.[956] Die klare Festlegung der zur Verfügung stehenden Gesellschaftsformen dient im allgemeinen Gesellschaftsrecht dazu, Transparenz bezogen auf das bestehende Vertretungs- und Haftungsregime zu schaffen.[957] Unterstützend wirken die gesetzlichen Bestimmungen, die einen Haftungsausschluss der persönlich haftenden Gesellschafter nur einschränkend und unter strengen Voraussetzungen billigen.[958] Anders verhält es

---

956 *K. Schmidt*, GesR, S. 96ff.; *Freitag/Fürbass*, Wann ist ein Fonds eine Investmentgesellschaft?, ZGR 2016, 729, 733.

957 *K. Schmidt*, GesR, S. 96ff.; *Freitag/Fürbass*, Wann ist ein Fonds eine Investmentgesellschaft?, ZGR 2016, 729, 733.

958 *K. Schmidt*, GesR, S. 96ff.; *Freitag/Fürbass*, Wann ist ein Fonds eine Investmentgesellschaft?, ZGR 2016, 729, 733.

sich im KAGB, das in seiner Gesamtheit dem Anlegerschutz dient und insbesondere bezogen auf die InvestmentKG das bestehende handelsrechtliche Haftungsregime weitgehend umkehren und jegliche Haftung ausschließen möchte. Weiterhin wird der gesellschaftsrechtliche Typenzwang als Erweiterung der gesellschaftsrechtlichen Handlungsformen begriffen und gerade nicht – wie im KAGB – als eine Reduzierung auf bestimmte Gesellschaftsformen.[959] Aufgrund der diametral entgegenstehenden Widmung fügt sich auch der investmentrechtliche Rechtsformzwang schwerlich in das bestehende gesellschaftsrechtliche Systemgefüge ein.

Die intern verwaltete offene Spezial-InvestmentKG und die intern verwaltete geschlossene Publikums-InvestmentKG folgen der beschriebenen Zweckrichtung. Auch sie sind in ihrem Ursprung dem Anlegerschutz verpflichtet. Damit erweitern die vorgenannten Rechtsformen zwar formal den allgemeinen gesellschaftsrechtlichen numerus clausus. Aufgrund ihres auf das Investmentsparen beschränkten Anwendungsbereichs nehmen die vorgenannten Rechtsformen jedoch innerhalb der zulässigen Gesellschaftsformen eine Sonderstellung ein.[960] Sie bleiben (investmentrechtliche) Zweckgesellschaften.

3. Alternatives Anlagevehikel: „Investment-GmbH"

Anstatt das Personengesellschaftsrecht, konkret das Kommanditgesellschaftsrecht, für die Zwecke des Investmentrechts nutzbar zu machen, wäre der Gesetzgeber rechtspolitisch wie -dogmatisch gut beraten gewesen, im Recht der Kapitalgesellschaften nach Anlagealternativen zu suchen. Angeboten hätte sich insbes. die GmbH.[961]

Da es sich wie dargelegt bei der InvestmentKG rein tatsächlich um eine Kapitalgesellschaft handelt und im Zweifel sachgerechte Lösungen nur im Kapitalgesellschaftsrecht gefunden werden können, hätte es nahe gelegen,

---

959 *K. Schmidt*, GesR, S. 96ff.; *Freitag/Fürbass*, Wann ist ein Fonds eine Investmentgesellschaft?, ZGR 2016, 729, 733.

960 Die intern verwaltete offene Spezial-InvestmentKG und die intern verwaltete geschlossene Publikums-InvestmentKG sind nämlich gerade keine Rechtsformen, die in ihren Ausprägungen nunmehr allgemein, d.h. für jeglichen „Verwendungszweck" zur Verfügung stehen. Sie bleiben auf die Anlage und Verwaltung des Kommanditanlagevermögens beschränkt.

961 So auch: *Casper*, Die Investmentkommanditgesellschaft: große Schwester der Publikums-KG oder Kuckuckskind?, ZHR 179 (2015), 44, 79.

eine investmentrechtliche Sonderform der GmbH zu schaffen.[962] Die Wahl der GmbH als investmentrechtliches Anlagevehikel wäre gleich in mehrfacher Hinsicht begrüßenswert gewesen. Als juristische Person hätte die GmbH zweifelsfrei als AIFM i.S.d. Art. 4 Abs. 1 lit. b AIFM-RL qualifiziert, was letztlich die unter Kap. 2 Abschnitt III.1.c. umfassend behandelte Frage nach der Europarechtskonformität intern verwalteter InvestmentKGen obsolet gemacht hätte. Da die KG als Personengesellschaft mit einer natürlichen Person als Komplementär – bzw. entsprechend den Vorgaben der § 128 Abs. 1 S. 1, § 153 Abs. 1 S. 1 KAGB mit zwei natürlichen Personen – im Bereich der internen Verwaltung nicht den Vorgaben der AIFM-RL entspricht, kommt als rechtskonforme Alternative einzig die gesellschaftsrechtliche Konstruktion der GmbH & Co. InvestmentKG in Betracht. Damit wird die GmbH & Co. InvestmentKG bei interner Verwaltung faktisch zur Regel.[963]

Überdies hätte die Schaffung einer Sonderform der GmbH deshalb nahe gelegen, weil das nunmehr kapitalanlagerechtlich begründete Regelwerk für InvestmentKGen weitgehend der GmbH entspricht. Die für die KG kodifizierten Sonderregelungen sind entweder Standard im GmbH-Recht oder zumindest dort angelegt. So muss jede GmbH als Körperschaft mindestens zwei Organe haben – die Gesellschafterversammlung als oberstem Willensbildungsorgan, § 48 GmbHG, und die Geschäftsführung als Handlungsorgan, § 6 Abs. 1 GmbHG. Ein der AG entsprechender trilateraler Aufbau ist im GmbH-Recht zwar veranlagt (sog. fakultativer Aufsichtsrat), jedoch grds. nicht zwingend, vgl. § 52 Abs. 1 GmbHG.[964] Ebenfalls im GmbH-Recht angelegt sind gesonderte persönliche Voraussetzungen für Geschäftsführer, die ähnlich den kapitalanlagerechtlichen Vorschriften der § 128 Abs. 2, § 153 Abs. 2 KAGB Gewähr für die persönliche Eignung der Geschäftsführer bieten, vgl. § 6 Abs. 2 GmbH. Weiterhin bestimmt § 6 Abs. 3 GmbH die Zulässigkeit der Fremdorganschaft. Die GmbH kann demnach auch von Dritten, d.h. von Nicht-Gesellschaftern, geführt werden. Überdies sind GmbH-Geschäftsanteile frei übertragbar, d.h. veräußerlich und vererblich (§ 15 Abs. 1 GmbHG) und trennbar, d.h. einzelne Geschäftsanteile können selbständig nebeneinander bestehen, § 15 Abs. 2 GmbH. Auch

962 So auch: *Casper*, Die Investmentkommanditgesellschaft: große Schwester der Publikums-KG oder Kuckuckskind?, ZHR 179 (2015), 44, 79.

963 Dies ebenfalls anerkennend: *Casper*, Die Investmentkommanditgesellschaft: große Schwester der Publikums-KG oder Kuckuckskind?, ZHR 179 (2015), 44, 80.

964 Für intern verwaltete geschlossene Publikumsfonds hätte der Gesetzgeber diese Regelung somit lediglich als zwingend anwendbar erklären können.

die Kapitalverfassung der GmbH ähnelt in ihrem Ursprung den kapitalanlagerechtlichen Vorgaben, vgl. § 5 Abs. 1 GmbHG.

Anstatt die gesetzestypische KG also als körperschaftlich-kapitalistische Gesellschaft auszugestalten, wäre es dogmatisch ehrlicher gewesen, sich der Rechtsform der GmbH zu bedienen; insbesondere vor dem Hintergrund, dass die personengesellschaftsrechtliche Gestaltungsfreiheit durch das nunmehr bestehende Regelwerk weitgehend beschränkt wird und das charakteristische Merkmal der Personenbezogenheit vollends zurücktritt.[965] Die erstrebten steuerrechtlichen Vorteile, insbes. die Steuertransparenz, hätte der Gesetzgeber auch durch eine Gleichstellung der „Investment-GmbH“ mit den Personengesellschaften verwirklichen können.[966]

Unter Rückgriff auf die GmbH hätte der Gesetzgeber demnach durchaus die Bandbreite an möglichen Fondsvehikeln erweitern können, ohne derart in ein bestehendes Rechtsformgepräge einzugreifen, dass zur Verwirklichung des erstrebten normativen Ziels wesentliche rechtsformprägende Prinzipien preisgegeben werden.[967]

III. Gesamtwürdigung

Das vermeintlich maßgeschneiderte Rechtskleid des KAGB vermag es nicht, die KG in eine in das investmentrechtliche Systemgefüge passende Form zu hüllen, sondern führt im Ergebnis zu einer weitgehenden Entkleidung der KG aus ihrem gewohnten Rechtsgewand. Wurde noch zur PublikumsKG vertreten, dass diese *„weder rechtlich verbindliche Institution noch normativer Typus ist, sondern lediglich eine Herausbildung in der Rechtswirklichkeit“*[968], lässt sich die InvestmentKG als körperschaftlich kapitalistisch ausgestaltete Gesellschaft mit kapitalgesellschaftsrechtlicher Prägung und personengesellschaftsrechtlichem Einschlag begreifen. Je nach Ausgestaltungsvariante ist sie eine Sonderform der KG oder

965 *Casper* weist an dieser Stelle darauf hin, dass die Flexibilität und die steuerrechtlichen Vorteile nicht als Proargumente ins Feld geführt werden können. Denn auch die GmbH biete bezogen auf das Innenrecht ausreichend Gestaltungsfreiheit, *ders.*, in ZHR 179 (2015), 44, 80.

966 So auch: *Casper*, ZHR 179 (2015), 44, 80. Zur gesetzgeberischen Motivation der Ausnutzung von personengesellschaftsrechtlichen Steuervorteilen, s. RegE zum KAGB, BT-Drucksache 17/12294, S. 190.

967 So u.a. Aufgabe des Grundsatzes der Selbstorganschaft i.R. geschlossener Publikumsfonds und Aufgabe des Grundsatzes der Unteilbarkeit der Mitgliedschaft

968 *Kraft*, FS Fischer, S. 334.

gar – wie im Fall der intern verwalteten offenen Spezial-InvestmentKG und der intern verwalteten geschlossenen Publikums-InvestmentKG – ein Investmentvehikel eigener Art. In wesentlichen Ausprägungen ist die InvestmentKG deshalb als eigenständige Gesellschaftsform anzusehen, die den bestehenden numerus clausus um investmentrechtliche Spezialgesellschaften erweitert. Die InvestmentKG als eine Unterform der KG zu betrachten, wie dies der Gesetzgeber tut, ist Etikettenschwindel.

Literaturverzeichnis

Altmeppen, Holger/Roth, Günther H., Kommentar zum Gesetz betreffend die Gesellschaften mit beschränkter Haftung, 8. Auflage, München 2015 (zit.: *Bearbeiter*, in Roth/Altmeppen, GmbHG).

Armbrüster, Christian, Die treuhänderische Beteiligung an Gesellschaften, Köln 2001 (zit.: *Armbrüster*, Die treuhänderische Beteiligung).

Assmann, Heinz-Dieter/Schütze, Rolf, Handbuch des Kapitalanlagerechts, 4. Auflage, München 2015 (zit.: *Bearbeiter*, in Assmann/Schütze, Hdb. d. KapitalanlageR).

Bamberger, Georg/Roth, Herbert/Hau, Wolfgang/Poseck, Roman, BeckOK BGB, 43. Edition, München 2017 (zit.: Bearbeiter, in Beck'scher OK BGB).

Baumbach, Adolf/Hopt, Klaus, Beck'sche Kurz-Kommentare Band 9 Handelsgesetzbuch mit GmbH & Co., Handelsklauseln, Bank- und Börsenrecht, Transportrecht (ohne Seerecht), 37. Auflage, München 2016 (zit.: *Bearbeiter*, in Baumbach/Hopt).

Baumbach, Adolf/Hueck, Alfred, Beck'sche Kurz-Kommentare Band 20 GmbHG Gesetz betreffend die Gesellschaften mit beschränkter Haftung, 21. Auflage, München 2017 (zit.: *Bearbeiter*, in Baumbach/Hueck, GmbHG).

Baums, Theodor/Kiem, Roger, Die Investmentaktiengesellschaft mit veränderlichem Kapital, in Franz Häuser, u.a. (Hrsg.) Festschrift für Walther Hadding zum 70. Geburtstag am 8. Mai 2004, Berlin 2004, S. 171ff. (zit.: *Autor*, Titel, in FS Hadding)

Baur, Jürgen/Tappen, Falko, Investmentgesetze Großkommentar, 3. Auflage, Berlin 2015 (zit.: *Bearbeiter*, in Baur/Tappen, Investmentgesetze, Bd.).

Bassenge, Peter/Brudermüller, Gerd/Ellenberger, Jürgen/Götz, Isabell/Grüneberg, Christian/Sprau, Hartwig/Thorn, Karsten/Weidenkaff, Walter/Weidlich, Dietmar, Kommentar zum Bürgerlichen Gesetzbuch, 76. Auflage, München 2017 (zit.: *Bearbeiter*, in Palandt).

Beck, Heinz/Samm, Carl-Theodor/Kokemoor, Axel, Kreditwesengesetz mit CRR, Loseblattsammlung, Heidelberg (zit.: *Bearbeiter*, in Beck/Samm/Kokemoor, KWG, Erg.lfg. Stand).

Beckmann, Klaus/Scholtz, Rolf-Detlev/Vollmer, Lothar, Investment, Ergänzendes Handbuch für das gesamte Investmentwesen, Band 1, Loseblattsammlung, Berlin (zit.: *Bearbeiter*, in Beckmann/Scholtz/Vollmer, Investment Hdb., Erg. Lfg. Stand).

Berger, Hanno/Steck, Kai-Uwe/Lübbehüsen, Dieter, Kommentar zum Investmentgesetz, Investmentsteuergesetz, München 2010 (zit.: *Bearbeiter*, in Berger/Steck/Lübbehüsen, InvG/InvStG).

Beuthien, Volker, Konzernbildung und Konzernleitung kraft Satzung, ZIP 1993, 1589ff.

Binz, Mark/Sorg, Martin, Die GmbH & Co. KG im Gesellschafts- und Steuerrecht, Handbuch für Familienunternehmen, 11. Auflage, München 2010 (zit.: *Binz/Sorg*, GmbH & Co. KG).

Bippus, Birgit Elsa, Einheitlichkeit der Mitgliedschaft und Selbständigkeit der Beteiligung in der Personengesellschaft, AcP 195 (1995), 13ff.

Bödecker, Carsten, Handbuch Investmentrecht, Bad Soden 2007 (zit.: *Bödecker*, Hdb. InvestmentR).

BoosKarl-Heinz/Fischer, Reinfrid/Schulte-Mattler, Hermann, Kreditwesengesetz Kommentar zu KWG und Ausführungsvorschriften, 5. Auflage, München 2016 (zit.: *Bearbeiter*, in Boos/Fischer/Schulte-Mattler, KWG).

Böhme, Andreas, Die Vertretung der extern verwalteten Investmentkommanditgesellschaft, BB 2014, 2380ff. (zit.: *Böhme*, Die Vertretung der extern verwalteten InvestmentKG).

Boxberger, Lutz, Vertretungsbefugnis einer externen Kapitalverwaltungsgesellschaft, GWR 2016, 1ff.

Brinkhaus, Josef/Scherer, Peter (Hrsg.), Kommentar zum Gesetz über Kapitalanlagegesellschaften, Auslandinvestment-Gesetz, München 2003 (zit.: *Bearbeiter*, in Brinkhaus/Scherer, Komm. zum KAGG/AuslInvestmG).

Bußalb, Jean-Pierre/Unzicker, Ferdinand, Auswirkungen der AIFM-Richtlinie auf geschlossene Fonds, BKR 2012, 309ff.

Canaris, Claus-Wilhelm/Habersack, Mathias (Hrsg.), Staub Kommentar zum Handelsgesetzbuch, Band 4 §§ 161–237, 5. Auflage, Berlin 2015 (zit.: *Bearbeiter*, in Staub/HGB-Kommentar).

Casper, Matthias, Die Investmentkommanditgesellschaft: große Schwester der Publikums-KG oder Kuckuckskind?, ZHR 179 (2015), 44ff.

Coing, Helmut, Zur Auslegung der Verträge von Personengesellschaften, ZGR 1978, 659ff.

Crezelius, Georg, Zur Stellung des § 176 HGB im Handelsrecht und Gesellschaftsrecht, BB 1983, 5ff.

Dauses, Manfred A., Handbuch des EU-Wirtschaftsrechts, Loseblattsammlung, 36. Ergänzungslieferung, München 2014 (zit.: *Bearbeiter*, in Dauses Hdb. EU-Wirtschaftsrecht).

Dornseifer, Frank/Jesch, Thomas A./Klebeck, Ulf/Tollmann, Claus, AIFM-Richtlinie, Richtlinie 2011/61/EU über die Verwalter alternativer Investmentfonds mit Bezügen zum KAGB-E Kommentar, 1. Auflage, München 2013 (zit.: *Bearbeiter*, in Dornseifer/Jesch/Klebeck/Tollmann, AIFM-Richtlinie).

Ebermann, Frank, Die Verwaltungstreuhand an GmbH-Anteilen, Köln 1970 (zit.: *Ebermann*, Die Verwaltungstreuhand).

Emde, Thomas/Hölscher, Luise/Dornseifer, Frank (Hrsg.), Kommentar zum Investmentgesetz, München 2013 (zit.: *Bearbeiter*, in Emde/Dornseifer/Dreibus/Hölscher, InvG).

Esch, Günter, Einheitlichkeit der Personengesellschaftsbeteiligung, BB 1993, 664ff.

Escher, Marcus, Die Regulierung der geschlossenen Fonds im Kapitalanlagegesetzbuch, in: Bankrechtliche Vereinigung, Bankenregulierung, Insolvenzrecht, Kapitalanlagegesetzbuch, Honorarberatung, Bankrechtstag 2013, Schriftenreihe der Bankrechtlichen Vereinigung Band 35, Berlin 2014 (zit.: *Escher*, Die Regulierung der geschlossenen Fonds im KAGB, in: Bankrechtstag 2013).

Fleischer, Holger/Goette, Wulf, Münchener Kommentar zum Gesetz betreffend die Gesellschaften mit beschränkter Haftung (GmbHG), Band 1, §§ 1–34, 2. Auflage, München 2015 (zit.: *Bearbeiter*, in MünchKomm. GmbHG), Band 2, §§ 35–52, 2. Auflage, München 2016 (zit.: *Bearbeiter*, in MünchKomm. GmbHG), Band 3, §§ 53–85, 2. Auflage, München 2016 (zit.: *Bearbeiter*, in MünchKomm. GmbHG).

Flume, Werner, Allgemeiner Teil des Bürgerlichen Rechts, Erster Band, Erster Teil, Die Personengesellschaft, Berlin 1977 (zit.: *Flume*, Allg. Teil des BGB, PersG).

Fock, Till/Hartig, Helge, Ist die Investmentaktiengesellschaft überhaupt eine Aktiengesellschaft? in Wachter, Thomas (Hrsg.) Festschrift für Sebastian Spiegelberger zum 70. Geburtstag, Vertragsgestaltung im Zivil- und Steuerrecht, München 2009, S. 653ff. (zit.: *Autor*, Titel, in FS Spiegelberger).

Freitag, Robert, Die „Investmentkommanditgesellschaft" nach dem Regierungsentwurf für ein Kapitalanlagegesetzbuch, NZG 2013, 329ff.

Freitag, Robert/ Fürbass Jan, Wann ist ein Fonds eine Investmentgesellschaft? – Zivilrechtliche Fragen des Betriebs des materiellen Fondsgeschäfts im unzulässigen Rechtskleid, ZGR 2016, 729ff. (zit.: *Freitag/Fürbass*, Wann ist ein Fonds eine Investmentgesellschaft?).

Fuchs, Andreas, Wertpapierhandelsgesetz (WpHG) Kommentar, 2. Auflage, München 2016 (zit.: *Bearbeiter*, in Fuchs, WpHG).

Geßler, Ernst/Hefermehl, Wolfgang, Schlegelberger, Handelsgesetzbuch Kommentar, Band III/2. Halbband §§ 161-177a, §§ 335-342 (§§ 230-237 n.F.),

5. Auflage, München 1986 (zit.: *Bearbeiter*, in Schlegelberger, HGB Komm., Bd. III/2. Halbbd.).

Goette, Wulf/Habersack, Mathias/Kalss, Susanne, Münchener Kommentar zum Aktiengesetz, Band 1: §§ 1–75, 4. Auflage, München 2016 (zit.: *Bearbeiter*, in MünchKomm. AktG). Band 3: §§ 118–178, 3. Auflage, München 2013 (zit.: *Bearbeiter*, in MünchKomm. AktG). Band 5: §§ 278–328, SpruchG, ÖGesAusG, Österreichisches Konzernrecht, 4. Auflage, München 2015 (zit.: *Bearbeiter*, in MünchKomm. AktG).

Gummert, Hans/Weipert, Lutz, Münchener Handbuch des Gesellschaftsrechts, Band 2, Kommanditgesellschaft, GmbH & Co. KG, Publikums-KG, Stille Gesellschaft, 4. Auflage, München 2014 (zit. *Bearbeiter*, in Münchener Hdb. GesR, Bd. 2).

Gummert, Hans, Münchener Anwalts-Handbuch, Personengesellschaftsrecht, 2. Auflage, München 2015 (zit.: *Bearbeiter*, in MAH PersG-Recht).

Hauschka, Christoph E./Moosmayer, Klaus/Lösler,Thomas, Corporate Compliance, Handbuch der Haftungsvermeidung im Unternehmen, 3. Auflage, München 2016 (zit.: *Bearbeiter*, in Hauschka/Moosmayer/Lösler).

Henssler, Martin/Strohn, Lutz, Beck'sche Kurz-Kommentare, Gesellschaftsrecht, 3. Auflage, München 2016 (zit.: *Bearbeiter*, in Henssler/Strohn, GesR).

Herring, Frank/Loff, Detmar, Die Verwaltung alternativer Investmentfonds nach dem KAGB-E, DB 2012, 2029ff.

Hopt, Klaus J., Inwieweit empfiehlt sich eine allgemeine gesetzliche Regelung des Anlegerschutzes?, Gutachten G zum 51. Deutschen Juristentag, München 1976.

Huber, Ulrich, Betriebsführungsverträge zwischen selbständigen Unternehmen, ZHR 152 (1988), 1ff.

Hueck, Alfred, Das Recht der offenen Handelsgesellschaft, 4. Auflage, Berlin 1971 (zit.: *Hueck*, Recht der OHG).

Hüffer, Uwe, Die Gesellschafterversammlung – Organ der GmbH oder bloßes Beschlussverfahren? in: Lutter, Marcus (Hrsg.) Festschrift 100 Jahre GmbH-Gesetz, Köln 1992 (zit.: *Bearbeiter*, Titel, in FS 100 Jahre GmbH-Gesetz).

Hüffer, Uwe/Koch, Jens, Beck'sche Kurz-Kommentare, Band 53, Aktiengesetz, 12. Auflage, München 2016 (zit.: *Bearbeiter*, in Hüffer/Koch).

Joost, Detlev/Strohn, Lutz (Hrsg.), Kommentar zum Handelsgesetzbuch, Band 1, §§ 1–342e, 3. Auflage, München 2014 (zit.: *Bearbeiter*, in Ebenroth/Boujong/Joost/Strohn).

Kellermann, Alfred, Zur Anwendung körperschaftsrechtlicher Grundsätze und Vorschriften auf die Publikums-Kommanditgesellschaft in: Lutter, Marcus/Mertens, Hans-Joachim/Ulmer, Peter (Hrsg.) Festschrift für Walter

Stimpel zum 68. Geburtstag am 29. November 1985, Berlin 1985, S. 295ff. (zit.: *Bearbeiter*, Titel, in FS Stimpel).

Klein, Sonja/Lorenz, Manuel/Reichel, Christian, Pension Pooling – mit dem OGAW IV-Umsetzungsgesetz eine Chance vertan?, BB 2012, 331ff.

Klöckner, Stefan, Wirksamkeit der Stimmabgabe eines Treuhänders in der Publikums-Gesellschaft, BB 2009, 1313ff.

Koller, Ingo/Kindler, Peter/Roth, Wulf-Henning/Morck, Winfried, Handelsgesetzbuch Kommentar, 8. Auflage, München 2015 (zit.: *Bearbeiter*, in Koller/Kindler/Roth/Morck).

Kort, Michael, Die Regelungen von Risikomanagement und Compliance im neuen KAGB, AG 2013, 582ff.

Kraft, Alfons, Die Rechtsprechung des Bundesgerichtshofs zur Publikums-KG zwischen Vertragsauslegung und Rechtsfortbildung in: Lutter, Marcus/Stimpel,Walter/Widemann, Herbert (Hrsg.) Festschrift für Robert Fischer, Berlin 1979, S. 321ff. (zit.: *Autor*, Titel, in FS Fischer).

Kramer, Robert/Recknagel, Ralf, Die AIFM-Richtlinie – Neuer Rechtsrahmen für die Verwaltung alternativer Investmentfonds, DB 2011, 2077ff.

Krieger, Albrecht, Empfiehlt sich eine gesetzliche Regelung der Publikums-KG? in: Lutter, Marcus/Mertens, Hans-Joachim/Ulmer, Peter (Hrsg.) Festschrift für Walter Stimpel zum 68. Geburtstag am 29. November 1985, Berlin 1985, S. 295ff. (zit.: *Bearbeiter*, Titel, in FS Stimpel).

Fleck, Hans-Joachim, Stimmrechtsabspaltung in der GmbH? in: Lutter, Marcus (Hrsg.) Festschrift für Robert Fischer, Berlin 1979, S. 107ff. (zit.: *Bearbeiter*, Titel, in FS Fischer).

Loritz, Karl-Georg, Ausschüttungen in Verlustjahren bei geschlossenen Fonds, NZG 2008, 887ff.

Lüdicke, Jochen/Arndt, Jan-Holger, Geschlossene Fonds, Rechtliche, steuerliche und wirtschaftliche Aspekte von Immobilien-, Schiffs-, Flugzeug-, Solarenergie- sowie Private-Equity-Fonds und anderen geschlossenen Fondsprodukten, 6. Auflage, München 2013 (zit.: *Lüdicke/Arndt*, Geschlossene Fonds).

Lüttge, Jörg, Die zulässige Mehrfachbeteiligung an einer Personengesellschaft, NJW 1994, 5ff.

Heidinger, Andreas/Leible, Stefan/Schmidt, Jessica, Kommentar zum Gesetz betreffend die Gesellschaften mit beschränkter Haftung (GmbH-Gesetz), 3. Auflage, München 2017 (zit.: *Bearbeiter*, in Michalski, GmbHG).

Mohr, Philipp, Die offene Investmentkommanditgesellschaft, Frankfurt am Main 2016 (zit.: *Mohr*, Die offene Investmentkommanditgesellschaft).

Möllers, Thomas M.J./Kloyer, Andreas, Das neue Kapitalanlagegesetzbuch, Tagung vom 14./15. Juni 2013 in Augsburg, München 2013 (zit.: *Bearbeiter*, in Das neue Kapitalanlagegesetzbuch).

Moritz, Joachim/Klebeck, Ulf/Jesch, Thomas A., Frankfurter Kommentar zum Kapitalanlagerecht, Band 1: Kommentar zum Kapitalanlagegesetzbuch (KAGB) (Teilband 1) §§ 1-191 KAGB, 1. Auflage, Frankfurt am Main 2016 (zit.: *Bearbeiter*, in Moritz/Klebeck/Jesch, Frankfurter Komm. z. KAGB).

Müller, Welf/Rödder, Thomas, Beck'sches Handbuch der AG, Gesellschaftsrecht – Steuerrecht Börsengang 2. Auflage, München 2009 (zit.: *Bearbeiter*, in Müller/Rödder, Beck'sches Hdb. AG).

Niewerth, Johannes/Rybarz, Jonas C., Änderung der Rahmenbedingungen für Immobilienfonds – das AIFM-Umsetzungsgesetz und seine Folgen, WM 2013, 1154ff.

Nitschke, Manfred, Die körperschaftlich strukturierte Personengesellschaft, Bielefeld 1970.

Oetker, Hartmut, Kommentar zum Handelsgesetzbuch, 4. Auflage, München 2015 (zit.: *Bearbeiter*, in Oetker).

Patzner, Andreas/Döser, Achim/Kempf, Ludger J., Investmentrecht, Kapitalanlagegesetzbuch, Investmentsteuergesetz, Handkommentar, 3. Auflage, Baden-Baden 2017 (zit.: *Bearbeiter*, in Patzner/Döser/Kempf, InvR).

Poelzig, Dörte/Volmer, Michael, „Der Bundesminister der Finanzen warnt" – Ein Überblick zum neuen Kapitalanlagegesetzbuch, DNotZ 2014, 483ff. (zit.: *Poelzig/Volmer*, Ein Überblick zum neuen KAGB).

Prinz, Ulrich/Hoffmann, Wolf-Dieter (Hrsg.), Beck'sches Handbuch der Personengesellschaften, 4. Auflage, München 2014 (zit.: *Bearbeiter*, in Beck'sches Hdb. PersG).

Raiser, Thomas/Veil, Rüdiger, Recht der Kapitalgesellschaften, Ein Handbuch für Praxis und Wissenschaft, 6 Auflage, München 2015 (zit.: *Raiser/Veil*, Kapitalgesellschaften).

Rauscher, Thomas/Krüger, Wolfgang, Münchener Kommentar zur Zivilprozessordnung mit Gerichtsverfassungsgesetz und Nebengesetzen, Band 1, 5. Auflage, München 2016 (zit.: *Bearbeiter*, in MünchKomm. ZPO).

Reichert, Joachim, GmbH & Co. KG, 7. Auflage, München 2015 (zit.: *Bearbeiter*, in: Reichert, GmbH & Co. KG).

Reiner, Fabienne Stefanie, Abgrenzung der Kompetenzen zwischen der geschäftsführenden Kommanditistin und der externen AIF-Kapitalverwaltungsgesellschaft bei geschlossenen Investmentfonds unter dem KAGB, GWR 2016, 136ff. (zit.: *Reiner*, Abgrenzung der Kompetenzen zwischen der InvestmentKG und der AIF-KVG, GWR 2016).

Reuter, Dieter, Stimmrechtsvereinbarungen bei treuhänderischer Abtretung eines GmbH-Anteils, ZGR 1978, 633ff.

Röhricht, Volker/Westphalen, Friedrich/Hass, Ulrich (Hrsg.), Handelsgesetzbuch: Kommentar zum Handelsstand, Handelsgesellschaften, Handelsgeschäften und besonderen Handelsverträgen (ohne Bilanz-, Transport- und Seerecht), 4. Auflage, Köln 2014 (zit.: *Bearbeiter*, in Röhricht/Graf v. Westphalen).

Sauer, Otto M., Die Publikums-Kommanditgesellschaft, 2. Aufl., Bielefeld 1989.

Säcker, Franz Jürgen/Rixecker, Roland/Rebmann, Kurt, Münchener Kommentar zum Bürgerlichen Gesetzbuch, Band 5, §§ 705-853; Partnerschaftsgesellschaftsgesetz; Produkthaftungsgesetz, 6. Auflage, München 2013 (zit.: *Bearbeiter*, in MünchKomm. BGB).

Säcker, Franz Jürgen, Münchener Kommentar zum Bürgerlichen Gesetzbuch, Band 1, Allgemeiner Teil, §§ 1-240, ProstG, AGG, 7. Auflage, München 2015 (zit.: *Bearbeiter*, in MünchKomm. BGB).

Schäfer, Carsten, Zu Fragen der Treugeberhaftung bei qualifizierten Treuhandbeteiligungen an Publikumspersonengesellschaften, ZHR 177 (2013) 619ff.

Schimansky, Herbert/Bunte Hermann-Josef/Lwowski Hans-Jürgen, Bankrechts-Handbuch, 4. Auflage, München 2011 (zit.: *Bearbeiter*, in Schimansky/Bunte/Lwowski, Bankrechts-Hdb.).

Schmidt, Karsten, Gesellschaftsrecht, 2. Auflage, Köln 1991 (zit.: *K. Schmidt*, GesR).

Schmidt, Karsten (Hrsg.), Münchener Kommentar zum Handelsgesetzbuch, Band 3, §§ 161-237 Konzernrecht der Personengesellschaften, 3. Auflage, München 2012 (zit.: *Bearbeiter*, in MünchKomm. HGB).

Schmidt, Karsten/Lutter, Marcus (Hrsg.), Kommentar zum Aktiengesetz, 3. Auflage, Köln 2015 (zit.: *Bearbeiter*, in Schmidt/Lutter, AktG).

Schneider, Herbert/Schneider, Uwe H., Die Organisation der Gesellschafterversammlung bei Personengesellschaften, in: *Hefermehl, Wolfgang* (Hrsg.) Festschrift für Philipp Möhring zum 75. Geburtstag, München 1975, S. 271ff. (zit.: *Autor*, Titel, in: FS Möhring).

Schneider, Uwe H., Die Inhaltskontrolle von Gesellschaftsverträgen, ZGR 1978, S. 1ff.

Schüppen, Matthias/Schaub, Bernhard, Münchener Anwalts Handbuch, Aktienrecht, 2. Auflage, München 2010, (zit.: *Bearbeiter*, in MAH AktR).

Schürnbrand, Jan, Organschaft im Recht der privaten Verbände, Tübingen 2007 (zit.: *Schürnbrand*, Organschaft im Recht der privaten Verbände).

Schürnbrand, Jan, Publikumspersonengesellschaften in Rechtsprechung und Literatur, ZGR 2014, S. 256ff.

Schwark, Eberhard/Zimmer, Daniel, Kapitalmarktrechts-Kommentar, Börsengesetz mit Börsenzulassungsverordnung, Wertpapierprospektgesetz, Verkaufsprospektgesetz mit Vermögensanlagen-Verkaufsprospektverordnung, Wertpapierhandelsgesetz, Wertpapiererwerbs- und Übernahmegesetz, 4. Auflage, München 2010 (zit.: *Bearbeiter*, in Schwark/Zimmer, KapMaR-Komm.).

Schwarze, Jürgen/Hatje, Armin, Europäisches Unionsrecht, Vertrag über die Europäische Union, Vertrag über die Arbeitsweise der Europäischen Union, Charta der Grundrechte der Europäischen Union, Band 4, Art. 174 bis 358 AEUV, 7. Auflage, Baden-Baden 2015 (zit.: *Bearbeiter*, in von der Groeben/Schwarze, Europäisches Unionsrecht).

Schwarze, Jürgen, EU-Kommentar, 3. Auflage, Baden-Baden 2012 (zit.: *Bearbeiter*, in Schwarze, EU-Kommentar).

Schwennicke, Andreas/Auerbach, Dirk, Kreditwesengesetz (KWG) mit Zahlungsdiensteaufsichtsgesetz (ZAG) und Finanzkonglomerate-Aufsichtsgesetz (FKAG), Kommentar, 3. Auflage, München 2016 (zit.: *Bearbeiter*, in Schwennicke/Auerbach, KWG).

Spindler, Gerald/Stilz, Eberhard, Kommentar zum Aktiengesetz, Band 1, §§ 1–149, 3. Auflage, München 2015 (zit.: *Bearbeiter*, in Spindler/Stilz).

Stari, Christian/Beuster, Malte, Die Haftung des mittelbar an einem geschlossenen Fonds beteiligten Anlegers – Keine Haftungsabschirmung durch den Treuhänder, DStR 2014, 271ff. (zit.: *Stari/Beuster*, Die Haftung des mittelbar an einem geschlossenen Fonds beteiligten Anlegers).

Staub, Hermann (Hrsg.), Handelsgesetzbuch, Großkommentar, 2. Band, 1. Halbband §§ 105 -144, 3. Auflage, Berlin 1973 (zit.: *Bearbeiter*, in Staub/HGB-Kommentar).

Staudinger, Julius v., Kommentar zum Bürgerlichen Gesetzbuch, §§ 705-740 (Gesellschaftsrecht), 13. Auflage, Berlin 2003 (zit.: *Bearbeiter*, in Staudinger/BGB).

Staudinger, Julius v., Kommentar zum Bürgerlichen Gesetzbuch, Buch 1, Allgemeiner Teil, §§ 125-129; BeurkG, Neubearbeitung, Berlin 2017 (zit.: *Bearbeiter*, in Staudinger/BGB).

Stürner, Rolf, Jauerning, Bürgerliches Gesetzbuch mit Rom-I-, Rom-II-, Rom-III-VO, EG-UntVO/HUntProt und EuErbVO, Kommentar, 16. Auflage, München 2015 (zit.: *Bearbeiter*, in Jauerning).

Sudhoff, Heinrich, Sudhoff Unternehmensnachfolge, 5. Auflage, München 2005 (zit.: *Bearbeiter*, in Sudhoff, Unternehmensnachfolge).

Sudhoff, Heinrich, Personengesellschaften, 8 Auflage, München 2005 (zit.: *Bearbeiter*, in Sudhoff, Personengesellschaften).

Tebben, Joachim, Die qualifizierte Treuhand im Personengesellschaftsrecht, ZGR 2001, 586ff.

Veith, Julian, Die Haftung des aus der geschlossenen Publikumsgesellschaft ausgeschiedenen Treugebers für Gesellschaftsverbindlichkeiten, BKR 2015, 233ff. (zit.: *Veith*, Die Haftung des aus der geschlossenen Publikumsgesellschaft ausgeschiedenen Treugebers).

Wagner, Klaus-R., Externe KVGs in geschlossenen Publikums-GmbH & Co. KGs: Wie verhält sich dies mit dem Gebot der Selbstorganschaft bzw. dem Verbot der Drittorganschaft?, BKR 2015, 410ff. (zit.: *Wagner*, Externe KVGs in geschlossenen Publikums-GmbH & Co. KGs, BKR 2015).

Wagner, Klaus-R., Geschlossene Fonds gemäß dem KAGB, ZfBR 2015, 113ff.

Wallach, Edgar, Die Regulierung von Personengesellschaften im Kapitalanlagegesetzbuch, ZGR 2014, 289ff. (zit.: *Wallach*, Die Regulierung von PersG im KAGB).

Wallner, Rainer, Der Unternehmensgegenstand der GmbH als Ausdruck der Unternehmensfreiheit, JZ 1986, 721ff.

Weimar, Robert, Einmann-Personengesellschaften – ein neuer Typ des Gesellschaftsrechts?, ZIP 1997, 1769ff.

Weiser, Benedict/Hüwel, Martin, Verwaltung alternativer Investmentfonds und Auslagerung nach dem KAGB-E, BB 2013, 1091ff.

Weitnauer, Wolfgang/Boxberger, Lutz/Anders, Dietmar (Hrsg.), Beck'sche Kommentare KAGB, Kapitalanlagegesetzbuch, zum Investmentsteuergesetz, zur EuVECA-VO, zur EuSEF-VO und zur ELTIF-VO, 2. Auflage, Frankfurt a.M. 2017 (zit.: *Bearbeiter*, in Weitnauer/Boxberger/Anders, KAGB).

Westermann, Harm Peter, Das Verhältnis von Satzung und Nebenordnungen in der Kapitalgesellschaft, Heidelberger Forum, Heidelberg 1994 (zit.: *Westermann*, Das Verhältnis von Satzung und Nebenordnungen in der Kapitalgesellschaft).

Westermann, Harm Peter/Wertenbruch, Johannes, Handbuch der Personengesellschaften, Loseblattsammlung, 65. Lfg., München 2016 (zit.: *Bearbeiter*, in Westermann, Hdb. PersG).

Westermann, Harm Peter/Grunewald, Barbara/Maier-Reimer, Georg (Hrsg.), Ermann BGB Kommentar, 14. Auflage, Köln 2014 (zit.: *Bearbeiter*, in Ermann/BGB).

Wicke, Hartmut, Beck'sche Kompakt-Kommentare, Gesetz betreffend die Gesellschaften mit beschränkter Haftung (GmbHG), 3. Auflage, München 2016 (zit.: *Wicke*, GmbHG).

Wiedemann, Herbert, Alte und neue Kommanditgesellschaft, NZG 2013, 1041ff.

Wiedemann, Herbert, Gesellschaftsrecht, Ein Lehrbuch des Unternehmens- und Verbandsrechts, Band I, Grundlagen, München 1980 (zit.: *Wiedemann*, GesR).

Wiedemann, Herbert, Treuhand an einer Mitgliedschaft – Gedanken zur Einzel- und Sammeltreuhand im Personengesellschaftsrecht, ZIP 2012, 1786ff.

Wiedemann, Herbert, Die Legitimationswirkung von Willenserklärungen im Recht der Personengesellschaften, in: Hefermehl, Wolfgang/Gmür, Rudolf/ Brox, Hans (Hrsg.), Festschrift für Harry Westermann zum 65. Geburtstag, Karlsruhe 1974, S. 585ff. (zit.: *Autor*, Titel, in FS Westermann).

Windbichler, Christine, Gesellschaftsrecht, 23. Auflage, München 2013 (zit.: *Windbichler*, GesR).

Würdinger, Hans, Theorie der schlichten Interessengemeinschaft, Stuttgart 1934 (zit. *Würdinger*, Theorie der Interessengemeinschaft).

Wüst, Günther, Vom Präjudiz zur Prinzipienbildung bei der Publikums-Kommanditgesellschaft, ZHR 152 (1988), 215ff.

Zetzsche, Dirk, Prinzipien der kollektiven Vermögensanlage, Tübingen 2015 (zit.: *Zetzsche*, Prinzipien der kollektiven Vermögensanlage).

Zetzsche, Dirk, Das Gesellschaftsrecht des Kapitalanlagegesetzbuches, AG 2013, 613ff.

Ziemons, Hildegard/Jaeger, Carsten, Beck'scher Online-Kommentar GmbHG, 24. Edition (Stand: August 2015), München 2015 (zit.: *Bearbeiter*, in Beck'scher OK).

www.ingramcontent.com/pod-product-compliance
Ingram Content Group UK Ltd.
Pitfield, Milton Keynes, MK11 3LW, UK
UKHW021931290926
8980IPUK00016B/1565

9 783631 800195